中国文化遗产知识 2500题

修订版

一　言　编著

科学出版社
北　京

内 容 简 介

文化遗产是人类发展历史的见证，是社会文明进步的滋养。我国是世界文明古国和文化遗产大国，遗存分布广泛，种类丰富，数量众多，价值珍贵。本书从一脉相承、包罗万象的文化遗产中，采撷代表中华文明起源及发展脉络、中华文明取得的灿烂成就、中华文明对人类文明的重大贡献的簇簇花团，谱就保存记忆、关照当下、启迪未来的悠悠长歌。本书是《中国文化遗产知识 2500 题》一书的修订版，收录、更新 2019 年 12 月 31 日以来的文化遗产发掘、保护、利用新知，并对第一版的题目进行了更加细致的考证与整理。

本书适合对历史、考古、文物、地理、艺术、旅游、教育等感兴趣的读者阅读。

图书在版编目（CIP）数据

中国文化遗产知识2500题 / 一言编著. —修订本. —北京：科学出版社，2022.8

ISBN 978-7-03-072847-0

Ⅰ. ①中… Ⅱ. ①一… Ⅲ. ①文化遗产-中国-习题集 Ⅳ. ①K203-44

中国版本图书馆CIP数据核字（2022）第146162号

责任编辑：张亚娜　郑佐一 / 责任校对：张亚丹

责任印制：霍　兵 / 封面设计：美光设计

科学出版社 出版

北京东黄城根北街 16 号

邮政编码：100717

http://www.sciencep.com

北京中科印刷有限公司印刷

科学出版社发行　各地新华书店经销

*

2022 年 8 月第　一　版　开本：787×1092　1/16

2024 年 3 月第四次印刷　印张：25 1/2　插页：4

字数：600 000

定价：98.00 元

（如有印装质量问题，我社负责调换）

凡　例

一、文化遗产知识题库采用分类编撰形式，分为一般知识、不可移动文物、可移动文物等类别。

其中，一般知识包括文物常识、事件人物、政策法规、世界遗产、文化名城等内容；不可移动文物包括古遗址、古墓葬、古建筑、石窟寺及石刻、近现代重要史迹及代表性建筑、其他等子类；可移动文物包括陶瓷、玉器、金属器、书画、杂项等子类。

二、不可移动文物题目原则上以省份＋批次为序，可移动文物题目原则上以类型＋时代为序。

三、为方便读者比较记忆和增加趣味，题型全部为单项选择题，选项基本为四个（99% 以上）。同时，为使读者掌握更多知识，还提供了相关背景信息。

四、各类知识素材的选用以国家级文化遗产高度为基准，出题时考虑了知识内容应具有一定特色。

五、本书全部数据的截止时间为 2019 年 12 月 31 日；内容涵盖 31 个省（自治区、直辖市），限于资料来源，暂未包括港澳台地区。修订版以附注方式增加了 2020～2022 年部分数据。

六、出题时，适当考虑了难易搭配，若题目较难，则在列选项时，降低难度。

本书题目总数为 2500 题。

目　　录

一般知识

1. 文化遗产包括物质文化遗产和______。
   A. 非物质文化遗产　B. 口头文化遗产　C. 传统文化遗产　D. 虚拟文化遗产

2. 物质文化遗产是具有历史、艺术和______价值的文物，包括古遗址、古墓葬、古建筑、石窟寺、石刻、壁画、近代现代重要史迹及代表性建筑等不可移动文物，历史上各时代的重要实物、艺术品、文献、手稿、图书资料等可移动文物；以及在建筑式样、分布均匀或与环境景色结合方面具有突出普遍价值的历史文化名城（街区、村镇）。
   A. 文化　B. 科学　C. 社会　D. 经济

3. “文物”一词，原指礼乐典章制度，最早见于______中“夫德，俭而有度，登降有数，文物以纪之，声明以发之”的记载。
   A.《左传》　B.《国语》　C.《尚书》　D.《史记》

4. ______代盛行古代青铜器和石刻碑碣研究，形成中国特有的“金石学”，成为中国考古学的前身。
   A. 汉　B. 唐　C. 宋　D. 清

5. ______中提出，要“探制作之原始，补经传之阙亡，正诸儒之谬误”，说明金石学从一开始就重视了文物的证史和补史作用。
   A. 欧阳修《集古录》　B. 刘敞《先秦古器记》
   C. 吕大临《考古图》　D. 赵明诚《金石录》

6. 我国的“文化和自然遗产日”（原称“文化遗产日”）是每年 6 月的第______个星期六。
   A. 一　B. 二　C. 三　D. 四

7. 2006 年，我国迎来第一个“文化遗产日”，其文物保护活动的主题是______。
   A.“保护文化遗产，守护精神家园”
   B.“保护文化遗产，构建和谐社会”
   C.“文化遗产人人保护，保护成果人人共享”
   D.“保护文化遗产，促进科学发展”

8. 2009 年起，“文化遗产日”纪念活动开始设立主场城市，首个主场城市是______。

A．北京　　B．苏州　　C．杭州　　D．西安

9. 作为中国文化遗产标志原型的“太阳神鸟”（四鸟绕日）金箔片，2001 年出土于______。

A．山西襄汾陶寺遗址　　B．浙江余姚河姆渡遗址

C．四川成都金沙遗址　　D．陕西神木石峁遗址

10. 我国于______年开始在全国进行第一次文物普查，建立了第一部文物清册，登记不可移动文物 47200 余处，各地公布省级文物保护单位 5572 处。

A．1956　　B．1957　　C．1958　　D．1959

11. 我国从______年起在全国开展第二次全国文物普查和文物复查，共调查登记不可移动文物 40 余万处。

A．1980　　B．1981　　C．1982　　D．1983

12. 第三次全国文物普查的标准时点为 2007 年 9 月 30 日，普查共登记不可移动文物______处，古遗址、古墓葬、古建筑、石窟寺及石刻、近现代重要史迹及代表性建筑、其他类文物分别占登记总量的 25.21%、18.19%、34.42%、3.19%、18.45%、0.55%。其中，新发现登记不可移动文物 536001 处。

A．677622　　B．722766　　C．766722　　D．866722

13. 第一次全国可移动文物普查的标准时点为______24 时，普查登录的内容包括：文物名称、类别、级别、年代、质地、尺寸、质量、完残程度、保存状态、包含数量、来源方式、入藏时间、藏品编号、收藏单位等。

A．2012 年 6 月 30 日　　B．2012 年 12 月 31 日

C．2013 年 6 月 30 日　　D．2013 年 12 月 31 日

14. 第一次全国可移动文物普查共计登记______万件（套）文物，其中新发现新认定文物 708.4149 万件（套）。

A．7815　　B．8815　　C．9815　　D．10815

15. ______年，我国第一次公布全国重点文物保护单位，共计 180 处，其中革命遗址及革命纪念建筑物 33 处、石窟寺 14 处、古建筑及历史纪念建筑物 77 处、石刻及其他 11 处、古遗址 26 处、古墓葬 19 处。

A. 1960　　B. 1961　　C. 1962　　D. 1963

16. 截至目前，我国单次公布全国重点文物保护单位数量最多的是第______批，计 1944 处（增补 1 处）。单次公布数量最少的是第二批，计 62 处。

A. 五　　B. 六　　C. 七　　D. 八

17. 截至 2019 年，我国一共公布了八批______处全国重点文物保护单位。

A. 5028　　B. 5038　　C. 5048　　D. 5058

18. 前八批全国重点文物保护单位中数量最多的类别是古建筑（占比 42.7%），古建筑中数量最多的子类是______。

A. 塔　　B. 桥梁　　C. 寺庙　　D. 宅第

19. 在全国重点文物保护单位中，古遗址数量最多的省份是______，古墓葬数量最多的省份是______，古建筑数量最多的省份是______，石窟寺及石刻数量最多的省份是______，近现代重要史迹及代表性建筑数量最多的省份是______，反映了这些地方的文化特色。

A. 陕西　河南　山西　四川　江苏

B. 河南　河北　山西　甘肃　广东

C. 河南　陕西　山西　河南　湖南

D. 陕西　山东　山西　新疆　浙江

20. 截至目前，拥有全国重点文物保护单位数量最多的省份是______，共计 530 处（长城未计入该省编号），占全国总数的 10.48%。

A. 山西省　　B. 河南省　　C. 河北省　　D. 浙江省

21. 截至目前，拥有全国重点文物保护单位数量最多的地级行政区划单位是______，共计 102 处。

A. 山西省运城市　　B. 河南省郑州市　　C. 山西省长治市　　D. 山西省晋城市

22. 截至目前，拥有全国重点文物保护单位数量最多的县级行政区划单位是______，共计 44 处。

A．北京市西城区　B．北京市东城区　C．河南省登封市　D．苏州市姑苏区

23. 我国保存元代（含）以前木构建筑数量最多的省份是______省，计有 551 座。其中 4 座为唐代建筑（现存木结构建筑实物的最早时代）。

A．山西　B．山东　C．河南　D．陕西

24. 我国将可移动文物中的珍贵文物分为______级。根据第一次全国可移动文物普查数据统计，钱币是珍贵文物数量最多的类别，清代是珍贵文物数量最多的年代。

A．三　B．四　C．五　D．六

25. ______是中国人创办的第一座公共博物馆，1905 年由著名实业家、晚清状元张謇创办，是集自然、历史与艺术为一体的综合性博物馆。张謇为总理，孙钺为主任。

A．北疆博物院　B．震旦博物院　C．南京博物院　D．南通博物苑

26. 1946 年 11 月，国际博物馆协会在______成立。中国是国际博物馆协会成立时最早发表声明表示支持的 27 个国家之一，1983 年中国正式加入国际博物馆协会。

A．英国伦敦　B．法国巴黎　C．瑞士苏黎世　D．意大利罗马

27. ______年 5 月，中国博物馆协会在北平景山绮望楼成立，故宫博物院院长马衡为首任会长，学会“以研究博物馆学术、发展博物馆事业，并谋博物馆之互助为宗旨”。

A．1932　B．1933　C．1934　D．1935

28. 1977 年，国际博物馆协会将______定为“国际博物馆日”，并每年确定活动主题。

A．3 月 18 日　B．4 月 18 日　C．5 月 18 日　D．6 月 18 日

29. 2018 年“国际博物馆日”的活动主题是______。

A．博物馆致力于社会的可持续发展　B．博物馆与文化景观

C．超级连接的博物馆：新方法、新公众　D．作为文化中枢的博物馆：传统的未来

30. 国际博物馆协会第22届大会暨第25届全体会议于2010年10月在______召开，这是国际博协大会首次在中国举办，会议通过的《______宣言》提倡博物馆在多元文化交流中扮演更加重要的角色。

A. 北京　B. 上海　C. 苏州　D. 深圳

31. 2004年6～7月，第28届世界遗产大会在______召开，这是中国首次举办此类会议，会议发表了《世界遗产青少年教育______宣言》。(2021年7月，第44届世界遗产大会在福州召开，会议通过《福州宣言》，重申世界遗产保护和开展国际合作的重要性，以及携手努力、共同行动来应对气候变化的必要性。)

A. 北京　B. 上海　C. 苏州　D. 福州

32. 2005年10月，国际古迹遗址理事会第15届大会在______召开，这是国际古迹遗址理事会大会第一次在中国召开，会议发布了关于文化遗产及环境保护的《______宣言》。

A. 北京　B. 上海　C. 成都　D. 西安

33. 1970年11月，联合国教科文组织第16届会议通过《关于禁止和防止非法进出口文化财产和非法转让其所有权的方法的公约》，公约共26条，我国于______年加入。该公约在加强文物保护和开展非法流失文物追索返还等方面发挥了重要作用。

A. 1985　B. 1987　C. 1989　D. 1991

34. 2013年6月，法国皮诺家族将流失海外100多年的圆明园______铜像捐赠给中国。

A. 鼠首、兔首　B. 猪首、马首　C. 虎首、猴首　D. 牛首、羊首

35. 2015年，经过中法两国政府和友好人士的共同努力，法方分两批向我国返还了______件秦国金饰片。这些金饰片年代为西周晚期至春秋早期，20世纪90年代从甘肃礼县大堡子山遗址被盗并走私海外。

A. 48　B. 52　C. 56　D. 60

36. 2017年，流失海外20载的唐代彩绘高浮雕四面造像石塔塔身回到家乡山西。石塔原位于山西省榆社县邓峪村，由底座、塔身、塔檐和塔刹四部分组成，是唐代______年间佛教石刻艺术杰作。20世纪90年代塔身被盗流失，后由台湾中台禅寺捐回。

A. 延和　B. 先天　C. 开元　D. 天宝

37. 2019年3月，在两国领导人的共同见证下，______向我国归还796件（套）被盗流失的陶瓷器等文物艺术品，为近年来流失文物返还数量最多的一批。

A. 美国　B. 意大利　C. 土耳其　D. 日本

38. 2008年5月，国家文物局首次评定、公布了______家国家一级博物馆。

A. 80　B. 81　C. 82　D. 83

39. 2009年5月，国家文物局评定、公布了第一批国家二、三级博物馆，分别有______、______家。

A. 151　288　B. 151　308　C. 171　288　D. 171　308

40. 截至2018年，我国已经评定、公布了855家国家一、二、三级博物馆，占当年全国备案博物馆总数（5354家）的15.97%，其中国家一级博物馆______家。（2020年第四批全国博物馆定级评估，国家一、二、三级博物馆总数达到1224家，其中一级博物馆204家）

A. 130　B. 140　C. 150　D. 160

41. 1982年2月，我国公布了第一批______座国家历史文化名城。5个省份拥有2座（含）以上国家历史文化名城。

A. 22　B. 23　C. 24　D. 25

42. 我国于1986年公布了第二批国家历史文化名城，共有38座，分布在______个省、自治区、直辖市。

A. 23　B. 24　C. 25　D. 26

43. 我国于1994年公布了第三批国家历史文化名城，共有______座。此后，不再集中成批公布国家历史文化名城，而采用单独申报、审核、公布的方式进行。

A. 37　B. 38　C. 39　D. 40

44. 截至2019年，我国已公布______座国家历史文化名城（琼山并入海口），划定历史文化街区875片，涵盖31个省、自治区、直辖市。（2020年新增辽阳，2021年新增通海、黟县、桐城，2022年新增抚州、九江）

A. 131　B. 132　C. 133　D. 134

45. 目前，拥有国家历史文化名城数量最多的省份是______，共有 13 座。

A. 江苏省　B. 浙江省　C. 山东省　D. 河南省

46. 下列城市中不属于第一批国家历史文化名城的是______。

A. 景德镇　B. 安阳　C. 桂林　D. 延安

47. 我国于 2003 年公布了首批"中国历史文化名镇、名村"，分别有______个和______个。

A. 10　12　B. 12　14　C. 14　16　D. 16　18

48. 截至 2019 年，我国已公布"中国历史文化名镇、名村"______座（共七批），其中名镇______个，名村 487 个。山西省拥有"中国历史文化名村"数量（96 座）居全国首位；江苏省、四川省拥有"中国历史文化名镇"数量（31 座）并列第一。

A. 769　282　B. 779　292　C. 789　302　D. 799　312

49. 2015 年，我国公布了第一批 30 个"中国历史文化街区"，分布在 17 个省、自治区、直辖市。其中______数量最多，共 5 个。

A. 北京市　B. 江苏省　C. 浙江省　D. 福建省

50. 2006 年，我国公布了《第一批国家级非物质文化遗产名录》，共有民间文学、传统音乐、民间舞蹈、传统戏剧、曲艺、杂技与竞技、民间美术、传统手工技艺、传统医药、民俗 10 大类______项。

A. 498　B. 508　C. 518　D. 528

51.《第一批国家级非物质文化遗产名录》中列入数量最多的类别是______，共有 92 项。

A. 民间音乐　B. 传统戏剧　C. 传统手工技艺　D. 民俗

52. 截至 2014 年，我国公布了四批国家级非物质文化遗产名录（从第四批起名称改为"国家级非物质文化遗产代表性项目名录"），共计______项（第一批公布数量最多）。（2021 年又公布第五批国家级非物质文化遗产代表性项目名录 185 项）

A. 1312　B. 1332　C. 1352　D. 1372

53. 2003 年 10 月，联合国教科文组织第 32 届大会通过《保护非物质文化遗产公约》，我国于次年加入该公约。截至 2019 年，我国共有______个项目列入联合国教科文组织非物质文化遗产名录（名册），数量居世界第一。（2020 年新增 2 项）

A．36　　B．38　　C．40　　D．42

54. 1972 年 11 月，在法国巴黎召开的联合国教科文组织第 17 次会议通过《保护世界文化和自然遗产公约》，公约共 8 章 33 条，我国于______年 12 月正式加入该公约。

A．1984　　B．1985　　C．1986　　D．1987

55. 1977 年，联合国教科文组织世界遗产委员会开始评审世界遗产。1987 年，我国首批推荐的长城、故宫等______处遗产全部入选世界遗产名录。

A．3　　B．4　　C．5　　D．6

56. ______是中国也是世界上第一个文化与自然双重遗产，1987 年列入世界遗产名录。

A．泰山　　B．黄山　　C．峨眉山—乐山大佛　　D．武夷山

57. 截至 2019 年，我国共有______处文化和自然遗产列入世界遗产名录，其中文化遗产______处（含跨国遗产 1 处），自然遗产 14 处，文化与自然双重遗产 4 处，与意大利并列为拥有世界遗产项目最多的国家。北京是全球拥有世界遗产项目最多的城市，共 7 项。（2021 年在福州召开的第 44 届世界遗产大会上，“泉州：宋元中国的世界海洋商贸中心”项目列入世界文化遗产名录）

A．49　31　　B．51　33　　C．53　35　　D．55　37

58. 泰山，古名岱山，为五岳之首，是古代中国文明与信仰的象征。山中的人文杰作与自然景观完美融合，成为中国艺术家和学者的精神源泉。自秦以来，先后有______位帝王登泰山封禅致祭。

A．12　　B．13　　C．14　　D．15

59. 黄山，原名黟山，因传说轩辕黄帝曾在此炼丹成仙，______时改名黄山，有“震旦国中第一奇山”之誉。以奇松、怪石、云海、温泉为“四绝”，被尊为中国山水画的摇篮。明代旅行家徐霞客登临赞叹：“登黄山，天下无山，观止矣！”

A．汉武帝　　B．唐太宗　　C．唐玄宗　　D．宋真宗

60. 庐山，位于长江南岸、鄱阳湖滨，大山、大江、大湖浑然一体，险峻与柔丽相济，以“雄、奇、险、秀”闻名，佛道寺观、儒学书院、摩崖石刻、近代建筑融汇于自然景观之中，______以“飞流直下三千尺，疑是银河落九天”描写庐山瀑布的雄伟气势。

A. 陶渊明　　B. 李白　　C. 白居易　　D. 苏轼

61. 我国四大佛教名山中属于文殊菩萨道场的是______，2009 年列入世界文化遗产名录（文化景观类型），是国内唯一一处青庙、黄庙并居一山的道场，现存唐、宋、元、明、清代寺庙近 50 处。从北魏开始，共有 9 位帝王 18 次来此朝拜文殊菩萨。

A. 山西五台山　　B. 浙江普陀山　　C. 安徽九华山　　D. 四川峨眉山

62. 武夷山是全球生物多样性保护的重要地区，也是大量古代孑遗植物的避难所，许多生物为中国特有。丹山碧水的自然景观，孕育了丰富多彩的传统文化，留下众多珍贵的文化遗产，如古闽族崖居、悬棺，______城村遗址（闽越王城）、历代佛道寺观、宋代朱子理学书院、建窑窑址（遇林亭）、清代万里茶路起始地（下梅村）等。

A. 战国　　B. 秦代　　C. 西汉　　D. 东汉

63. 苏州古典园林起始于春秋吴国建都姑苏时期，形成于五代，成熟于宋代，兴旺于明代，鼎盛于清代，造园设计遵循“咫尺之内再造乾坤”的理想，反映了中国文化取法自然又超越自然的意境，“虽由人作，宛自天开”，已有拙政园、留园等 9 座园林被列入世界遗产名录（不含______）。

A. 艺圃　　B. 耦园　　C. 退思园　　D. 曲园

64. “三面云山一面城”是杭州西湖的特点，优美的湖光山色引得无数文人骚客吟咏兴叹、艺术大师吟泼墨挥毫。湖区内遍布庙宇、园林、亭台、宝塔，其间点缀着奇花异木、岸堤岛屿，为杭州城增添了无限美景。湖中苏堤因纪念著名诗人______而得名。

A. 苏洵　　B. 苏轼　　C. 苏辙　　D. 苏颂

65. 长城是人类文明史上最伟大的建筑工程，始建于春秋战国，秦统一后连成完整的防御系统，汉、明等朝代也曾大规模修筑。2009 年，我国首次公布的明代长城实际长度为______千米，可谓名副其实的“万里长城”。

A. 8844.4　　B. 8851.8　　C. 8856.2　　D. 8864.3

66. 2012 年，我国公布长城资源调查及认定成果，中国历代长城总长度为 21196.18 千米，现分布于______个省（自治区、直辖市）404 个县（市、区），包括长城墙体、壕堑、单体建筑、关堡和相关设施等长城遗产计 43721 处。

A. 12　　B. 13　　C. 14　　D. 15

67. 大运河始凿于公元______年（吴国开挖邗沟），包括隋唐大运河、京杭大运河和浙东运河三部分，地跨北京、天津、河北、山东、江苏、浙江、河南、安徽 8 省市，连通海河、黄河、淮河、长江、钱塘江五大水系，全长近 3200 千米，是世界上规模最大、线路最长、延续时间最久且目前仍在使用的人工运河，贯穿古今、跨越江河、连通南北、交融中外。

A. 前 586　　B. 前 486　　C. 前 386　　D. 前 286

68. 隋唐大运河以______为中心，南起余杭（今杭州），北到涿郡（今北京），包括永济渠、通济渠、邗沟、江南河四段，全长 2700 千米，第一次将中国东部地区以水路相连，构建起古代南北交通的大动脉，是工业革命前世界上规模最大、范围最广的水利工程。

A. 洛阳　　B. 长安　　C. 江都（扬州）　　D. 山阳（淮安）

69. ______时，通过对通济渠、永济渠裁弯取直，并开凿济州河、会通河、通惠河，形成了京杭大运河的骨干框架。此后，京杭大运河逐渐成为我国南北水运的主干线，至今仍在发挥着重要的防洪排涝、输水供水、内河航运、生态景观等功能。

A. 北宋　　B. 南宋　　C. 元代　　D. 明代

70. “丝绸之路：长安—天山廊道的路网”是中国、哈萨克斯坦、吉尔吉斯斯坦三国联合申报的世界文化遗产，为中国首例跨国合作、成功申遗的项目（2014 年）。从汉唐的都城长安 / 洛阳出发，延伸至中亚的七河地区，全长约 5000 千米，构成要素包括中心城镇、商贸聚落、交通及防御、宗教、关联遗迹等，涉及 33 个遗产点（中 22、哈 8、吉 3），中国的遗产点分布在 4 个省区，以______最多。

A. 河南　　B. 陕西　　C. 甘肃　　D. 新疆

71. 丝绸之路于前 2 世纪至 1 世纪之间成形，直到______世纪仍在使用。作为东西方之间融合、交流和对话之路，为商业贸易、宗教信仰、文化艺术、科学技术等深入交流与合作提供了便利，也为人类的共同繁荣和发展做出杰出贡献。西汉武帝建元三年（前 138 年），张骞出使西域，开始打通亚欧大陆通道。

A. 14　　B. 15　　C. 16　　D. 17

72. 19世纪70年代，______地理学家李希霍芬在其《中国——亲身旅行的成果和以之为根据的研究》一书中，第一次提出“丝绸之路”的名称，他人通过其著作和演讲内容，将“丝绸之路”归纳为“从公元前114年至公元127年间，中国与中亚、印度间以丝绸贸易为媒介的西域交通道路”。

A. 西班牙　　B. 葡萄牙　　C. 荷兰　　D. 德国

73. 《全国重要文物建筑简目》是最早记载全国重要古建筑目录的专书。为保护重要文物不受破坏，受中国人民解放军有关部门委托，由清华大学与中国营造学社合设的中国建筑研究所编辑，梁思成任主编，1949年3月成书。共收入重要古建筑和石窟、雕塑等文物465处，按价值分为______级。

A. 三　　B. 四　　C. 五　　D. 六

74. 中华人民共和国第一部《文物保护法》由第五届全国人民代表大会常务委员会第二十五次会议于1982年11月19日通过实施，共8章______条。

A. 33　　B. 43　　C. 53　　D. 63

75. 新中国颁行的第一部文物保护专门法规是______，1950年由政务院颁布实施。

A.《文物保护管理暂行条例》

B.《禁止珍贵文物图书出口暂行办法》

C.《古文化遗址与古墓葬之调查发掘暂行办法》

D.《文物保护单位保护管理暂行办法》

76. 现行的《中华人民共和国文物保护法》于2002年由第______届全国人大常委会第三十次会议修订通过，共8章80条，其后进行了数次修正（改）。

A. 七　　B. 八　　C. 九　　D. 十

77. 文物是不可再生的文化资源。文物工作贯彻保护为主、抢救第一、______、加强管理的方针。（2022年全国文物工作会议提出保护第一、加强管理、挖掘价值、有效利用、让文物活起来的工作方针。）

A. 合理利用　　B. 依法利用　　C. 科学利用　　D. 有序利用

78. 保存文物特别丰富并且具有重大历史价值或者革命纪念意义的城市，由______核定公布为历史文化名城。

A．国务院

B．国务院文物行政部门

C．省、自治区、直辖市人民政府

D．省、自治区、直辖市人民政府文物行政部门

79. 全国重点文物保护单位和省级文物保护单位自核定公布之日起______内，由省、自治区、直辖市人民政府划定必要的保护范围，作出标志说明，建立记录档案，设置专门机构或者指定专人负责管理。

A．3个月　　B．6个月　　C．1年　　D．2年

80. 国有不可移动文物由______负责修缮、保养，非国有不可移动文物由______负责修缮、保养。

A．政府　文物部门　　B．文物部门　使用人

C．文物部门　建设部门　　D．使用人　所有人

81. 实施保护工程必须确保文物的______，不得借保护文物之名行造假古董之实。

A．真实性　　B．完整性　　C．全面性　　D．客观性

82. 建设工程选址，应当尽可能避开不可移动文物；因特殊情况不能避开的，对文物保护单位应当尽可能实施______。

A．迁移保护　　B．拆除保护　　C．原址保护　　D．主体保护

83. 使用不可移动文物，必须遵守______的原则，负责保护建筑物及其附属文物的安全，不得损毁、改建、添建或者拆除不可移动文物。

A．合理改变文物原状　　B．不改变文物原状

C．可逆性改变文物原状　　D．可识别性改变文物原状

84. 在文物保护单位的建设控制地带内进行建设工程，不得破坏文物保护单位的______。

A．环境风貌　　B．自然风貌　　C．历史风貌　　D．文化风貌

85. 进行大型基本建设工程，建设单位应当______报请省、自治区、直辖市人民政府文物行政部门组织从事考古发掘的单位在工程范围内有可能埋藏文物的地方进行考古调查、勘探。

A. 事先　　B. 事中　　C. 事后　　D. 及时

86. 博物馆通过依法征集、购买、交换、接受捐赠和调拨等方式取得的藏品，应在______日内登记入藏品总账。

A. 15　　B. 30　　C. 45　　D. 60

87. 博物馆举办陈列展览，应当在陈列展览开始之日______个工作日前，将陈列展览主题、展品说明、讲解词等向陈列展览举办地的文物主管部门或者其他有关部门备案。

A. 7　　B. 10　　C. 15　　D. 30

88. 国家对文物拍卖企业拍卖的珍贵文物拥有______权。

A. 征购　　B. 禁止拍卖　　C. 优先购买　　D. 有偿征用

89. 下列物品中可以作为拍卖标的的是______。

A. 出土（水）文物

B. 被盗窃、盗掘、走私的文物

C. 公民、法人和其他组织依法继承或者接受赠与的文物

D. 国有不可移动文物及其构件

90. 文物商店购买、销售文物，经营文物拍卖的拍卖企业拍卖文物，应当按照国家有关规定作出记录，并于销售、拍卖后30日内报省级文物行政主管部门备案。接受备案的文物行政主管部门应当依法为其保密，并将该记录保存______年。

A. 25　　B. 50　　C. 75　　D. 100

91. 文物出境，应当经______指定的文物进出境审核机构审核。经审核允许出境的文物，由______发给文物出境许可证，从______指定的口岸出境。

A. 国务院

B. 国务院文物行政部门

C. 省、自治区、直辖市人民政府文物行政部门

D. 海关

92. 任何单位或者个人运送、邮寄、携带文物出境，应当向______申报；______凭文物出境许可证放行。

A. 海关

B. 国务院文物行政部门

C. 省、自治区、直辖市人民政府文物行政部门

D. 文物进出境审核机构

93. 文物出境展览，应当报______批准；一级文物超过国务院规定数量的，应当报国务院批准。

A. 国务院文物行政部门

B. 省、自治区、直辖市人民政府

C. 省、自治区、直辖市人民政府文物行政部门

D. 文物进出境审核机构

94. 文物出境展览的一级文物展品超过 120 件（套）的，或者超过展品总数的______%的，应当报国务院批准。一级文物中的孤品和易损品，禁止出境展览。

A. 10　　B. 20　　C. 30　　D. 40

95.《文物出境审核标准》（2007 年版）以______年为主要标准线。其中______年以前（含）生产、制作的文物一律禁止出境。______年以前（含）生产、制作的有代表性的少数民族文物禁止出境。

A. 1949　1911　1966　　B. 1911　1949　1966

C. 1911　1795　1949　　D. 1795　1911　1949

96.《文物出境审核标准》（2007 年版）将审核文物类别定为______类，具体细目为______项。

A. 14　127　　B. 15　137　　C. 16　137　　D. 16　127

97. 下列文物中一律不准出境的是______。

A. 度量衡　　B. 名家、名作坊或有名人款识的漆器

C. 古代各种钱范、近代各种硬币的模具　　D. 名人书札

98. 截至目前，我国共公布了两批“1949 年后已故著名书画家作品限制出境的鉴定标准”，第一批规定作品一律不准出境者 10 人、原则上不得出境者 23 人、精品不得出境者 107 人，第二批规定作品一律不准出境者 1 人、原则上不得出境者 2 人、代表作不得出境者 21 人。以下书画家作品一律不准出境的是______。

A．徐悲鸿、傅抱石、刘海粟　　B．潘天寿、何香凝、董希文

C．李可染、高剑父、关山月　　D．林风眠、黄宾虹、齐白石

99. 2002 年，国家文物局印发《首批禁止出国（境）展览文物目录》，规定______件（组）珍贵文物禁止出国（境）展览，包括陶瓷、玉石器、青铜器、金银器、古籍、漆木器、织绣、象牙器、玻璃器、画像砖、壁画、石（碑）刻等类别。

A．63　　B．64　　C．65　　D．66

100. 首批禁止出国（境）展览文物目录共列入 1 件瓷器，为______。

A．吴“永安三年”款青釉堆塑谷仓罐　　B．唐鲁山窑黑釉蓝斑腰鼓

C．宋汝窑天青釉弦纹樽　　D．元青花釉里红瓷仓

101. 2012 年，我国发布第二批禁止出国（境）展览文物目录，明确______件（组）书画类一级文物禁止出国（境）展览，其中绘画作品 20 件。

A．35　　B．36　　C．37　　D．38

102. 2013 年，我国发布第三批禁止出国（境）展览文物目录，共有______件（组）一级文物禁止出境展览，其中青铜器 16 件（组）、陶瓷器 32 件（组）、玉器 9 件（组），其余为杂项类文物。

A．94　　B．96　　C．98　　D．100

103.《中华人民共和国非物质文化遗产法》由第______届全国人民代表大会常务委员会第十九次会议通过，自 2011 年 6 月 1 日起施行。

A．八　　B．九　　C．十　　D．十一

104. 保护非物质文化遗产，应当注重其真实性、整体性和______。

A．延续性　　B．创新性　　C．传承性　　D．可扩展性

105. 我国的七大古都是西安、洛阳、北京、南京、开封、杭州、______。
A. 大同　　B. 安阳　　C. 广州　　D. 成都

106. 北京是中华人民共和国的首都，拥有3000多年的建城史和______多年的建都（国都）史，曾为西周燕都、汉唐幽州（隋涿郡）、辽南京（燕京）、金中都、元大都、明清北京。
A. 600　　B. 700　　C. 800　　D. 900

107. 明清北京城主体营建于明永乐年间，系在元大都城基础上改建，北墙南缩5里，南墙南展2里，并以南京故宫为蓝本重建了宫城和皇城。______年间，又增筑外城，仅筑成南侧一面，转抱东西角楼。至此，形成由宫城（紫禁城）、皇城、内城、外城组成、平面呈凸字形、中轴对称的北京城基本格局。
A. 明成化　　B. 明嘉靖　　C. 明万历　　D. 清康熙

108. 清康熙四十二年（1703年）起，在热河上营修建避暑山庄及周围寺庙，以“合内外之心，成巩固之业”，成为清王朝第二个政治中心。雍正元年（1723年）设热河厅；______，取“承受先祖德泽”之义，设承德直隶州，始称“承德”。民国时为热河省省会。
A. 十年（1732年）　　B. 十一年（1733年）
C. 十二年（1734年）　　D. 十三年（1735年）

109. 大同，古称云中、平城，为“北方锁钥”。曾为北魏京师（平城，丝绸之路东方起点之一）、辽金及元初西京（大同府）、明清重镇。汉设平城县，唐会昌三年（843年）始置大同道，咸通十年（869年）置大同军节度使。著名文物古迹有云冈石窟、华严寺、______、九龙壁等。
A. 善化寺　　B. 开化寺　　C. 智化寺　　D. 普化寺

110. 南京，古称金陵、建康，曾为“六朝古都”（三国吴，东晋，南朝宋、齐、梁、陈）及五代十国南唐、明初、太平天国、中华民国都城（“十朝都会”）。周灵王元年（前571年）楚国在今六合区境设______，是南京有历史记载的最早建置。战国楚筑城于石头山，秦代置秣陵县。三国吴黄龙元年（229年），孙权从武昌（今鄂州）迁都建业，为南京建都之始。北宋文学家王安石《南乡子》词中称南京“自古帝王州”。
A. 棠邑　　B. 濑渚邑　　C. 冶城　　D. 金陵邑

111. 苏州，古称姑苏、平江，______始建，为吴国都城。秦置吴县（为会稽郡治），汉顺帝永建四年（129 年）为吴郡郡治，隋文帝开皇九年（589 年）始称苏州，宋徽宗政和三年（1113 年）设平江府，明洪武二年（1369 年）称苏州府，清雍正三年（1725 年）为江苏巡抚驻地。以古典园林和繁荣的经济、文化著称，有“人间天堂”美誉。

A．西周晚期　　B．春秋早期　　C．春秋晚期　　D．战国早期

112. 扬州，古称广陵、江都，古九州之一，中国大运河原点城市。春秋吴王夫差始筑邗城、修邗沟，战国楚建广陵城，秦代设广陵县（隶九江郡），西汉置江都县，东汉为广陵郡治，隋炀帝设江都郡，唐高祖武德九年（626 年）扬州治所移此，商业和手工业发达，有“扬一益二”之称。五代十国曾为吴都城（江都府），后历为州、路、府治。唐代诗人李白“烟花三月下扬州”、______“天下三分明月夜，二分无赖是扬州”（《忆扬州》）等佳句流传千古。

A．白居易　　B．元稹　　C．张祜　　D．徐凝

113. 杭州，古称钱塘（唐），为京杭大运河南端起点。秦设钱唐县（属会稽郡），南朝陈置钱唐郡，隋开皇九年（589 年）始置杭州，五代十国吴越、南宋两代建都，北宋______《赐梅挚知杭州》诗中赞为“东南第一州”，13 世纪意大利旅行家马可・波罗叹为“世界上最美丽华贵之天城”，有“上有天堂，下有苏杭”之誉。

A．仁宗　　B．英宗　　C．神宗　　D．哲宗

114. 绍兴，古称会稽、山阴。相传禹在苗山大会诸侯，改名会稽。春秋为越国都城，秦设山阴县（属会稽郡），东汉永建四年（129 年）会稽郡移治山阴，隋大业元年（605 年）置越州，南宋高宗赵构以“绍奕世之宏休，兴百年之丕绪”，于______年改元绍兴，升越州为绍兴府（题额“绍祚中兴”），后历为路、府、道治。东晋王羲之会友于兰亭，留下千古名篇。

A．1130　　B．1131　　C．1132　　D．1133

115. 泉州，别名鲤城、刺桐，为著名侨乡。周属越地，秦属闽中郡，汉初属闽越国，三国吴永安三年（260 年）置东安县，南朝梁置南安郡，唐久视元年（700 年）置武荣州（治今市区），景云二年（711 年）改称泉州，北宋哲宗元祐二年（1087 年）设市舶司开港，后历为州、路、府治。南宋、元成为与埃及亚历山大港媲美的“东方第一大港”，是海上丝绸之路重要起点，存有晋唐士乐余韵南音、______南戏“活化石”梨园戏和中国一绝“提线木偶”。而隋开皇九年所设泉州，治所在今福州地。（2021 年，“泉州：宋元中国的世界海洋商贸中心”项目列入世界文化遗产名录）

A．南朝　　B．隋唐　　C．宋元　　D．明清

116. 景德镇，古称昌南、浮梁。周为楚国地，秦隶九江郡，汉属豫章郡鄱阳县，东晋设新平镇，唐代置新昌县、浮梁县，北宋真宗景德______以皇帝年号赐名，为中国“瓷都”，与河南朱仙、湖北汉口、广东佛山并称全国四大名镇，被英国科技史学家李约瑟称为“世界上最早的一座工业城市”。

A．元年（1004年） B．二年（1005年）
C．三年（1006年） D．四年（1007年）

117. 曲阜，相传为远古时期炎帝、黄帝、少昊活动地，商代______都、两周鲁都（周公封地）、孔子故里，是儒家文化的重要发祥地，秦设鲁县（为薛郡郡治），汉初为鲁国都城，隋开皇十六年（596年）因“鲁城中有阜，逶曲长七八里”而定名“曲阜”。

A．相 B．邢 C．庇 D．奄

118. 洛阳，古称洛邑，为十三朝古都（夏、商、西周、东周、东汉、曹魏、西晋、北魏、隋、唐及武周、后梁、后唐、后晋），沿洛河两岸分布着二里头夏都、偃师商城（西亳）、东周王城、汉魏洛阳故城、隋唐洛阳城五大都城遗址，是丝绸之路东方起点之一、隋唐大运河的中心。北宋文学家______留下“若问古今兴废事，请君只看洛阳城”的感慨。

A．欧阳修 B．苏洵 C．司马光 D．王安石

119. 开封，古称启封、汴梁。为夏都之一（帝杼迁______），战国魏都（魏惠王迁都大梁），五代后梁、后晋、后汉、后周都城，北宋都城，金朝南京。春秋郑庄公筑邑启封，西汉前元元年（前156年）为避皇帝讳改名开封，北周武帝建德五年（576年）称汴州。

A．帝丘 B．原 C．老丘 D．西河

120. 荆州（江陵），为古九州之一。东周楚文王元年（公元前689年）迁都于郢（纪南城），共历______王411年，后为三国名城，南朝齐和帝、梁元帝及五代十国南平也曾在此建都。历史上共走出了130多位宰相，北宋文学家欧阳修有“荆州汉魏以来重，古今相望多名臣”之赞。

A．19 B．20 C．21 D．22

121. 长沙，历经三千年城址不变，凝练出“经世致用、兼收并蓄”的湖湘文化。东周属楚，秦设长沙郡（治湘县），西汉置长沙国（治临湘县），唐为潭州（治长沙县），五代十国为楚国都城，明设长沙府，清为湖南省省会。毛泽东早年在长沙求学和参加革命，1925 年作《______·长沙》，抒发“指点江山，激扬文字”的豪迈之情。

A. 沁园春　B. 西江月　C. 浪淘沙　D. 采桑子

122. 广州，别名羊城。秦设南海郡（治番禺），西汉为南越国都，三国吴为交州州治，黄武五年（226 年）始称广州，五代十国为南汉都城，北宋始为广南东路（“广东”名称之始）治地。3 世纪起成为海上丝绸之路主港之一，唐代为中国第一大港，______设全国第一个外贸管理机构——市舶司，明清时一度是唯一的对外贸易大港，也是世界唯一两千多年长盛不衰的大港。近代反帝反封建斗争迭起，为辛亥革命和第一次国内革命战争的重要策源地。

A. 五代　B. 宋代　C. 元代　D. 明代

123. “桂林”之名，始于秦代设郡，因盛产玉桂而成名。古为百越地，秦始皇三十三年（公元前 214 年）开凿灵渠，桂林因“南连海域，北达中原”，长期为广西政治、文化中心。西汉设始安县（隶零陵郡），三国吴置始安郡，唐武德四年（621 年）李靖修城于独秀峰南，贞观八年（634 年）改名临桂县，宋属广南西路（“广西”名称之始）桂州、静江府，后历为路、府、省治。唐代文学家韩愈以“江作青罗带，山如碧玉篸”描绘桂林美景，宋代诗人______《劝驾诗》中吟诵“桂林山水甲天下”。

A. 宋蓟　B. 赵夔　C. 张孝祥　D. 王正功

124. 成都，是古蜀文明重要发祥地，“天府之国”的中心，2000 多年城址不迁、城名不改。商代金沙已成都邑。战国早期为古蜀开明王朝都城。周慎靓王五年（公元前 316 年），秦灭蜀，始设蜀郡并置成都县。公元前 311 年，蜀郡守张若仿秦制秦都咸阳重建城垣，为成都建城的标志。蜀汉、成汉、前蜀、后蜀等曾在此定都，历为郡、道、州、路、府、省治。汉代称“锦官城”，______称“芙蓉城”。唐代诗人杜甫《赠花卿》诗中将“锦城丝管”誉为“此曲只应天上有，人间能得几回闻”。

A. 三国蜀　B. 五代前蜀　C. 五代后蜀　D. 唐代

125. 遵义，古称播州，以酒、茶、丹霞闻名。古为夜郎地，西汉元光五年（公元前 130 年）置犍为郡（治鳖县），唐太宗贞观十三年（639 年）设播州，十六年（642 年）取义______“无偏无陂，遵王之义”，将播州所属的罗蒙县改名遵义县。唐末至明末的 725 年间由播州杨氏土司世袭统治，清置遵义府。1935 年，红军长征在这里转战三个多月，召开了彪炳史册的遵义会议，演绎了四渡赤水的经典战例。

A.《诗经》　B.《尚书》　C.《左传》　D.《仪礼》

126. 昆明，别称春城。古为滇国地（都于晋宁区晋城镇），西汉属益州郡，三国蜀隶建宁郡，晋设宁州，唐代宗时南诏筑东京拓东城，为昆明建城之始，宋代时大理设鄯阐府（治拓东城），元世祖至元______置昆明县（“昆明”名称之始，为云南行省、中庆路治所），逐渐成为云南省政治、经济、文化中心。清乾隆年间大观楼长联“汉习楼船，唐标铁柱，宋挥玉斧，元跨革囊”，记述云南及昆明历史。

A. 十三年（1276 年）　B. 十四年（1277 年）

C. 十五年（1278 年）　D. 十六年（1279 年）

127. 大理，是云南文化发祥地之一。西汉武帝元封二年（公元前 109 年）遥置叶榆县（属益州郡，为中原王朝在云南设县之始），东汉属永昌郡，三国蜀隶云南郡，西晋属宁州，唐代南诏国、宋代大理国时期（均为都城）与中原往来密切，唐______宗册封异牟寻为南诏王，元以后为大理路、府治（治太和县）。以下关风、上关花、苍山雪、洱海月（“风花雪月”）为“四绝”。

A. 代　B. 德　C. 宪　D. 穆

128. 拉萨，古称逻些，是世界上海拔最高的城市。7 世纪时吐蕃赞普松赞干布统一全藏，将政治中心从山南迁至拉萨，建大昭寺、布达拉宫。唐穆宗长庆______，唐朝和吐蕃在长安会盟，次年在逻些重盟，将盟约用汉藏两种文字刻石，立于大昭寺前。清雍正年间，派驻藏大臣驻拉萨。

A. 元年（821 年）B. 二年（822 年）　C. 三年（823 年）　D. 四年（824 年）

129. 西安，古称长安，为西周、秦、西汉、新莽、东汉（献帝）、西晋（愍帝）、前赵、前秦、后秦、西魏、北周、隋、唐十三朝古都，丝绸之路的东方起点，闻名世界的历史名城，唐代诗人______《和贾舍人早朝大明宫之作》诗中有“九天阊阖开宫殿，万国衣冠拜冕旒”的描写，李白则有“长相思，在长安”的惆怅。“西安”之名，始于明太祖洪武二年（1369 年）设西安府。

A. 王勃　B. 王维　C. 杜甫　D. 白居易

130. 延安，是中国革命圣地。古称肤施，战国秦置高奴县（筑城之始），北魏置东夏州，西魏改为延州，隋炀帝大业三年（607 年）置延安郡，后历为州、府治。1937～1947 年间，中国共产党在此领导全国革命，______是中共中央机关到延安后的第一个驻地。

A. 凤凰山　B. 杨家岭　C. 枣园　D. 王家坪

131. 天津，意为“天子经过的渡口”，别名津门。兴于漕运，隋朝大运河之南运河、北运河交汇处（“三会海口”），是天津的发祥地。金设直沽寨，元置海津镇，明成祖永乐______设卫筑城，是天津建城的标志。清咸丰十年（1860 年）被辟为通商口岸，成为北方开放前沿和洋务运动基地，造就了中西合璧、古今兼容的独特城市风貌。

A. 元年（1403 年）　B. 二年（1404 年）

C. 三年（1405 年）　D. 四年（1406 年）

132. 保定，为军事重镇、文化古城。西周属燕，北魏建县，五代后唐设州，北宋称保州，元世祖至元十二年（1275 年）取“永保安定”之意，改为保定路。明为保定府，清______年间始为直隶省省会，1949 年以后两度为河北省省会。

A. 康熙　B. 雍正　C. 乾隆　D. 嘉庆

133. 平遥，是汇通文商的遗产城市。相传为古陶地，“帝尧初封于陶”，周宣王时建城，秦置县（属太原郡），北魏迁平陶县治于此，避______讳更名平遥。现存明代城池，保持传统格局和风貌，为明清古城样板、晋商故里、19 世纪至 20 世纪初期中国金融业中心，日昇昌票号被誉为“近代银行业的乡下祖父”。

A. 道武帝　B. 明元帝　C. 太武帝　D. 文成帝

134. 呼和浩特，蒙语意为“青色的城”，自古为北方少数民族与汉族经济、文化交融之地。战国赵属云中郡（治今托克托），秦汉沿之，北魏称敕勒川，辽置丰州，明______年间俺答汗筑归化城（“库库和屯”），清初筑绥远城，清末将归化与绥远合并，称归绥。民国为绥远省省会，1954 年改名呼和浩特，定为内蒙古自治区首府。

A. 正德　B. 嘉靖　C. 隆庆　D. 万历

135. 沈阳，别称盛京、奉天。战国燕筑候城，秦属辽东郡，西汉设候城县，辽神册六年（921年）置沈州，元成宗元贞二年（1296年）设沈阳路（“沈阳”名称之始），后金天命十年（1625年）努尔哈赤从辽阳迁都于此，天聪八年（1634年）皇太极尊沈阳为“盛京”。清初迁都北京，盛京为陪都，顺治十四年（1657年）以“奉天承运”之意设奉天府。______帝东巡祭祖时作《盛京赋》（“於铄盛京，维沈之阳”）。

A. 康熙　B. 雍正　C. 乾隆　D. 嘉庆

136. 上海，别称申城。战国为楚国春申君黄歇封邑，唐天宝十年（751年）设华亭县，宋设上海镇，元世祖至元______置上海县（属松江府），为上海建城之始。鸦片战争后开埠，逐渐成为国际化大都市，1921年中国共产党在此诞生。

A. 二十八年（1291年）　B. 二十九年（1292年）

C. 三十年（1293年）　D. 三十一年（1294年）

137. 镇江，古称京口、润州，为长江南岸与京杭大运河交汇枢纽。西周称宜，春秋称朱方，战国称谷阳，秦称丹徒，三国吴孙权筑京城后称京口，隋置润州，北宋政和三年（1113年）始称镇江（府），清末开埠，民国曾为江苏省省会。沿江三山，金山有金山寺，焦山有瘗鹤铭，北固山有甘露寺，南朝梁武帝称为“天下第一江山”，宋代词人______在《南乡子·登京口北固亭有怀》中发出“千古兴亡多少事”之问。

A. 梅尧臣　B. 曾巩　C. 陆游　D. 辛弃疾

138. 常熟，因“土壤膏沃，岁无水旱之灾”而得名，有“江南福地”之誉。秦属会稽郡吴县，西晋置海虞县（建置之始），南朝______置常熟县（名称之始），后历为县治所在。古城西北隅有虞山伸入，人称“十里青山半入城”，历史上有虞山书派（张旭）、画派（黄公望）、印派（赵古泥）、琴派（严天池）闻名于世。文物古迹有商代仲雍墓、春秋言子墓、南朝梁昭明太子读书台等。

A. 宋　B. 齐　C. 梁　D. 陈

139. 徐州，古称彭城，为古九州之一，交通枢纽、战略要地。相传尧封彭祖于此（建大彭氏国），东周属宋，秦设彭城县，楚汉相争时项羽建都，三国魏迁徐州刺史部于此，彭城始称徐州，后历为州、郡、府治。北宋文学家______曾任徐州知州，赋诗称徐州为“古来豪杰地”（《送郑户曹》）。

A. 傅钦之　B. 苏轼　C. 黄庭坚　D. 米芾

140. 淮安，为运河要邑。秦汉设县，南朝齐武帝永明七年（489 年）始置淮安县，唐置楚州（治今淮安区），后历为州、路、府治，明清为漕运总督（一度为江淮行省）治所，集名人、名胜、名著、名菜于一城。唐代诗人______誉之为“淮水东南第一州”（《赠楚州郭使君》）。

A. 李白　　B. 杜甫　　C. 白居易　　D. 李商隐

141. 宁波，为海上丝绸之路主港之一。夏称鄞，春秋为越地，秦属会稽郡，唐称明州，正式开港，穆宗长庆元年（821 年）明州州治迁至三江口，筑内城，为宁波建城之始。明洪武______，为避国号讳，取“海定则波宁”之意改称宁波，清顺治十五年（1658 年）设宁绍台道，清末为通商口岸。造船、航运及外贸发达。

A. 十一年（1378 年）　　B. 十二年（1379 年）

C. 十三年（1380 年）　　D. 十四年（1381 年）

142. 歙县，是徽文化主要发祥地。东周历属吴、越、楚，秦置歙县（属会稽郡），晋属新安郡，______置歙州，宋设徽州府，府县同城 1000 余年，人文荟萃，为徽商、徽菜主要发源地，徽墨、歙砚主产地，新安画派形成地。

A. 隋　　B. 唐　　C. 宋　　D. 元

143. 寿县，古称寿春，为豆腐发祥地。春秋为蔡侯重邑（下蔡），战国晚期为楚都（郢），秦置寿春县（为九江郡治），西汉为淮南国地，三国魏为淮南郡治（兼扬州治所），隋开皇九年（589 年）置寿州，后历为府、军、路、州治。现存城墙始建于______，兼有防洪功能，至今保存完好。城郊有八公山、淝水，是著名的“淝水之战”古战场。

A. 唐　　B. 宋　　C. 元　　D. 明

144. 亳州，古称谯城，是古代四大药材基地之一（另：河北安国、江西樟树、河南禹州）。相传古为帝喾都，周为焦、陈、楚国，秦置谯县，东汉曾为豫州刺史部治所，三国魏黄初二年（221 年）为陪都（曹操故里，与许昌、长安、洛阳、邺并称“五都”），______始称亳州。元至正十五年（1355 年）刘福通拥韩林儿在此称帝，国号宋。

A. 北魏　　B. 东魏　　C. 北齐　　D. 北周

145. 福州，古为闽越地，秦设闽中郡，汉高祖五年（公元前202年）闽越王无诸建治城，为福州建城的标志。唐开元十三年（725年）始称福州，唐末王审知建闽国，奠定“三山鼎峙，一水环流”的城市格局。北宋治平二年（1065年），______知福州，编户植榕，“榕城”之名远播。汉代即有海外贸易，宋代为全国造船业中心，清末第一批开埠通商，福州马尾是中国近代海军的摇篮、船政文化的发祥地。市区三坊七巷保存传统格局和风貌。

A. 蔡襄　B. 张伯玉　C. 程师孟　D. 曾巩

146. 漳州，为“花果之城”。战国属越，秦隶闽中郡，晋设县，唐睿宗垂拱______始置漳州，后历为州、路、府治所。宋末已有漳人去台湾，是台湾同胞及海外侨胞的祖居地之一。

A. 元年（685年）　B. 二年（686年）　C. 三年（687年）　D. 四年（688年）

147. 南昌，古称豫章，地理“襟三江而带五湖”。东周属吴、楚，秦隶九江郡，汉高祖五年（前202年）取“昌大南疆”之意置南昌县，筑灌城，为南昌建城之始。汉晋为豫章郡，隋为洪州治，初唐______《滕王阁序》中誉其为“物华天宝，人杰地灵”。北宋仁宗天圣八年（1030年）为江南西路（“江西”名称之始）治所，南宋孝宗隆兴元年（1163年）改为隆兴府。1927年8月1日南昌起义，开创了中国共产党领导武装斗争和创建人民军队的新纪元。

A. 王勃　B. 杨炯　C. 卢照邻　D. 骆宾王

148. 济南，别称泉城，因地处古四渎之一“济水”（故道为今黄河所据）之南而得名。商为古谭国，甲骨卜辞中已有“泺”（趵突泉）的记载，周为齐国泺邑、历下城，秦属济北郡，汉为济南郡、济南国，西晋时济南郡治从东平陵迁至历城，后历为州、府、路治，明太祖洪武九年（1376年）山东省治由青州迁至济南。宋代有“济南二安”李清照（号易安居士）、辛弃疾（字幼安），清代山东学政______题联“四面荷花三面柳，一城山色半城湖”。

A. 顾悦履　B. 翁方纲　C. 刘凤诰　D. 阮元

149. 安阳，古称相、殷、彰德，是甲骨文的故乡、周易的发源地。夏为西河（胤甲所居），商后期为国都（______迁殷），文王拘而演《周易》（羑里），秦置安阳县，北魏属相州，北周静帝大象二年（580年）相州、魏郡治所从邺城迁至安阳，金章宗明昌三年（1192年）置彰德府，后历为路、府治。殷墟出土大量刻辞甲骨、青铜器、玉器。

A. 盘庚　B. 小辛　C. 小乙　D. 武丁

150. 南阳，春秋楚设宛邑，为冶铁中心，战国秦昭襄王三十五年（公元前272年）始置南阳郡。东汉光武帝刘秀起兵于南阳，成就帝业（称陪京），汉末诸葛亮躬耕于南阳，提出“三分天下”之计。后历为郡、州、府治。“科圣”张衡、“医圣”张仲景等出自南阳。唐代诗人______以“此地多英豪，邈然不可攀”称颂南阳。

A. 李白　B. 杜甫　C. 李贺　D. 杜牧

151. 商丘，为商部族起源地。舜封契于商，契的______世孙成汤在此建立商朝（南亳），西周成王封殷商后裔微子启建宋国，秦设睢阳县，西汉置梁国，三国魏设梁郡，隋置宋州，北宋景德三年（1006年）称应天府，为南京。元设归德府，明嘉靖二十四年（1545年）始置商丘县。

A. 十二　B. 十三　C. 十四　D. 十五

152. 武汉，由武昌、汉口、汉阳三镇组成，水陆交通发达，素称“______省通衢”。商代建盘龙城（位于今黄陂），汉末三国在今汉阳建却月城（武汉市区建城之始），在今武昌蛇山建夏口城及黄鹤楼。南宋岳飞驻鄂州（今武昌），兴师北伐。元至元十八年（1281年），武昌为湖广行省治所。清末汉口开埠和洋务运动，开启近代化进程，1911年为辛亥革命武昌首义之地。

A. 六　B. 七　C. 八　D. 九

153. 襄阳，肇始于西周______封仲山甫（樊穆仲）建樊国，东周为楚国要邑，西汉置襄阳县（属荆州南郡），东汉置襄阳郡，后历为州、路、府治，有“华夏第一城池”“铁打的襄阳”之称。城西有古隆中。唐代诗人王维吟唱“襄阳好风日，留醉与山翁”，北宋文学家欧阳修留下“谁能持我诗以往，为我先贺襄阳人”的诗篇。

A. 夷王　B. 厉王　C. 宣王　D. 幽王

154. 潮州，是著名侨乡。秦设揭阳县（属南海郡），晋置义安郡，隋开皇十一年（591年）年始称潮州，后历为州、路、府治。为隋代经略台湾的始发地，唐代以来海上丝绸之路的重要门户，有“岭海名邦”之称。以潮剧、潮音、潮绣、潮州菜、潮州工夫茶、潮州金漆木雕、潮汕商帮文化等闻名。宋代诗人______吟“旧日潮州底处所，如今风物冠南方”。

A. 陈尧佐　B. 周邦彦　C. 范成大　D. 杨万里

155. 重庆，别称山城，是巴渝文化发祥地。夏商为百濮地，周代巴人建国，周慎靓王五年（公元前316年）秦灭巴，在长江、嘉陵江汇合处筑巴郡城，为重庆建城之始。汉称江州，隋开皇元年（581年）称渝州，北宋徽宗改恭州。南宋淳熙十六年（1189年），赵惇先封恭王，再即帝位（______宗），升恭州为重庆府，重庆由此得名。清末开埠，抗战时期为民国陪都。

A. 孝　B. 光　C. 宁　D. 理

156. 阆中，为巴蜀要冲。战国曾为巴国国都，秦惠文王后元十一年（公元前314年）置巴郡及阆中县，东汉建安六年（201年）为巴西郡治，蜀汉名将张飞曾镇守七年，后历为州、郡、府治所，清初一度为四川省省会。建址循天文风水理论，山围四面，水绕三方，有“阆苑仙境”之誉，唐代画家______在此描绘《嘉陵江山图》，诗人杜甫诗咏“阆州城南天下稀”。

A. 李思训　B. 李昭道　C. 吴道子　D. 卢楞伽

157. 宜宾，位于金沙江、岷江交汇处，有“万里长江第一城”之称，有2200多年建城史、3000多年种茶史、4000多年酿酒史。古为西南夷僰侯国，秦置僰道县，汉为犍为郡治，南朝梁设戎州，______始称宜宾，后历为州、郡、府治所。

A. 隋代　B. 唐代　C. 北宋　D. 南宋

158. 自贡，为著名“盐都”“恐龙之乡”“灯会之城”，名称由“自流井”和“贡井”合并而来。汉属犍为郡，东汉______帝时即生产井盐（富世井、大公井），北周武帝因盐置县设镇（为富顺县和荣县前身），清后期“富庶甲于蜀中”，民国时始称自贡。

A. 明　B. 章　C. 和　D. 安

159. 镇远，为滇楚锁钥、黔东门户。春秋始有建置，秦昭襄王建镡城县（属黔中郡），汉设无阳县，唐置梓姜县，______置镇远州，后历为州、府、道治，保持传统风貌。文物古迹有镇远古城、青龙洞等。

A. 五代　B. 北宋　C. 南宋　D. 元代

160. 丽江，是古代南方丝绸之路和茶马古道的重镇，拥有世界文化遗产丽江古城、世界自然遗产三江并流、世界记忆遗产纳西族东巴古文献（及纳西古乐）。战国时属秦国蜀郡，汉属越嶲郡，三国蜀属云南郡，南北朝时纳西先民羌人迁入，南宋时建城，元______时始设丽江路，元至清初为纳西族土司府所在地，保存传统格局与风貌，“城依水存、水随城在”。

A．世祖　B．成宗　C．武宗　D．仁宗

161. 日喀则，古称年曲麦，是后藏地区政治、经济和文化中心。______世纪初，绛曲坚赞在此建立帕竹王朝，噶玛王朝时期曾为西藏首府。扎什伦布寺为历世班禅驻锡之地。

A．12　B．13　C．14　D．15

162. 韩城，古称龙门。西周为韩侯国、梁伯国，春秋先为晋地、后属秦，秦惠公十一年（前 327 年）置夏阳县，隋开皇______始称韩城县，有“华夏史笔惟司马，关中文物最韩城”之誉。旧城内保存传统风貌。

A．十七年（597 年）　B．十八年（598 年）

C．十九年（599 年）　D．二十年（600 年）

163. 榆林，为古代军事、边贸重镇。秦置上郡，北魏设夏州，______曾巡边于此并宴请部落酋长，作《车驾次榆林幸启民所居赋诗》（“鹿塞鸿旗驻，龙庭翠辇回”）。明成化七年（1471 年）置榆林卫，为九边重镇之一延绥镇驻地，清设榆林府，有“南塔北台中古城，六楼骑街天下名”之称。

A．隋文帝杨坚　B．隋炀帝杨广　C．唐太宗李世民　D．唐玄宗李隆基

164. 武威，古称凉州、姑臧，丝绸之路重镇，曾为北方佛教中心，“通一线于广漠，控五郡之咽喉”。西汉武帝元狩二年（公元前 121 年）为彰显“武功军威”置武威郡，隶凉州刺史部（治姑臧），十六国为前凉、后凉、南凉、北凉都城，西夏为西都。代表有一马（铜奔马）、一碑（西夏碑）、一寺（白塔寺）、一窟（天梯山石窟）、一塔（罗什寺塔）、一庙（文庙）、一堡（瑞安堡）。唐代诗人______《凉州词》中有“黄河远上白云间，一片孤城万仞山”的名句。

A．王之涣　B．孟浩然　C．王昌龄　D．高适

165. 张掖，古称甘州，为丝绸之路重镇。汉武帝元鼎六年（公元前111年）取“张国臂掖，以通西域”之意置张掖郡，西魏恭帝元年（554年）设甘州，后历为郡、路、卫、府治。甘州音乐《婆罗门曲》传入宫廷后，______改制为《霓裳羽衣曲》，以《甘州破》《甘州子》《甘州曲》《八声甘州》等命名的词牌、曲牌流传甚广。有诗云“不望祁连山顶雪，错把张掖当江南”。

A．唐太宗　　B．唐高宗　　C．唐中宗　　D．唐玄宗

166. 敦煌，位于河西走廊西端，为丝绸之路要冲。汉武帝元鼎六年（公元前111年）置敦煌郡（治敦煌县），控玉门关、阳关，十六国时为西凉都城，北魏置瓜州，后称沙州、敦煌县（唐大中二年至宋景祐三年称为归义军时期），以石窟、塑像、壁画闻名天下，城南月牙泉有“沙漠第一泉”之称。唐代诗人______写下“长风几万里，吹度玉门关”的名句。

A．李白　　B．高适　　C．岑参　　D．卢纶

167. 银川，素称“塞上江南”。秦属北地郡，汉武帝______年间建北典农城（建城之始），北周置怀远郡、怀远县，唐筑新城（今兴庆区），西夏更名兴庆府，建都190年。元置宁夏府路（“宁夏”之名肇始）。明设宁夏镇（为九边重镇之一），清设宁夏府，民国时期设宁夏省，将省会命名银川。

A．元光　　B．元朔　　C．元狩　　D．元鼎

168. 喀什，古称疏勒，为古丝绸之路重镇，南疆政治、经济、文化中心。汉为疏勒国地，隶西域都护府，班超曾驻守疏勒17年。唐设疏勒都督府，为安西四镇之一，玄奘西行取经路上曾驻足。元为察合台汗封地，清设总理回疆事务参赞大臣、喀什噶尔道。南朝诗人______《关山月》诗中有“星旗映疏勒，云阵上祁连”的名句。喀什老城呈现民俗风情的生动画卷。

A．吴均　　B．徐陵　　C．庾信　　D．杨素

169. 正定，古称常山、真定。春秋为鲜虞国都，战国为中山国东垣邑（东垣古城），秦置东垣县，汉置真定县（属常山郡）、真定国，后历为郡、州、府、路治所（隋代迁今址），清______年间避皇帝讳改名正定。宋元时有“花花真定府、锦绣太原城”之说。

A．顺治　　B．康熙　　C．雍正　　D．乾隆

170. 邯郸，为“成语之城”。兴起于殷商后期，战国为赵都（公元前386年赵敬侯迁都于此，历______世158年），秦置邯郸郡，西汉为赵国都城、“五大都会”之一（另：洛阳、临淄、宛、成都），汉末曹魏建都于邺城（今临漳），继为后赵、冉魏、前燕、东魏、北齐都城；北宋大名府为陪都（“北京”），清代大名府为直隶省第一个省会。

A．七　　B．八　　C．九　　D．十

171. 新绛，西周为荀国，春秋曾为晋都，战国属魏，秦属河东郡，北魏置东雍州，北周明帝武成二年（560年）改为绛州，隋开皇三年（583年）州治从玉壁城迁至今县城处，后历为州、府治。绛守居园池是国内现存唯一的______园林遗址。小手工业发达，“七十二行样样有”。

A．北周　　B．隋代　　C．唐代　　D．五代

172. 代县，古称雁门，以“关山雄固，北塞门户”著称。春秋属晋，战国归赵，秦王政二十六年（公元前221年）建广武县，后为信桓县、雁门郡，隋始设代州，后历为州、郡、道、县治所。雁门关为天下九塞之首，边靖楼声闻四达，杨忠武祠名扬海外。金代文学家______在《代州书事》诗中，发出“万古山河雄朔部，四时风月入南楼”之慨。

A．赵秉文　　B．王若虚　　C．元好问　　D．段克己

173. 祁县，古称昭馀，是晋商文化和万里茶道的发源地之一，社火、剪纸、秧歌、心意拳闻名。春秋晋______公封祁奚于此建城，战国属赵，秦隶太原郡，西汉初置祁县，北魏太和年间迁县城于今址，现存明清古城格局和数百处民居院落，另有乔家、渠家、何家等著名大院。

A．厉　　B．悼　　C．平　　D．昭

174. 吉林（市），是中国唯一与省同名的城市。明设造船基地，清康熙______建吉林城，随后宁古塔将军驻地迁此，乾隆二十二年（1757年）更名为吉林将军。光绪三十三年（1907年）建吉林行省，省会设于吉林市。康熙皇帝东巡吉林城所作《松花江放船歌》，有“乘流直下蛟龙惊，连樯接舰屯江城”之句，又称“北国江城”。

A．十一年（1672年）　　B．十二年（1673年）

C．十三年（16734年）　　D．十四年（1675年）

175. 集安，有“国参故里”之称。东周属燕，秦属辽东郡，西汉属玄菟郡，汉唐时期为高句丽都城（共历______王 425 年），现存国内城、丸都山城遗址、好太王碑、洞沟古墓群等文物古迹。后历为州、县治。

A. 19　　B. 20　　C. 21　　D. 22

176. 哈尔滨，别称冰城，是金、清两朝发祥地之一。唐代为忽汗州辖区，金太祖收国元年（1115 年）在上京（今阿城）建都，清朝肇祖孟特穆出生于依兰。1896 年至 1903 年，随着中东铁路建设，形成近代城市。20 世纪初，有______个国家在此设立领事馆，哈尔滨成为东北经济、文化中心之一和国际都市。

A. 17　　B. 18　　C. 19　　D. 20

177. 衢州，有“东南阙里、南孔圣地”之誉。春秋为姑蔑国，后为越国姑蔑地，东汉献帝初平三年（192 年）置新安县（建城之始），唐武德四年（621 年）始置衢州，后历为州、府、路、道治所。为围棋文化发源地之一，流传______樵夫王质在烂柯山遇神仙下棋的故事。

A. 东汉　　B. 孙吴　　C. 晋代　　D. 南朝

178. 临海，有“小邹鲁”之称。古为瓯越地，秦属闽中郡，西汉始元二年（公元前 85 年）置回浦县，三国吴始设临海县、临海郡，唐武德四年（621 年）置台州（治临海），后历为郡、州、路、府、道治。宋代文学家______赞曰：“海山仙子国，邂逅寄孤篷。万象图画里，千崖玉界中。”

A. 陈与义　　B. 王之望　　C. 孙应时　　D. 文天祥

179. 长汀，为“八闽客家首府”。汉置县，晋以后客家人聚居，唐玄宗开元二十四年（736 年）始置汀州及长汀县，后历为州、郡、府、路治。土地革命时期，是中央苏区的经济中心、福建省苏维埃政府所在地。宋代文学家______有“晚过长汀驿，溪山乃尔奇”的赞誉。

A. 陆游　　B. 方岳　　C. 陈著　　D. 戴表元

180. 赣州，别称虔城，为宋明理学发祥地之一、客家文化的摇篮。秦设南壄县（建置之始），汉高祖设赣县，东晋为南康郡治，隋唐为虔州治所，南宋高宗绍兴二十三年（1153 年）取章、贡二水合流之义改名赣州。宋代文学家______在《菩萨蛮·书江西造口壁》中留下“青山遮不住，毕竟东流去”的名句（赣州郁孤台）。

A. 王安石　　B. 苏轼　　C. 陆游　　D. 辛弃疾

181. 青岛，春秋属齐，战国辖于即墨邑，秦属琅琊郡，西汉为胶东国地，后为胶、密、莱州管辖，明代设浮山防御千户所，清代鸦片战争后设总镇衙门。1898年中______《胶澳租界条约》签订后开埠，1919年因青岛主权问题爆发反帝爱国的五四运动。

A．英　B．德　C．日　D．美

182. 聊城，为"江北水城"。春秋属齐，秦隶东郡，隋设博州，唐武德四年（621年）以此为博州治所，北宋熙宁年间筑城，明清为东昌府治，运河漕运发达。唐代诗人李白感怀战国时期破燕复齐之战，写下"______"的名句。

A．我以一箭书，能取聊城功　B．大敌折齐俎，一书下聊城
C．暂向聊城飞一箭，长为沧海系扁舟　D．愿为鲁连书，一射聊城笴

183. 邹城，是邹鲁文化发祥地之一、孟子故里。商属奄国，西周为邾（邹）国都，秦置驺县（治邾国故城），北齐天保年间迁今址，唐代始称邹县。峄山是______年秦始皇东巡封禅登临的第一座山峰，留下著名的峄山刻石。

A．公元前221　B．公元前220　C．公元前219　D．公元前218

184. 临淄，因临淄水而得名，为世界足球（蹴鞠）起源地。周武王二年（前1045年）封太公姜尚于齐地（长子伯禽就封），都营丘，至七世齐______时扩建、改名临淄，为齐都历时638年。秦设临淄县，为齐郡治所。西汉为齐国王都、齐郡郡治、临淄县治，东汉为青州州治，后历为州、郡、县治。《考工记》《孙子兵法》《齐民要术》等为齐人齐地经验的结晶。

A．胡公　B．献公　C．武公　D．厉公

185. 郑州，为黄帝故里（新郑），商代前期都城（亳），西周初为管国，东周先后为郑、韩都城（新郑），汉属中牟县，隋开皇______始设郑州，十六年（596年）州治移至管城（一度改称管州），北宋为西辅，后历为州、县治，1954年为河南省省会（从开封迁来）。

A．元年（581年）　B．二年（582年）　C．三年（583年）　D．四年（584年）

186. 浚县，商代称黎，周代分属晋、卫，西汉设黎阳县，东晋置黎阳郡，宋徽宗______年间始设浚州，明洪武年间置浚县。隋唐大运河浚县段、黎阳仓遗址为世界文化遗产。

A．大观　B．政和　C．重和　D．宣和

187. 随州，传为炎帝神农故里。西周为随国都城，战国楚建县，晋设义阳郡，西魏置随州（辖郡、县），北周杨忠、杨坚父子为随（隋）国公，隋设汉东郡，唐改置随州，后历为州治。战国曾侯乙墓出土青铜编钟等珍贵文物。唐代诗人______《题随州紫阳先生壁》中诗有“神农好长生，风俗久已成”的名句。

A. 李白　　B. 杜甫　　C. 刘禹锡　　D. 李商隐

188. 钟祥，春秋称郊郢，战国后期曾为楚国都城，秦属南郡，西汉设郢县（设县之始），三国吴置牙门戍、筑石城，西晋至明为郡、州、府治。明______帝取“风水宝地、祥瑞所钟”之意，赐县名“钟祥”，升所在的安陆府为承天府，与顺天府（北京）、应天府（南京）并为三大直辖府。

A. 成化　　B. 弘治　　C. 正德　　D. 嘉靖

189. 岳阳，古称巴陵，位于洞庭湖之滨。春秋属楚，晋武帝太康元年（280年）始建巴陵县，南朝宋元嘉十六年（439年）置巴陵郡，隋开皇十一年（591年）设岳州，后历为郡、州、路、府、县治。岳阳楼为天下名楼，《岳阳楼记》为北宋文学家______名篇（“先天下之忧而忧，后天下之乐而乐”）。

A. 范仲淹　　B. 欧阳修　　C. 曾巩　　D. 王安石

190. 肇庆，古称端州，是广府文化的发祥地之一。周为百越地，秦属南海郡，汉设高要县，隋开皇九年（589年）置端州，宋______（原为端王）亲赐御书设肇庆府，意为“吉庆之始”，后历为路、府治，明末清初曾为两广总督府驻地。盛产端砚，七星岩有“岭南第一奇观”之誉。

A. 神宗　　B. 哲宗　　C. 徽宗　　D. 钦宗

191. 佛山，为古代天下四聚（另：北京、苏州、汉口）、四大名镇之一，武术、粤剧、狮艺之乡。秦属南海郡番禺县，晋称季华乡，隋属南海县，唐贞观______出土三尊佛像得名“佛山”。清末得风气之先，为近代民族工业发祥地之一。

A. 元年（627年）　B. 二年（628年）　C. 三年（629年）　D. 四年（630年）

192. 梅州，为著名侨乡。南朝齐置程乡县，五代十国南汉设敬州，北宋开宝______避太祖祖父名讳改称梅州，后历为州、路、府治。民居围龙屋富有特色。

A. 元年（968年）　B. 二年（969年）　C. 三年（970年）　D. 四年（971年）

193. 雷州，原名海康（1994 年 4 月设市）。秦为象郡地，汉元鼎六年（公元前 111 年）设徐闻县（建置之始，隶合浦郡），为海上丝绸之路始发港之一，隋开皇九年（589 年）改置海康县，唐______年间始称雷州，首任刺史陈文玉“宁我边疆，荣我冠裳”，被尊为“雷祖”。后为县、郡、州、道、府治，素称“天南重地”。

A．武德　　B．贞观　　C．永徽　　D．显庆

194. 柳州，古为百越地，秦属桂林郡，西汉元鼎六年（公元前 111 年）置潭中县（建置之始），西晋太康三年（282 年）为桂林郡治，唐贞观八年（634 年）始称柳州，后历为州、路、府治。壮族歌、侗族楼、苗族舞、______族节，为柳州民族风情四绝。

A．京　　B．水　　C．瑶　　D．彝

195. 乐山，古称嘉州。传为古蜀开明王都城，战国秦设南安县，北周大成元年（579 年）取“郡土嘉美”之意置嘉州，宋改为嘉定府，清雍正十二年（1734 年）始置乐山县，为嘉定府治。唐朝中期开凿了举世闻名的乐山大佛。清代文学家______《晚渡平羌江步上凌云绝顶》诗中有“东坡老去方思蜀，不愿人间万户侯”的名句。

A．王士祯　　B．查慎行　　C．袁枚　　D．纪昀

196. 都江堰，因堰而起、因水而兴。相传古蜀开明王决玉垒山、分引岷江之水，战国秦昭襄王时期，蜀守李冰兴建都江堰水利工程，使成都平原成为千里沃野。汉置湔氐县，南朝宋为汶山郡治（灌口），五代十国前蜀设灌州，后为道、郡、州、县治。清代诗人山春《灌阳竹枝词》中有“______”的名句。

A．盈盈一水隔，兀兀二山分　　B．流出古今秦汉月，问他伏龙可曾寒

C．岷江遥从天际来，神功凿破古离堆　　D．都江堰水沃西川，人到开时涌岸边

197. 泸州，古称江阳。战国秦置江阳县，西汉设江阳侯国，东汉置江阳郡，南朝梁武帝大同年间始置泸州，后历为州、郡、府、路、道治。以老窖酒闻名，唐代诗人______在《泸州纪行》诗中，抒发“三杯入口心自愧，枯口无字谢主人”之幽情。

A．李白　　B．杜甫　　C．李贺　　D．杜牧

198. 建水，人称“滇南邹鲁”。唐代时南诏筑惠历城（汉译“建水”），元初设建水千户，至元十三年（1276年）改为建水州，后为临安府、建水县治。建水______陶为四大名陶之一。明代谢肇淛《滇略》中称临安之繁华富庶甲于滇中，民间有“金临安、银大理”之说。

A. 红　　B. 黑　　C. 紫　　D. 白

199. 巍山，为南诏文化发祥地之一。古为哀牢地，西汉元封二年（公元前109年）设邪龙县，三国蜀属云南郡，唐为南诏国地，明清置蒙化府，由______族左氏土司世袭统治500多年。1956年始设巍山县。古城保持明清棋盘式格局，城南巍宝山有众多道教古建筑。

A. 纳西　　B. 白　　C. 傣　　D. 彝

200. 江孜，藏语意为“王城之顶”，有“藏毯故乡”之称。清代设江孜宗，为集军政职能于一体的宫堡式建筑。光绪______，当地军民在宗山抗击英国侵略军，谱写了英勇悲壮的爱国主义赞歌。

A. 三十年（1904年）　　B. 三十一年（1905年）

C. 三十二年（1906年）　　D. 三十三年（1907年）

201. 咸阳，是中国历史上第一个统一的多民族封建国家的都城。战国秦孝公十二年（前350年）定都咸阳，至秦始皇统一天下。汉为新城、渭城，唐置咸阳县。有周、汉、唐代诸陵。“咸阳宫阙郁嵯峨，六国楼台艳绮罗”是______中的名句。

A. 权德舆《拜昭陵过咸阳墅》　　B. 温庭筠《咸阳值雨》

C. 李商隐《咸阳》　　D. 韦庄《咸阳怀古》

202. 汉中，为汉朝发祥地。夏商为褒国地，西周称周南、南郑，战国秦惠文王后元十三年（公元前312年）始置汉中郡，楚汉相争时刘邦都南郑（今汉台），起兵夺天下。唐德宗兴元元年（784年）置兴元府，开帝王年号命名府名之先河，后历为路、府、道治。宋代诗人______云：“岂知高帝业，煌煌汉中起。”（《先主庙次唐贞元中张俨诗韵》）

A. 黄裳　　B. 陆游　　C. 辛弃疾　　D. 黄人杰

203. 天水，古称秦州，传为羲皇故里，是秦文化发祥地。西周嬴非子在西陲为周天子养马，春秋秦武公十年（公元前 688 年）置邽县，汉武帝元鼎三年（公元前 114 年）始置天水郡，为丝绸之路重镇。三国魏文帝黄初元年（220 年）设秦州，后历为州、郡治。伏羲文化、先秦文化、三国文化（祁山）、石窟文化（麦积山）等博大精深。明代文学家______有“秦山秦水拱羲台，一曲圜垣九域开”的赞誉。

A．胡缵宗　　B．归有光　　C．张岱　　D．张溥

204. 同仁，藏语意为“梦想成真的金色谷地”，是热贡艺术诞生地。明洪武三年（1370 年）创建隆务寺，______年设同仁县。唐卡、堆绣、雕塑等艺术精巧绝伦。

A．1919　　B．1924　　C．1929　　D．1939

205. 山海关（区），古称榆关，是连接华北与东北的咽喉要地。北齐始筑长城，隋建临榆宫，明洪武十四年（1381 年）徐达建关设卫，因北倚燕山、南襟渤海，得名山海关。清乾隆二年（1737 年）置临榆县。明代文学家、“后七子”之一______有“燕山寒影落高秋，北折榆关大海流”的名句。

A．李攀龙　　B．徐中行　　C．宗臣　　D．王世贞

206. 凤凰，为湘西名城。战国属楚，秦属黔中郡，汉属武陵郡，唐垂拱二年（686 年）设渭阳县，元置五寨长官司，清康熙______置凤凰营于今县城，1913 年始设凤凰县。有“画乡”之誉。

A．四十一年（1702 年）　　B．四十二年（1703 年）

C．四十三年（1704 年）　　D．四十四年（1705 年）

207. 濮阳，古称帝丘。相传颛顼曾在此建都，夏为昆吾国地。周襄王二十三年（公元前 629 年）卫______迁都于此（高城遗址），历 388 年。秦嬴政七年（公元前 240 年）始置濮阳县，为东郡治所，唐武德四年（621 年）置澶州，宋设檀渊郡、开德府，金称开州，老城保留明清格局和风貌。西水坡遗址出土距今 6500 多年的蚌塑龙形图案，被誉为“中华第一龙”。

A．懿公　　B．戴公　　C．文公　　D．成公

208. 安庆，是桐城派故里、京剧徽班和黄梅戏发祥地。东周为古皖国地，秦属九江郡，唐武德四年（621 年）设舒州，南宋绍兴十七年（1147 年）改舒州德庆军为舒州安庆军（安庆名称之始），清乾隆二十五年（1760 年）至民国二十七年（1938 年）为安徽省省会（除太平天国时期）。清末，安庆内军械所制造了中国第一台蒸汽机和第一艘机动船；徐锡麟巡警学堂起义、熊成基炮马营起义，打响辛亥革命和新军起义的先声；陈独秀创办《安徽俗话报》，初举新文化运动旗帜。晋代诗人______曾称“此地宜城”，故别名“宜城”。

A．郭璞　　B．孙绰　　C．谢安　　D．陶潜

209. 泰安，因泰山而得名，寓“泰山安则四海皆安”之意。秦设济北郡（治博阳），西汉武帝封禅泰山时置泰山郡，北齐置东平郡，金初设泰安军，世宗大定二十二年（1182 年）设泰安州，治于岱岳镇，清______年间升为泰安府。“山城相依、山城一体”的格局独具特色。

A．顺治　　B．康熙　　C．雍正　　D．乾隆

210. 海口，秦设县，西汉属珠崖郡，南朝梁属崖州，唐贞观元年（627 年）设琼山县，宋神宗熙宁四年（1071 年）置海口浦（港），明洪武年间设海口千户所，筑海口城，清末开埠，1950 年设市，______年为海南省省会。

A．1987　　B．1988　　C．1989　　D．1990

211. 金华，古称婺州，因地处“金星与婺女两星争华之处”得名。东周属越、楚，秦王政二十五年（公元前 222 年）置乌伤县（今义乌），三国吴宝鼎元年（266 年）设东阳郡，南朝陈文帝天嘉三年（562 年）始称金华郡，隋开皇十三年（593 年）置婺州，元末设金华府，领“八婺”。昔称“百工之乡”。宋代词人______以“水通南国三千里，气压江城十四州”书写金华气势。

A．柳永　　B．李清照　　C．陆游　　D．辛弃疾

212. 绩溪，是徽墨、徽菜、徽剧发祥地，“邑小士多、代有闻人”。东周历属吴、越、楚，秦属会稽郡，汉为华阳镇，南朝梁大同元年（535 年）设良（梁）安县，唐代宗永泰二年（766 年）始置绩溪县（隶歙州），北宋宣和______改歙州为徽州，以绩溪徽岭、徽溪而名。龙川胡氏宗祠有“木雕艺术殿堂”之誉。

A．元年（1119 年）B．二年（1120 年）　C．三年（1121 年）　D．四年（1122 年）

213. 吐鲁番，曾是中国、印度、希腊、伊斯兰四大文化体系的交汇交融点。西汉宣帝神爵二年（公元前 60 年）设西域都护府，将原车师地分为八国，其中车师前国治交河城。元帝初元元年（公元前 48 年）设戊己校尉（驻交河城），掌管西域屯田事务。成帝阳朔四年（公元前 21 年）戊己校尉移治高昌壁（今高昌故城）。前凉文王太元四年（327 年）始置高昌郡，立田地县。北魏和平元年（460 年），阚伯周建高昌国，以高昌城为都。唐贞观十四年（640 年）灭高昌，设西州，辖高昌、交河等县，并设安西大都护府于交河城（后往复迁龟兹、西州）。唐咸通七年（866 年），仆固俊建高昌回鹘王国，史称“西州回鹘”。元末，分为柳城、火州、吐鲁番三部，吐鲁番地名第一次出现。清乾隆年间平定准噶尔部，后设吐鲁番领队大臣，行政中心移至吐鲁番老城。光绪十年（1884 年）新疆建省，下辖吐鲁番直隶厅。为著名的瓜果之乡，元代诗人______有“玉关西去火州城，五月蒲萄无数生”的诗句。

A．陈孚　　B．张养浩　　C．成廷圭　　D．杨维桢

214. 特克斯，古为塞人、大月氏人、乌孙人、突厥人、回鹘人地，唐属西域都护府管辖，宋属西辽，元为察合台汗封地，清乾隆二十七年（1762 年）为伊犁将军统辖，光绪十四年（1888 年）属宁远县（今伊宁）。1931 年置特克斯设置局，______年设特克斯县。县城为八卦城格局，喀拉峻大草原（新疆天山的组成部分）列入世界自然遗产名录。

A．1933　　B．1935　　C．1937　　D．1939

215. 无锡，是吴文化的重要发源地。公元前 11 世纪，周太王古公亶父长子泰伯让位于三弟季历（周文王姬昌之父），偕二弟仲雍奔江南，定居梅里（今无锡梅村），号“句吴”。西周初，武王封仲雍______世孙周章为吴君，建吴国（封周章弟仲建虞国）。战国属越、楚，秦属会稽郡。汉高祖五年（公元前 202 年）始置无锡县（新莽曾改名有锡县），元代曾升为州。清代为全国四大米市之一、“丝市”“布码头”。清末开埠，民族工商业发达。北宋诗人苏轼有“踏遍江南南岸山，逢（惠）山未免更留连”之评。

A．三　　B．四　　C．五　　D．六

216. 南通，位于中国东部海岸线与长江交汇处。东晋设县，五代后周显德五年（958 年）置静海军，后改为通州，始筑州城。宋代一度称崇州、崇川，后历为路、州治。近代文教及工商业发达，创办了中国历史上第一所师范学校、纺织学校、公共博物馆等。著名诗人______“阆苑仙人何处觅，灵槎使者几时回”的诗句，勾勒出北宋年间狼山踞于海中的景象。

A．欧阳修　　B．王安石　　C．刘昶　　D．苏轼

217. 北海，是古代海上丝绸之路重要始发港，盛产南珠。古为百越地，秦属象郡，汉属合浦郡合浦县，唐代合浦郡更置越州、廉州，清康熙______设北海镇标，咸丰六年（1856年）珠场巡检司移治北海。清末开埠，存留领馆、教堂、海关、洋行、学校、医院等西式建筑。

A. 元年（1662年）　B. 二年（1663年）

C. 三年（1664年）　D. 四年（1665年）

218. 宜兴，古称荆邑、阳羡，以紫砂闻名，有“陶都”之誉。春秋属吴，秦王嬴政二十六年（公元前221年）设阳羡县，汉初为阳羡侯国，西晋置义兴郡，隋称义兴县，北宋太平兴国元年（976年）避太宗讳改为宜兴县，属常州。阳羡紫笋茶在______即定为贡茶，时有“天子须尝阳羡茶，百草不敢先开花”之说（卢仝《走笔谢孟谏议寄新茶》）。

A. 隋代　B. 唐代　C. 南唐　D. 北宋

219. 嘉兴，古称长水。东周历属吴、越、楚。秦置由拳、海盐县，属会稽郡。三国吴黄龙三年（231年）“由拳野稻自生”，改称禾兴，赤乌五年（242年）始称嘉兴。五代十国吴越置开元府、秀州，北宋称嘉禾郡，后历为府、军、路、州治。清代嘉兴籍诗人形成的“______”影响深远。1921年，中国共产党在嘉兴南湖的一艘游船上成立。

A. 性灵诗派　B. 云间诗派　C. 竟陵诗派　D. 秀水诗派

220. 太原，古称晋阳、并州。商为北唐地，春秋属晋，晋定公十五年（公元前497年）始筑晋阳城，战国初曾为赵都，秦设太原郡，汉置并州刺史部，东魏、北齐为“霸府”、别都，隋末李渊父子从太原起兵统一天下，唐为北都。五代十国之后唐、后晋、后汉、北汉，或发迹于晋阳，或以此为都，传为“龙城”。北宋太平兴国年间晋阳城被毁，在汾水东岸唐明镇重建太原城，后历为府、路治，山西省省会。______称太原“井邑龙斯跃，城池凤翔余”（《过晋阳宫》）；北宋文学家欧阳修有“并州自古多豪杰”之赞。

A. 唐高祖李渊　B. 唐太宗李世民　C. 唐高宗李治　D. 唐玄宗李隆基

221. 中山，古称香山。古为珠江口伶仃洋中的岛屿，秦属南海郡，晋属东官郡，唐设香山镇（属东莞县），北宋设香山寨，南宋绍兴二十二年（1152年）始置香山县。明清时香山北部地区淤积成陆，与大陆相连。近代“开风气之先”，文教发达，名人辈出。______年，为纪念孙中山先生，改名为中山县。

A. 1925　B. 1926　C. 1927　D. 1928

222. 蓬莱，自古有海市蜃楼奇观和“八仙过海”美传。西汉元光二年（公元前 133 年）汉武帝东巡“于此望海中蓬莱山，因筑城以为名”。唐贞观八年（634 年）置蓬莱镇，神龙三年（707 年）设蓬莱县，登州治所移此。______始建蓬莱水城、蓬莱阁。唐代诗人杜甫有“蓬莱宫阙对南山，承露金茎霄汉间”的诗句。

A．五代　　B．北宋　　C．金代　　D．元代

223. 会理，地处古代南方丝绸之路要冲，因“川原并会，政平颂理”而得名。西汉元鼎六年（公元前 111 年）设会无县（隶越巂郡），唐设会川县，南诏时期为会川都督府，宋代大理时期改为会川府，辖会理等 5 州。元置会川路，明设会川卫，清康熙年间复设会理州，民国改县。古城保留“明清之风”，蜀月滇风文化交融，名产有石榴、黑山羊、______陶等。

A．红　　B．白　　C．绿　　D．黑

224. 库车，古称龟兹。西汉为西域诸国之一，治延城（今皮朗古城），宣帝神爵二年（公元前 60 年）为西域都护府（治乌垒城）统辖，东汉和帝永元三年（91 年）班超移西域都护府于龟兹（治它乾城），唐高宗显庆三年（658 年）安西都护府移治龟兹，元为察合台汗封地。清乾隆二十四年（1759 年）设库车办事大臣（库车名称之始），辖理回部事务。光绪年间设库车直隶厅、直隶州。龟兹乐舞久负盛名，唐代边塞诗人______有“回裾转袖若飞雪，左铤右铤生旋风”的传神描绘。

A．王之涣　　B．王昌龄　　C．高适　　D．岑参

225. 伊宁，古称宁远。古为塞人地，汉属西域都护府统辖，唐先后隶安西都护府和北庭都护府，元为察合台汗封地，清乾隆二十七年（1762 年）始筑宁远城，隶伊犁将军（治惠远城），光绪十四年（1888 年）设宁远县。______年，改称伊宁县。清乾隆帝曾赋诗“无战有征安绝域，壶浆箪食迎王师”（《西师底定伊犁捷音至诗以述事》）。

A．1912　　B．1913　　C．1914　　D．1915

226. 泰州，古称海陵。东周历属吴、越、楚，秦称海阳，西汉置海陵县，五代十国南唐昇元元年（937 年）始设泰州，后为路、州治。“儒风之盛，素冠淮南”，北宋文学家______称其“诗书对周孔，琴瑟亲羲皇”。

A．范仲淹　　B．苏洵　　C．曾巩　　D．王安石

227. 会泽，三江十河交汇，古有“______都”之称。西汉建元六年（公元前 135 年）置堂琅县，隋属恭州地，唐初设唐兴县，南诏时期置东川郡，宋代大理时期设东川大都督，元为东川路，清雍正五年（1727 年）始置会泽县。

A. 银　B. 铜　C. 锡　D. 铅

228. 烟台，古为东夷地，西周置莱子国，东周属齐，秦属齐郡，汉属东莱郡，隋属莱州，唐宋元属登州、莱州。明洪武______设奇山守御所（为烟台城市雏形），在北山筑狼烟墩台（烟台由此得名）。清末开埠，近代建筑集中成片。

A. 二十八年（1395 年）　B. 二十九年（1396 年）

C. 三十年（1397 年）　D. 三十一年（1398 年）

229. 青州，为古九州之一。古为东夷地，周属齐，秦置齐郡，西汉武帝元封五年（公元前 106 年）设青州刺史部（驻广县），十六国时期曾为______国都（广固），后历为府、郡、路、道、州治（曾称益都）。古城保存传统格局和风貌。

A. 后赵　B. 前燕　C. 后燕　D. 南燕

230. 湖州，古称吴兴，为“丝绸之府、鱼米之乡、文化之邦”。周历属吴、越、楚，楚考烈王十五年（公元前 248 年）春申君黄歇徙封于此，始置菰城县，秦设乌程县，三国吴宝鼎元年（266 年）置吴兴郡，隋文帝仁寿二年（602 年）始设湖州，后历为路、府治。太湖溇港文化景观价值突出。南宋诗人______有“行遍江南清丽地，人生只合住湖州”之赞。

A. 范成大　B. 杨万里　C. 姜夔　D. 戴表元

231. 齐齐哈尔，别称鹤城，______语意为“天然牧场”。古为夫余、鲜卑、室韦地，辽属上京路、东京路，明属奴儿干都司，清康熙三十年（1691 年）建齐齐哈尔城，三十八年（1699 年）黑龙江将军衙门移此，光绪三十三年（1907 年）设黑龙江行省。中华人民共和国成立前后，曾为嫩江省、黑嫩省、黑龙江省省会。

A. 达斡尔　B. 鄂伦春　C. 鄂温克　D. 赫哲

232. 常州，古称延陵、毗陵。周灵王二十五年（公元前 547 年）吴王寿梦______子季札（与孔子并称“南季北孔”）封邑延陵，西汉高祖五年（公元前 202 年）改称毗陵，西晋武帝太康二年（281 年）置毗陵郡，隋文帝开皇九年（589 年）始设常州，后历为路、府治。春秋淹城遗址以独特的三城三河布局著称。南朝诗人江淹有“延陵轻宝剑，季布重然诺”之赞，唐代诗人白居易有“闻道毗陵诗酒兴”之誉。

A. 长　B. 次　C. 三　D. 四

233. 瑞金，是红色故都、共和国摇篮。周历属吴、越、楚，秦隶九江郡，西汉属豫章郡，东汉建安七年（202年）置象湖镇，隶雩都县。唐天祐元年（904年）置瑞金监，因“掘地得金，金为瑞”得名。五代十国南唐保大十一年（953年）设瑞金县。1931年______月，中华苏维埃共和国临时中央政府在瑞金成立。

A．9　　B．10　　C．11　　D．12

234. 惠州，被称为客家侨都（客家四州：惠州、梅州、赣州、汀州）。秦始皇三十三年（公元前214年）置傅罗县，汉武帝时改称博罗县，南朝梁天监二年（503年）置梁化郡，隋开皇九年（589年）设循州，北宋真宗天禧四年（1020年）始称惠州，后历为路、府治。东晋道家葛洪在罗浮山修道炼丹、采药济世，北宋诗人______寓居惠州，留下“不辞长作岭南人”的佳话。

A．文彦博　　B．苏轼　　C．黄庭坚　　D．周邦彦

235. 温州，为南戏故乡、永嘉学派摇篮。古为东瓯地，秦属闽中郡，西汉为东海国（东瓯国），东汉永和三年（138年）设永宁县（建置之始），东晋太宁元年（323年）置永嘉郡（治永宁县），唐高宗上元二年（675年）始置温州，后历为郡、州、府治，保存独特的“山水斗城”格局。温州是山水诗的发祥地，东晋南朝间，______任永嘉太守，遍历诸县，多有题咏。

A．谢安　　B．谢玄　　C．谢灵运　　D．谢朓

236. 高邮，以邮而兴。春秋为吴邗沟地，后属越、楚，秦王嬴政二十四年（公元前223年）筑高台、置邮亭，名高邮（亦称秦邮）。西汉武帝元狩五年（公元前118年）置高邮县（建置之始），后历为军、路、府、州治。邮驿文化和运河文化特色突出。唐宋八大家之一______有“一川风月高邮夜，玉麈清谈画鹢舟”的名篇。

A．韩愈　　B．欧阳修　　C．苏洵　　D．曾巩

237. 永州，古称零陵。东周属楚，秦设零陵县（治今广西全州），西汉元朔五年（公元前124年）置泉陵侯国（治今永州市零陵区），元鼎六年（公元前111年）设零陵郡，隋开皇九年（589年）置永州总管府，治零陵县，后历为郡、路、府治。保存“两山一水一城”格局，唐代文学家______任职十年，留下著名的《永州八记》。

A．韩愈　　B．柳宗元　　C．温庭筠　　D．皮日休

238. 长春，古为肃慎、夫余地，唐属渤海扶余府，辽属黄龙府，金隶隆安府，元属开元路，明设卫，清嘉庆______置长春厅（建置之始），光绪十四年（1888 年）升为长春府。1932 年伪满洲国定“都”于此，改名“新京”。1945 年 12 月设长春市。是新中国最早的汽车工业基地和电影生产基地。

A．五年（1800 年）　　B．六年（1801 年）

C．七年（1802 年）　　D．八年（1803 年）

239. 龙泉，为青瓷之都、宝剑之邦。春秋时以______所铸“龙渊”剑为地名，东晋太宁元年（323 年）置龙渊乡（属松阳县），唐武德三年（620 年）避高祖讳改名龙泉乡，肃宗乾元二年（759 年）设龙泉县。唐代诗人李白有“万里横戈探虎穴，三杯拔剑舞龙泉”之名句（《送羽林陶将军》）。

A．干将　　B．莫邪　　C．欧冶子　　D．徐夫人

240. 蔚县，商周为代国地，战国为赵国代郡（治代王城），秦沿之，北周______帝始置蔚州，后历为郡、军、卫、州、县治。古堡独具特色，剪纸技艺精湛。

A．明　　B．武　　C．宣　　D．静

附加题

1. 辽阳，古称襄平。战国燕为辽东郡治（治襄平县），秦、汉、曹魏沿袭（汉初曾为辽东国首府），西晋历为辽东国首府、平州治，东晋十六国北朝时先后属前燕、前秦、后燕、高句丽等，唐为安东都护府治，辽、金设______辽阳府，元为辽阳行省驻地，明设辽东都指挥使司，清（后金）初曾在此建都，后为府、州治。（2020 年列为国家历史文化名城。）

A．东京　　B．西京　　C．南京　　D．北京

2. 通海，为“礼乐名邦”，“秀甲南滇”。汉代开“蘼泠水道”（西南丝绸之路一支）。唐代南诏置通海镇，设通海都督，统摄滇南地区。后晋天福______通海节度使段思平联合三十七部灭大义宁国，建大理国。宋代为大理国秀山郡治，元代为临安路治，至元十三年（1276 年）建通海县。（2021 年列为国家历史文化名城。）

A．元年（936 年）　B．二年（937 年）　C．三年（938 年）　D．四年（939 年）

3. 黟县，因建置于黟山（黄山古称）之南而得名。东周历属吴、越、楚，秦置黝县（属鄣郡），汉献帝建安______改名黟县。西晋以后历属新安郡、歙州、徽州等。保存众多古村落，有“画里乡村”之誉，西递、宏村入选世界文化遗产名录。（2021年列为国家历史文化名城。）

A．十一年（206年） B．十二年（207年）
C．十三年（208年） D．十四年（209年）

4. 桐城，周置桐国，因其地宜植油桐而得名。秦为舒县（隶九江郡），西汉初为枞阳县（隶庐江郡），隋开皇十八年（598年）易名同安县（隶同安郡）。唐肃宗至德______改称桐城县（桐城县名之始）。宋以后隶安庆。明清时期经济发达，文化繁荣，孕育出主盟清代文坛200余年的“桐城派”。（2021年列为国家历史文化名城。）

A．元年（756年） B．二年（757年） C．三年（758年） D．四年（759年）

5. 抚州，古称临川，素有“才子之乡、文化之邦”美誉。秦属九江郡，汉隶豫章郡（设南城、临汝县），三国吴太平二年（257年）置临川郡（郡治临汝，隶扬州），隋开皇九年（589年）设抚州（名称之始），后历为路、府治。诗词文化（王羲之、谢灵运、晏殊、曾巩、王安石等）、理学文化（象山心学）、戏曲文化（“临川四梦”）、中医药文化（旴江医学）、禅宗文化（曹山宝积寺）、古村落文化（流坑村）等名扬海内外。初唐______吟颂“光照临川之笔”。（2022年列为国家历史文化名城。）

A．王勃 B．杨炯 C．卢照邻 D．骆宾王

6. 九江，古称柴桑、江州、浔阳，“以为湖汉九水入彭蠡泽也”。东周历属吴、越、楚，秦设九江郡（治寿春），汉置豫章郡（下设柴桑县、寻阳县等），西晋元康元年（291年）置江州（治豫章），永兴元年（304年）设寻阳郡（属江州），东晋咸康六年（340年）江州、寻阳郡同治寻阳县，隋大业二年（606年）废州设郡、置江州郡，三年（607年）改称九江郡。后历为州、郡、路、府治。唐代诗人______《九江春望》诗吟“此地何妨便终老，譬如元是九江人”。（2022年列为国家历史文化名城。）

A．孟浩然 B．王昌龄 C．李白 D．白居易

不可移动文物

古 遗 址

1. 周口店北京猿人遗址位于北京市房山区龙骨山，年代距今约70万～20万年，是目前已知世界上材料最丰富、最系统的旧石器时代早期人类遗址，其发现把人类用火的历史提前了几十万年。______年裴文中在此发现了第一具完整的“北京人”头盖骨化石，成为古人类研究史上的里程碑，确立了人类进化过程中猿人阶段的存在。

A．1921　　B．1925　　C．1929　　D．1933

2. 山顶洞人，因发现于周口店龙骨山北京猿人遗址顶部的洞穴而得名，属______，年代距今约2.7万年（原测为距今约1.8万年），出土人类化石、石器、骨角器（骨针为已见最早的缝纫工具）和穿孔饰物（反映审美观念），并发现中国迄今所知最早的埋葬，人骨周围散布赤铁矿粉（原始宗教信仰）。

A．早期直立人　　B．晚期直立人　　C．早期智人　　D．晚期智人

3. 房山琉璃河遗址发现大型城址、墓葬，出土多件铸有“______”铭文的青铜器，证实此地为周初燕国封地所在，是北京建城最早的见证。同铭青铜器在辽宁喀左也有发现，表明周初燕国势力已经达到燕山以北地区。

A．匽王　　B．匽公　　C．匽侯　　D．匽伯

4. 圆明园始建于清______年间，取意“圆而入神，君子之时中也；明而普照，达人之睿智也”，原由圆明、长春、绮春三园组成，共150余景，被誉为“一切造园艺术的典范”“万园之园”。咸丰十年（1860年），遭英法联军洗劫和焚毁。

A．顺治　　B．康熙　　C．雍正　　D．乾隆

5. 十字寺遗址位于房山三岔山，始建于东晋，初为佛教寺庙，______代更名为“十字寺”，改为景教（基督教的一支）寺院，是目前已知唯一一处比较完整的______代景教寺庙遗址。现存殿基、院墙、石刻等。

A．唐　　B．宋　　C．金　　D．元

6. 北京______古崖居是国内迄今发现规模最大的崖居群，现存石室147个，分为居室、储藏室、议事厅、马厩等，形制有单间、双套间、三套间等，有的相互通联。
A．昌平　B．怀柔　C．密云　D．延庆

7. 天津天妃宫遗址始建于元______时期，是天津城市原生点的标志，也是重要的漕运遗存，考古发掘揭露出元代建筑基址和明清时期大殿基址。
A．世祖　B．成宗　C．武宗　D．仁宗

8. 赵邯郸故城，从周安王十六年（公元前386年）赵敬侯从中牟（今河南鹤壁）迁都于此、至秦嬴政______赵为秦所破，一直是赵国都城。分宫城（赵王城）、郭城两部分，宫城由平面呈品字形的三个小城组成，西小城内有现存最大的战国夯土台基（龙台）。郭城在汉代为赵王如意的都城。
A．十八年（公元前229年）　B．十九年（公元前228年）
C．二十年（公元前227年）　D．二十一年（公元前226年）

9. 河北易县燕______都遗址是战国时期燕国都城遗址，位于北易水和中易水之间，城垣长约8000米，宽约4000米，是周朝诸侯国都中面积最大的一座，分东、西两城，东城为主，武阳台居宫殿区中心。战国末期燕太子丹遣荆轲刺秦王，留下“风萧萧兮易水寒，壮士一去兮不复还”的绝唱。
A．上　B．中　C．下　D．南

10. ______位于河北武安洺河北岸台地上，年代距今约8000～7000年，出土了陶器、石器（典型的如磨盘、磨棒）、骨器、粟（世界最早的人工栽培粟之一）等，该遗址的发现（1973年）填补了中国早期新石器时代文化的缺环，为寻找更早的农业、畜牧业、制陶业起源提供了线索。此时，我国“南稻北粟”农业体系初步形成。世界上迄今发现最早的粟出土于北京门头沟东胡林遗址，年代距今约1万年。
A．磁山遗址　B．裴李岗遗址　C．李家村遗址　D．大地湾遗址

11. 中山古城遗址位于河北平山滹沱河北岸，是______中山国都城遗址，史称灵寿城。分东、西两城，东城为宫殿区和手工业作坊区，西城北部和西城外为王陵区，出土兆域图铜板（世界上最早的建筑规划设计图）、铁足大铜鼎、山字形铜礼器、四龙四凤铜方案等独具特色的文物。
A．春秋早期　B．春秋中晚期　C．战国早期　D．战国中晚期

12. 邺城遗址位于河北临漳故漳河南岸，包括南北毗连的两个城址，相传北城始筑于春秋齐桓公时，战国魏西门豹曾治邺，东汉末年______筑宫殿、衙署、苑囿及铜雀、金虎（凤）、冰井三台。后赵、冉魏、前燕、东魏、北齐均以此为都。邺城以宫殿区为中心，采用中轴线对称形式，功能分区明确，改变了两汉都城宫殿区分散的布局，对后世都城规划产生重要影响。

A. 袁绍　　B. 曹操　　C. 刘备　　D. 陶谦

13. 邢窑窑址分布于河北内丘、临城太行山东麓，创烧于北朝晚期，盛于唐代，五代以后逐渐衰落，创制匣钵烧法，是中国北方最早烧制优质______釉瓷器的著名窑场，产品远销海外。唐代《国史补》载："内丘______瓷瓯，端溪紫石砚，天下无贵贱通用之。"

A. 青　　B. 黑　　C. 黄　　D. 白

14. 定窑遗址位于河北曲阳涧磁村一带，以生产优质白瓷著称，兼烧黑、酱、绿釉瓷。创烧于唐，盛于宋（为五大名窑之一），元以后逐渐衰落，其器形、纹饰及覆烧技法对各地瓷窑影响较大，以______瓷器最有代表性。宋代地层内普遍发现煤渣，说明已用煤作燃料。

A. 刻花　　B. 划花　　C. 印花　　D. 剔花

15. 磁州窑始烧于北齐，宋金鼎盛，是我国北方著名的民窑窑址，以______瓷器最具特色，尤以枕面装饰突出，富有生活气息。窑址分布在河北省邯郸市磁县及峰峰矿区，以磁县观台镇为中心窑场。

A. 白地黑花　　B. 白釉剔花　　C. 金彩描花　　D. 珍珠地划花

16. 泥河湾遗址群位于河北阳原桑干河畔，因具有新生代第四纪标准地层、丰富的哺乳动物化石和人类旧石器遗迹而闻名，是东亚地区已发现分布最集中、石制品最丰富的远古人类文化遗存，我国迄今发现年代距今百万年以上的50余处人类文化遗存中，此地占______处。

A. 25　　B. 30　　C. 35　　D. 40

17. 河北______年代距今约10500～9700年，是我国北方目前已知最早的新石器时代遗址，出土石器、骨器和陶片等，填补了旧石器时代晚期文化至新石器时代磁山、裴李岗文化之间的空白。

A. 阳原虎头梁遗址　　B. 徐水南庄头遗址

C. 迁西西寨遗址　　D. 易县北福地遗址

18. 元中都遗址位于河北省张北县馒头营乡，由______诏令建造。内、中、外三重城依次相套，保存完好，布局清晰。出土的汉白玉螭首体形硕大，雕刻精美，为元代石刻精品。

A. 元世祖忽必烈　　B. 元成宗铁穆耳

C. 元武宗海山　　D. 元仁宗爱育黎拔力八达

19. 河北元氏常山郡故城始建于战国赵孝成王十一年（公元前255年），汉高祖三年（公元前204年）置恒山郡并治元氏县，______帝时避讳改为常山郡。城址平面呈正方形，现存城垣、砖瓦等遗迹，出土“常山”铭铜器。

A. 惠　　B. 文　　C. 景　　D. 武

20. 河北黄骅海丰镇遗址为______代瓷器、食盐集散地，也是北方海上丝绸之路的重要口岸，发现较多煮盐炉灶和作坊。

A. 唐　　B. 宋　　C. 辽　　D. 金

21. 大名府为______陪都（北京），其故城位于河北省大名县大街乡一带，系一次性水毁，埋于地下，建筑基址、宫舍布局、街区民房尚存。

A. 唐代　　B. 北宋　　C. 辽代　　D. 金代

22. 河北清河贝州城址依隋唐运河永济渠而建，城西设有运河码头，是宋金时期重要纺织基地、物资集散中心，有“天下______库”之称。

A. 东　　B. 西　　C. 南　　D. 北

23. 河北崇礼太子城遗址为______皇家行宫遗址，出土青砖上戳印“内”“宫”“官”字，瓷器刻“尚食局”款。2022年2月，崇礼与北京联合举办第24届冬季奥林匹克运动会。

A. 辽代晚期　　B. 金代早期　　C. 金代中晚期　　D. 元代早期

24. 山西襄汾丁村遗址地处汾河中游临汾宽谷南端，考古发现距今10万年左右的早期智人化石，石器以______最富特色（在丁村首次发现并命名）。丁村文化是中国旧石器时代中期的代表性文化。

A. 手斧　　B. 三棱大尖状器　　C. 石球　　D. 多边砍砸器

25. 襄汾陶寺遗址经历了庙底沟二期文化和陶寺文化（龙山文化陶寺类型）两个时期，陶寺文化年代距今约4300～3900年，考古发现规模空前的城址、气势恢宏的宫殿、世界最早的观象台等，出土陶蟠龙盘、土鼓、鼍鼓、大石磬、玉器（璧、琮等）、铜铃、彩绘木器等珍贵文物，对研究中国古代阶级、国家起源具有重要价值。有学者认为即“尧都______”所在。

A. 平阳　　B. 蒲坂　　C. 安邑　　D. 阳城

26. 山西______晋国遗址为东周时期晋国都城新田所在，左依汾河，由平望、台神、牛村、马庄、呈王、白店、北坞等城址组成，考古发现铸铜、祭祀、盟誓遗迹和墓葬群，出土盟书5000余件。自晋景公十五年（公元前585年）迁都新田，至三家分晋为止，历十三世。

A. 曲沃　　B. 翼城　　C. 新绛　　D. 侯马

27. 山西芮城西侯度遗址地处黄河左岸台地，年代距今约______年，考古发现中国已知最早的古人类用火遗迹及石片加工技术。2019年3月28日，第二届全国青年运动会圣火在此采集。

A. 180万　　B. 150万　　C. 120万　　D. 100万

28. ______遗址为东周时期魏国都城安邑（后迁大梁）、秦汉河东郡治、北魏县治。分大、中、小三城，大城周长15千米，平面近梯形，小城东南角有夯土台（禹王台）。传说夏禹曾居此。

A. 山西夏县禹王城　　B. 山东临沂禹王城
C. 湖北黄冈禹王城　　D. 湖北大悟禹王城

29. 山西大同平城遗址是北魏道武帝天兴______（自盛乐迁都于此）至太和十八年（494年）的都城遗址，历经六帝七世，为公元5世纪中国北方政治、经济和文化中心，由宫城、京城和郭城组成。魏孝文帝迁都洛阳以后，平城仍是北方统治中心。

A. 元年（398年）　B. 二年（399年）　C. 三年（400年）　D. 四年（401年）

30. ______是中国学者独立主持发掘的第一个文化遗址，1926年由李济主持发掘，采用探方法、层叠法等现代考古技术，出土文物中有半个人工割裂的蚕茧标本。

A. 山西夏县西阴村遗址　　B. 山东章丘城子崖遗址
C. 河南渑池仰韶遗址　　D. 陕西西安半坡遗址

31. 曲村—天马遗址位于山西曲沃、翼城间，为西周至东周初期晋国都邑之地，已发现9组______座晋侯及夫人墓葬，以及10座陪葬车马坑，其中1号坑殉马上百匹，用车25辆以上，是已发现规模最大的西周时期车马坑。

A．17　　B．18　　C．19　　D．20

32. 晋阳古城遗址位于山西太原汾河西岸，始建于东周敬王二十三年（公元前497年），为战国赵都、东魏霸府、北齐别都、唐代北都、北汉都城，是中国古代著名的大都会，于宋______时毁于战火。唐代诗人王昌龄曾赋诗“晋水千庐合，汾桥万国从”。

A．太祖　　B．太宗　　C．真宗　　D．仁宗

33. 山西永济蒲津渡原为著名古渡口，位于蒲州古城西门外、黄河之滨，唐开元十二年（724年）建铁索连舟固定式曲浮桥。考古清理铁牛______尊，各长3.3米，高1.5米，重约50～70吨，为世界之最。每头铁牛旁各有一铁人，高约1.9米，重约3吨，气势威武。

A．四　　B．六　　C．八　　D．十

34. 蒲州古城是唐玄宗开元九年（721年）所封______都，后世屡有修建，现存唐代蒲州城周长约5700米、明代蒲州城周长约5400米，明代砖砌城墙、城中心鼓楼台基保存尚好。城南依中条山，西临黄河，有名胜鹳雀楼，可见“白日依山尽，黄河入海流”胜景，王之涣诗咏“欲穷千里目，更上一层楼”。

A．北　　B．东　　C．中　　D．南

35. 山西方山南村城址始建于战国，曾为战国赵皋狼邑、西汉皋狼县治所，十六国汉（前赵）刘渊（公元前304年）起兵反晋（称汉王）在此建都，称______。城址为内、外套城加东城布局。后迁都平阳（今山西临汾）。

A．左国城　　B．右国城　　C．前国城　　D．后国城

36. 黄河栈道遗址分布于山西平陆三门砥柱以东的深山峡谷中，始建于______。栈道多先依山腰向内凿出通道，在通道岩石上开凿方形壁孔、牛鼻孔、底孔等，再插以方木成道。现存遗迹40余处，累计长5000余米，多有题记。

A．西汉　　B．东汉　　C．曹魏　　D．西晋

37. 霍州窑址位于山西霍州陈村一带，创于______，宋、金、元为鼎盛期，以烧白釉瓷为主，造型小巧，胎薄体轻，纹饰精细，元代时远销大都、杭州等地。其重叠砖圈拱式圈窑工艺，为北方地区独特做法。

A. 北朝　　B. 隋代　　C. 唐代　　D. 五代

38. 芮城匼河遗址地处中条山西南麓、黄河左岸，考古出土砍斫器、刮削器、三棱大尖状器、小尖状器、石球等石器及哺乳动物化石。匼河文化上承西侯度文化和蓝田文化，下与丁村文化有一定渊源关系，地质时代为距今约______年的中更新世早期。

A. 60 万　　B. 50 万　　C. 40 万　　D. 30 万

39. 平陆虞国古城遗址北依中条山，南距黄河茅津渡 20 千米，轮廓清楚，埋藏丰富。据文献记载，该城为春秋时期晋______所灭的虞国都城，见证了“假虞灭虢”“唇亡齿寒”的历史事件。

A. 武公　　B. 献公　　C. 惠公　　D. 文公

40. 虞坂古盐道位于山西省运城市平陆县张店镇坪头铺村至盐湖区东郭镇磨河村南，始凿于______初期，依山开凿，一面靠崖，一面临沟，是历史上河东池盐运往秦、豫等地的主要通道。

A. 西周　　B. 春秋　　C. 战国　　D. 秦代

41. 山西翼城大河口遗址以西周时期居址、墓地为主体，出土大量青铜器、漆木器、玉器等，青铜铭文中有关“______”国的记录，填补了历史文献空白。

A. 霍　　B. 倗　　C. 隰　　D. 霸

42. 山西朔州峙峪遗址年代距今约______年，以细小石制品为主要特征（刮削器是主要类型，锯齿刃刮削器制作精美），并出土打制痕迹清晰的骨器和石墨磨制的钻孔装饰品。因发现较多被捕猎的马类化石，有学者称其为“猎马人”。

A. 2.8 万　　B. 2.3 万　　C. 1.8 万　　D. 1.3 万

43. 辽上京位于今______，是契丹族所建辽代的开国都城，始建于辽太祖神册三年（918 年），号临潢府，由皇城（北）和汉城（南）组成，平面略呈日字形，皇城中轴线呈东西走向。

A. 北京市　　B. 山西省大同市

C. 内蒙古自治区巴林左旗　　D. 辽宁省辽阳市

44. 辽中京位于内蒙古宁城老哈河北岸，始筑于辽统和二十一年（1003年），号大定府，辽帝后常在这里接见北宋使臣。城市布局仿宋汴京城，由外城、内城和宫城组成，外城朱夏门、内城阳德门、宫城阊阖门间有中央大道。外城周长约15千米，南部建有两座砖塔，大塔（大明塔）为八角十三层密檐式，高______米，是现存辽塔中最高大的一座。金代时为北京大定府。

A. 51　　B. 61　　C. 71　　D. 81

45. 居延遗址位于内蒙古额济纳、甘肃金塔之额济纳河流域，包括汉代居延、肩水都尉所辖边塞设施等，居汉通西域的交通要道，绵延300多千米，古代泛称居延泽，汉代属______郡。现存烽燧、塞墙、城址、墓葬等遗迹，出土木简数万枚，多为汉代边塞屯戍文书，是珍贵的历史资料，有学者将居延汉简、敦煌汉简、武威汉简、甘谷汉简合称“四大汉简”。

A. 武威　　B. 张掖　　C. 酒泉　　D. 敦煌

46. 嘎仙洞遗址位于内蒙古鄂伦春旗大兴安岭北段东麓，为鲜卑拓拔部先祖旧墟石室，面积约2000平方米，西壁上有北魏太平真君四年（443年）铭刻201字，汉字______书，为太武帝拓跋焘派中书侍郎李敞来此致祭时所刻祝文。

A. 篆　　B. 楷　　C. 隶　　D. 行

47. 元上都遗址位于内蒙古正蓝旗闪电河北岸，始建于元宪宗六年（1256年），初名开平。中统元年（1260年）忽必烈在此即汗位，______加号为上都。元朝在北京建大都后，这里作为陪都，皇帝每年率群臣避暑并处理政务。城为方形，分三重，外城土筑，皇城用石块包镶，宫城用砖包镶。现存城垣及建筑基址等，是我国北方草原都城中最具代表性的遗址。2012年列入世界文化遗产名录。

A. 二年（1261年）　B. 三年（1262年）　C. 四年（1263年）　D. 五年（1264年）

48. 内蒙古敖汉旗兴隆洼遗址是“兴隆洼文化”的命名地，年代距今约8000～7000年，是迄今发现时代最早、保存较好的环壕聚落遗址之一，中心两座大房址面积达______平方米。遗址中出土了中国当时已知最早的玉器。

A. 100　　B. 120　　C. 140　　D. 160

49. 敖汉旗兴隆沟遗址年代距今约______年，发现炭化的粟（小米）和黍（黄米），证实此地为中国古代旱作农业的重要起源地。

A. 8000　　B. 7000　　C. 6000　　D. 5000

50. 赤峰缸瓦窑窑址被誉为“草原瓷都”，是______产量最大的窑场，以烧制三彩印花盘、黄釉鸡冠壶、凤首瓶等具有典型游牧民族特点的瓷器著称，器物装饰以印花为主。

A. 辽代　　B. 西夏　　C. 金代　　D. 元代

51. ______位于内蒙古自治区林西县，年代距今约 2900～2700 年，考古发现采矿沟、冶炼坩埚、工棚建筑等遗存，为研究北方地区古代铜矿开采、冶炼、铸造技术提供了重要实物资料。遗址中出土的马头型陶质鼓风管，表明当时已能用人工鼓风掌握炉温。

A. 铜岭古矿遗址　　B. 金牛洞古矿遗址

C. 大井古铜矿遗址　　D. 宝山—六道沟冶铜遗址

52. 和林格尔土城子遗址是北魏初都盛乐城、唐代单于大都护府故城。战国初置，属云中郡，西汉为定襄郡治成乐县故址。3 世纪时，拓跋鲜卑迁移至此，______年拓跋珪建立北魏，年号登国。

A. 368　　B. 376　　C. 386　　D. 398

53. 金界壕是金代修筑的军事防御工程，始建于______年间。一路在大兴安岭西北黑龙江沿岸，另一路东北起自嫩江右岸，西南抵大青山之北。界壕掘土为壕，堆土为墙，在不同区段有单线和复线之分，边堡、关隘、城址等相关设施分布于界壕内侧。

A. 天辅　　B. 天会　　C. 天眷　　D. 天德

54. 赤峰红山后遗址，是“红山文化”的命名地（1935 年发现）。红山文化分布在以西辽河流域为中心的广大区域，处于母系氏族社会全盛时期，年代距今约 6000～5000 年。经济形态以农业为主，兼事渔猎、畜养。细石器发达，黑彩红陶、______纹饰具有特色，玉雕工艺水平很高，出土 C 形玉龙、玉猪龙、勾云形玉佩、玉箍形器、动物形玉佩等独具特色的玉器。

A. L 形　　B. 乙字形　　C. 之字形　　D. 口字形

55. 赤峰夏家店遗址群分布于九座山岗上，包括红山文化、夏家店下层文化、夏家店上层文化和战国时代遗存，是北方长城地带“夏家店下层文化”和“夏家店上层文化”的命名地。其中，夏家店下层文化主要性质为______文化，随葬陶器以白色画出主纹，红色勾勒填地，图案特点鲜明。

A. 新石器时代　　B. 铜石并用　　C. 青铜时代　　D. 铁器时代

56. 朔方郡故城分布于河套平原中西部地区，现存 5 座城址，其中______为汉代朔方郡郡治所在，城中央为官署建筑基址，西北部有冶炼作坊遗址。汉武帝用主父偃之计，设朔方郡，迁徙兵、民数十万屯田戍边。

A. 临河城址　B. 三封城址　C. 窳浑城址　D. 临戎城址

57. 内蒙古乌拉特前旗三顶帐房古城始建于秦汉时期，为秦______郡、汉五原郡治，平面呈方形，四角外凸似角楼台基，中部偏北及东西两侧有大型夯土基址。

A. 云中　B. 九原　C. 北地　D. 上郡

58. 乌拉特前旗______故城是北魏北方六镇西起第一镇，为抵御柔然的军事要地，平面呈凸字形，分为南、北两部分，北区为官署所在。

A. 沃野镇　B. 怀朔镇　C. 武川镇　D. 抚冥镇

59. 内蒙古固阳白灵淖尔城址是北魏______故址，建于太武帝延和二年（433 年），辖大安、广宁、神武、太平、附化五郡十三县，沿用至永熙元年（532 年），为北魏北部六镇中规模最大、也是唯一有确切置镇年代的军镇，对于研究确定其他五镇的方位具有支撑作用。

A. 抚冥镇　B. 怀朔镇　C. 怀荒镇　D. 柔玄镇

60. 辽宁大石桥金牛山遗址是一座孤立的山丘，海拔 69 米，1984 年发现属于一个个体的较完整的人骨化石及石器、用火遗迹、古动物化石，年代距今约______年，属猿人向智人过渡的类型。

A. 28 万　B. 20 万　C. 18 万　D. 10 万

61. 牛河梁遗址位于辽宁建平、凌源一带，发现距今______多年的红山文化大型祭坛、女神庙和积石冢群址，出土泥塑女神像、动物塑像、陶祭器及多种精美玉器，是西辽河流域早期文明的代表。

A. 7000　B. 6000　C. 5000　D. 4000

62. 辽宁绥中姜女石遗址濒临渤海，出土皇家专用的大型夔纹瓦当、“千秋万岁”瓦当、菱格纹砖等，与海中姜女石相望。据文献记载，这里是______行宫遗址，与帝王东巡有关。

A. 秦汉　B. 三国　C. 西晋　D. 隋唐

63. 辽宁______查海遗址年代距今约8000～7000年，考古发现长19.7米、宽约2米的石块堆塑龙，是目前已知最早的龙形遗迹；出土的浮雕龙纹陶片纹饰，也已具备龙的基本形象特征。

A. 新民　　B. 法库　　C. 彰武　　D. 阜新

64. 辽宁本溪庙后山遗址年代距今约______～14万年，为早期人类居住洞穴，发现古人类化石、石制品、古动物化石和用火遗迹等，是我国目前发现旧石器时代早期遗址中最靠东北部的一处。

A. 32万　　B. 28万　　C. 24万　　D. 20万

65. 新乐文化以沈阳新乐遗址下层为代表，年代距今约7300～6800年，是辽河流域乃至东北地区具有代表性的史前聚落遗址，细石器（长身镞、石钻等）约占全部石器的一半，陶器以夹砂红褐陶为主，多见大口筒形罐，以竖______字纹和弦纹为显著特色，并出土煤精、玉石、木雕工艺品。

A. 之　　B. 木　　C. 丁　　D. 口

66. ______年代距今约5000多年，是牛河梁遗址以外，又一处具有代表性的红山文化晚期大型祭祀性遗址。其圆形祭坛遗迹是中国最早的古代祭坛之一，陶塑女性塑像是新石器时代遗址中首次出土的明确标本。

A. 辽宁喀左东山嘴遗址　　B. 辽宁新民高台山遗址

C. 吉林大安汉书遗址　　D. 黑龙江齐齐哈尔昂昂溪遗址

67. 赫图阿拉故城位于辽宁新宾老城村，始建于明万历三十一年（1603年），______，努尔哈赤在此称汗，建立后金，开创清朝建都之制（称兴京）。城分内、外两重，现存正白旗衙门、关帝庙、汗王井等古建筑，以及汗宫大衙门、八旗衙门、文庙、昭忠祠、启运书院等遗迹。

A. 1610年　　B. 1612年　　C. 1614年　　D. 1616年

68. 辽宁______萨尔浒城遗址为后金山城遗址，分内、外城。明万历四十七年（1619年），著名的萨尔浒之战发生于萨尔浒城和界藩城之间，成为明清兴亡史上的重要转折点。

A. 桓仁　　B. 抚顺　　C. 新宾　　D. 清原

69. 渤海中京城位于吉林和龙海兰江北岸，始建于唐天宝年间，号显德府，分内、外城，城市规划仿唐代______城布局。

A．长安　B．洛阳　C．晋阳　D．扬州

70. 吉林______八连城遗址是唐代渤海国文王大钦茂的东京龙原府治所，一度为渤海国都，城市布局与渤海上京、中京相仿。

A．舒兰　B．敦化　C．图们　D．珲春

71. 吉林临江宝山—六道沟冶铜遗址集开采、冶炼、运输、居住、祭祀、防御等功能于一体，是目前发现的唯一一处______时期冶炼遗址。

A．肃慎　B．渤海　C．勿吉　D．契丹

72. 吉林图们磨盘村山城建于唐代渤海时期，后为东夏国______治所，城垣依山势以石材修筑，周长近4500米，有门址4处，其中3处有瓮城。城内中央有宫殿基址，出土唐、宋、金铜钱、玉带饰及东夏国官印、铜镜、砝码、占卜器、铜造像等。

A．中京　B．东京　C．南京　D．北京

73. 吉林乾安春捺钵遗址群沿查干湖西岸分区、分片分布，绵延10千米，现存上千个土台基，发现大量古钱币、陶瓷片等。“捺钵”一词原指行宫、行营、行帐，引申为帝王四季营地迁徙和游牧射猎等活动，是______代创立的政治制度。

A．辽　B．金　C．元　D．清

74. 吉林安图长白山神庙遗址是______祭祀长白山的庙址，建筑营造设计高超，建筑构件宏大精美，沿城内建筑轴线的南向延长线可遥望长白山主峰。

A．唐代　B．辽代　C．金代　D．清代

75. 吉林梨树叶赫部城址建于明嘉靖年间，是______扈伦四部之一叶赫部的故城，包括东城、西城、商监府城三部分，隔叶赫河呈三角形分布，后被努尔哈赤率军攻破。

A．建州女真　B．海西女真　C．野人女真　D．北山女真

76. 渤海上京龙泉府遗址位于黑龙江宁安忽汗河（牡丹江）东岸，为唐代渤海国（689～926年）“五京”之首，建制仿长安城（面积约1/5），分为郭城、皇城和宫城（紫禁城），外城周长17.5千米，四面______门，城内纵3横5大街（朱雀大街宽110米）构成规整的里坊。宫城内有五重殿基，正南门称五凤楼，现存台基高近6米。

A. 七　B. 八　C. 九　D. 十

77. 金上京会宁府遗址位于黑龙江省哈尔滨市阿城区阿什河西岸，为______族所建金朝的开国都城（1115年），由毗连的南、北二城组成，皇城位于南城内偏西处，考古发现午门和五重宫殿基址。海陵王于贞元元年（1153年）迁都燕京，改上京为北京（后恢复上京名号）。

A. 勿吉　B. 靺鞨　C. 契丹　D. 女真

78. 蒲与路故城遗址位于黑龙江省______乌裕尔河南岸，金代初设万户，后设节度使，出土“蒲峪路印”等大量文物。《金史·地理志》载，金之壤地封疆“北自蒲与路之北三千余里，火鲁火疃谋克地为边”，说明当时中国的版图远达外兴安岭以北。

A. 拜泉县　B. 克山县　C. 克东县　D. 依安县

79. 黑龙江三江平原汉魏时期遗址分布密集，保存完整，类型丰富，其中______发现了目前最早的以天文星座布局构建的古代城市。

A. 炮台山古城遗址　B. 兴隆山遗址群
C. 凤林城址　D. 北斗七星祭坛遗址

80. 黑河瑷珲新城建成于清______年间，又称黑龙江城，为清初黑龙江将军镇守之所，见证了雅克萨战争、《尼布楚条约》签订、《瑷珲条约》签订等重大历史事件。

A. 顺治　B. 康熙　C. 雍正　D. 乾隆

81. 黑龙江东宁五排山城址为战国秦汉时期______人古城，绥芬河绕城而过，城垣依山脊而筑，全长1900余米。绥芬河流域在魏晋时被南下的勿吉人占据，隋唐时属靺鞨和渤海国地。

A. 肃慎　B. 夫余　C. 东胡　D. 沃沮

82. 莽吉塔站故城位于黑龙江与乌苏里江交汇的抚远县通江乡小城子村，城东南、西南依山势掘壕筑墙，西北、东北为圆弧状天然断崖。城墙为内、外二重，二墙又各有内、外二壕，呈二墙四壕结构。______时在东北地区筑驿道，设驿站，莽吉塔故城为海西东水陆城站的第 10 城 23 站。

A．明成祖　　B．明仁宗　　C．明宣宗　　D．明英宗

83. 福泉山遗址位于上海市______区，距今约五六千年，完整保存一方有黄褐、灰褐、灰蓝、青灰、黄土等五色土层的文化叠压遗存，被称为“古上海历史年表”。

A．金山　　B．松江　　C．青浦　　D．嘉定

84. 崧泽文化，上承马家浜文化、下接良渚文化，是新石器时代中期长江下游太湖流域的代表性文化，年代距今约 6000～5300 年，属母系社会向父系社会过渡阶段，出土粳稻谷、籼稻谷等遗存，以首次发现于上海市______区崧泽遗址而命名。

A．宝山　　B．嘉定　　C．青浦　　D．松江

85. 上海普陀志丹苑______代水闸遗址平面呈对称八字形，由闸门、闸墙、底石、夯土等组成，布局严谨，用材做工俱佳，是已发现同类遗址中规模最大、做工最精、保存最好的一处。

A．宋　　B．元　　C．明　　D．清

86. 上海青浦青龙镇遗址已发现唐宋元时期塔基、地宫、民居、作坊、码头等遗迹，出土越窑青瓷、长沙窑釉下褐彩瓷、龙泉窑青瓷、建窑黑瓷、景德镇窑青白瓷和铜、铁、木器等，是实证千年上海城镇发展和海上丝绸之路贸易的珍贵资料。青龙镇建镇于唐______年间。

A．景云　　B．先天　　C．开元　　D．天宝

87. 江苏常州淹城遗址建于______时期，由子城、子城河，内城、内城河，外城、外城河三城三河相套组成，建筑形制在古代城池遗存中独一无二。遗址中出土的青铜双兽三轮盘构思精巧。

A．殷商　　B．西周　　C．春秋　　D．战国

88. 扬州建城始于春秋末期，此后历朝城址未变（吴邗城、楚广陵城、汉吴王濞城、东晋刘宋广陵城），以______代最为富盛，由大城（罗城）和小城（子城）相连组成。

A．隋　　B．唐　　C．宋　　D．元

89. 江苏宜兴古窑群的烧造历史自吴晋以来不曾间断，产品包括紫砂、精陶、均陶、青瓷、美彩陶五大品种。蜀山窑群分布密集，是______代至民国时期生产紫砂陶、均陶和日用陶的主要窑场，曾被列为贡品并外销日本、东南亚和欧洲。

A．宋　　B．元　　C．明　　D．清

90. 江苏南京明故宫遗址为明朝初期京师的皇宫，始建于元至正二十六年（1366 年），明洪武______基本完工，布局依前朝后寝、左祖右社规制，开创皇宫南北中轴线与全城轴线重合的模式，整体布局、建筑形制成为明中都和北京城的设计蓝本。

A．二十二年（1389 年）　　B．二十三年（1390 年）
C．二十四年（1391 年）　　D．二十五年（1392 年）

91. 龙江船厂遗址位于南京市北郊长江边，创建于明______年间，为郑和下西洋建造各类船只，是国内现存规模最大、等级最高、保存最好的古代造船厂遗址，现存三条用于造船的作塘。

A．洪武　　B．建文　　C．永乐　　D．宣德

92. 中华曙猿化石地点位于江苏省溧阳县上黄镇水母山东南侧，年代距今约______年，发现迄今最早的高等灵长类动物化石，表明东亚是包括人类及其近亲——猿和猴在内的高等灵长类动物的重要起源地，由此将高等灵长类动物的起源提早了 1000 万年。

A．4500 万　　B．4000 万　　C．3500 万　　D．3000 万

93. 江苏省______文化堆积深厚，内涵丰富，从马家浜文化、崧泽文化、良渚文化到春秋吴越文化，几乎涵盖长江下游太湖流域新石器时代至先秦历史的全部编年，被称为“江南史前文化标尺”。考古出土约 6000 年前马家浜文化时期的葛布（纬线起花的罗纹织品），是目前所知中国最早的纺织品实物。

A．南京市高淳区薛城遗址　　B．苏州市吴中区草鞋山遗址
C．张家港市东山村遗址　　D．昆山市赵陵山遗址

94. 南京大报恩寺遗址是国内现存规格最高、规模最大的寺庙遗址，为研究明代皇家寺院规制、布局提供了重要资料，塔基地宫出土石函、铁函、七宝阿育王塔、金棺银椁等珍贵文物。大报恩寺系______为纪念父母而建。

A．明成祖朱棣　　B．明宣宗朱瞻基　　C．明英宗朱祁镇　　D．明景帝朱祁钰

95. 浙江余姚河姆渡遗址年代距今约7000～5300年，出土骨耜、稻谷等农业遗存，陶器、骨面上刻划装饰花纹（如猪纹夹炭黑陶钵、双鸟朝阳纹牙雕），发现长达23米的大型（栽桩架梁铺板）______式房屋遗迹和木结构水井，已运用比较成熟的榫卯技术。

A．半地穴　B．穿斗　C．抬梁　D．干栏

96. 浙江慈溪上林湖瓷窑创烧于______，盛于唐、五代，沿至宋代，是越窑青瓷的发源地和主要产区之一。唐宋时期生产贡瓷，品种丰富，造型优美，釉层滋润如玉，是现存最早生产宫廷用瓷的贡窑，代表了9～11世纪中国青瓷烧造技艺的最高成就。

A．东汉　B．三国　C．西晋　D．东晋

97. 龙泉青瓷创烧于北宋早期，盛于南宋至元初，明中期以后逐渐衰落，窑场广布于古处州（今浙江丽水），以______一带最为密集，质量最好，是青瓷烧制工艺的历史高峰，粉青釉、梅子青釉为其典型代表。

A．大窑　B．金村　C．安福　D．溪口

98. 良渚文化因______年首先发现于浙江省余杭县（今杭州市余杭区）良渚镇而得名，年代距今约5300～4300年，以发达的稻作农业、大型营建工程（都邑性城址、水利等工程）、精美的陶器（黑皮陶）、玉器（以玉琮为代表）、纺织品（丝麻织物）及刻划符号为特征，是实证中华五千年文明史的圣地。

A．1926　B．1931　C．1936　D．1941

99. 良渚古城外围水利工程遗址分为山前长堤、谷口高坝和平原低坝三部分，由______条堤坝组成，是我国现存最早的大型水利工程，将中国水利史上溯到距今5000年左右，比传说中的大禹治水还早约1000年。

A．8　B．9　C．10　D．11

100. 浙江杭州临安城遗址是南宋高宗建炎三年（1129年）在北宋州治旧址修建的宫城禁苑，为“南宫北市”布局。其太庙遗址居紫阳山东麓，供奉自太祖以下共______位宋朝皇帝神位，现存大型夯土台基、石砌围墙、门址等。

A．十一　B．十二　C．十三　D．十四

101. 铁店窑遗址是宋元时期______窑系具有代表性的窑址之一，分布于浙江金华铁店村一带，乳浊釉瓷器是其最具特色的产品。

A. 越　　B. 龙泉　　C. 婺　　D. 瓯

102. 浙江萧山跨湖桥遗址发现了目前已知最早的独木舟、漆弓，年代距今约______年，考古出土的骨耜、稻谷，早于余姚河姆渡遗址和桐乡罗家角遗址。

A. 9000　　B. 8000　　C. 7000　　D. 6000

103. 浙江浦江上山遗址发现以石磨棒、石磨盘及厚胎夹炭红陶“盆”为组合的遗存，陶器胎体留有粒形明确的稻谷壳粒，年代距今约______年，将长江下游地区的稻作历史大大提前。遗址中还出土了斧、锛、凿等木工工具。

A. 10000　　B. 9000　　C. 8000　　D. 7000

104. 小仙坛窑址群位于浙江上虞曹娥江畔的四峰山麓，是我国瓷器的主要发源地，由小陆岙、小仙坛、大园坪等窑址组成，______时已生产成熟青瓷，胎质细腻，釉层清澈，胎釉结合紧密。

A. 东汉　　B. 三国　　C. 西晋　　D. 东晋

105. 浙江上虞凤凰山窑址群由尼姑婆山、凤凰山和前山窑址三部分组成，所烧瓷器产品丰富，制作规整，釉色青润，装饰多样，代表了三国西晋时期越窑烧瓷技术最高水平。其中铺首、佛像、兽面足和虎头、鸡头、牛头、马头、鹿头等罐流饰物一般采用______技法。

A. 拍印　　B. 压印　　C. 范印　　D. 堆塑

106. 老虎洞（修内司）窑址位于杭州凤凰山北麓，郊坛下窑址位于杭州乌龟山西麓，是______时烧造御用瓷器的窑场，青瓷烧造追求玉石质感，首创用素烧胎多次上釉二次烧成的厚釉工艺。

A. 五代十国吴越　B. 北宋　　C. 南宋　　D. 元代

107. 浙江长兴七里亭遗址出土砍砸器、刮削器、尖状器、石球等，时代为中更新世，最早达______年以上，是我国东南沿海地区迄今发现最早的古人类文化遗存。

A. 100 万　　B. 80 万　　C. 60 万　　D. 40 万

108. 浙江德清原始瓷窑址由商代至战国时期数十处古窑址组成，是中国原始青瓷的主要创烧地。商代始烧印纹硬陶、原始青瓷，器形有高足豆、罐等。西周至春秋主要烧制原始瓷鼎、卣、簋等，______发明了碗类叠烧法。战国除日用器外，还烧制鼎、豆、提梁盉和甬钟、句鑃、錞于等仿青铜礼乐器，并首创了各种垫座窑具。

A．西周中期　B．西周晚期　C．春秋早期　D．春秋中期

109. 浙江富阳泗洲造纸作坊遗址现存为______遗迹，是国内目前发现年代最早、规模较大的造纸作坊遗迹之一，基本反映了从原料预处理、沤料、煮镬、浆灰、制浆、抄纸、焙纸等全部工艺流程。

A．隋代　B．唐代　C．五代　D．宋代

110. 安徽繁昌人字洞遗址年代距今约______～200 万年（早更新世早期），出土远古人类使用过的石制品（以刮削器为主）、骨制品，以及包括高等灵长类原黄狒在内的古脊椎动物化石 70 多种，是亚洲已发现最古老的人类活动遗址。

A．250 万　B．240 万　C．230 万　D．220 万

111. 安徽东至华龙洞遗址是继周口店、蓝田、和县、南京之后，又一处出土有头骨的直立人化石地点，年代距今约______年，对于研究中国乃至东亚地区的古人类演化、扩散和生存行为具有重要价值。

A．40 万　B．30 万　C．20 万　D．10 万

112. 安徽______凌家滩遗址年代距今约 5800～5300 年，考古发现大型祭坛和大批高规格玉礼器（璜、璧、瑗等）、玉鹰、玉人、刻纹玉版，标志着原始氏族社会由神权向王权过渡。

A．潜山　B．含山　C．霍山　D．马鞍山

113. 安徽______属新石器时代大汶口文化，年代距今 5000 年左右，是布局严整、规模庞大、内涵丰富的聚落遗址，有“中国原始第一村”之称。遗址中的红烧土排房是迄今发现最完整、规模最大的史前建筑遗存之一，出土鸟形神器、七角镂空器等独具特色的文物。

A．潜山薛家岗遗址　B．蚌埠双墩遗址

C．宿州古台寺遗址　D．蒙城尉迟寺遗址

114. 禹会村遗址位于安徽蚌埠涂山南麓淮河支流冲积台地上，考古发现一处面积 2000 多平方米的______大型建筑基址，南北文化因素在此碰撞和融会，与文献记载“禹合诸侯于涂山，执玉帛者万国”（《左传》）相印证。

A．仰韶文化早期 B．仰韶文化晚期 C．龙山文化早期 D．龙山文化晚期

115. 安徽阜南台家寺遗址是淮河流域已知最高等级的商代聚落，出土了青铜龙虎尊、饕餮纹尊等重器，在郑州商城和安阳殷墟遗址以外首次发现铜______铸造活动，填补了商代早期与晚期之间铸铜手工业遗存的空白。

A．容器 B．兵器 C．乐器 D．车马器

116. 安徽寿县寿春城遗址是战国时期______国最后的都城所在，城内水道系统规划别具一格，出土鄂君启节、越王者旨于赐剑等珍贵文物。

A．楚 B．魏 C．吴 D．蔡

117. 寿州窑是唐代六大青瓷名窑之一，窑址分布在安徽省淮南市大通区上窑镇，创烧于南朝，兴盛于隋代和唐代早、中期，停烧于唐末五代。南朝、隋代烧造青釉瓷器，唐代以烧造______釉瓷器为主（陆羽《茶经》记载），唐代中晚期兼烧黑釉瓷器，是南北方陶瓷文化结合的典型实例。

A．白 B．蓝 C．黄 D．绿

118. 安徽濉溪柳孜运河码头为隋唐大运河______上重镇，历隋、唐、宋三代 500 余年繁荣。遗址中出土唐宋沉船、宋代石筑码头和十几个窑口的瓷器。

A．永济渠 B．通济渠 C．邗沟 D．江南河

119. 福建德化窑创烧于北宋，______以生产低铝高硅的“象牙白”瓷器闻名于世，是中国重要的外销瓷窑。窑址分布广泛，已发现 200 多处，以屈斗宫为代表。瓷器中洗、盆、梅花杯等，造型雅致，式样繁多，为其他瓷窑少见。

A．北宋 B．南宋 C．元代 D．明代

120. 福建三明万寿岩遗址位于石灰岩孤峰上，由船帆洞、灵峰洞、龙井洞等洞穴组成，年代距今约 20 万～3 万年，是华东地区迄今发现最早的古人类活动洞穴遗址，并在国内首次发现了______年前的人工石铺地面。

A．9 万 B．7 万 C．5 万 D．3 万

121. 福建闽侯昙石山遗址属典型的海洋性贝丘遗址，主要文化层距今四、五千年，是昙石山文化的发现和命名地，石器以带人字形纵脊的______最具特色。昙石山文化以闽江中下游为中心，连接闽台两省，并向外海辐射，是福建古文化的摇篮。

A．石斧　B．石锛　C．石铲　D．石刀

122. 福建平潭壳丘头史前遗址群包括壳丘头遗址、东花丘遗址和龟山遗址，年代跨度从新石器时代至青铜时代。从出土遗存看，在距今约______年前起平潭岛屿受到大量来自闽江口地区内陆文化的影响，反映了南岛语族史前内陆文化向岛屿扩散的趋势。

A．6000　B．5000　C．4000　D．3000

123. 建窑遗址位于福建建阳水吉镇，创烧于晚唐五代，兴盛于两宋，元代趋于衰落，以烧造______釉瓷器为主，有兔毫、油滴、鹧鸪斑、曜变等名品，是宋代最佳"斗茶"用具之一。武夷山遇林亭窑址也属建窑体系，是描金、银彩瓷碗的主要产地。

A．黑　B．青　C．黄　D．绿

124. 福建建瓯北苑御焙遗址曾是五代至元代贡茶产制中心，为目前发现最早的官办茶叶衙署遗址。宋代有很多关于北苑茶学的著作，如赵佶《大观茶论》、蔡襄《茶录》、______《宣和北苑贡茶录》等。

A．宋子安　B．黄儒　C．熊蕃　D．赵汝砺

125. 福建东溪窑遗址分布广泛，以华安县上虾形、马饭坑、扫帚石，南靖县封门坑等窑址为代表，文献记载为"漳窑"，是______世纪以后海上丝绸之路大宗外销瓷的生产基地，也是"白釉米黄器""汕头器"的原产地。

A．16　B．17　C．18　D．19

126. 江西景德镇湖田古瓷窑兴起于五代，盛于宋、元，至明中叶停烧，历时600余年。______时以影青刻印花瓷器（青白瓷）为主，天下驰名。元代时为青花、釉里红和枢府（卵白）瓷烧造中心。

A．五代　B．宋代　C．元代　D．明代

127. 高岭瓷土矿遗址位于江西省浮梁县鹅湖镇高岭山，______时在此发现瓷土并大量开采，是我国著名的制瓷原料产地，也是世界制瓷黏土通称“高岭土”的命名地点。

A．五代　　B．北宋　　C．南宋　　D．元代

128. 江西樟树吴城遗址是长江以南地区最早发现的______都邑遗址（1973 年发现），出土原始青瓷、印纹硬陶、刻文陶器和青铜礼器、兵器、工具，以及铸造青铜器的陶范、石范等，为江南先秦文化研究的重要标尺。

A．夏代　　B．商代　　C．西周　　D．东周

129. 江西丰城洪州窑是唐代六大青瓷名窑之一，始烧于______，唐代中期达到鼎盛。考古发现南朝匣钵装烧、芒口对扣烧、镂花玲珑瓷等工艺技法等，具有重要价值，出土七联盂、二十一足砚等青瓷珍品。

A．东汉　　B．三国　　C．西晋　　D．东晋

130. 江西万年仙人洞遗址中发现距今超过______年的夹粗砂条纹陶、绳纹陶，是世界上迄今发现年代最早的陶器标本之一。

A．10000　　B．9000　　C．8000　　D．7000

131. ______始采于距今约 3300 年的商代中期，是国内目前发现年代最早的一处采铜冶铜遗址，连续开采近千年，出土了世界上最早的机械提升工具——木滑车。

A．安徽铜陵凤凰山铜矿遗址　　B．江西瑞昌铜岭铜矿遗址

C．湖北大冶铜绿山矿冶遗址　　D．湖南麻阳九曲湾铜矿遗址

132. 吉州窑遗址位于江西省吉安县赣江西岸，创烧于唐代晚期，鼎盛于南宋，元末停烧，是古代______釉瓷器生产中心之一，以木叶贴花、剪纸贴花、彩绘瓷等最具特色。

A．白　　B．青　　C．黑　　D．褐

133. 江西新干牛头城址建于______，内、外城相套，辟五座城门，北面依山壁筑墙，东、南、西三面有护城河，临近的大洋洲墓地出土青铜器、玉器、陶器等，对探索南方地区早期文明具有重要价值。

A．商代早期　　B．商代晚期至西周早期

C．西周晚期　　D．春秋时期

134. 景德镇御窑厂窑址位于珠山之南，始建于明洪武______，是明、清两代专为宫廷烧造瓷器的皇家窑厂，也是历史上烧造时间最长、规模最大的官办窑厂。

A．元年（1368年） B．二年（1369年）
C．三年（1370年） D．四年（1371年）

135. 江西鹰潭角山板栗山遗址是______中晚期的规模化、专业化窑址，已发现马蹄形窑和龙窑近20座，出土大量陶器、原始瓷器和制陶工具，几乎不见农业生产工具（表明社会分工），在陶器上发现刻划符号3类84种。

A．夏代 B．商代 C．西周 D．春秋

136. 江西德兴银山银矿遗址始采于唐代，是我国延续开采时间最长、矿井数量最多、矿井形式最为复杂的一处大型银矿矿冶遗址。唐宣宗大中三年（849年）年产白银十万两，约占全国______成，被誉为“大唐银冶第一山”。唐宋两朝陆续开采170余年，产出白银上亿两，成为朝廷财政的重要支柱。

A．三 B．四 C．五 D．六

137. 江西上饶包家金矿遗址始采于______，是国内迄今所见最早的金矿遗址，开采时间长（千年之久），矿山体系完备（涵盖采矿、洗矿、冶炼，祭祀、管理、生活等），矿业遗迹丰富且保存状况较好。

A．南朝 B．隋代 C．唐代 D．五代

138. 上饶五府山银铅矿遗址是我国第______处先后开采两种贵金属的矿山遗存，现存矿洞、炼渣堆积和工棚遗址，唐代采铅，宋代采银，使用了先进的“火爆法”地下采矿和“吹灰法”炼银技术。

A．一 B．二 C．三 D．四

139. 城子崖遗址位于山东省济南市章丘区龙山镇城子崖的台地上，是龙山文化的代表遗址和命名地，1928年由吴金鼎调查发现，以磨光______陶为显著特征。山东龙山文化又称典型龙山文化，年代距今约4500～4000年，上承大汶口文化，下续岳石文化。

A．灰 B．红 C．白 D．黑

140. 山东临淄齐故城为周代齐国都城遗址，自齐______公由薄姑迁都于此至齐亡，共历600余年。故城建于淄河西岸，由大、小两城组成，小城（营丘）是国君居住的宫城。据《战国策·齐策》记载，齐宣王时临淄有七万户，是当时最繁华的城市。

A．献　　B．武　　C．厉　　D．文

141. 山东曲阜鲁故城为周代鲁国都城遗址，自西周武王封其弟周公旦于鲁（由长子伯禽建都），至鲁顷公二十四年（公元前249年，据《史记》）为______所灭，历约900年，是周朝诸侯国中沿用时间最长的都城之一。西汉封刘余为鲁恭王亦居此，直至西汉中期。故城位于泗河和小沂河之间，分内城（宫城）、外城，城内有密集的大型建筑基址。

A．齐　　B．魏　　C．秦　　D．楚

142. 山东泰安大汶口遗址于1959年首次发现并发掘，为大汶口文化的命名地。大汶口文化从公元前______年左右开始，经历了约两千年的发展（上承北辛文化，下继山东龙山文化），出土精美的陶器（薄胎磨光高柄黑陶杯、兽形提梁陶器为代表）、玉器和象牙制品。其剔地透雕技术和镶嵌技术已趋于成熟，透雕十六齿象牙梳、花瓣纹象牙筒、镶嵌绿松石骨雕筒等，代表中国新石器时代制骨工艺最高水平。

A．6000　　B．5000　　C．4000　　D．3000

143. 山东平度即墨故城遗址分内、外两重，自东周至______期间，一直是胶东半岛地区的政治、经济、文化中心（后胶东与即墨分治）。历史上有名的“田单破燕”大摆火牛阵，即发生在此。

A．西汉　　B．东汉　　C．三国　　D．两晋

144. 平度东岳石遗址年代距今约3900～3600年，是岳石文化的命名地，填补了山东龙山文化和商文化之间的空隙，为研究东夷文化与夏商文化的关系提供了实物资料。尊形器、舟形器和______器盖为其陶器典型。

A．葫芦钮　　B．兽形钮　　C．十字钮　　D．蘑菇钮

145. 山东日照______是大汶口文化向龙山文化过渡时期的遗址，年代距今约4500～3600年，已普遍使用夯土、土坯建筑，特别是把磨石、石锛埋藏在墙体外侧或内侧，开创了中国建筑工程奠基石之先河。

A．两城镇遗址　　B．尧王城遗址　　C．东海峪遗址　　D．杭头遗址

146. 山东胶州三里河遗址年代距今约4500～3800年，下层大汶口文化、上层龙山文化相叠压，考古出土的钻形黄铜器，改变了黄铜出现较青铜为晚的认识，比欧洲出现的黄铜早二三千年；薄胎黑陶高柄杯，壁薄仅______毫米，制作工艺精妙；猪形、狗形陶鬶反映了先民对家畜的饲养。

A. 0.3　　B. 0.4　　C. 0.5　　D. 0.6

147. 山东______古称盐城、霜雪城，是我国沿海地区目前发现规模最大的盐业遗址群，具有一定的公营性质，比文献记载的东周时期齐国盐业官营制度早数百年，也为探索商周和金元时期制盐业生产方式、海岸线变迁等提供了重要资料。

A. 广饶南河崖盐业遗址群　　B. 寒亭丰台盐业遗址群

C. 寿光双王城盐业遗址群　　D. 沾化杨家盐业遗址群

148. 山东胶南琅琊台遗址是______高台建筑遗址，出土“琅琊刻石”“千秋万岁”瓦当、陶制管道等。据载，战国时期越王勾践初筑琅琊台，同晋、秦、齐、楚等诸侯歃血盟誓，尊辅周室。秦始皇曾三登琅琊台，在勾践台基址上构建琅琊高台，并遣徐福率男女数千人入海求仙药。

A. 秦代　　B. 西汉　　C. 东汉　　D. 三国

149. 山东巨野昌邑故城址原为西汉山阳国、山阳郡、昌邑国的都城、郡治所在，自古为兵家必争之地，后人作《______·昌邑怀古》（烟雨歇，漠漠故城雄关堞。雄关堞，残阳晚照，汉家陵阙。楚汉交兵流碧血，郦商冲锋泣壮烈。泣壮烈，彭王略地，千古英杰。）缅怀记忆。汉元平元年（公元前74年），昭帝驾崩，因无子嗣，昌邑王刘贺被立为帝，在位仅27天，被废为庶人（后封海昏侯）。

A. 西江月　　B. 忆秦娥　　C. 清平乐　　D. 渔家傲

150. 曲阜______陵是祭祀中华民族先祖的重要遗存，现存宫门、享殿等建筑和历代碑刻26通。北宋大中祥符、政和年间立像砌墓，清乾隆三年（1738年）建石坊。

A. 黄帝　　B. 少昊　　C. 颛顼　　D. 帝喾

151. 仰韶遗址位于河南省渑池县仰韶村南台地上，1921年由______学者安特生等首次发掘，提出了以彩陶为显著特征并与磨制石器共存的仰韶文化，成为中国新石器时代第一个正式命名的文化体系，宣告中国现代考古学的诞生。仰韶文化年代约为公元前5000～前3000年，展现了母系氏族社会结构和经济、文化成就，在中原地区发展为庙底沟二期文化。

A. 挪威　　B. 丹麦　　C. 芬兰　　D. 瑞典

152. 1931 年，梁思永在______第一次发现仰韶文化、龙山文化、商代文化依次堆积的“三叠层”，确认中国彩陶文化、黑陶文化、灰（白）陶文化的年代发展序列，由此开创中国考古层位学先河，奠定了中原地区新石器时代中晚期文化的编年基础。

A．万泉（今万荣）荆村遗址 B．郑州大河村遗址

C．安阳后岗遗址 D．华县元君庙遗址

153. 河南郑州商代遗址为商代早期都城遗址，1952 年以来发现城垣、宫殿、铸铜作坊、铜器窖藏、墓葬等大量遗存，出土大方鼎等高等级青铜礼器，有学者认为是第一代商王太乙（汤）所居______。汤，子姓，名履，契的十四世孙，商朝开国君主。

A．亳 B．蕃 C．砥石 D．商丘

154. 殷墟是商朝后期（公元前 1300～前 1046 年）都城遗址，位于河南安阳洹河两岸，以小屯村为中心。自______由奄（山东曲阜）迁殷，历 8 代 12 王。1928 年以来考古发现宫殿宗庙、王陵、族邑、铸铜制骨作坊等遗迹，出土了十多万片有字甲骨（是已知最早的成熟汉字），以及后母戊鼎、妇好偶方彝等青铜重器和精美的玉器。甲骨卜辞中称为“大邑商”。《诗经·商颂·殷武》云：“商邑翼翼，四方之极。”

A．盘庚 B．小辛 C．小乙 D．武丁

155. 郑韩故城位于河南新郑黄水河（古溱水）与双洎河（古洧水）交汇处，为东周时期郑国、韩国都城遗址，共历时 540 年。周长 19 千米，分为东、西两城，西城出土韩国太庙巨型无字祖石碑，李家楼大墓出土莲鹤方壶等青铜重器（1923 年）。周平王东迁洛邑以后，郑______公在此建城。周烈王元年（公元前 375 年），韩灭郑，自阳翟（今河南禹州）迁都于此，至公元前 230 年为秦所灭。

A．桓 B．武 C．庄 D．昭

156. 汉魏洛阳故城是东汉、曹魏、西晋、北魏都城遗址（西周初曾筑成周城），北依邙山，南临洛河，分宫城、内城、外郭城三重，中国古代都城“建中立极”制度（后期单一宫城）和里坊制布局（有 320 个坊及大市、小市、四通市）在此形成，并为后世效仿。城南太学遗址创建于东汉光武帝建武______，是中国最早的大学，出土著名的汉魏石经。灵台是现存最早的皇家天文观测台遗址，张衡曾在此设计制造浑天仪和候风地动仪。

A．三年（27 年） B．四年（28 年） C．五年（29 年） D．六年（30 年）

157. 河南淮阳平粮台古城遗址年代距今约 4300～4100 年，平面呈正方形，长宽各 185 米，城内有高台建筑，考古发现迄今最早的城市排水系统和双轮车车辙痕迹，为证实“陈为______之墟”“炎帝神农初都陈”提供了重要实物资料。

A．太昊　B．黄帝　C．少昊　D．颛顼

158. 王城岗遗址位于河南登封告成镇，包括小城（1977 年发现）、大城（2002 年发现），小城由东、西两城并列组成，大城城外有壕，小城和大城分属于河南龙山文化二、三期，距今约 4200～4000 年，根据地望、年代、等级及相关文献研究，学者推测大城即“禹都______”，小城可能为夏禹之父鲧所建造。

A．斟灌　B．安邑　C．阳城　D．阳翟

159. 二里头遗址位于河南偃师伊、洛二水之间，年代距今约 3800～3500 年，是夏代中晚期都城遗址，考古发现由殿堂、庭院、廊庑、大门组成的宫殿基址、井字形道路及铸铜、制陶等遗存，出土了目前所知中国最早的青铜容器（成组青铜礼器）和铜镶玉（石）制品。有学者认为是古籍记载的“太康居______、羿亦居之，桀又居之”之地。

A．阳城　B．斟鄩　C．帝丘　D．原

160. 偃师尸乡沟商城遗址北依邙山，南临洛河，年代距今约 3600～3400 年，考古发现城墙、宫殿基址等，为夏商文化界标，据《史记 · 殷本纪》《汉书 · 地理志》等文献记载，这里应是商汤所建的都城______。

A．南亳　B．北亳　C．西亳　D．嚣

161. 隋唐洛阳城地跨洛河两岸，创建于隋大业______，称东都，唐（武周）、五代后梁、后唐、后晋均以此为都，北宋称西京。分宫城（紫微城）、皇城、外城三重，外城周长约 28 千米，城内有里坊 109 个（《唐六典》记载 103 坊）、市 3 个。宫城的应天门、皇城的端门、天津桥（横跨洛河）、天街和郭城的定鼎门串连成城市中轴线。

A．元年（605 年）　B．二年（606 年）　C．三年（607 年）　D．四年（608 年）

162. 北宋东京（汴京）城遗址位于今河南开封市区及其周围，大部被泥沙深埋地下。经勘探发现，城址平面近方形，分宫城、内城、外城三重，南北约 7500 米，东西约 7000 米，以开放式的街巷代替以往封闭式的里坊，是中国古代都城规划建设的重大变革。宫城内有大型夯土台基（皇宫正殿______），正对内城朱雀门与外城南熏门，呈纵贯南北的轴线。

A．紫宸殿　　B．垂拱殿　　C．大庆殿　　D．文德殿

163. 钧窑遗址分布于河南禹州各地，以钧台、神垕窑址为主要代表，创烧于唐至北宋早期，______时专为宫廷烧制，以生产紫红釉瓷器驰名，尤以窑变著称，红紫相映，光彩夺目，为我国陶瓷工艺发展开辟了一个新的境界。神垕窑址发现一座北宋晚期至金代土洞式长方形分室窑炉，较为罕见。

A．英宗　　B．神宗　　C．哲宗　　D．徽宗

164. 羑里城相传为“文王拘而演易”处，遗址位于河南______一个高出地表约 5 米的土台上，文化层堆积依次为龙山文化、商文化、周文化，现存明清时期所建文王庙。

A．汤阴　　B．滑县　　C．淇县　　D．浚县

165. 河南西平酒店冶铁遗址揭露______时期冶铁炉一座，是我国迄今发现时代最早、保存完整的冶铁炉，以产棠溪宝剑著称。汉代建冶炉城并置铁官。史载：棠溪在西平，水淬刀剑，特锋利，为干将莫邪所从出，亦名川也。

A．商代　　B．西周　　C．春秋　　D．战国

166. 河南濮阳戚城遗址系周代卫国重要城邑，春秋时期诸侯曾在此______次会盟，后人称其为春秋时期的“联合国”。著名典故“君子死，冠不免”（子路）出自于此。

A．六　　B．七　　C．八　　D．九

167. 新郑裴李岗遗址出土石器（磨盘、磨棒、镰、铲）、红陶器（三足钵和双耳壶为代表）、骨器，发现陶窑（横穴）、窖穴等，证明早在______年前，先民们已定居，从事以原始农业（种植粟）、手工业和家畜饲养业（猪、狗）为主的氏族经济生产活动。

A．10000　　B．9000　　C．8000　　D．7000

168. 河南舞阳贾湖遗址年代距今约9000～7800年，考古发现内装石子并有契刻符号的龟甲、具有原始形态的栽培粳稻、最早的酿酒坊，以及世界上年代最早、保存最完整的乐器——______，改写了世界音乐史。

A. 骨笛　　B. 骨箫　　C. 骨埙　　D. 骨笙

169. 庙底沟遗址位于河南三门峡青龙涧河南岸，它的发现为研究新石器时代仰韶文化和______的分期及相互关系提供了重要物证，使中原地区新石器文化的传承关系（仰韶文化庙底沟类型—庙底沟二期文化—______）更加明朗。

A. 齐家文化　　B. 龙山文化　　C. 大汶口文化　　D. 马家窑文化

170. 河南______包含仰韶文化、龙山文化、商代文化三个时期的文化层，是原始社会向奴隶社会发展的历史缩影，出土彩陶上的日月星辰图案，是目前发现最早的天文图像实物资料，彩陶器形以双连壶独具特色。

A. 郑州大河村遗址　　B. 洛阳王湾遗址

C. 偃师高崖遗址　　D. 永城造律台遗址

171. 巩义窑始烧于北朝，发展于隋，盛于唐，衰微于宋、金。早期生产青瓷，唐代主要生产白瓷，______、绞胎瓷也是其重要品种。

A. 黑釉瓷　　B. 黄釉瓷　　C. 青釉瓷　　D. 三彩瓷

172. 汝官窑窑址位于河南宝丰清凉寺村，北宋晚期曾为宫廷烧造御用瓷器，釉面呈现纯正而淡雅的______色，体现了宋朝社会的审美时尚，位列宋代五大名窑之首（“汝窑为魁”）。

A. 月白　　B. 粉青　　C. 天青　　D. 卵白

173. 河南鹿邑太清宫遗址是汉代以来祭祀东周思想家______的场所，始建于东汉延熹八年（165年），唐天宝二年（743年）改为现名，现存宋金建筑遗址、明清建筑和历代碑刻。鹿邑称为“______故里”。

A. 老子　　B. 列子　　C. 杨子　　D. 庄子

174. 河南______包含丰富的文化层，自下而上依次为：仰韶文化、河南龙山文化、先商文化、岳石文化、早商文化、春秋文化。豫东地区是新石器时代晚期至夏代间夏、商、夷三大古族交汇区。

A. 永城王油坊遗址　　B. 杞县鹿台岗遗址

C. 柘城李庄遗址　　D. 夏邑清凉山遗址

175. 河南新密新砦遗址年代距今约 4000～3900 年，是介于河南龙山文化与二里头文化之间的大型聚落遗址，面积约 100 万平方米，设有外壕、城壕和内壕，中心区建有大型建筑，符合《水经注》关于“______之丘”的地望，有学者认为是“夏启之居”。

A. 青台　　B. 赤台　　C. 黄台　　D. 玄台

176. 商丘宋国故城由城址、阏伯台遗址、三陵台遗址组成。西周初年，周成王封微子启（商纣王庶兄）于宋。阏伯是帝喾高辛氏和帝尧陶唐氏时代的火正（天文官），阏伯台又名火神台。现存阏伯台为______时期在原址上修筑，阏伯庙建于元代，明清时期重建修缮。

A. 秦代　　B. 西汉　　C. 东汉　　D. 三国

177. 河南______为两汉时期大型官方冶铁遗址，考古发现众多冶铁窑炉，其中一号炉形制独特，供水、供料、鼓风、出铁、出渣设备齐全（出铁口与出渣口分开），已利用河流动力鼓风。铸铁脱钢和生铁炒钢是汉代发展起来的生铁制钢工艺，中国古代主要钢铁冶炼技术，绝大部分在此时已经成熟。

A. 泌阳下河湾冶铁遗址　　B. 鲁山望城岗冶铁遗址

C. 宛城瓦房庄冶铁遗址　　D. 舞钢许沟冶铁遗址

178. 河南修武当阳峪窑址始烧于唐，盛于宋，衰于元，器物种类丰富，装饰上以白釉______花、白地黑花、红绿彩、绞胎等具有特色。现存北宋崇宁四年（1105 年）德应侯白灵翁之庙记碑，记录当年窑业盛况。

A. 印　　B. 划　　C. 刻　　D. 剔

179. 濮阳西水坡遗址出土了三组用蚌壳摆塑的图案，可辨识出龙、虎、鹿等形象，其中45号墓墓主人东西两侧分别蚌塑龙、虎图案，距今约______年，是目前已知时代最早、保存完整的龙形象之一，对于研究仰韶文化社会性质和华夏文明起源具有重要价值。濮阳古称帝丘，是传说中的“颛顼之墟”。

A．6500　　B．6000　　C．5500　　D．5000

180. 洛阳东周王城位于涧、洛两河交汇处，为平王东迁后的国都，历12世500余年，遗存外郭城、宫殿区、仓窖区、手工业作坊和陵墓区。出土的“天子驾______”车马陪葬坑，印证了《逸礼·王度记》中“天子驾______、诸侯驾四、大夫三、士二、庶人一”的周代车舆制度。汉代时为河南县城。

A．五　　B．六　　C．七　　D．八

181. 启封故城始建于春秋郑庄公时期，是七朝古都开封的前身。西汉时为避______帝刘启讳，改名“开封”。唐延和元年（712年），开封治所移至汴州（即今开封市区）。

A．惠　　B．文　　C．景　　D．武

182. 河南荥阳汉霸二王城北濒黄河，中隔广武涧（亦称鸿沟），东西相对立于广武山上，相传为楚汉相争时刘邦（汉王）、项羽（西楚霸王）筑垒对峙之地，分别称汉王城、霸王城。鸿沟是东周时期______国开挖的一条河渠，引黄河水入圃田泽，兼具运输、灌溉功能，后被引为中国象棋中的“楚河汉界”。

A．郑　　B．韩　　C．魏　　D．赵

183. 河南新安函谷关建于汉武帝元鼎三年（公元前114年），现存夯土墙垣、关楼、鸡鸣台、望气台、古道路等遗迹。唐代诗人______《秋兴》诗中有“西望瑶池降王母，东来紫气满函关”的名句。

A．杜甫　　B．白居易　　C．杜牧　　D．李商隐

184. 河南______创烧于唐中期，废弃于宋中期，以烧白瓷为主，典型器物有短流注子、棋子、枕等，纹饰以珍珠地划花最为突出，多禽鸟和食草类动物（羊、鹿）图案。一般认为，中国瓷器中的珍珠地划花工艺源于此地。

A．内乡邓窑　　B．新密西关窑　　C．登封曲河窑　　D．汝州严和店窑

185. 郑州老奶奶庙遗址发现旧石器时代中晚期之交的复杂居址、石片石器、骨制品等，再现了距今______年前中原地区古人类发展进程，展示了我国境内更新世人类发展的连续性特点。

A．9 万～7 万　　B．7 万～5 万　　C．5 万～3 万　　D．3 万～1 万

186. 辛村遗址位于河南省鹤壁市淇滨区（原浚县），发现王陵、铸铜制骨作坊等，是具有都邑级性质的大型聚落群，为周代重要诸侯国——______国的核心遗址，并见证了 20 世纪西周考古学的肇始。

A．曹　　B．魏　　C．宋　　D．卫

187. 崤函古道是河南洛阳至陕西潼关之间道路的统称，分为南、北两条。石壕段在崤函古道北道东段，现存石灰岩路面、路旁蓄水设施、烽燧、歇车坪遗址等，是丝绸之路世界文化遗产 33 处遗址点中唯一的道路交通遗址。春秋时期著名的秦晋之战（崤之战）在此鏖兵，唐代大诗人______夜宿于此，写下著名诗篇《石壕吏》。

A．李白　　B．杜甫　　C．岑参　　D．白居易

188. 汉魏许都故城原为夏之昆吾国旧墟，西周武王封文叔于许，秦置许县，东汉建安元年（196 年）曹操迎汉献帝于许，称许都。曹魏黄初______以“魏基昌于许”，改称许昌，为魏五都（洛阳、长安、许昌、谯、邺）之一。遗存城垣、台基等。

A．元年（220 年）B．二年（221 年）　C．三年（222 年）　D．四年（223 年）

189. 湖北江陵纪南故城为东周时期楚国郢都遗址，自楚______王从丹阳迁都于此，至秦将白起拔郢（公元前 278 年）止，共历 411 年，是当时南方的第一大都会，城垣周长 15.5 千米，城内发现夯土台基 80 多座、水井 500 多口，附近的八岭山墓群出土越王勾践剑、成批竹简、精美漆器等珍贵文物。

A．文　　B．成　　C．穆　　D．庄

190. ______古铜矿遗址发掘出商周至西汉采矿井巷 400 多条、冶铜炉 10 余座，古矿井最深距地表达 50 余米，是我国迄今发现采掘时间较早、规模最大、冶炼水平最高的一处古铜矿遗址。至迟在战国时代，已经使用辘轳提升矿石和运送器材。

A．江西瑞昌铜岭　B．湖北大冶铜绿山　C．湖北阳新港下　D．湖南麻阳九曲湾

191. 屈家岭遗址地处湖北京山两河交汇的山丘岗地，出土彩陶纺轮、彩绘黑陶和蛋壳______陶等独具特色的器物，发现连间式住房，被命名为“屈家岭文化”（有学者认为上承大溪文化），年代距今约5600～4600年。

A. 黑　B. 白　C. 红　D. 彩

192. 湖北黄陂盘龙城遗址约建于公元前______世纪，具有内、外两重城垣，宫殿布局、建筑式样与文献记载的“前朝后寝”“茅茨土阶”“四阿重屋”等相吻合，反映了商代中原文化向南扩张（控制铜矿资源）、在长江流域占据中心城市的历史，或与《诗经·商颂·殷武》记述的商人南征荆楚有关。

A. 16　B. 15　C. 14　D. 13

193. 湖北天门石家河遗址主要经历了四个文化阶段：油子岭文化、屈家岭文化、石家河文化、后石家河文化，是长江中游史前中心聚落，也是石家河文化命名地。石家河文化年代距今约______年，考古发现由城墙、城壕和外围台岗构成的城址，出土陶符神徽、陶塑及凤形佩、人头像等极具特色的玉器。

A. 6600～6000　B. 5600～5000　C. 4600～4000　D. 3600～3000

194. 湖北______文化内涵丰富，面貌独特，尤其是一幢类似现代单元房并配有拉门的房屋基址，为国内新石器时代遗址中首次发现，在世界古遗址中也属罕见。

A. 天门石家河遗址　B. 枣阳雕龙碑遗址

C. 枝江关庙山遗址　D. 石首走马岭遗址

195. 湖北应城门板湾遗址以一个建有防洪设施的城址为中心，城外分布数个半从属聚落，首次发现了“______”带走廊结构的大型院落式房屋。

A. 两室两厅　B. 三室两厅　C. 四室一厅　D. 四室两厅

196. 湖北建始直立人遗址为一石灰岩穿山洞，分东、西两个洞口，发掘出土早期直立人牙化石、石器、骨器以及80多个种属的哺乳动物化石（含步氏巨猿），年代距今约______～120万年之间，是我国首次发现的直立人与巨猿共生的化石点。

A. 250万　B. 220万　C. 190万　D. 160万

197. 湖北咸丰唐崖土司城始建于元至正六年（1346 年），为土家族______氏土司营建，清雍正十三年（1735 年）“改土归流”后废，共历 16 代 18 位土司。现存城墙、街巷、张王庙、“荆南雄镇”牌坊、衙署基址、土司墓等遗迹。

A．樊　　B．郑　　C．覃　　D．岑

198. 湖北鹤峰容美土司遗址始建于明______年间，以屏山爵府为中心，现存城墙、司署、民居、书院、水寨、桥梁、碑刻、墓葬、祭祀等遗迹。其中，洞府遗址系利用喀斯特地貌天然溶洞修筑而成，为其一大特色。

A．隆庆　　B．万历　　C．天启　　D．崇祯

199. 湖北鄂州吴王城遗址是三国孙吴最早的都城。221 年，孙权自公安来鄂，不久接受魏文帝曹丕所封吴王称号，营建吴王城，取“以武而昌”之意，将鄂县改名“武昌”。______年，孙权在此称帝，又名吴大帝城。同年，孙权迁都建业（今南京），派上大将军陆逊辅佐太子孙登留守武昌，为吴国陪都（西都）。

A．227　　B．228　　C．229　　D．230

200. 湖北南漳山寨群共有山寨五百余座，是______时期修建的防卫性堡寨，数量、规模、分布为全国罕见，以卧牛山寨、春秋寨、樊家寨、青龙寨、尖峰岭寨、张家寨 6 处为典型代表。

A．隋唐　　B．五代　　C．宋元　　D．明清

201. 湖北随州庙台子遗址包括西周时期______国都城内城城址、国君及其家族的墓地（叶家山墓地），是目前发现______国城邑和国君贵族墓地共存的唯一物证。

A．楚　　B．唐　　C．曾　　D．申

202. 襄樊码头位于襄樊市襄城、樊城汉水两岸，现存较完好码头 12 座，均建于清代，其中最大的一座是______，上有梯形礓踏十八级，下为曲尺形平台，台东西各两组礓踏，至台下面形成一等腰梯形驳岸。

A．火星观码头　　B．邵家巷码头　　C．汉阳书院码头　　D．公馆门码头

203. 长沙铜官窑遗址位于湘江东岸铜官镇至石渚湖一带，创烧于______，以烧制日常生活用器为主，兼烧文房用具及各种雕塑玩具，产品远销海外。器物上多题诗词、款识，装饰以釉下褐绿彩与模印贴花最具特色，开中国瓷器釉下彩绘之先河。

A．南朝　　B．隋代　　C．唐代　　D．五代

204. 湖南澧县城头山遗址历经大溪文化、屈家岭文化、石家河文化，发现了年代距今______多年的夯筑城墙、建筑台基、石铺道路、护城壕沟、木桥木桨等，是迄今发现时代最早的古城址之一。

A．6000　B．5000　C．4000　D．3000

205. ______是位于湖南道县寿雁镇白石寨村的一处洞穴遗址，考古发现距今10000年前的原始陶器和稻谷壳遗存，为目前已知世界上最早的人工栽培稻标本之一。

A．玉蟾岩遗址　B．彭头山遗址　C．八十垱遗址　D．高庙遗址

206. 湖南永顺老司城遗址是我国西南地区规模最大、保存最为完整的少数民族军事城堡，唐天授二年（691年）置溪州，五代后梁开平四年（910年）彭瑊任溪州刺史，南宋绍兴五年（1135年）第十二代______族土司、溪州刺史彭福石宠将州治迁于此，至清雍正六年（1728年）“改土归流”，一直是永顺土司治所地，现存八街、九巷遗址等。

A．瑶　B．苗　C．侗　D．土家

207. 湖南龙山里耶古城遗址出土了3万余枚______代简牍，为洞庭郡迁陵县衙署档案，涉及邮递、军备、算术、官职等社会生活各个方面（如迄今发现最早的乘法口诀），填补历史记载空白。

A．商　B．周　C．秦　D．汉

208. 炭河里遗址是______时期方国都城所在地，出土四羊方尊、大禾人面方鼎等重要文物，为研究宁乡铜器群和湖南古代文明提供了重要资料。

A．商代　B．西周　C．春秋　D．战国

209. 湖南宁远舜帝庙遗址现存汉代以来祭祀帝舜的遗迹，是迄今发现时代最早的舜帝陵庙。舜，姓______，传说目有双瞳而名“重华”，号有虞氏，南巡途中逝于苍梧之野，葬于九嶷山。

A．姬　B．姚　C．姒　D．子

210. 醴陵窑在宋元时期生产白瓷、青瓷和酱色瓷，明清时期大量烧制青花瓷，至______成功创烧釉下五彩瓷，成为中国釉下五彩瓷器的发源地。

A．清代早期　B．清代中期　C．清末民初　D．民国时期

211. 兔子山遗址是楚、秦、张楚、西汉、东汉、三国吴直至宋代的______县治所，延续时间约 1500 年，保留下了各时期的遗迹遗存。其中 11 座古井出土 1.5 万余枚简牍，从战国楚延续至三国吴时期，包括了目前考古发现简牍的所有年代，内容为______县政府档案和公私书信。

A．汉寿　　B．宁乡　　C．益阳　　D．常德

212. 湖南桂阳桐木岭矿冶遗址发现一批以炼______为主的多金属冶炼遗迹、遗物，是目前国内保存最好、遗迹结构功能最清楚、出土冶炼遗物最丰富的古代炼______遗址之一，对于研究我国古代炼______技术的起源、发展和传播具有重要价值。

A．锡　　B．锌　　C．铅　　D．锰

213. 衡山窑是______时期窑址群，其“粉上彩釉绘花”瓷器被湖南乃至周边省份的窑场广为模仿，形成了一个特色鲜明的“衡山窑彩瓷窑系”。

A．隋唐　　B．五代　　C．宋元　　D．明清

214. ______王宫署遗址位于广州市区，是迄今发现时代最早的御苑遗址，大型石构水池和曲流石渠设计独特，构筑精巧。

A．南越　　B．南陈　　C．南平　　D．南汉

215. 马坝人遗址位于广东曲江马坝镇狮子岩，由两个石炭纪石灰岩孤峰组成，1958 年在狮头溶洞内发现距今______万年的人类头骨化石，是华南地区最早发现的早期智人化石，为研究直立人向智人演变提供了实物资料。

A．15　　B．12　　C．9　　D．6

216. 广东英德青塘遗址包括黄门岩 1～4 号洞、狮头岩，是华南地区旧、新石器时代过渡阶段典型洞穴遗址，实证了中国南方从狩猎采集向早期农业社会过渡的历史进程。______出土了华南最早的穿孔蚌器、广东最早的陶器。

A．1 号洞　　B．2 号洞　　C．3 号洞　　D．4 号洞

217. 广西______是岭南地区新石器时代早期洞穴遗址中保存最为完整的一处，考古发现夹粗砂红陶容器残片，是目前已知最早的陶容器实物之一，年代距今 10000 年以上。

A．桂林甑皮岩遗址　　B．邕宁顶蛳山遗址

C．柳州鲤鱼嘴遗址　　D．那坡感驮岩遗址

218. 广西柳城巨猿洞位于楞寨山西麓峭壁上，洞口距地面约 90 米，地质时代为更新世早期，距今约______年，已出土 77 个巨猿个体化石，是世界上迄今发现巨猿化石最多的地点。

A. 100 万　　B. 90 万　　C. 80 万　　D. 70 万

219. 三亚落笔洞遗址为一石灰岩孤峰，考古发现晚期智人牙齿化石、石制品、用火遗迹与大量动物化石，时代为距今______年左右，是海南迄今发现时代最早的古文化遗址，也是已知中国旧石器时代文化遗存中分布最南的一处。

A. 10 万　　B. 6 万　　C. 3 万　　D. 1 万

220. 甘泉岛地处______中，渔民俗称“圆峙”，以井泉甘甜而著名。岛上出土唐宋时期陶瓷器、铁器、铜钱等，证明包括甘泉岛在内的______自古以来就是中国的领土。

A. 东沙群岛　　B. 西沙群岛　　C. 中沙群岛　　D. 南沙群岛

221. 海南三沙金银岛沉船遗址，渔民习称“尾峙”，其______侧海域为古代南海丝绸之路重要航线。遗址发现宋、明、清时期沉船、瓷器、石雕建筑构件等，反映了南洋华人在侨居地修建庙宇、祠堂和海上丝绸之路陶瓷贸易的情况。该遗址是目前全国重点文物保护单位中地理位置最南端的一处。

A. 东　　B. 南　　C. 西　　D. 北

222. 重庆巫山龙骨坡遗址是中国已知最早的旧石器时代洞穴遗址之一，1985 年在此发现距今 200 万年以上的古人类______化石，被命名为“巫山人”，对于探索人类起源和演化提供了珍贵资料。

A. 牙齿　　B. 下颌骨　　C. 额骨　　D. 头盖骨

223. “大溪文化”因发现于巫山大溪遗址而得名，年代距今约 6400～5300 年，是长江中游地区以______陶为主并含薄胎彩陶的文化遗存，流行红烧土房屋并较多使用竹材建房。

A. 灰　　B. 黑　　C. 白　　D. 红

224. 钓鱼城遗址位于重庆合川钓鱼山上，建于南宋淳祐三年（1243 年），山下嘉陵江、渠江、涪江三江汇流，地势险要。______年，蒙古大汗蒙哥亲率十万大军进攻，宋将王坚等固守力战，蒙哥被击伤，死于军中，蒙军撤围，扭转了宋蒙战局。

A. 1255　　B. 1257　　C. 1259　　D. 1261

225. 三星堆遗址位于四川广汉鸭子河南岸，是迄今发现内涵最丰富的古蜀文化都邑遗址，现存城墙、房址、墓葬、祭祀坑等遗迹，______年发现 2 个祭祀坑，出土金杖、青铜立人、铜面具、铜神树、玉边璋等独具特色的文物。2020 年再度发掘 6 个祭祀坑。三星堆文化上承宝墩文化，下启金沙文化、东周古蜀国，是长江上游早期文明的重要代表。

A．1934　　B．1963　　C．1986　　D．1997

226. 邛窑遗址分布在四川邛崃境内，以______最为集中，创烧于南朝，盛于唐宋，南宋末至元停烧，是西南地区重要的民间窑场。瓷器器形颇有地方特色，以小瓷塑和釉下三彩器（“邛三彩”）最具代表性。

A．尖子山　　B．十方堂　　C．瓦窑山　　D．固驿镇

227. 成都平原史前城址包括新津宝墩城址、______鱼凫城址、郫县城址、都江堰芒城城址、崇州双河城址及紫竹城址等，是西南地区目前发现时代最早、规模最大、分布最密集的史前城址群，年代距今 4500～4000 年左右。李白诗吟：“蚕丛及鱼凫，开国何茫然！”

A．金堂　　B．双流　　C．新都　　D．温江

228. 成都金沙遗址是商代至西周时期古蜀国都邑，考古出土“太阳神鸟”金饰、金面具、青铜立人、玉琮、跪坐石人像、象牙等珍贵文物。2005 年 10 月 17 日，以“太阳神鸟”金饰为题材的蜀绣制品，搭载神舟______号飞船在太空中遨游后返回地球。

A．五　　B．六　　C．七　　D．八

229. 四川渠县城坝遗址是东周时期川东巴人分支賨（cóng）人建立的国都，称为賨城。城址延续至汉、晋，屡为州、郡、县治，成为川东北政治、经济、军事、文化中心。考古出土典型的巴蜀式青铜器及陶器、玉器、石刻等文物，16 口汉代水井中有______口仍在继续使用。

A．1　　B．2　　C．3　　D．4

230. 剑门蜀道遗址，又称金牛道遗址，是战国至清代______古道之南段蜀栈道，以剑门关为中心，向北至广元市朝天区朝天镇朝天峡（又名明月峡），南至绵阳市梓潼县演武镇，全程 200 余千米。古道沿嘉陵江修筑，山坡为石梯路，峡崖为栈阁（凿孔塞梁、立柱铺板）。现存明月峡、清风峡、三滩峡等古栈道及桥梁、关隘、城址遗迹。

A．川陕　　B．川甘　　C．川青　　D．川鄂

231. 剑门蜀道已有3000多年历史。周慎靓王五年（公元前316年），______派司马错、张仪凿通蜀道，一举并蜀。秦末，刘邦从此道入蜀，进而完成统一。汉末，刘备由此入蜀，遂成三分大业，诸葛亮“六出祁山”北伐主要走剑门蜀道，并发明“木牛”“流马”穿行。三国末年，魏军伐蜀时兵分两路，主力走的是剑门蜀道，另一支走的是阴平古道。唐朝国难时，玄宗和僖宗均沿金牛道逃蜀，留下大量遗迹。北宋乾德三年（965年），宋军在剑门击败后蜀军，徐图一统。20世纪30年代的川陕公路和20世纪50年代的宝成铁路也都沿剑门蜀道修建。

A. 秦简公　　B. 秦献公　　C. 秦孝公　　D. 秦惠文王

232. 老君山硝洞遗址位于四川______，因传太上老君曾在此山老君洞内炼丹而得名，包括朝阳洞、天雨洞、高观洞等20余处硝洞，洞深数百米至数千米不等，尚存大量炼硝遗存，是国内迄今发现规模最大的古硝洞遗址群。______由此被称为“中国火药之乡”。

A. 梓潼　　B. 平武　　C. 江油　　D. 绵竹

233. ______始建于明代，保存了当时“前店后坊”的布局形式，是古代酿酒作坊和酒肆并存的重要实例。

A. 成都水井街酒坊遗址　　B. 泸州大曲老窖遗址

C. 宜宾五粮液窖池　　D. 绵竹剑南春酒坊遗址

234. 四川绵竹剑南春酒坊遗址始建于清______初年，遗存大量窖池、炉灶、晾堂、水井、粮仓等酿酒设施和建筑遗迹，生产要素齐全，是集坊、肆、街为一体的酿酒作坊遗址群。

A. 顺治　　B. 康熙　　C. 雍正　　D. 乾隆

235. 四川宜宾五粮液老窖池遗址为地穴式曲酒发酵窖池群，现存明代至民国时期窖池、炉灶、晾堂、水沟等酿酒设施和“长发升”“利川永”等酒坊建筑，有______口明清老窖池至今仍在使用，并保留着原有的操作流程和酿造工艺。

A. 10　　B. 15　　C. 20　　D. 25

236. 贵州普定穿洞遗址年代距今1万年左右，出土的______类型多样（有锥、铲、针、棒等），器形新颖，制作精致，为国内少见。

A. 打制石器　　B. 磨制石器　　C. 骨器　　D. 角器

237. 贵州赫章可乐遗址包括汉代遗址、墓葬和当地______民族遗址、墓葬，各有属地，互不混杂。“套头葬”为古代______民族的埋葬特点。《史记·西南夷列传》载：“西南夷君长以百数，独______、滇受王印。”

A. 氐　　B. 滇　　C. 嶲　　D. 夜郎

238. 贵州万山素有中国“汞都”之称，______即以“光明丹砂”为皇室贡品。万山汞矿遗址包括仙人洞、黑硐子、云南梯洞子三部分，现存石梯、隧道、刻槽、矿柱、巷道及冶炼汞矿的遗迹遗物，是国内现存开采时间最早、历史最长、规模最大的汞矿遗址。

A. 隋代　　B. 唐代　　C. 宋代　　D. 元代

239. 云南大理太和城遗址为唐开元二十六年（738 年）蒙舍诏首领皮罗阁建立南诏后（唐玄宗册封云南王）的第一座都城，西负苍山，东临洱海，地势险要，城中发现著名的南诏德化碑，记述唐代南诏国王______业绩及南诏与唐朝关系。唐大历十四年（779 年），南诏王异牟寻迁都羊苴咩城。

A. 阁罗凤　　B. 异牟寻　　C. 寻阁劝　　D. 劝龙晟

240. 元谋人遗址位于云南省元谋县上那蚌村，1965 年发现一成年男性猿人的两枚上内侧门齿，经测定距今______年左右，是当时国内发现时代最早的古人类化石。

A. 180 万　　B. 170 万　　C. 160 万　　D. 150 万

241. 世界上第一具腊玛古猿的头骨化石发现于我国云南省禄丰县石灰坝村庙山坡。腊玛古猿是从猿演化到人的中间代表，具有早期人类的形态特征，属于人科，生存时代为距今约______年前的中新世晚期。

A. 800 万　　B. 700 万　　C. 600 万　　D. 500 万

242. 云南保山汉庄城址地处古代“蜀—身毒（今印度）”道上，发现大量纪年钱币、瓦当、铭文砖等，是云南现存规模最大、布局工整、保存完好的______古城址（永昌郡治），对于研究边疆与内地的政治、经济、文化联系具有重要价值。

A. 战国　　B. 汉代　　C. 晋代　　D. 南北朝

243. 云南______为汉晋时期朱提县（郡）治所，城址布局完整，现存城墙、壕沟、民居、作坊等遗迹，为研究汉代经略西南夷，以及秦汉以来“夜郎道”“丝绸之路南亚廊道”等提供了重要资料。

A. 晋宁河泊所遗址　　B. 昌宁大甸山遗址

C. 广南牡宜遗址　　D. 昭通诸葛营城遗址

244. 古格王国遗址位于西藏札达象泉河畔的土山上，现存城墙、民居、寺庙、佛塔、洞窟、地道、水渠等遗迹，寺内残留色彩鲜艳的壁画。古格王国建于______世纪，始祖德祖衮为吐蕃末代赞普朗达玛的后裔，共传 27 代王，历 700 余年。

A. 九　　B. 十　　C. 十一　　D. 十二

245. 西藏昌都卡若遗址年代距今约 5500～4000 年，分为早、晚两期，早期房屋以半地穴式或地面草拌泥墙建筑为代表；晚期以半地穴式石墙建筑为代表。该遗址是西藏高原第______次考古发掘的聚落遗址，对研究西藏原始文化及与相邻地区的关系，具有重要价值。

A. 一　　B. 二　　C. 三　　D. 四

246. 西藏申扎尼阿底遗址年代距今约 4.5 万～3 万年左右，海拔______米，是青藏高原腹地首次发现具有确切地层的旧石器时代遗址，为人类生活于青藏高原的最早纪录，也是目前史前人类在高海拔地区生活的最高纪录。

A. 4300　　B. 4400　　C. 4500　　D. 4600

247. 半坡遗址位于陕西西安浐河东岸，属新石器时代仰韶文化，是我国首次大规模发掘的原始社会母系氏族村落遗址，出土陶器上的刻划符号，可能是中国古代文字的渊源之一。______年，在此建立了国内第一座大型遗址博物馆。

A. 1955　　B. 1956　　C. 1957　　D. 1958

248. 丰镐遗址位于西安市长安区沣河两岸，为西周国都丰京（西）、镐京（东）所在地，又称宗周，是历史上最早称为“京”的都市。其中镐京为周______王时兴建。

A. 文　　B. 武　　C. 成　　D. 康

249. ______遗址位于西安市西南郊，秦始皇三十五年（公元前 212 年）在原上林苑基础上营建。据古人描述，当时建筑颇为宏伟。现存前殿夯土台基，长约 1200 米，宽约 450 米，高 7～8 米。1976 年出土秦代高足玉杯。

A. 阿房宫　　B. 咸阳宫　　C. 甘泉宫　　D. 宣春宫

250. 汉长安城遗址位于西安市西北，西汉高祖时始建长乐宫、未央宫（高祖七年从栎阳迁都长安），惠帝时筑城墙、建西市，______帝时兴建北宫、桂宫、明光宫、建章宫，扩充上林苑，开凿昆明池，规模始备。张骞通西域后，成为古丝绸之路东端起点。东汉定都洛阳，以长安为西京。东汉（献帝）、西晋（愍帝）、前赵、前秦、后秦、西魏、北周等，曾在此短暂定都。隋、唐两代新建长安城，汉长安城旧地为皇家禁苑。

A. 文　　B. 景　　C. 武　　D. 昭

251. 汉长安城的宫殿集中于城内中部和南部，约占全城面积的______。西北部为东市、西市，东北部为居民区。这种布局改变了战国时期大小城相套或两城并联的旧制，把宫殿区、工商业区和居民区置于一城之中，开创了后世都城建制的格局。

A. 三分之一　　B. 二分之一　　C. 五分之三　　D. 三分之二

252. 大明宫遗址位于西安城北龙首原上，始建于唐贞观八年（634 年），龙朔二年（662 年）扩建，是唐朝 200 余年间的政令中心，与太极宫、兴庆宫并称“三大内”，开创了“中轴对称、前朝后苑、三大殿制”的宫城布局方式，正殿______面阔十一间，坐落于三层高台之上，前方左右两侧有翔鸾阁和栖凤阁，气势壮丽。

A. 含元殿　　B. 宣政殿　　C. 紫宸殿　　D. 麟德殿

253. 蓝田猿人遗址包括陈家窝子和公王岭两处地点。公王岭发现猿人头骨化石、石器（以三棱大尖状器为特色）和用火遗迹，年代距今约______年，是亚洲北部迄今发现最古老的直立人化石。

A. 115 万　　B. 95 万　　C. 75 万　　D. 55 万

254. 周原遗址是周文化的发祥地和周人灭商之前的都邑（岐邑），其中心位于今陕西扶风、岐山一带，公元前 12 世纪末或前 11 世纪初古公亶父率族迁此营邑，考古发现大型宫室建筑基址（凤雏甲组、召陈），已经形成“前朝后寝”格局，并出土一批刻辞甲骨和多处青铜器窖藏。《诗经 · 大雅 · 绵》云：“周原朊朊，堇荼如饴。”西周王室曾多次在这里举行祭祀活动。下列著名青铜器中不是在周原地区出土的是______。

A. 毛公鼎　　B. 利簋　　C. 墙盘　　D. 折觥

255. 秦雍城遗址位于陕西______雍水北岸，是春秋至战国中期秦国都城，秦德公元年（公元前677年）自平阳（今陕西陈仓）迁来，至献公十一年（公元前374年）以此为都303年（一说至献公二年，共294年），历十九代国君，是秦国都城中沿用时间最长的一座。献公迁都栎阳后，秦人的宗庙仍设此，秦王嬴政加冕典礼也在此举行。经勘探发现城内道路纵横交错，布局严整，已发现宗庙宫殿区三处，城西南为秦公陵区，出土刻铭石磬。

A．千阳　　B．岐山　　C．凤翔　　D．扶风

256. 秦咸阳城遗址位于渭河北岸，是战国晚期秦国至统一后秦朝的都城，历七世，共144年，是中国历史上第一个统一多民族帝国的首都。______时由栎阳迁都于此，并施行变法。秦始皇"奋六世之余烈，振长策而御宇内"，相传秦灭六国过程中，每灭一国，即在咸阳北坂上仿建一座该国宫殿，现发现部分遗存。

A．秦孝公　　B．秦惠文王　　C．秦武王　　D．秦昭襄王

257. 陕西铜川耀州窑创烧于唐代，北宋时最盛，下迄明代，窑址以黄堡镇为代表。制瓷技艺纯熟，______花纹饰饱满富丽，线条流畅，居宋代同类瓷器装饰之冠，北宋晚期曾烧贡瓷。考古发现宋神宗元丰七年（1084年）德应侯碑，记述黄堡烧瓷盛状与工艺，是中国制瓷史上的重要文献。

A．印　　B．划　　C．剔　　D．刻

258. 陕西______发现大型原始聚落，有5组建筑群环绕中心广场，每组均由若干较小住房环绕一座大房子。遗址中仰韶文化堆积由下至上依次为半坡类型、史家类型、庙底沟类型和西王村类型，出土的两件黄铜制品是我国已知最早的铜器，石砚及绘画工具的发现也属首次。

A．宝鸡北首岭遗址　　B．临潼姜寨遗址

C．华县泉护村遗址　　D．渭南史家遗址

259. 郑国渠首遗址位于陕西泾阳北仲山西麓的瓠口。秦王嬴政元年（公元前246年）采纳______国水工郑国引泾灌田的建议，历时10年修成郑国渠，全长约150千米，可灌溉农田"四万余顷"（约合今115万亩）。其后，历经汉白公渠、唐三白渠、宋丰利渠、元王御史渠、明广惠渠和通济渠、清龙洞渠、民国泾惠渠，沿用两千多年。现存渠口、渠道、拦河坝等遗迹和历代碑刻。

A．赵　　B．魏　　C．韩　　D．齐

260. 陕西靖边统万城遗址俗称白城子，为十六国时期______国都城，北魏、隋、唐夏州治所，宋代废弃。城址包括外郭城、东城、西城，出土“驸马都尉”“西部都尉”铜印和铜佛像等珍贵文物。

A．后凉 B．夏 C．北燕 D．西秦

261. 隋______城、唐长安城遗址是当时世界上最大、最繁荣的城市，面积 83 平方千米（是明清西安城的 7 倍），由著名建筑家宇文恺负责规划设计和营造，总体按中轴线对称布局，宫城置于郭城北部正中，北连禁苑，南接皇城，城内以 11 纵 14 横大街布列 108 坊、2 市（朱雀大街宽达 150 米），为中国古代城市规划的杰作。

A．大兴 B．长兴 C．西京 D．大业

262. 1970 年 10 月，西安何家村（位于原唐长安城______坊）窖藏出土金银器等 265 件，是目前已知出土唐代金银器数量最多、价值最高的一批，其中不乏鸳鸯莲瓣纹金碗、舞马衔杯纹鎏金银壶等国宝器物。同出众多精美玉器、金银货币等。

A．敦化 B．开化 C．通化 D．兴化

263. 隋______宫、唐九成宫遗址位于陕西麟游，是隋唐著名离宫，始建于隋文帝开皇十三年（593 年），604 年隋炀帝杨广在此即位，唐太宗贞观五年（631 年）扩建更名，并置禁苑、武库及官寺。现存宫殿台基、阙门基址、石砌水渠及《九成宫醴泉铭》碑（魏徵撰）、《万年宫序铭》碑（唐高宗撰、书）等。

A．仁寿 B．翠微 C．宜寿 D．安仁

264. 西安______遗址是我国迄今发现时代最早、规模最大的多孔联拱石桥，建于隋开皇三年（583 年），唐代、五代、宋代修葺，元代废。隋唐时作为京城通往中原和江南的交通要道，长安人送客东行多在此折柳赠别。

A．浐桥 B．灞桥 C．沣桥 D．滈桥

265. 华清宫遗址位于临潼骊山下，唐贞观十八年（644 年）建“汤泉宫”，天宝六年（747 年）扩建后改名为“华池宫”，安史之乱毁于兵火。现发掘石砌浴池中被称为“贵妃汤”的是______。

A．莲花汤 B．海棠汤 C．星辰汤 D．宜春汤

266. 1978年，在陕西大荔解放村东的甜水沟内发现了早期人类头骨化石和石器，命名为“大荔人”，头骨粗壮，眉脊发达，前额后倾，有明显的从直立人向早期智人过渡的体质特征，顶骨和枕骨之间夹着一块三角形的“印加骨”（黄种人典型特征），时代为距今______年左右。

A. 45万　　B. 35万　　C. 25万　　D. 15万

267. 栎阳城遗址位于西安阎良石川河南岸，曾为战国时秦国、西汉早期都城，规模较大，布局完整。史载，秦______公“徙治栎阳”。楚汉相争时刘邦在明修栈道、暗度陈仓夺取关中后，亦以栎阳为都，至高祖七年（公元前200年）迁都长安。

A. 惠　　B. 出　　C. 献　　D. 孝

268. 京师仓遗址位于陕西华阴漕渠入渭处，修建于汉______帝时期，依自然地势构筑，是为首都长安贮存、转运粮食的国家粮仓，也是目前发现规模最大的西汉仓窖建筑遗址。

A. 文　　B. 景　　C. 武　　D. 昭

269. 秦直道是秦始皇命大将蒙恬监修的一条重要军事道路，南起秦都咸阳附近的云阳（今陕西淳化北），北抵九原郡（今内蒙古包头西），全长1800多里（相当于现在的______余千米），路面平均宽度约30米，现存路面、车辙遗迹、建筑遗迹等。

A. 600　　B. 700　　C. 800　　D. 900

270. 陕西______石峁遗址地处黄土高原北部，年代距今约4300～4000年，由“皇城台”、内城、外城组成，缘山而建，建筑材料以石为主，王权与神权功能并重（城墙嵌石雕和玉器），出土目前已知最早的骨簧、算筹，是迄今发现规模最大的新石器时代晚期至夏代早期都邑城址（面积超过400万平方米），为探寻中华文明起源提供了重要实物资料。

A. 延安　　B. 靖边　　C. 横山　　D. 神木

271. 陕西______的发掘，揭示了新石器时代早期至仰韶文化过渡阶段的文化面貌与变化脉络，为探索仰韶文化的起源、聚落布局、文化内涵提供了重要资料。

A. 西乡李家村遗址　　B. 宝鸡北首岭遗址

C. 华阴横阵遗址　　D. 岐山凤凰山遗址

272. 陕西韩城梁带村遗址地处黄河西岸台地上，现存两周时期______国高等级建筑基址、城墙和墓地，出土青铜器、玉器等大量珍贵文物。

A. 韩　　B. 芮　　C. 郑　　D. 虞

273. 陕西澄城刘家洼遗址由城址、居址、手工业作坊遗址、墓地和环壕构成，出土大量青铜器、漆木器、玉器，属______国后期的中心性城址，是周王室大臣采邑向东周诸侯国发展演变的典型标本，周、戎、秦等多元文化因素共存。

A. 韩　　B. 芮　　C. 郑　　D. 虞

274. 陕西扶风法门寺相传创建于东汉末年，唐高祖武德三年（620 年）诏改现名。1987 年发掘宝塔地宫时，出土佛指舍利及大量唐代金银器、丝织品等，特别是______件秘色瓷器（八棱净水瓶、碗、盘），提供了千载难遇的标准器物。

A. 14　　B. 15　　C. 16　　D. 17

275. 陕西______麟州故城始建于唐开元十二年（724 年），由三个互相联系又相对独立的小城组成，明正统八年（1443 年）废弃。五代麟州刺史杨宏信及其长子杨重勋、孙杨光，世代守卫麟州，抵御契丹、西夏。杨宏信的次子杨业、孙杨延昭为宋初名将，在山西北御契丹。

A. 榆林　　B. 神木　　C. 府谷　　D. 佳县

276. 2009 年，陕西______出土新石器时代龙山文化时期筒瓦、板瓦、槽型瓦，是我国第三次文物普查的重大发现，将中国用瓦历史提前了一千年。

A. 扶风益家堡遗址　　B. 陈仓桥镇遗址

C. 周至西峪遗址　　D. 白水下河西遗址

277. 陕西三原五帝坛遗址为______皇家祭祀及宫殿遗址，5 座覆斗形夯土台基呈十字形分布，间距约 550 米，台基底边长 10～21 米，出土“千秋万岁”“长乐未央”等文字瓦当、空心砖。其西侧有天齐祠遗址。

A. 秦代　　B. 西汉　　C. 东汉　　D. 西晋

278. 西安圜丘遗址位于唐长安城南，为黄土夯筑的高台式坛体建筑，平面呈四重同心圆形，圆台面径自下往上逐层均匀递减，每层圆台均匀设置______个陛阶。隋唐两代帝王在此祭天。

A. 4　　B. 8　　C. 12　　D. 16

279. 潼关故城遗址位于陕西潼关港口镇，北临渭河入黄处，南依凤凰山，雄踞秦、晋、豫三省要冲，形势险要，历来为兵家必争之地。潼关作为关隘而筑有关城，始于东汉末年，______时迁至现址，后世屡有修缮扩建。

A. 北周　　B. 隋代　　C. 唐代　　D. 五代

280. 凤翔雍山血池遗址，属于秦汉时期皇家祭天的“畤”遗存。东周时期，秦国在雍地建立了四畤祭祀系统，成为国家最高等级的祭祀“圣都”。汉承秦制，高祖刘邦在秦雍四畤基础上增设______畤，以郊祀雍畤作为王朝最高祭礼，汉代帝王曾先后十八次郊雍。

A. 东　　B. 南　　C. 西　　D. 北

281. 大地湾遗址位于甘肃秦安五营河畔，包括大地湾文化、仰韶文化和马家窑文化三个阶段，年代距今约7800～4000年。大地湾文化中发现目前所见最早的彩陶；仰韶文化晚期的一座殿堂式房屋基址，面积130多平方米，分为______室，主次分明，为同时期所罕见。

A. 四　　B. 五　　C. 六　　D. 七

282. “马家窑文化”因1924年安特生最早发现于甘肃临洮马家窑遗址而得名，年代距今约5300～4000年，按时序包括石岭下、马家窑、半山、马厂等类型，出土彩陶多施______彩，纹饰以线条为主，图案丰富，绚丽多姿。马家窑文化上承仰韶文化庙底沟类型，下继齐家文化。

A. 黄　　B. 黑　　C. 蓝　　D. 绿

283. 玉门关遗址（小方盘城）位于甘肃敦煌疏勒河下游，为汉玉门都尉治所，居古丝绸之路咽喉孔道，关址四垣用夯土版筑，附近的长城由沙砾石土夹芦苇间层叠压筑成，是国内目前保存最好的一段______长城。出土简牍文书、丝织品等。邻近处有大方盘城（河仓城），为汉晋时期储备粮秣给养的仓库。

A. 战国　　B. 秦代　　C. 汉代　　D. 魏晋

284. 齐家文化因______年首先在甘肃广河齐家坪遗址发现而得名，是黄河上游地区新石器时代晚期至青铜时代早期文化，陶器以红陶为主，代表器形有双大耳罐、高领双耳罐等，石器以特大盘状砍砸器为特有，还出土了我国迄今发现最早的铜镜。

A. 1921　　B. 1922　　C. 1923　　D. 1924

285. 甘肃高台骆驼城遗址为汉代乐涫县治，西晋末年至南北朝时为建康郡治所，十六国时曾为______都城，唐代设建康军，为国内少有保存较好的汉、凉、唐代古城，分南北二城。

A. 前凉　　B. 后凉　　C. 西凉　　D. 北凉

286. 锁阳城遗址位于甘肃瓜州，分内、外两城，______代玉门关建置于此，现存古代军事防御系统和农田水利灌溉系统遗迹。城东塔儿寺遗址为大型庙宇建筑基址，立一座高 14.5 米的覆钵式大塔。据《大唐西域记》记载，玄奘法师赴天竺取经，曾路过瓜州，在此地讲经说法半月有余。

A. 汉　　B. 晋　　C. 隋　　D. 唐

287. 甘肃敦煌悬泉置遗址是______时期丝绸之路上重要驿站遗址，由坞和仓、厩组成，出土丝织品、纸张、帛书，以及简牍 2 万余枚，内容涉及诏书、律令、文书、簿籍、医方等。

A. 汉晋　　B. 十六国　　C. 北魏　　D. 西魏

288. 黑城遗址是______黑水城和元代亦集乃路遗址，为河西走廊通往漠北地区的重要枢纽，出土______瓷器、彩塑、佛经及元代文书、纸币等珍贵文物。

A. 北周　　B. 隋代　　C. 唐代　　D. 西夏

289. 武威白塔寺遗址为蒙古______汗时期藏传佛教萨迦派法王萨班赴凉州与蒙古“西凉王”阔端会谈西藏统一、并达成协议（史称“凉州会谈”）的居所，是祖国统一的历史见证。现存塔基、殿基、碑刻等。

A. 窝阔台　　B. 贵由　　C. 蒙哥　　D. 忽必烈

290. 甘肃______年代距今约 5200～4600 年，对其发掘厘清了马家窑文化早、中、晚期的地层关系，并出土一件由锡青铜模铸而成的铜刀，是我国目前发现最早的青铜器。

A. 东乡林家遗址　　B. 会宁牛门洞遗址　　C. 临洮寺洼遗址　　D. 酒泉西河滩遗址

291. 甘肃广河半山遗址是马家窑文化半山类型的命名地（1924 年安特生首次发现），年代距今约 4650～4300 年，出土陶器中彩陶占______% 以上，堪称彩陶的鼎盛时期，多饰漩涡纹、菱形纹、葫芦形纹等。社会形态为男耕女织，男性逐渐在生产中居于主要位置。

A. 55　　B. 65　　C. 75　　D. 85

292. 甘肃______辛店遗址是辛店文化的首次发现和命名地（1924年发现），年代距今3000余年，出土陶器以夹砂红褐陶、黄陶为主，近似一对羊角的双勾纹和犬形纹彩绘是其重要标志。

A. 临洮　B. 陇西　C. 渭源　D. 通渭

293. 甘肃甘谷毛家坪遗址是西周晚期至战国秦文化遗存，地处秦人北上东进要道，对研究秦人迁徙、秦与西戎关系等具有重要价值。专家认为，此地是秦国最早设立的县——“______”县治所在，也是中国历史上最早设置的县之一。民间有“华夏第一县”的说法。

A. 冀县　B. 邽县　C. 杜县　D. 郑县

294. 甘肃肃北马鬃山玉矿遗址是集采矿、选料、防御等于一体的古代聚落遗存，包括径保尔玉矿和寒窑子玉矿。径保尔玉矿开采于战国至汉代，寒窑子玉矿开采于战国至______时期。该遗址透闪石玉料的发现，证明河西走廊也是早期玉料输出的重要区域，校正了过去早期玉料仅来自新疆的传统认识。

A. 秦汉　B. 隋唐　C. 宋元　D. 明清

295. 青海______西海郡故城建于西汉时期，遗址中出土“长乐未央”“西海安定”瓦当、五铢、货泉钱币和“始建国元年”虎符石匮等，印证了《汉书》等文献记载。

A. 共和　B. 海晏　C. 湟源　D. 平安

296. 青海______地处黄河北岸二级台地上，主要为齐家文化中晚期大型聚落遗存，年代距今约4200～3800年，是国内迄今发现唯一一处大型灾难遗址，被称为“东方庞贝”。遗址中出土了中国已知最早的面条。

A. 民和喇家遗址　B. 西宁沈那遗址
C. 尖扎河东台遗址　D. 大通上孙家寨遗址

297. 青海______位于黄河北岸台地上，出土了舞蹈纹彩陶盆、二人抬物彩陶盆等珍贵文物，乳白色陶上施紫红彩、变形鸟纹和多道折线纹等特征，与相邻文化截然不同。

A. 西宁沈那遗址　B. 同德宗日遗址
C. 民和马厂塬遗址　D. 乐都柳湾遗址

298. 青海共和伏俟城（鲜卑语意为“王者之城”）遗址曾为吐谷浑都城，也是丝绸之路青海道的重要枢纽，分内城和外郭，遗存丰富。吐谷浑是______鲜卑的一支，从东北逐步迁徙至甘青地区。540 年，吐谷浑王夸吕建都于伏俟城。隋炀帝大业五年（609 年）破吐谷浑，在此设置西海郡。隋末，吐谷浑首领伏允率兵再占此地，仍建都于此。663 年，吐蕃灭吐谷浑，又据此城。

A．拓跋　　B．慕容　　C．秃发　　D．宇文

299. ______年，法国古生物学家德日进、桑志华发掘的宁夏灵武水洞沟遗址，是我国最早发掘的旧石器时代遗址之一，研究证实石器中“两极打法”系从中国猿人发展而来。

A．1921　　B．1922　　C．1923　　D．1924

300. 宁夏中卫照壁山铜矿遗址由古矿洞、居住遗址和冶炼遗址组成，在______已具较大规模，后世亦有开采和冶炼，现存古铜矿 30 余座、冶铜窑炉 10 余座，为研究西北地区青铜冶炼提供了重要实物资料。

A．汉代　　B．魏晋　　C．北朝　　D．隋唐

301. 高昌故城位于新疆吐鲁番哈拉和卓村南，两汉魏晋为戊己校尉治所，前凉设高昌郡，北魏时为高昌国都，唐代曾为安西大都护府治所（西州州治和高昌县治），后为西州回鹘都城，______始废，是古代西域留存至今规模最大的城址。分外城、内城和宫城（可汗堡）三重，面积 200 万平方米，出土多种文字的文书。

A．北宋末　　B．南宋　　C．元初　　D．元末明初

302. 交河故城（雅尔湖故城）位于吐鲁番雅尔乃孜沟村高出水面约 30 米的土崖上，为汉代西域______治所，十六国至北朝时高昌国的交河郡城，唐代交河县城（一度是安西都护府所在地）。城内建筑、街巷遗迹犹存，城北塔林由一座主塔和 100 个小塔组成。出土古回鹘文写本、唐代古钱和文书等珍贵文物。

A．车帅前国　　B．车师后国　　C．焉耆　　D．尉犁

303. 楼兰故城遗址位于新疆若羌罗布泊______岸，是汉代通西域南路必经之地，魏晋、前凉为西域长史治所，平面呈方形，边长 330 米，城分两区，布局分明，城外有佛寺、烽燧等遗迹，出土汉晋时期金银器、铜器、漆木器、织物、中外钱币等文物，以及汉文、佉卢文简牍。

A．东　　B．南　　C．西　　D．北

304. 北庭故城位于新疆吉木萨尔，是唐代北庭都护府（治庭州）所在，设于武周长安______（在汉代金满城基址上扩建），睿宗景云二年（711 年）升为大都护府。高昌回鹘时为其夏都。元代设别失八里元帅府，作为治理北疆的重镇。城分内、外二重，官署、街市建筑依稀可辨。西门外有大寺。

A. 元年（701 年） B. 二年（702 年） C. 三年（703 年） D. 四年（704 年）

305. 尼雅遗址位于塔克拉玛干沙漠南缘，为两汉魏晋时期______、鄯善国遗址，分布范围约 60～80 平方千米，中心标识物是一座佛塔，周围散布聚落、墓葬、冶铸遗迹等。1995 年出土举世闻名的五星出东方利中国织锦护臂。

A. 精绝 B. 莎车 C. 皮山 D. 于阗

306. 苏巴什佛寺又称昭怙厘大寺，始建于魏晋时期，龟兹高僧鸠摩罗什曾在此开坛讲经。遗址位于库车河两岸，面积约 18 万平方米，是西域地区规模最大的佛寺遗址，出土丝织品、古钱币、文书等珍贵文物。唐贞观______，高僧玄奘去天竺取经西行至此，见僧侣云集，香火甚盛，曾停留两月余讲经弘法。

A. 元年（627 年） B. 二年（628 年） C. 三年（629 年） D. 四年（630 年）

307. 新疆尼勒克奴拉赛铜矿遗址包括采矿、冶炼两部分，考古发现 10 余处竖井洞口及炉渣堆积，时代相当于中原______时期，是新疆发现时代最早的矿冶遗址，工艺技术水平较高。

A. 商代 B. 西周 C. 东周 D. 秦汉

308. 新疆库车克孜尔尕哈烽燧位于丝绸之路西行通往古龟兹、疏勒及天山北麓的交通要道上，现高 13.5 米，分层夯筑，为至今保存最好、规模最大的代表性烽燧，是______中央政府在西域设置军政系统和丝路繁荣的见证。

A. 汉代 B. 晋代 C. 唐代 D. 元代

309. 孔雀河烽燧群始建于公元前 1 世纪，分布在新疆尉犁长约 150 千米的孔雀河故道旁或山坡上，为汉晋时期丝绸之路楼兰道上的重要军事设施，现存______处烽燧遗迹。

A. 10 B. 11 C. 12 D. 13

310. 疏附莫尔寺（及佛塔）遗址是我国地理位置最西的佛教遗址之一，为罕诺依古城的标志性建筑，对研究佛教初传新疆、______佛教发展等具有重要价值。

A. 大夏　　B. 大宛　　C. 大月氏　　D. 疏勒

311. 新疆若羌米兰遗址汉晋时属楼兰—鄯善国地，是当时中央政府经营西域的重要基地，现存古城、佛寺、烽燧、灌渠等遗迹。据载，东晋高僧______西去天竺途中，曾在这里讲经弘法。

A. 道安　　B. 支遁　　C. 法显　　D. 慧远

312. 塔什库尔干石头城遗址地处南疆通往中亚、南亚的交通要道上，海拔______米，现存晋（羯盘陀国王都）、唐（葱岭守捉驻节地）时期城墙、寺院、民居及清代蒲犁厅官署等遗迹。

A. 2600　　B. 3100　　C. 3600　　D. 4100

313. 七个星佛寺遗址是晋唐时期焉耆佛教中心，佛塔、佛殿、讲经堂、僧房与石窟并存，20 世纪初出土一批珍贵文书，以______《弥勒会见记》最为著名。

A. 粟特文　　B. 佉卢文　　C. 吐火罗文　　D. 回鹘文

314. 新疆______热瓦克佛寺遗址是一处以佛塔为中心的寺院遗存，泥塑佛像具有典型犍陀罗艺术风格，在南疆古代佛寺遗址中独具特色。

A. 于田　　B. 策勒　　C. 和田　　D. 洛浦

315. 乌拉泊古城位于乌鲁木齐县大湾乡，城内有墙，分为东、西、南三个子城。据研究，此城址是______白水涧道上重镇轮台城，并一直沿用至西辽或元代。诗人岑参曾在此居住三年，写下《白雪歌》《轮台歌》《走马川》等经典作品（此说法有一定争议）。

A. 汉代　　B. 西晋　　C. 北魏　　D. 唐代

316. 新疆策勒丹丹乌里克遗址是北朝至______佛教遗址，现存居址、佛寺、果园等遗迹，出有精美的木版画、壁画和汉文、梵文、于阗文文书，为研究西域宗教、艺术、商贸往来等提供了重要资料。

A. 隋代　　B. 唐代　　C. 五代　　D. 宋代

317. 库车龟兹故城是汉唐时期龟兹都城、中原对西域行使统治权力的重要基地，有“西域佛都”“西域乐都”（玄奘《大唐西域记·屈支国》载“管弦伎乐，特善诸国”）之称。东汉和帝永元______，班超任西域都护，将都护府迁至龟兹。唐贞观二十二年（648年）和显庆二年（657年）曾两度将安西都护府设置于此。龟兹素有“佛塔庙千所”之誉，以苏巴什佛寺和阿奢理贰伽蓝遗迹最为知名。

A. 元年（89年） B. 二年（90年） C. 三年（91年） D. 四年（92年）

318. 新疆______包括内、外两重城，内城东高台为带围墙小城式高台建筑，台上大型土坯房址在目前新疆、中亚地区已发掘古城房址中单体体量最大。西汉宣帝神爵二年（公元前60年），汉朝在乌垒城设置西域都护府，统辖西域诸国，新疆正式纳入中国版图。______即在这一区域之内。

A. 轮台卓尔库特古城遗址　B. 轮台阔纳协海尔古城遗址

C. 焉耆博格达沁古城　D. 新和乌什喀特古城

319. 巴里坤故城遗址是中央王朝治理新疆、维护国家统一的历史见证，分为汉城、满城。汉城为清雍正九年（1731年）宁远大将军岳钟琪平定准噶尔叛乱时兴建的“绿营兵城”，设有大型粮仓。满城（“会宁城”）与汉城东西并列，______年间为携眷长驻的两千满族骑兵而建。

A. 雍正 B. 乾隆 C. 嘉庆 D. 道光

320. 茶马古道是______代以来汉、藏等民族之间进行商贸往来的重要商道，主要分布在云南、四川、贵州、甘肃、青海、西藏等省区，以茶马互市为主要内容，以马帮为主要运输方式，是我国西南地区具有独特价值的线性文化遗产。

A. 唐 B. 宋 C. 元 D. 明

古 墓 葬

1. 明十三陵位于北京昌平天寿山麓，始建于永乐七年（1409 年），以成祖长陵为中心，向左右排列，是国内现存规模最大、帝后陵寝数量最多的皇陵群。陵区共用石牌坊、大红门、神道，各陵自成陵园，形制大致相同，依次为陵门、祾恩门、祾恩殿、石五供、明楼、宝城。______祾恩殿内梁、柱、檩、斗拱均用楠木制作，为国内孤例。

A. 长陵　　B. 景陵　　C. 茂陵　　D. 永陵

2. 1956 年发掘的定陵，是明代______皇帝及孝端、孝靖皇后的陵墓，为新中国科学发掘的第一座帝陵。玄宫分为前殿、中殿、后殿与左右二配殿，为石材垒砌拱券结构。

A. 永乐　　B. 成化　　C. 嘉靖　　D. 万历

3. 明代 16 个皇帝中，没有葬在北京昌平十三陵区域的有太祖（陵寝在江苏南京钟山）、建文帝（未见陵寝）和______（陵寝在北京海淀金山口）。

A. 英宗　　B. 景帝　　C. 宪宗　　D. 孝宗

4. 金朝皇陵位于北京房山，始建于金海陵王时期，金立国前的始祖以下十帝均迁葬于此，毁于明代晚期。金太祖完颜阿骨打葬于______陵。

A. 睿　　B. 恭　　C. 顺　　D. 光

5. 清代帝陵由关外三陵和东陵、西陵组成。清东陵位于河北遵化马兰峪，以昌瑞山为界，分为前圈和后龙两部分，共葬有 5 位皇帝及其皇后、妃嫔等。孝陵是______皇帝的陵寝，居陵区的中心（共用石牌坊、大红门、神道），神道两旁有文臣、武将、马、麒麟、象、骆驼、狻猊、狮子等石像生 18 对。帝后陵园形制基本相同，自南向北依次为隆恩门、隆恩殿、三座门、二柱门、石五供、方城明楼、月牙城、宝城。宝城之下为地宫。

A. 顺治　　B. 康熙　　C. 乾隆　　D. 咸丰

6. 清西陵位于河北易县永宁山太平峪，共葬有4位皇帝及其皇后、妃嫔等。泰陵（雍正帝陵）居陵区中心，最南端的大红门，是泰陵的门户，也是整个西陵的门户。陵区东部有______年间所建行宫和永福寺，为皇族祭陵时居住和念佛之所。

A．乾隆　B．嘉庆　C．道光　D．咸丰

7. 河北满城中山靖王墓是西汉第______代中山国王刘胜及王后窦绾之墓，凿山为陵，布局模仿宫殿建筑形制。随葬品中两套完整的金缕玉衣葬服及长信宫灯、错金博山炉等闻名中外。

A．一　B．二　C．三　D．四

8. 河北宣化下八里壁画墓群，系______晚期汉族张氏家族墓地。其中张世卿墓墓顶绘有天文图，将中国传统二十八星宿与古巴比伦黄道十二宫相融合，是迄今发现最早的一幅中西合璧天文图。

A．唐代　B．辽代　C．金代　D．元代

9. 河北邯郸赵王陵是战国七雄之一赵国的陵墓，共有五座陵台，均坐西朝东，以山丘为基，墓室筑于山体岩石之内。其中______号陵是目前已知全国最早的崖洞王墓。

A．1　B．2　C．3　D．4

10. 唐祖陵位于______，包括唐高祖李渊的四代祖宣皇帝李熙“建初陵”和三代祖光皇帝李天赐“启运陵”，始建于唐贞观年间。《大唐帝陵光业寺大佛堂之碑》记述李氏祖陵情况。

A．河北隆尧　B．山西太原　C．陕西礼泉　D．甘肃天水

11. 河北涞水清怡贤亲王墓系康熙帝第______子爱新觉罗·胤祥之墓，是清朝历史上规模最大、规格最高、唯一立有望柱华表的亲王墓。

A．十一　B．十二　C．十三　D．十四

12.《资治通鉴》主编司马光墓位于其故里______祖茔内，墓前有明嘉靖年间复制碑一通，碑额“忠清粹德之碑”为北宋哲宗赵煦御篆，碑文由苏轼撰并书。

A．山西夏县　B．河南开封　C．河南温县　D．陕西韩城

13. 山西大同方山永固陵为北魏______文明皇后冯氏的陵墓，融合鲜卑文化和汉文化风格，采用独特的墓、寺结合布局。

A. 道武帝　　B. 明元帝　　C. 太武帝　　D. 文成帝

14. 山西稷山马村砖雕墓出土的______时期戏曲乐舞砖雕，以写实的手法刻画了当时的戏楼结构和戏剧表演形式，是迄今发现最为重要的戏剧史实物资料之一。

A. 北朝　　B. 隋唐　　C. 五代　　D. 宋金

15. 徐显秀墓位于山西太原东山王家峰村，是目前发现保存最完整的______大型壁画墓之一，墓室壁画上层为天象图，下层环绘墓主人生活图景；墓道壁画为仪仗出行图。徐显秀为______太尉、武安王。

A. 北魏　　B. 东魏　　C. 北齐　　D. 北周

16. 栗毓美墓位于其家乡山西浑源，系清______皇帝为表彰河东河道总督栗毓美治河功绩赐建，墓志铭由时任两广总督林则徐撰写。

A. 嘉庆　　B. 道光　　C. 咸丰　　D. 同治

17. 成吉思汗陵位于内蒙古自治区伊金霍洛旗，抗日战争时曾迁甘肃榆中兴隆山，后转青海湟中塔尔寺，______年由内蒙古自治区人民委员会迎回，并新建陵寝。

A. 1949　　B. 1951　　C. 1954　　D. 1957

18. 辽祖陵是太祖耶律阿保机的陵墓，位于内蒙古______石房子村西山谷中。三面环山，“凿山为殿”，南侧谷口筑土墙和守卫建筑，陵前有享殿遗址，出土契丹大字残碑石及石翁仲、经幢等遗物。祖州城为其奉陵邑，现存“石室”1座，或为祭祀、纪念建筑。

A. 巴林左旗　　B. 巴林右旗　　C. 阿鲁科尔沁旗　　D. 翁牛特旗

19. 辽______位于内蒙古巴林右旗大兴安岭中，由圣宗耶律隆绪永庆陵、兴宗耶律宗真永兴陵、道宗耶律洪基永福陵组成，现存门阙、神道、享殿等遗迹。陵中出土的帝、后哀册，分别用汉文、契丹小字镌刻，墓内壁画内容丰富。庆州城为奉陵邑，分内城、外城两重，在辽代州城中规模最大，现存释迦如来舍利塔一座，八角七级空心楼阁式，高64米，“天宫”内发现经卷、佛像、金木塔等珍贵文物。

A. 祖陵　　B. 怀陵　　C. 庆陵　　D. 显陵

20. 内蒙古呼伦贝尔扎赉诺尔墓群是汉代______鲜卑迁居“大泽”时期的标尺式遗存，墓葬排列密集，均为土坑竖穴墓，随葬品以陶器、骨器、桦皮器为主，还发现东汉规矩镜、如意纹织锦等。

A．慕容　　B．秃发　　C．拓跋　　D．乞伏

21. 昭君墓位于呼和浩特南郊，覆斗状，现高33米。西汉元帝时昭君出塞和亲，开创汉族与北方少数民族友好相处之先河。东汉______注解：“北地草皆白，惟独昭君墓上草青如茵，故名青冢。”

A．杜林　　B．杜密　　C．杜畿　　D．杜诗

22. 陈国公主为辽______宗孙女，与驸马萧绍矩的合葬墓为砖砌多室墓，由墓道、天井、前室、后室和东西耳室组成。二人颈枕金花银枕，头戴鎏金银冠，脸罩鎏金面具，身裹银丝网络，脚穿金花银靴。墓道、前室壁画反映了生前的生活图景。

A．景　　B．圣　　C．兴　　D．道

23. 壁画墓是西汉晚期兴起、以彩绘壁画为装饰的砖石结构墓，墓主多为显贵豪强。内蒙古和林格尔东汉壁画墓为穹庐顶砖砌多室墓，由墓道、甬道、前室、中室、后室和三个耳室构成，绘有反映墓主人（使持节护乌桓校尉）仕宦生活的壁画46组、______幅，约100平方米，记录了东汉后期农牧生产、坞堡庄园、车马出行、城垣官署、舞乐百戏等场景。

A．51　　B．53　　C．55　　D．57

24. 内蒙古______为辽代中晚期墓葬群，一号墓保存了约180平方米彩色壁画，其中墓道两侧的《出行图》《归来图》（各长22米）是目前发现辽墓中尺幅最大的人物壁画。

A．库伦旗奈林稿辽墓群　　B．阿鲁科尔沁旗耶律祺家族墓

C．阿鲁科尔沁旗沙日宝特墓群　　D．多伦县砧子山古墓群

25. 辽宁辽阳壁画墓群时代为______时期（辽阳此时为辽东郡治襄平所在），一般为墓顶封土，墓室石板构筑，有的有耳室和回廊。壁画直接绘在墓壁上，以表现墓主经历和生活题材为主，有出行、庖厨、乐舞、杂技图等，形象生动，色彩鲜艳。

A．西汉　　B．东汉魏晋　　C．十六国　　D．北魏

26. 永陵位于辽宁新宾启运山南麓，包括清代开国皇帝努尔哈赤的远祖孟特穆、曾祖福满、祖父觉昌安、父亲塔克世的陵墓，由前院、方城、宝城三部分组成，宝城内四墓东西并列，四周围以缭墙。康熙、乾隆、嘉庆、道光等皇帝先后______次亲临谒祖，使永陵谒祖活动成为清代的国家典制。

A．七　　B．八　　C．九　　D．十

27. 福陵位于辽宁沈阳东郊天柱山下，是清太祖努尔哈赤和皇后叶赫那拉氏的陵墓，由前院、方城、宝城组成，自南而北渐次升高。大清福陵神功圣德碑由______帝撰文。

A．顺治　　B．康熙　　C．雍正　　D．乾隆

28. 清______位于沈阳北郊，是清太宗皇太极和皇后博尔济吉特氏的陵墓，面积 16 万平方米，为清初“关外三陵”中规模最大、气势最宏伟的一座。陵园为平地建造，主体建筑由方城、月牙城、宝城组成，地宫在宝城中间的宝顶下。陵北修筑隆业山。

A．昭陵　　B．景陵　　C．裕陵　　D．昌陵

29. 石棚是中国现存最早的地上构筑物之一，为巨石文化的代表。辽宁______约建于 3000 多年前，由五块花岗岩石板组成，全高 3.1 米，占地约 50 平方米，是国内现存石棚中规模最大、保存最好的一座。清代曾作为庙宇。

A．盖州石棚山石棚　　B．海城析木城石棚

C．普兰店石棚沟石棚　　D．金州小关屯石棚

30. 辽宁法库叶茂台墓群是辽代后族______氏的家族墓地，墓葬形式有石筑八角形墓、石筑圆形墓、砖筑多室墓等，出土《深山会棋图》《竹雀双兔图》立轴绢画等珍贵文物。

A．耶律　　B．韩　　C．萧　　D．李

31. 冯素弗为______文成帝冯跋之弟，官至大司马。其墓位于辽宁北票将军山东麓，墓内顶及四壁绘彩色壁画，出土鸭形玻璃注、金步摇、铜鎏金木芯马镫（一对）等珍贵文物。

A．前燕　　B．后燕　　C．南燕　　D．北燕

32. 北票喇嘛洞墓地时代为______，出土的铁马鞍具、成套铜鎏金镂孔带具、酱釉陶羊尊等均首见于十六国三燕墓葬，头盔、铁甲、马具组成的甲骑具装，是国内已知最早的实物。大量铁制兵器和生产工具共存，表明鲜卑族社会结构已由游牧向农耕转变。

A．3世纪初　B．3世纪中叶　C．3世纪末至4世纪初　D．4世纪中叶

33. 辽宁北镇医巫闾山辽陵是辽代九帝五陵中的两陵——显陵和______所在，也是东北地区规模最大的帝后陵寝群，陪葬墓众多。

A．祖陵　B．庆陵　C．怀陵　D．乾陵

34. ______是金代左丞相、女真文字的创始人，其家族墓地位于今吉林舒兰，墓中发现女真文字碑刻，为研究女真文字字型、字体变化及书法艺术提供重要资料。

A．完颜宗翰　B．完颜宗弼　C．完颜希尹　D．完颜洪烈

35. 徐光启是明代著名科学家，精于天文、水利、数学、农学，编撰______，与利玛窦合译《几何原本》，是中国近代科学的先驱。明崇祯六年（1633年）在北京去世，次年归葬原籍上海，择地于法华泾、肇嘉浜等河道汇合处，后世子孙多居于此，遂称徐家汇。

A.《农政全书》　B.《天工开物》　C.《算法统宗》　D.《救荒本草》

36. 明______是明代开国皇帝朱元璋与孝慈皇后的陵墓，位于江苏南京钟山南麓，承唐宋帝陵旧制，新创明楼，改方坟为圆坟，外建圆形宝城，直接影响了明清两代500多年帝王陵寝的规制和模式。

A．孝陵　B．献陵　C．裕陵　D．康陵

37. 南唐二陵位于南京牛首山南麓，为五代十国南唐先主李昪的钦陵和中主李璟的______，两陵并列，均为仿木结构多室砖石建筑。钦陵后室顶部绘有天象，地面刻凿河川图像。

A．永陵　B．景陵　C．平陵　D．顺陵

38. 浡泥国王墓位于南京乌龟山南麓。浡泥国即今______，国王麻那惹加那乃于明永乐六年（1408年）携王后、王子一行渡海来访，受到盛情款待。后不幸染病，逝于南京。明成祖遵其“希望体魄托葬中华”遗嘱，按王礼安葬这位异邦君主。

A．菲律宾　B．文莱　C．马来西亚　D．印度尼西亚

39. 无锡鸿山墓群是东周时期越国贵族墓葬，分为不同等级，其中______一座长 57 米的中字形墓葬出土成组青瓷礼器、乐器和玉器。500 余件青瓷和印纹硬陶乐器中，既有越式錞于、丁宁、铎、铃形器、鼓座，也有中原式甬钟、磬，还有以往从未确认的缶，堪称地下乐器库。

A．邱承墩　B．老虎墩　C．邹家墩　D．万家坟

40. 岳飞墓位于______岳王庙内，始建于南宋绍兴三十二年（1162 年），嘉定十四年（1221 年）建庙（“褒忠衍福禅寺”），后世屡修，墓前照壁上嵌“尽忠报国”四字，为明人洪珠所书，两厢碑廊陈列岳飞手迹和历代名人凭吊题咏。

A．河南汤阴　B．江苏南京　C．浙江杭州　D．湖北鄂州

41. 大禹陵位于浙江绍兴会稽山麓，由禹陵、禹庙、禹祠三部分组成。西汉司马迁曾“上会稽，探禹穴”。陵前“大禹陵”碑为明嘉靖年间绍兴知府______手书。禹，姒姓，名文命，因治水有功，受帝舜禅让，其子启建立夏朝。

A．戴琥　B．南大吉　C．汤绍恩　D．张明道

42. 印山东周越国王陵位于浙江绍兴印山之巅，凿岩而成，墓向朝东，为平面呈甲字形的竖穴岩坑木椁墓，是经正式发掘并确认的第一座越王陵，学者认为属越王______之陵，即文献所称“木客大冢”。

A．无疆　B．夫谭　C．允常　D．勾践

43. 绍兴宋六陵为南宋皇室陵墓，实有十陵，即高宗永思陵、孝宗永阜陵、光宗永崇陵、宁宗永茂陵、理宗永穆陵、度宗永绍陵，以及北宋哲宗后陵、徽宗永佑陵、徽宗后陵、高宗后陵，按绍兴______哲宗昭慈皇后孟氏遗诏，就近择地攒殡于会稽山南麓。

A．元年（1131 年）B．二年（1132 年）C．三年（1133 年）D．四年（1134 年）

44. 位于安徽凤阳的______是明太祖朱元璋父母的陵墓，陵前立华表和石像生 31 对，是国内现存陵墓石像生数量最多的一处。

A．明祖陵　B．明皇陵　C．明孝陵　D．明长陵

45. ______为孙权同窗、吴国大将，在三国争雄中屡立战功，赤乌十二年（249 年）葬于安徽马鞍山家族墓地，墓中出土犀皮黄口羽觞（将已知中国犀皮髹漆工艺提早 600 年）、青釉卣形壶、木刺和木谒（迄今所见最早的名片）等珍贵文物，为研究汉末三国时期社会生活提供了实物资料，部分器物具有重要的断代标准价值。

A. 黄盖　　B. 太史慈　　C. 鲁肃　　D. 朱然

46. 李白墓位于安徽省当涂县太白镇太白村青山西麓，唐元和十二年（817 年）迁葬于此，墓前方后圆，青石垒圈，碑铭“唐名贤李太白之墓”。宝应元年（762 年），李白逝于当涂。后人时常来此凭吊，______作《李白墓》诗云：“可怜荒垄穷泉骨，曾有惊天动地文。”

A. 白居易　　B. 李商隐　　C. 欧阳修　　D. 苏轼

47. 郑成功是明末清初收复和开发台湾的民族英雄，清康熙元年（1662 年）病逝后葬于台南洲仔尾，康熙______迁葬福建南安郑氏祖茔内，其子郑经等灵柩随同迁葬。墓用三合土构筑，分为九室，墓前有石华表 1 对、石夹板 9 对。

A. 三十八年（1699 年）　　B. 三十九年（1700 年）

C. 四十年（1701 年）　　D. 四十一年（1702 年）

48. 伊斯兰教圣墓位于福建泉州灵山，唐______年间穆罕默德遣门徒大贤四人来华，三贤、四贤传教泉州，卒葬于此，两墓并列。

A. 武德　　B. 贞观　　C. 永徽　　D. 嗣圣

49. 福建惠安百崎郭氏墓群是明代定居百崎的______商人郭氏家族墓群，是中外文化交流的重要物证，也是研究海上丝绸之路的珍贵资料。

A. 阿拉伯　　B. 波斯　　C. 马来亚　　D. 锡兰

50. 仙水岩崖墓群位于江西鹰潭泸溪河边悬崖峭壁中，随葬品中______弦古筝是国内目前已知最古老的木制弦乐器。斜织机构件的发现，将其最早使用年代从东汉提前至战国时期。

A. 七　　B. 九　　C. 十一　　D. 十三

51. 曲阜孔林又称“至圣林”，为儒家学派创始人孔子及其后裔的家族墓地，占地 3000 余亩，是我国持续时间最长、规模最大、保存最完整的一处宗族墓葬群。孔子墓位于孔林中部，封土呈偃斧形，汉代设祠坛、建神门，______刻制石仪，元代立碑、作周垣、建重门，明代添建洙水桥坊和万古长春坊。

A．隋代　B．唐代　C．五代　D．宋代

52. 苏禄王墓位于山东德州北营村，明______年间，苏禄国（在今菲律宾苏禄群岛上）东王巴都葛·巴哈剌与西王、峒王访问中国，受到盛情款待。归国途中，东王病逝于德州，明朝皇帝为他举行隆重葬礼，遣官致祭并亲撰碑文，勒石以志。

A．永乐　B．宣德　C．正统　D．景泰

53. 山东东阿曹植墓始建于三国魏明帝太和七年（233 年），依山营穴，封土为冢，墓室由前、后室及甬道组成，砖构券顶。曹植是汉末三国时期著名文学家、曹操三子、曹丕弟，曾被封为东阿王，代表作有______《白马篇》《七哀诗》《七步诗》等。

A.《度关山》　B.《燕歌行》　C.《蒿里行》　D.《洛神赋》

54. 银雀山汉简 1972 年出土于山东临沂银雀山两座汉墓中，简文书体为______，写于西汉文景时期至武帝初期，共有 7000 余枚，包括《孙子兵法》《孙膑兵法》《六韬》《尉缭子》《晏子》《守法守令十三篇》《元光元年历谱》（已知保存最完整的古代历谱）等先秦古籍及古佚书，价值极其珍贵。

A．大篆　B．小篆　C．早期隶书　D．楷书

55. 妇好是商王武丁的妻子，其墓位于安阳殷墟宗庙区内，出土近 2000 件随葬品，以青铜器（460 余件）和玉器（750 余件）为大宗，多前所未见的珍品，铜器铭文以“妇好”和“司（后）母______（庙号）”为主要。

A．戊　B．己　C．庚　D．辛

56. 宋陵位于河南巩义，面嵩山而背洛水。北宋九帝，除徽、钦二帝被金所虏囚死北方外，其余七帝及被追尊为宣祖的赵弘殷（赵匡胤之父）均葬于此，世称“七帝八陵”，其中永定陵系______的陵墓，兆域内陪葬三座后陵和寇准、包拯等大臣墓。北宋帝陵的形制为：墓室上建方形陵丘，陵丘南建献殿，四周筑夯土神墙（各开一门），四角建角阙，南神门外立石像生、石望柱、乳台、鹊台。

A．太祖赵匡胤　B．太宗赵光义　C．真宗赵恒　D．仁宗赵祯

57. 张衡是东汉著名科学家、文学家，精通天文历算，创制浑天仪、地动仪等，被后人誉为“木圣”，在世界科技史上占有重要地位，并与司马相如、扬雄、班固并称“汉赋四大家”（代表作《二京赋》）。其墓位于家乡河南______，墓冢半圆形，现高 8 米，周长 79 米。

A．南阳　　B．安阳　　C．洛阳　　D．信阳

58. ______是我国伟大的医学家，被称为“医圣”，所著《伤寒杂病论》为中医学经典，其墓及祠堂位于家乡河南南阳温凉河畔。

A．扁鹊　　B．张仲景　　C．华佗　　D．孙思邈

59. 成语“唇亡齿寒”的故事发生在春秋时期，其中“唇”是指______国，考古发现其墓地位于河南三门峡上村岭一带，两座国君大墓出土的玉茎铜柄铁剑（中国人工冶铁最早实例之一）、青铜器（______仲墓为九鼎）、缀玉瞑目以及各种形象的动物玉饰，具有重要价值。

A．虞　　B．芮　　C．晋　　D．虢

60. 邙山陵墓群位于河南洛阳、孟津，有东周、东汉、曹魏、西晋、北魏、后唐 24 位帝王陵墓及众多皇族、大臣的陪葬墓，是国内最大的古墓集中地。北魏孝文帝葬于孟津官庄村南的______。

A．长陵　　B．景陵　　C．定陵　　D．静陵

61. 后周皇陵位于河南新郑北郭店村附近，现存嵩、庆、顺、懿四陵，其中庆陵为______之墓。

A．太祖郭威　　B．世宗柴荣　　C．恭帝柴宗训　　D．世宗皇后符氏

62. 许慎是东汉著名经学家、文字学家，所著《说文解字》是我国第一部分析字形、解释字义、辨识声读的文字学专著，也是世界上第一部字典。其墓位于家乡河南______，现高 5 米，周长 33 米，以弧形条石围砌。

A．临颍　　B．襄城　　C．召陵　　D．西平

63. 韩愈是唐代著名政治家、文学家，河阳（今河南______）人，自称郡望昌黎，唐代古文运动的倡导者，世称“文起八代之衰”。其墓位于______，墓前有青砖碑楼两座，一是“唐韩文公墓”碑，一是清乾隆十五年（1750 年）“谕祭碑”。广东潮州建有韩文公祠（背靠韩山、面临韩江），纪念韩愈任刺史八月功德。

A．孟州　　B．林州　　C．禹州　　D．汝州

64. 范仲淹是宋代著名政治家、文学家，其墓位于河南伊川，神道碑碑额“褒贤之碑”为宋______宗亲书，碑文由欧阳修撰写、王洙书丹。

A. 仁　B. 英　C. 神　D. 哲

65. 李诫是北宋著名建筑学家，郑州管城（今河南______）人，所著《营造法式》是北宋官修建筑设计施工宏典。其墓位于______梅山。

A. 荥阳　B. 新郑　C. 新密　D. 中牟

66. 东汉帝陵分为三处（12 陵），即河南洛阳北邙山陵区（光武帝原陵等）、偃师洛南陵区和修武（献帝）禅陵。偃师洛南葬有明帝、章帝、和帝、殇帝、质帝、桓帝 6 位皇帝（帝后合葬），封土由覆斗形变为圆丘形，不再构筑墙垣。其中，明帝陵名为______。

A. 显节陵　B. 敬陵　C. 慎陵　D. 康陵

67. 伊川徐阳墓地是东周时期______首领及贵族墓地，为中原地区首次发现的戎人遗存，出土文物反映了戎人族群迁徙中原、逐步与华夏文化融合的历史。

A. 犬戎　B. 骊戎　C. 申戎　D. 陆浑戎

68. 李时珍是明代著名医学家，著有______一书，共 16 部、52 卷，约 190 万字，收纳诸家本草所收药物 1518 种，新增 374 种，合 1892 种，附方 11000 多个。其墓位于家乡湖北蕲春雨湖之滨。

A.《神农本草经》　B.《新修本草》　C.《证类本草》　D.《本草纲目》

69. 湖北随州曾侯乙墓出土了 124 件乐器，计编钟（______件）、编磬、鼓、瑟、琴、笙、排箫、横吹竹笛（篪）八种。编钟中包括楚惠王熊章五十六年（公元前 433 年）赠与曾侯的铜镈 1 件。竹管排箫、铜座建鼓、十弦琴、五弦琴等为首次发现，篪在已出土同类乐器中年代最早。

A. 63　B. 65　C. 67　D. 69

70. 显陵位于湖北钟祥纯德山，是明代______皇帝生父母的合葬墓，其“一陵两冢”的陵寝布局，为历代帝陵中仅有。

A. 成化　B. 弘治　C. 嘉靖　D. 万历

71. 湖北枣阳九连墩墓群为战国时期______国贵族墓葬，9个土冢南北向排列，最大冢俗称“鹰子包”，直径45米，封土高4.5米，1号车马坑是已发现______墓中最大的实物陪葬车马坑，有40辆车、88匹马。2号墓出土1000多枚竹简和成套漆木礼器。

A．楚　　B．曾　　C．邓　　D．唐

72. 1975年，湖北云梦睡虎地11号墓出土1100多枚秦代竹简，内容以秦代法律、文书为主，另有《编年记》《封诊式》《日书》等，共9种。《编年记》记述了从秦昭襄王______至始皇三十年（公元前217年，入葬之年）的历史，墓主为秦吏喜。

A．元年（公元前306年）　　B．二年（公元前305年）

C．三年（公元前304年）　　D．四年（公元前303年）

73. 炎帝______是中华人文始祖之一。湖南省炎陵县（史载“长沙茶乡之尾”）炎帝陵始建于北宋乾德五年（967年），后世屡修，祭祀不辍，现存午门、行礼亭、正殿、碑亭、陵墓等。

A．轩辕氏　　B．神农氏　　C．伏羲氏　　D．燧人氏

74. 马王堆汉墓是西汉初期长沙国丞相、第一代轪侯利苍及其妻子辛追、儿子利豨3座墓葬的统称，皆为土坑木椁墓，出土帛书、帛画、竹简、纺织品、漆器、金属器等数千件珍贵文物。帛书包括六艺类（《周易》《战国纵横家书》等）、诸子类（______等）、兵书类（《刑德》）、数术类（《阴阳五行》《五星占》《天文气象杂占》《相马经》等）、方术类（《五十二病方》《导引图》等）和地图（《长沙国南部地形图》《驻军图》）6类，价值珍贵。

A．《老子》　　B．《孟子》　　C．《韩非子》　　D．《墨子》

75. 西汉南越王墓位于广东广州象岗，是第二代南越王赵眜的陵墓，出土青铜器、玉器、琉璃器、漆木器等文物数量众多，价值珍贵，其中“文帝______玺”龙钮金印是首次发现的帝王玺印。

A．御　　B．宝　　C．之　　D．行

76. 广西合浦是______岭南地区重要的政治、经济中心，海上丝绸之路始发港之一，现存大量______墓，出土了许多反映中外经济、文化交流的文物（罗马玻璃碗、波斯陶壶、南亚宝石等）。

A．秦代　　B．汉代　　C．三国　　D．两晋

77. 王建墓，史称永陵，位于四川成都三洞桥，系______陵墓，是现存唯一在地面建造地宫的帝王陵墓。分前、中、后三室，中室石棺床上刻有 24 人宫廷乐队形象，后室御床上置王建石雕坐像（现存唯一的古代皇帝真容雕像）。出土玉大带、谥宝、玉册等。

A．三国蜀　　B．十六国成汉　　C．五代前蜀　　D．五代后蜀

78. 四川乐山麻浩崖墓始凿于______时期，已发现 300 余座，墓内浮雕内容丰富，雕刻精细，题材多源于巴蜀上古神话，有的刻有确切纪年或墓主姓名。

A．东汉　　B．三国蜀　　C．两晋　　D．南北朝

79. 悬棺葬是古代僰人的一种墓葬形式，在西南地区有较多发现，以______最为集中，悬棺岩壁上多红色彩绘壁画，内容有舞蹈、体操、杂技、赛骑和各种动物等。

A．云南威信　　B．云南彝良　　C．四川兴文　　D．四川珙县

80. 华蓥安丙家族墓地是______四川宣抚使、少师安丙及其家族墓地，墓内发现大量精美的高浮雕石刻及设色壁画，技法精细，线条流畅，形象生动。

A．北宋　　B．南宋　　C．元代　　D．明代

81. 唐末至明万历年间，杨氏土司世袭统治播州（今贵州遵义一带），共传二十九世，历 725 年。杨粲为第______世播州安抚使，其夫妇合葬墓建于南宋淳祐年间，墓室呈长方形，二室并列，男左女右。两室结构相同，包括墓门、前室、后室等，后室间有过道相通。石刻装饰技艺精湛。

A．十一　　B．十二　　C．十三　　D．十四

82. 奢香夫人系______民领袖，明洪武年间摄贵州宣慰使，为维护贵州安定与国家统一作出重大贡献，其墓葬按正三品规制、结合当地习俗营建，位于贵州大方云龙山麓。明太祖赐封其为“顺德夫人”并遣使祭奠。

A．彝　　B．苗　　C．侗　　D．布依

83. 云南晋宁石寨山古墓群是战国至汉代滇王及其家族臣仆墓地，出土铜鼓、青铜贮贝器、“滇王之印”金印等珍贵文物，印证了《史记·西南夷列传》记载的西汉______“赐滇王王印”的史实。汉代，晋宁为益州郡滇池县地。

A．高祖　　B．文帝　　C．景帝　　D．武帝

84. 云南______李家山古墓群属古滇国贵族墓地，出土青铜牛虎铜案、编钟、贮贝器、金银器、玉器、珠贝器等珍贵文物，为研究古滇国社会结构、经济文化及与汉朝的关系提供了重要资料。

A. 晋宁　B. 江川　C. 呈贡　D. 澄江

85. 藏王墓位于西藏琼结木惹山上，为七至九世纪历代吐蕃赞普墓葬群，形制以______为主，用土石夯筑而成，与唐代《通典》记载相符。琼结一带是吐蕃的发祥地。

A. 圆形平顶　B. 圆形尖顶　C. 方形平顶　D. 方形尖顶

86. 黄帝陵位于陕西黄陵桥山上，是中华人文始祖______的陵墓，陵冢现高 3.6 米，周长 48 米。据记载，最早举行黄帝祭祀为公元前 442 年，自唐代宗大历五年（770 年）建庙祀典以来，一直是历代举行国家大祭的场所。

A. 轩辕氏　B. 神农氏　C. 伏羲氏　D. 有巢氏

87. 秦始皇陵位于陕西临潼骊山北麓，修建于秦王嬴政元年（公元前 246 年）至秦二世二年（公元前 208 年），陵园布置仿秦都咸阳，有内、外两重城垣，陵冢呈覆斗形，夯土筑成，坐西向东，是中国古代最大的帝王陵墓。______年在其东侧发现了陪葬兵马俑坑。1980 年在其西侧出土了 2 乘大型青铜车马。

A. 1972　B. 1973　C. 1974　D. 1975

88. ______是西汉高祖刘邦的陵墓，位于陕西咸阳渭水北岸高塬，陵冢雄伟，远望若山丘隆起，周围有夯筑的土城和阙门遗迹。吕后陵在高祖陵东南（当时帝后同茔不同穴）。据记载，西汉初年名臣萧何、曹参、张良、周勃等人均陪葬于此。从______起始置陵邑。

A. 长陵　B. 安陵　C. 霸陵　D. 阳陵

89. ______位于陕西兴平，是汉武帝刘彻的陵墓，历时 53 年建成，是西汉诸陵中规模最大的一座。陵冢呈覆斗状，高 46.5 米，底边长约 240 米。陵园呈方形，每面垣墙正中各辟一门（东门为正门），门外立夯土筑成的双阙。李夫人墓在陵西北。

A. 长陵　B. 霸陵　C. 阳陵　D. 茂陵

90. ______墓是汉武帝的陪葬墓之一，墓冢高大，象征祁连山。冢上大型石雕马、牛、虎、象等技法简练浑厚，是国内现存最早、保存完整的成组石刻，以“马踏匈奴”石刻最为知名。

A. 卫青　B. 霍去病　C. 霍光　D. 金日磾

91. 杜陵位于西安南郊杜陵（少陵）原上，是西汉______的陵墓。帝少时好游于原上，即位后遂在此选择吉地，建造陵园。唐代诗人李白有《杜陵绝句》感怀。

A．昭帝刘弗陵　B．宣帝刘询　C．元帝刘奭　D．成帝刘骜

92. 西汉 11 座帝陵除______（位于白鹿原上）、杜陵（位于少陵原上）外，均位于渭河北岸平原上，呈东西向一字排开，后人词云“汉家陵阙”（李白《忆秦娥·箫声咽》）。

A．惠帝安陵　B．文帝霸陵　C．景帝阳陵　D．昭帝平陵

93. 司马迁是西汉著名文学家、历史学家，所著《史记》共 130 篇、52 万字，是我国第一部纪传体通史，被誉为“史家之绝唱，无韵之离骚”。其墓和祠位于故乡陕西______芝东村，始建于西晋永嘉四年（310 年），墓冢砖垣围护，墓上有古柏数株。

A．西安　B．咸阳　C．韩城　D．汉中

94. 张骞是西汉杰出的外交家、丝绸之路的开辟者，被封为博望侯。汉武帝元鼎三年（公元前 114 年）病逝于长安，归葬故里陕西______。1938 年，西北联大对张骞墓墓道进行了初步发掘，出土“博望□造（或铭）”封泥等珍贵文物。

A．城固　B．汉中　C．南郑　D．勉县

95. 武侯墓位于陕西勉县______下，是三国蜀相诸葛亮的墓园，墓冢高 5 米，覆斗形，周砌八卦形护栏，墓后有古桂两株，墓旁建祠。

A．天荡山　B．凤凰山　C．云雾山　D．定军山

96. 位于陕西礼泉九嵕山上的______是唐太宗李世民的陵墓，为汉代以来诸陵中陪葬墓冢最多的一座帝陵（已探明 190 余座），并开创了唐代帝王依山为陵的先例。

A．献陵　B．昭陵　C．乾陵　D．泰陵

97. “昭陵六骏”系唐太宗在贞观十年（636 年）埋葬文德皇后长孙氏后诏令雕刻，为纪念随其征战疆场的六匹战马，原列置于昭陵北玄武门内东西两庑。皆为青石浮雕，姿态神情各异，造型栩栩如生，其中表现作战时为流矢所中、大将丘行恭为其拔箭形象的是______。

A．飒露紫　B．特勤骠　C．什伐赤　D．白蹄乌

98. ______是唐高宗李治和女皇武则天的合葬墓，陵园布局仿唐长安城形制，为唐代诸陵中保存最完整的一座。南门外立有述圣记碑和无字碑，以及参加高宗葬礼的中国少数民族首领和友好国家使臣石刻像61尊（现缺1尊）。

A．昭陵　B．乾陵　C．定陵　D．桥陵

99. 唐代共21帝20陵（高宗李治与女皇武则天合葬），除昭宗和陵、哀帝温陵分别位于河南偃师、山东菏泽外，其余18陵集中分布在陕西乾县、礼泉、泾阳、三原、富平、蒲城6县，东西绵延100余千米，多“依山为陵”。下列唐陵中位于礼泉县的是______。

A．中宗定陵　B．睿宗桥陵　C．肃宗建陵　D．顺宗丰陵

100. 隋泰陵位于陕西咸阳，是隋文帝杨坚之陵；唐泰陵位于陕西蒲城，是______之陵；西夏泰陵位于宁夏银川，是西夏景宗李元昊之陵；明泰陵位于北京昌平，是明孝宗朱祐樘之陵；清泰陵位于河北易县，是清世宗爱新觉罗·胤禛之陵。

A．唐玄宗李隆基　B．唐肃宗李亨　C．唐代宗李豫　D．唐德宗李适

101. 大堡子山遗址及墓群位于甘肃礼县西汉水流域，墓葬形制（中字形大墓）及出土有铭国君级青铜器和金器、玉器，证实此地为西周至春秋早期______国统治中心（西犬丘）。

A．秦　B．毛　C．郃　D．密

102. 果园—新城墓群位于甘肃嘉峪关、酒泉戈壁滩上，从三国延续至______，砖室墓多模仿世家庄园宅第，壁画墓多一砖一画，以墨线勾勒后施彩，内容有农桑、林园、酿造、狩猎、屯兵、出行、宴乐、庖厨、驿传、六博等，是当时社会生活的生动写照，有“世界最大的地下画廊”之称。被采用为中国邮政储蓄绿卡标志的魏晋“驿使图”画像砖，出自此处。

A．西魏　B．北周　C．隋代　D．唐代

103. 1969年，甘肃武威雷台______晚期“守张掖长张君”墓中出土了后来被定为“中国旅游标志”的铜奔马（“马踏飞燕”），以及迄今发现数量最多的铜车马武士仪仗俑（99件）。

A．西汉　B．东汉　C．三国　D．西晋

104. 甘肃天水放马滩墓群是战国晚期至西汉初期公共墓地，出土了大量珍贵文物，其中战国晚期秦国木板（邽县）地图7幅，是迄今发现最早的木质地图实物；秦国竹简460枚，是继湖北云梦睡虎地秦简之后的第二次重要发现；西汉纸地图1件，定名“放马滩纸”，是已知时代最早的麻纸实物，将中国发明造纸术的年代提早了______余年。放马滩，因传说秦国先祖嬴非子在此为周王室牧马而得名。

A．100　　B．200　　C．300　　D．400

105. 青海______热水墓群属盛唐时期的吐蕃遗存，出土目前唯一一件8世纪波斯文织锦、金器等珍贵文物，证明青海道曾是丝绸之路重要干线和东西方贸易中转站。

A．同德　　B．贵南　　C．都兰　　D．尖扎

106. 西夏王陵位于宁夏银川贺兰山东麓，共发现9座（各有陵园），按昭穆次序排列，布局严整，规模宏伟。陵园内外有门阙、碑亭、献殿、陵台等基址，四周有神墙围绕，四角建角楼，陵台为八角密檐式塔状。其中规模最大的一座是______。

A．太祖李继迁裕陵　　B．太宗李德明嘉陵

C．景宗李元昊泰陵　　D．毅宗李谅祚安陵

107. 宁夏盐池窨子梁唐墓的宽墓道、小墓门、八棱形立柱墓室是西北地区少见的墓葬形制，出土两扇雕刻胡旋舞图案的石墓门，为研究盛行于唐玄宗时期的胡旋舞提供了珍贵资料。______《胡旋女》诗云：“人间物类无可比，奔车轮缓旋风迟。”

A．李白　　B．高适　　C．杜甫　　D．白居易

108. 新疆吐鲁番阿斯塔那古墓群是西晋至唐代高昌居民的公共墓地，延续5个世纪，均为土洞墓，有的绘有壁画，出土丝毛织品、陶器、木器、钱币、泥俑、墓志和文书等。文书有契信、籍账、信札、官府文书、经籍写本等，丝织品有锦、绮、绫、罗、刺绣等10余种，在唐睿宗______的一座墓葬中出土双面锦和绛丝绦带，是已知同类织物中最早的实物。

A．垂拱三年（687年）　　B．垂拱四年（688年）

C．永昌元年（689年）　　D．载初元年（690年）

109. 阿巴和加是新疆伊斯兰教白山派的和卓，其（家族）麻札（墓）位于喀什市近郊，建于______世纪，包括墓室、礼拜寺、讲经堂等。民间也称为“香妃墓”。

A．16　　B．17　　C．18　　D．19

110. 新疆且末扎滚鲁克古墓群出土两件汉代______，是国内目前发现年代最早、保存完好的木制乐器之一。

A．琵琶　　B．奚琴　　C．竖笛　　D．箜篌

111. 新疆若羌楼兰墓群主要由铁板河墓群、楼兰城郊墓群组成，出土遗物融合东西方文化因素，对研究楼兰古人类活动，以及丝绸之路商贸、文明交流、汉晋经营西域史具有珍贵价值。铁板河墓葬出土的干尸，是国内目前发现保存最完整、年代最久远（距今约______年）的人体标本，在考古学、古人类学、医学等方面具有重要研究价值。

A．3800　　B．3300　　C．2800　　D．2300

古　建　筑

1. 北京故宫是我国明清两代的皇宫，原称紫禁城，始建于明永乐年间，占地面积约 72 万平方米，建筑面积约 15 万平方米，是世界上现存规模最大、保存最完整的木结构宫殿建筑群，集中反映了中国传统礼制思想与文化（建中立极、前朝后寝、左祖右社、三朝五门等）。明清时期，共有______位皇帝在紫禁城中居住和处理政务。

   A．22　　B．23　　C．24　　D．25

2. 故宫太和殿原称奉天殿、皇极殿，是举行朝会和大典的地方，重檐庑殿顶，面阔______间（含东西夹室各一间）、进深五间，连同台基通高 35 米，建筑面积 2377 平方米，是国内现存最大的木结构殿宇。

   A．七　　B．九　　C．十一　　D．十三

3. 故宫______是清代乾隆朝以后举行殿试的地方，考中第一名为状元，第二名为榜眼，第三名为探花。封建社会最后一次殿试于光绪三十年（1904 年）举行，共取进士 150 人，状元刘春霖。（宣统元年，为庆祝新帝登基，破格举行“己酉科拔贡”考试）

   A．太和殿　　B．保和殿　　C．文华殿　　D．武英殿

4. 天安门位于北京市区中心，原名______，为明清两代皇城的正门，始建于明永乐十五年（1417 年），清顺治八年（1651 年）改建，更名天安门。城门五阙，城楼面阔九间，进深五间，重檐歇山顶。门前金水河上有五座雕琢精美的汉白玉石桥。

   A．承天门　　B．应天门　　C．顺天门　　D．奉天门

5. 北京妙应寺白塔又称释迦舍利灵通宝塔，是国内现存最高大的喇嘛塔，修建于元______时，高 51 米，由台基、塔身、相轮、华盖和塔刹组成，塔身状如覆钵，刹顶为铜铸喇嘛塔，有“金城玉塔”之誉，入仕元朝的尼泊尔匠师阿尼哥参与设计和建造。妙应寺原名大圣寿万安寺，是元代皇室佛事活动中心。

   A．世祖　　B．成宗　　C．武宗　　D．仁宗

6. 塔源于古印度犍陀罗地区，汉代传入中国，后来发展成为中国传统形式，分为汉传佛教的楼阁式塔、密檐式塔、单层塔，藏传佛教的覆钵式塔、金刚宝座塔，以及西南地区南传佛教的佛塔（如云南景洪曼飞龙塔）。以下著名古塔中不属于楼阁式塔的是______。

A. 北京玉峰塔　B. 灵丘觉山寺塔　C. 苏州云岩寺塔　D. 泉州开元寺双塔

7. 雍和宫建于清康熙三十三年（1694 年），原为雍正帝即位前的藩邸，乾隆帝也诞生于此，后改为喇嘛庙，并扩建修缮，一度为全国藏传佛教活动中心。______正中供奉一尊整株白檀木雕成的弥勒佛像，高 18 米（地下另有 8 米为基础），是国内现存最高大的檀香木佛像。

A. 万佛阁　B. 法轮殿　C. 永佑殿　D. 天王殿

8. 我国现存建造时代最早、造型最精美的金刚宝座塔是北京______金刚宝座塔，明成化九年（1473 年）仿印度佛陀迦耶寺塔的形式建成，宝座顶部砌五座方形密檐式小塔，中央塔十三层，四角塔各十一层。

A. 西黄寺　B. 妙应寺　C. 真觉寺　D. 碧云寺

9. 颐和园是清代行宫花园，其前身为建于乾隆十五年（1750 年）的______，以昆明湖、万寿山为基址，以杭州西湖风景为蓝本，汲取江南园林设计手法建成，是现存最完整的皇家行宫御苑，也是中国园林的集大成之作。分为行政、生活、游览三个主要区域。

A. 静宜园　B. 静明园　C. 清漪园　D. 畅春园

10. 北京______内的大戏楼与紫禁城内的畅音阁、承德避暑山庄内的清音阁，合称清代三大戏台。以______大戏楼建造最晚，规模最大。楼高 21 米，分上中下三层。下层天花板中心有天井与上层戏台串通，中层戏台设有绞车，可巧设机关布景，上天入地，变化无穷。

A. 紫竹院　B. 圆明园
C. 恭王府　D. 颐和园（德和园）

11. 颐和园长廊全长 728 米，共______间，是中国古典园林中最长的游廊，号称“世界第一廊”。廊间的每根枋梁上都绘有彩画，内容多为山水、花鸟及四大名著情节，共 14000 余幅。

A. 271　B. 272　C. 273　D. 274

12. 天坛始建于明永乐年间，是明清两代帝王祭天、祈谷之地，分内坛、外坛两重，是世界上规模最大、保存最完整的皇家祭坛，也是中国“天人协和”思想的物化例证。坛墙南方北圆，象征天圆地方。______是一座鎏金宝顶、蓝瓦三重檐攒尖顶的圆形大殿，作为古代明堂式建筑仅存的一例，成为天坛的象征。

A．祈年殿　　B．皇穹宇　　C．圜丘　　D．斋宫

13. 有一座现存唯一的双面彩色琉璃九龙壁位于北京______内，建于清乾隆二十一年（1756年），面阔25.86米，高6.65米，厚1.42米，计用424块琉璃砖，分七色砌筑而成。

A．故宫　　B．北海公园　　C．天坛　　D．颐和园

14. 国子监位于北京市东城区成贤街，是元、明、清三代的国家最高学府，现存清康熙帝御笔大学碑和乾隆帝诏刻十三经石刻，共189块（另有1块序碑），总计______万字，全部由蒋衡一人书写而成。

A．59　　B．61　　C．63　　D．65

15. 汉代立《诗》《书》《仪礼》《易》《春秋》于学官，为五经。唐初加《周礼》《礼记》，并将《春秋》分为《左氏传》《公羊传》《谷梁传》，为九经；至______年间刻石于国子学，又加《孝经》《论语》《尔雅》为十二经。南宋复增《孟子》，共十三经。

A．大和　　B．开成　　C．会昌　　D．大历

16. 北京智化寺于明正统八年（1443年）仿唐宋“伽蓝七堂”规制修建，寺内主要建筑屋顶均用______色琉璃瓦铺砌。智化寺京音乐是我国现存古乐中唯一按代传承的乐种，集宫廷音乐、佛教音乐、民间音乐于一体，与五台山青黄庙音乐、福建南音、开封大相国寺音乐、西安都城隍庙鼓乐并称为“五大古乐”。

A．黄　　B．绿　　C．红　　D．黑

17. 八达岭位于北京延庆西山与军都山交界的关沟北端，明洪武元年（1368年）始筑长城，为万里长城的杰出代表，其关城建于______年间，是首都北京的重要屏障，地势险要，城关坚固。关沟为一条长约18千米的溪谷，是华北平原通往内蒙古高原的重要通道，居庸关位于关沟中部。

A．永乐　　B．宣德　　C．弘治　　D．万历

18. 国内现存体量最大的石坊是______石牌坊，汉白玉制，六柱五间，庑殿顶，高五十尺（约合 16 米）、宽一百零四尺（约合 33 米）。

A. 明孝陵　　B. 明十三陵　　C. 清东陵　　D. 清西陵

19. 皇史宬始建于明______年间，是明清两代皇家档案馆（表章库），也是现存最古老的档案库。大殿内部为砖石结构，石制台座上置 152 个鎏金铜皮樟木柜（存放圣训、玉牒、实录等），为“金匮石室”之制。

A. 永乐　　B. 宣德　　C. 嘉靖　　D. 万历

20. 北京古观象台建于明______年间，是我国明清两代的皇家天文台（元代曾设司天台），也是世界上现存古天文台中连续观测时间最久、保存古代天文仪器最多的一座。

A. 永乐　　B. 洪熙　　C. 宣德　　D. 正统

21. 恭王府原为清乾隆年间大学士______的府第，咸丰年间恭亲王奕䜣成为宅子的主人，由府邸和花园两部分组成，是现存规模最大、格局最完整的王府建筑。西洋门、康熙御书福字碑、室内大戏楼并称“三绝”。

A. 刘墉　　B. 纪昀　　C. 和珅　　D. 阮元

22. ______俗称前门，始建于明永乐年间，为北京内城正南门，高 42 米，是北京各城门中最宏伟的一座。南设箭楼，形制独特，为老北京的象征之一。

A. 端门　　B. 天安门　　C. 正阳门　　D. 永定门

23. 北京太庙是明清两代皇家祖庙，始建于明永乐十八年（1420 年），根据中国古代“敬天法祖”的传统礼制建造。正殿为重檐庑殿顶，面阔______间，进深四间，两侧各有配殿十五间，东配殿供奉历代有功皇族神位，西配殿供奉异姓功臣神位。

A. 八　　B. 九　　C. 十　　D. 十一

24. 社稷坛位于紫禁城前西侧，与太庙一起按照“左祖右社”的规制营建，是明清帝王祭祀土地神（社）和五谷神（稷）的地方，现为中山公园。坛用汉白玉砌成方形三层台，坛上铺五色土（中______、东青、南红、西白、北黑），象征土、木、火、金、水。

A. 绿　　B. 蓝　　C. 黄　　D. 紫

25. 北京孔庙为元、明、清三朝祭祀先贤孔子的地方，始建于元成宗大德六年（1302年），庙内树立______块进士题名碑，刻有三代各科进士的姓名、籍贯、次第，共计 51624 人。

A. 168　　B. 178　　C. 188　　D. 198

26. 北京法海寺始建于明正统四年（1439 年），寺中大雄宝殿现存壁画______铺 236 平方米，在制作工艺、绘画技巧、用金方法等方面堪称明代壁画的巅峰之作，为院体画的典范作品。

A. 七　　B. 八　　C. 九　　D. 十

27. 牛街礼拜寺始建于______代，建筑采用中国传统的木结构形式，内部装饰具有浓厚的伊斯兰风格，是北京地区历史最悠久、规模最宏丽的清真古寺，主要建筑有礼拜殿、邦克楼、望月楼、碑亭等。清康熙帝御题“礼拜寺”额。

A. 唐　　B. 辽　　C. 金　　D. 元

28. 北京戒台寺始建于隋开皇年间，坐西朝东，依山就势逐层升高。寺内原有辽建戒台，明代改建为汉白玉三层须弥座式，周围有戒神龛 133 个，是现存最大的佛寺戒坛，与杭州______、泉州开元寺中的戒台，合称为中国三大戒台。

A. 栖云寺　　B. 昭庆寺　　C. 灵隐寺　　D. 净慈寺

29. 北京东岳庙位于朝阳门外，为“玄教大宗师”张留孙（道教创始人张道陵三十八世孙）及弟子兴建，是道教正一派在华北地区第一大丛林，有神像多、石碑多、楹联多三大特色。“玄教大宗师”为______所封。

A. 元世祖　　B. 元成宗　　C. 元武宗　　D. 元仁宗

30. 历代帝王庙始建于明嘉靖九年（1530 年），是现存唯一的祭祀中华三皇五帝、历代帝王和文臣武将的皇家庙宇，供奉着______位历代帝王和 80 位贤相名将。

A. 188　　B. 193　　C. 198　　D. 203

31. 潭柘寺始建于______，初名嘉福寺，以龙潭和柘树闻名，民间有“先有潭柘寺，后有北京城”的说法。

A. 东汉　　B. 三国　　C. 西晋　　D. 北魏

32. 我国现存称为“可园”的著名古典园林有三处，分别位于北京、______和东莞。北京可园曾是晚清大学士文煜的宅第花园，后有数位名人及外国驻华使馆在此居住或办公。

A. 无锡　　B. 苏州　　C. 绍兴　　D. 晋江

33. 明永乐年间，将挖掘紫禁城护城河及太液池的土方，在元大内延春阁旧址上堆积成山，命名万岁山（清顺治帝更名景山），成为北京城中轴线上的制高点。山前有绮望楼，供奉孔子；山上有五亭，以______居中；山后有寿皇殿，供奉清帝列祖列宗影像。

A. 观妙亭　　B. 周赏亭　　C. 万春亭　　D. 辑芳亭

34. ______被誉为道教全真派天下第一丛林，始建于唐开元二十九年（741 年），是古代北方道教活动的中心，以唐石雕老子坐像、元赵孟頫《松雪道德经》石刻、明版《正统道藏》为“三宝”。

A. 北京白云观　　B. 芮城永乐宫　　C. 崂山太清宫　　D. 华山西岳庙

35. ______始建于唐代，原名悯忠寺，历史悠久，为北京城市建设历史的标志。明正统十年（1445 年）颁赐大藏经一部。1979 年辟为中国佛教图书文物馆，是我国收藏佛经最多、版本最珍贵的寺庙之一。

A. 护国寺　　B. 大慧寺　　C. 云居寺　　D. 法源寺

36. 北京十方普觉寺俗称卧佛寺，始建于唐代，______代铸造的释迦牟尼佛涅槃铜像身长 5.3 米，高 1.6 米，重 4 吨，是国内现存最大的铜质卧佛。

A. 唐　　B. 宋　　C. 元　　D. 明

37. 先农坛创建于明______年间，平面北圆南方。坛内建筑分为三组，先农坛祭祀先农和举行籍田典礼，天神地祇坛祭祀大地和山川，太岁殿祭祀太岁。

A. 正德　　B. 嘉靖　　C. 隆庆　　D. 万历

38. 地坛位于北京安定门外，明嘉靖九年（1530 年）立四郊分祀之制，始建方泽坛，是明清两代皇帝______日祭祀地皇神祇的场所，也是我国规模最大的帝王祭地之坛。祭台为上下两层汉白玉石质方形台，下层台东西两侧有 4 个石座，原放置从祀的五镇、五岳、四海、四渎神位。

A. 春分　　B. 夏至　　C. 秋分　　D. 冬至

39. 日坛、月坛分别位于北京朝阳门外和阜成门外，始建于明______年间，其选位、规划、建筑及祭祀礼仪，均依据古代阴阳、五行学说设计。

A. 永乐　　B. 宣德　　C. 嘉靖　　D. 万历

40. 北京清净化城塔是清乾隆四十七年（1782 年）为纪念在京圆寂的______世班禅而建，仿照印度菩提迦耶式塔样式，用汉白玉砌筑，塔内安放班禅衣冠经咒。

A. 五　　B. 六　　C. 七　　D. 八

41. 健锐营演武厅位于北京海淀香山东麓，又称团城演武厅，建于清______年间，集城池、殿宇、亭台、教场为一体，格局完整，宏伟壮观。

A. 顺治　　B. 康熙　　C. 雍正　　D. 乾隆

42. 万寿寺位于北京市海淀区长河北岸，建于明万历五年（1577 年），分中、东、西三路，为京西著名的皇家大寺，也是清代帝后往返颐和园途中驻跸休息之所。清乾隆______年、______年，乾隆帝曾两次在此为母祝寿。

A. 十四　二十四　　B. 十五　二十五　　C. 十六　二十六　　D. 十七　二十七

43. ______位于北京后海北沿，原为清初大学士明珠的宅第，光绪年间王府大规模修缮，是清朝末代皇帝溥仪的出生地。

A. 醇亲王府　　B. 孚王府　　C. 郑亲王府　　D. 礼亲王府

44. 北京______是京城“内八刹”之一，明天顺年间在金代寺址重建，收藏佛教经卷、碑刻等珍贵文物，现为中国佛教协会所在地。

A. 柏林寺　　B. 广济寺　　C. 福佑寺　　D. 报国寺

45. 爨底下村古建筑群位于北京市门头沟区斋堂镇，曾为京西古驿道要冲，村落依山而建，建筑以______代山地四合院为主，现存院落 75 个。

A. 宋　　B. 元　　C. 明　　D. 清

46. 万松老人塔是北京明清老城内仅存的一座砖塔，始建于元代，清______年间重修时加至九级，将原塔含砌于塔内。万松老人即万松行秀禅师，为金、蒙古帝国时期高僧，元中书令耶律楚材曾拜其为师。

A. 顺治　　B. 康熙　　C. 雍正　　D. 乾隆

47. 北京慈寿寺塔又名玲珑宝塔，明万历年间由慈圣皇太后出资兴建，为八角______级密檐式实心砖塔，高近50米。两侧立有两块石碑，左刻九莲菩萨像，右刻鱼篮观音像及关圣帝像，均为太后所绘。

A. 七　　B. 九　　C. 十一　　D. 十三

48. 北京文天祥祠建于明______年间，自南而北由大门、过厅、享堂组成。文天祥为南宋右丞相，抗元兵败被俘，元至元十九年十二月（1283年1月）在大都柴市（今府学胡同西口）就义。

A. 洪武　　B. 建文　　C. 永乐　　D. 宣德

49. 北京湖广会馆原为清代湖南、湖北两省旅京人士修建的试馆，嘉庆十二年（1807年）捐为会馆。______年，孙中山曾五次到湖广会馆发表演说，并宣告国民党成立。章太炎、梁启超、马寅初等著名学者曾在此发表演讲，谭鑫培、梅兰芳、程砚秋等京剧名家常在这里演出。

A. 1912　　B. 1913　　C. 1914　　D. 1915

50. 天津蓟州______观音阁始建于唐贞观年间，辽统和二年（984年）重建，为五间单檐歇山顶重楼，上下两层间设一暗层，通高23米，是国内现存最古老的木结构高层楼阁建筑。阁内十一面观音像高16米，是现存最大的泥塑佛像之一。寺内尚存辽代单檐庑殿顶山门（现存最早的山门）。

A. 千像寺　　B. 华严寺　　C. 万松寺　　D. 独乐寺

51. 天津杨柳青石家大院位于运河北岸，始建于清______年间，宅名“尊美堂”，布局宏大，装饰细腻，院中大戏楼是华北民宅中最大的戏楼，京剧名家孙菊仙、谭鑫培等曾登台演出。

A. 咸丰　　B. 同治　　C. 光绪　　D. 宣统

52. 我国现存最古老的石拱桥是______，由隋代著名匠师李春设计建造。桥全长64.4米、宽9.6米，由28道独立石拱纵向并列砌筑，主拱净跨37.35米。其“敞肩拱”“空腔式”结构设计，既减少水流阻力，又减轻主拱券和桥基的载重，在世界桥梁史上占有重要地位。

A. 北京卢沟桥　　B. 河北赵县安济桥

C. 河北赵县永通桥　　D. 山西原平普济桥

53. 河北定州开元寺塔始建于北宋咸平四年（1001 年），为寺僧会能去天竺取经得舍利后奉诏所建，历时 55 年建成，八角______级楼阁式，高 84 米，是国内现存最高的砖塔之一，被誉为“中山巨观”。塔分内、外两重，之间有回廊环绕。定州历史上是宋、辽交界的军事重镇，此塔又名“料敌塔”（“瞭敌塔”）。

A. 七　　B. 九　　C. 十一　　D. 十三

54. 河北正定广惠寺华塔又称多宝塔，为______遗存，通高 40.5 米，上半部装饰巨大的彩色壁塑，造型古朴雄奇，华丽生动，是国内造型最为奇异、装饰最为华丽的砖塔。

A. 五代　　B. 辽代　　C. 北宋　　D. 金代

55. 正定隆兴寺原名龙藏寺，创建于隋开皇六年（586 年），北宋太祖开宝二年（969 年）敕建大悲菩萨铜立像和阁，成北方巨刹。______是国内现存唯一一座平面呈十字形的大型佛殿，正方形殿身四面正中各出一山花向前的歇山式抱厦。殿内梁架结构，与宋代《营造法式》相符。

A. 天王殿　　B. 摩尼殿　　C. 慈氏阁　　D. 转轮藏阁

56. 被誉为“天下第一关”的长城关隘是______，明洪武年间大将徐达在此筑城，建关设卫。城楼上“天下第一关”匾额，为万历年间进士肖显所书。

A. 北京延庆八达岭　　B. 河北秦皇岛山海关

C. 山西代县雁门关　　D. 甘肃嘉峪关

57. 河北承德避暑山庄史称热河行宫，建造历清朝康熙、雍正、乾隆三代，分宫殿区、湖泊区、平原区、山峦区四部分，占地面积 564 万平方米，取自然山水之本色，吸收江南、塞北之风光，是我国现存最大的古代帝王宫苑。康熙、乾隆帝各题______景。

A. 十二　　B. 十八　　C. 二十四　　D. 三十六

58. 普陀宗乘之庙位于承德避暑山庄正北，建成于清乾隆三十六年（1771 年），系乾隆皇帝为庆祝六十寿辰和次年皇太后八十寿辰下旨仿西藏______兴建，为承德外八庙中规模最大的一处。碑亭内立有乾隆御笔《土尔扈特全部归顺记》《优恤土尔扈特部众记》碑，颂扬土尔扈特人民摆脱沙俄奴役，不远万里回归祖国的英雄事迹。

A. 布达拉宫　　B. 色拉寺　　C. 甘丹寺　　D. 哲蚌寺

59. ______位于承德避暑山庄之北，清乾隆四十五年（1780 年）为六世班禅来承德朝觐、庆祝乾隆皇帝七十寿辰而建，仿西藏扎什伦布寺形式。妙高庄严殿为班禅居住、讲经之地。

A. 须弥福寿之庙　B. 广缘寺　C. 广安寺　D. 罗汉堂

60. 普宁寺建成于清乾隆______，系清朝平定准噶尔部叛乱后，乾隆帝在承德大宴厄鲁特蒙古四部上层人物，仿西藏桑耶寺修建。主殿大乘阁中供奉木雕贴金千手千眼观音立像，高 22.28 米，冠上有一高 1.53 米无量寿佛。碑亭内立普宁寺碑记、平定准噶尔勒铭伊犁之碑、平定准噶尔后勒铭伊犁之碑三通。

A. 二十一年（1756 年）　B. 二十二年（1757 年）

C. 二十三年（1758 年）　D. 二十四年（1759 年）

61. ______俗称“圆亭子”，建于清乾隆三十一年（1766 年），因巴尔喀什湖附近和葱岭以北少数民族首领每年来避暑山庄朝见乾隆帝、扈从木兰秋狝而建，为汉藏结合式建筑，主体建筑旭光阁建于高大的石坛城上，为重檐伞式攒尖黄琉璃瓦顶，阁内顶部置二龙戏珠藻井。

A. 普宁寺　B. 普乐寺　C. 普佑寺　D. 殊像寺

62. 溥仁寺始建于康熙五十二年（1713 年），是清王朝在承德修建的第______座喇嘛庙，平面布局沿袭了汉地佛寺“伽蓝七堂”的传统手法。

A. 一　B. 二　C. 三　D. 四

63. 安远庙俗称“伊犁庙”，清乾隆二十九年（1764 年）______蒙古达什达瓦部众迁居承德，仿照新疆伊犁固尔扎庙式样修建。以普渡殿建筑、佛像和壁画为“三绝”。

A. 和硕特　B. 杜尔伯特　C. 准噶尔　D. 土尔扈特

64. 河北曲阳北岳庙是北魏至清顺治______间封建帝王遥祭北岳恒山的地方（次年改祀北岳于山西浑源），主殿德宁殿面阔九间、进深六间，是国内现存最大的元代木构建筑，并以珍贵壁画而闻名。

A. 十五年（1658 年）　B. 十六年（1659 年）

C. 十七年（1660 年）　D. 十八年（1661 年）

65. 金山岭长城位于河北滦平与北京密云交界处，始建于明洪武年间，______年间蓟镇总兵戚继光、蓟辽总督谭纶增筑，以障墙、文字砖和挡马石为“三绝”，有“万里长城，金山独秀”之誉。

A．弘治　B．正德　C．嘉靖　D．隆庆

66. 清远楼位于河北宣化古城正中，又称钟楼，始建于明成化年间，通高 25 米，重檐多角十字脊歇山顶。楼内悬挂明嘉靖年间铸造的“宣府镇城钟”一口，重约万斤，“声通天籁”（______檐匾名），颇负盛名。

A．东　B．南　C．西　D．北

67. 直隶总督署（部院）位于河北______，创建于明代，自明、清至民国初年，一直为官署所在地，清雍正八年（1730 年）扩建后直隶总督驻此，共历 59 人 66 任，著名的有李卫、孙嘉淦、曾国藩、李鸿章、袁世凯等。中华人民共和国成立后，河北省人民政府也曾驻此。

A．石家庄　B．保定　C．邯郸　D．正定

68. 我国现存最早的钟楼是河北______开元寺钟楼，始建于东魏，唐代及明、清重建，为二层楼阁建筑，高 14 米，楼上悬挂唐代铜钟一口。钟楼西侧有唐代九级砖塔，塔、楼对峙布局，国内仅存一例。

A．保定　B．定州　C．正定　D．沧州

69. 河北涉县娲皇宫始建于______，是现存时代最早、规模最大的奉祀上古传说神祇女娲氏的古建筑，也是______往来都城邺城与陪都晋阳之间的离宫。

A．北魏　B．东魏　C．北齐　D．北周

70. 我国现存时代最早的文庙大成殿是______。1933 年，梁思成到此考察时，将其定为唐末五代遗物。

A．北京孔庙大成殿　B．河北正定县文庙大成殿
C．山东曲阜孔庙大成殿　D．四川富顺文庙大成殿

71. 河北涞源阁院寺文殊殿是辽初官式建筑的代表，斗拱用材硕大，总高为柱高的百分之______；大铁钟是国内现存唯一有明确纪年的辽代铁钟，铸于天庆四年（1114 年）。

A．五十　B．五十五　C．六十　D．六十五

72. ______始建于唐代，寺内毗卢殿四壁满绘佛、道、儒三教壁画，为明代原物，线条流畅，技法娴熟，是研究美术史、宗教史的宝贵资料。

A. 河北石家庄毗卢寺　　B. 江苏南京毗卢寺

C. 四川遂宁毗卢寺　　D. 陕西武功毗卢寺

73. 正定临济寺澄灵塔始建于唐咸通八年（867 年），为收藏佛教临济宗开创人义玄禅师衣钵而建，现保持______大修后的外观形式，系八角九级密檐式实心砖塔，通高 30.5 米。日本佛教临济宗以此寺为祖庭，视澄灵塔为重要的祖塔之一。

A. 五代　　B. 北宋　　C. 金代　　D. 元代

74. 河北安国药王庙始建于东汉，北宋拓址扩建，清道光年间立铸铁旗杆一对，是国内现存规模最大的药王邳彤祠祀建筑群，与古______（安国）药业发展密切相关。庙内彩塑出自天津泥塑世家泥人张之手。邳彤，字伟君，信都郡信都县（今河北冀州）人，东汉中兴名将，精于医术，悬壶济世，人们建庙祀之。南宋度宗时被封为“明灵昭惠显祐王”。

A. 涿州　　B. 祁州　　C. 瀛洲　　D. 沧州

75. 河北怀来鸡鸣驿城始建于明______年间，是反映我国邮传、军驿制度的珍贵遗存。驿城所处驿路先秦时为“上谷干道”，此后历代均为交通要道。

A. 洪武　　B. 永乐　　C. 宣德　　D. 正统

76. 河北灵寿幽居寺始建于东魏，北齐天保七年（556 年）赵郡王高睿扩建，现存唐代七级砖塔。塔内原有高睿敬造佛造像三尊（释迦牟尼佛、阿閦佛、无量寿佛），20 世纪 90 年代三尊佛首均被盗流失，______年台湾星云法师捐回释迦牟尼佛佛首，实现身首合璧。

A. 2012　　B. 2013　　C. 2014　　D. 2015

77. ______是华北地区现存规模最大的清真寺，始建于明永乐二年（1404 年），占地面积 11200 平方米，房屋近 200 间，雕刻技艺精湛。

A. 北京牛街礼拜寺　　B. 天津清真大寺

C. 河北泊头清真寺　　D. 山西太原清真古寺

78. 保定古莲花池始建于______代，原名雪香园，后世多有增建，以“林泉幽邃，云物苍然”闻名。清雍正十一年（1733 年）建莲池书院，声播四方。

A. 唐　B. 宋　C. 金　D. 元

79. 曲阳修德寺塔为______代遗存，八角七级，高 32 米，融楼阁式与华塔式于一体，是现存砖塔形制的孤例。曲阳是“四大石雕之乡”之一（另：浙江青田、福建惠安、山东嘉祥），修德寺内出土 2000 余尊北魏至唐代汉白玉石雕造像，其中纪年铭造像 200 余尊。

A. 唐　B. 宋　C. 元　D. 明

80. 河北______集楼阁式和密檐式于一体，兼有经幢装饰，是辽、金砖塔中不可多得的实例。

A. 赵县柏林寺塔　B. 易县圣塔院塔（荆轲塔）
C. 涞源兴文塔　D. 涞水西岗塔

81. ______相传始建于汉代以前，元明重建，后世修葺，是现存建筑年代最久、规模最大的祭祀扁鹊庙群。扁鹊，姬姓，名越人，战国名医，渤海郡鄚（今河北任丘）人。

A. 河北内丘扁鹊庙　B. 山西永济扁鹊庙
C. 浙江庆元扁鹊庙　D. 河南内乡扁鹊庙

82. 河北蔚县西古堡建于______代，布局严谨又富于变化，砖、木、石雕形式多样，保留了浓厚的历史风貌和“打树花”的传统习俗。

A. 宋　B. 元　C. 明　D. 清

83. 福庆寺位于河北井陉苍岩山，始建于______，现存为明代风格，代表建筑桥楼殿系在数十丈高峭壁之间建造一座单孔孤券形石桥，又在桥上建造重檐歇山顶楼阁式殿宇。

A. 隋代　B. 唐代　C. 五代　D. 宋代

84. 大境门长城坐落于河北张家口东、西太平山之间隘口，始建于明永乐十年（1412 年），是扼守京都北大门、沟通南北贸易的“陆路商埠”。1927 年察哈尔都统______在大境门门楣上题写“大好河山”四个颜体大字，蔚为壮观。

A. 张之江　B. 鹿钟麟　C. 高维岳　D. 商震

85. 河北邯郸黄粱梦吕仙祠为明清时期依据______沈既济传奇小说《枕中记》著名典故“一枕黄粱”而重建、续修，初为卢生祠、吕翁祠，后为供奉吕洞宾等八仙为主的全真教道观。

A. 北朝　B. 隋代　C. 唐代　D. 五代

86. 山西五台南禅寺大殿重建于唐德宗建中______，是我国现存最早的木结构建筑，面阔、进深各三间，单檐歇山顶，殿前有月台（在唐代建筑中罕见），殿内佛坛上有中唐彩塑 17 尊。

A. 元年（780 年）　B. 二年（781 年）　C. 三年（782 年）　D. 四年（783 年）

87. 五台佛光寺创建于北魏，唐会昌灭佛时被毁，大中______重建东大殿，面宽七间，进深四间，单檐庑殿顶，是现存最大的唐代木结构建筑，殿内有唐代彩塑 35 尊、壁画 10 余平方米及唐人题记等。唐代建筑、雕塑、壁画、题记称为“四绝”。寺内尚存北朝祖师塔、唐代经幢、金代文殊殿。

A. 八年（854 年）　B. 九年（855 年）　C. 十年（856 年）　D. 十一年（857 年）

88. ______是世界上现存最古老、最高大的木结构高层塔式建筑，建于辽道宗清宁二年（1056 年），高 67.3 米，底层直径 30.3 米，平面八角形，塔身外观五层，层间夹设暗层，实为九层，塔中供奉高 11 米的释迦牟尼佛像。

A. 天津蓟州独乐寺塔　B. 河北正定天宁寺凌霄塔

C. 山西应县佛宫寺释迦塔　D. 甘肃张掖木塔

89. 佛宫寺释迦塔又称应县木塔，是我国现存惟一的纯木构大塔，所用斗拱依部位、结构和形状分类，达______种之多，集中国古代建筑斗拱之大成。

A. 45　B. 48　C. 51　D. 54

90. 晋祠位于山西太原悬瓮山下，为晋水发源处，原为祭祀西周时期晋国开国之君叔虞（成王“桐叶封弟”）的祠庙，是国内现存最早的皇家园林。北宋天圣年间建圣母殿，祀晋水之神（一说祀叔虞之母邑姜），殿内有彩塑 43 尊，为宋塑精品。殿前鱼沼飞梁系方形池沼之上架十字形板桥，为国内仅见。另有宋代铁人、铁狮，金代献殿（现存最早献殿实例）等。著名的“晋祠三绝”是周柏、宋塑和______。

A. 难老泉　B. 鱼沼飞梁　C. 圣母庙　D. 水镜台

91. 山西大同善化寺始建于唐，玄宗时称______，后世屡有修缮。辽代大雄宝殿和金代天王殿、三圣殿、普贤阁存于一寺之内，为国内独有。大雄宝殿内有辽塑金身如来5尊、金塑诸天24尊。元史记载，曾有四万僧人奉元世祖忽必烈之命在此寺集会，举行佛事活动。明正统十年（1445年）更现名，曾为官吏习仪之所。

A. 先天寺　B. 开元寺　C. 天宝寺　D. 普恩寺

92. ______大雄宝殿是我国现存规模最大的佛殿之一，始建于辽代，后毁于战火，金天眷三年（1140年）在原址重建。大殿面阔九间（53.75米），进深五间（29米），面积1559平方米。

A. 山西大同华严寺　B. 福建宁德华严寺

C. 山东淄博华严寺　D. 陕西西安华严寺

93. 大同华严寺薄伽教藏殿为______代建筑，殿内佛坛上布列29尊______代彩塑，以合掌露齿胁侍菩萨像最为生动，堪称“神品”。殿内四周沿墙壁建有两层楼阁式藏经柜，称“天宫壁藏”，是现存唯一的______代木构建筑模型，被梁思成誉为“海内孤品”。

A. 辽　B. 金　C. 元　D. 明

94. 我国现存建筑年代最早、规模最大的九龙壁是______，始建于明洪武二十五年（1392年），长45.5米，高8米，厚2.02米，由426块特制五彩琉璃构件拼砌而成。东、西侧面分别为旭日东升图和明月当空图。

A. 北京故宫九龙壁　B. 北京北海九龙壁　C. 山西大同九龙壁

95. 永乐宫原称大纯阳万寿宫，为道教全真派“东祖庭”，现址位于山西省芮城县龙泉村东侧，是国内现存最完整的一组______代古建筑。主殿三清殿内满布《朝元图》壁画，高4.26米，长94.68米，总面积403.34平方米，为集道教绘画精华巨制。

A. 宋　B. 元　C. 明　D. 清

96. 永乐宫原位于芮城县永乐镇，1959年修建三门峡水利工程，该地为淹没区而搬迁异地重建。永乐镇传为道教“八仙”之一______的故里。金元之际，______被全真派尊为祖师。

A. 汉钟离　B. 韩湘子　C. 吕洞宾　D. 蓝采和

97. 山西洪洞广胜寺创建于东汉，元大德年间地震后重建，明清补葺。分上寺、下寺和水神庙三处，以______（世界最高的多彩琉璃塔）、《赵城金藏》、水神庙元代戏剧壁画并称“三绝”。

A. 云岩塔　B. 报恩塔　C. 莺莺塔　D. 飞虹塔

98. 山西繁峙岩山寺文殊殿壁画由______代宫廷画师王逵所绘，面积98平方米，内容丰富，构图严谨，人物神态逼真，是现存规模最大、艺术水平最高______代壁画，与芮城永乐宫壁画合称“双璧”。

A. 宋　B. 金　C. 元　D. 明

99. 显通寺始建于东汉______年间，原称大孚灵鹫寺，与洛阳白马寺同为中国最早的寺庙之一，是五台山佛教文化的发源地和传承中心，明太祖赐额“大显通寺”。中轴线殿宇七座，无量殿用砖仿木构形式砌筑，形制优美。铜殿高8.3米，宽4.7米，深4.5米，用铜10万斤铸成。

A. 永平　B. 建初　C. 元和　D. 章和

100. ______坐落于五台山灵鹫峰上，始建于北魏孝文帝年间，清代时为皇帝朝拜五台山的行宫，依山势而建，殿宇覆盖黄色琉璃瓦，居五台黄教寺院之首。

A. 碧山寺　B. 罗睺寺　C. 菩萨顶　D. 殊像寺

101. 五台山大白塔原名释迦文佛真身舍利宝塔，始建于元大德______，由尼泊尔匠师阿尼哥设计，塔身状如藻瓶，通高56.3米，是佛教圣地五台山的象征。1948年4月9日，毛泽东率中央机关从陕北开赴河北西柏坡途中，曾路居塔院寺。

A. 四年（1300年）　B. 五年（1301年）

C. 六年（1302年）　D. 七年（1303年）

102. 我国现存唐代木结构建筑共有四座，均位于山西省，分别是五台南禅寺大殿、佛光寺东大殿、芮城广仁王庙和______。

A. 陵川龙岩寺　B. 武乡会仙观　C. 曲沃大悲院　D. 平顺天台庵

103. 被著名旅行家徐霞客叹为“天下巨观”的崖屋建筑______，建在山西浑源北岳恒山下金龙口西岸的峭壁上，远望似仙山楼阁，游人登临，如置身霄汉。

A. 悬空寺　B. 玄中寺　C. 岩山寺　D. 永安寺

104. ______城墙与辽宁兴城城墙、湖北荆州城墙、陕西西安城墙并列为国内现存最完整的四座古城墙，建于明洪武年间，周长 6.4 千米，城内街道、建筑布局基本保留原制，为国内现存明清古城的杰出范例。

A. 河北正定　B. 山西大同　C. 山西平遥　D. 湖北襄樊

105. 山西襄汾丁村民宅始建于明______年间，现有明清院落 40 座、房舍 480 余间、庙宇 3 座，建造别致，风格各异，木雕、砖雕、石雕技艺精湛，是北方汉族四合院建筑的典型标本。

A. 正德　B. 嘉靖　C. 隆庆　D. 万历

106. ______位于平遥郝洞村，寺中万佛殿佛坛上的 11 尊彩塑，是全国寺观庙堂中（石窟除外）唯一保存的五代作品，具有重要历史和艺术价值。

A. 玉皇庙　B. 崇庆寺　C. 镇国寺　D. 吉祥寺

107. 平顺大云院创建于后晋天福三年（938 年），主要建筑大佛殿是现存五代木构建筑中采用普拍枋做法之孤例，殿内现存国内寺观中唯一的五代壁画遗作______平方米。

A. 22　B. 32　C. 42　D. 52

108. 山西朔州崇福寺始建于唐麟德二年（665 年），由______（朔州人）奉敕建造。主殿弥陀殿建于金熙宗皇统三年（1143 年），殿内四周满布金代壁画，共计 345.75 平方米。

A. 翼（胡）国公秦叔宝　B. 鄂国公尉迟敬德

C. 卢国公程知节　D. 陈国公侯君集

109. 平遥双林寺原名中都寺，重修于北齐武平二年（571 年），后世屡有修建，原有彩塑 2052 尊，现存完好的 1566 尊，形神兼备，是我国______塑中的佼佼者，被称为“中国彩塑艺术博物馆”。

A. 唐　B. 宋　C. 元　D. 明

110. 飞云楼位于山西______内，高 23 米，十字歇山顶，露明三级，暗层两级，四根通柱直达楼顶，外观壮丽，结构精细，为我国楼阁式建筑的杰作，与应县木塔并称为“南楼北塔”。

A. 万荣东岳庙　B. 长子法兴寺　C. 晋城玉皇庙　D. 稷山青龙寺

111. 山西运城解州关帝庙创建于隋开皇九年（589年），后世屡有修建，分正庙和结义园两部分，是国内现存规模最大的关帝庙，被誉为“武庙之冠”，以春秋楼和崇宁殿最为壮观精致，清______皇帝题写“义炳乾坤”匾额。关羽，字云长，东汉河东郡解县（今山西运城）常平村人。历代朝廷多有褒封，崇为“武圣”，与孔子齐名。

A．康熙　B．乾隆　C．道光　D．光绪

112. 龙门寺位于山西______龙门山腰，集五代、宋、金、元、明、清六代木构建筑于一寺，为国内仅见。前院西配殿为五代悬山式殿宇孤例。

A．潞城　B．黎城　C．壶关　D．平顺

113. 山西阳泉关王庙正殿建于北宋______年间，为国内现存最早的祭祀武圣关羽的木构建筑，面阔三间，进深六椽，前檐廊深一间，构造独特。

A．熙宁　B．元丰　C．元祐　D．绍圣

114. 山西文水武则天庙始建于唐，现存正殿为金皇统五年（1145年）修建，庙中舞台内壁上保存清代后期至民国初年戏剧演出题记______条。武则天为唐开国功臣武士彟次女，祖籍并州文水县，是中国历史上唯一的女皇帝。

A．51　B．61　C．71　D．81

115. 山西临汾牛王庙戏台建于元至元______，是国内现存最早有确切纪年的戏台之一。戏台采用乐楼形式，为木构亭式舞台，平面呈正方形，三面有墙，正面当台口，无前后场之分。1183年（金大定二十三年）建二郎庙戏台（今山西高平），台基束腰题刻时年、工匠，是目前发现年代最早的戏台。

A．十九年（1282年）　B．二十年（1283年）

C．二十一年（1284年）　D．二十二年（1285年）

116. 山西高平姬氏民居建于元至元______，面阔三间，进深六椽，悬山顶，建筑手法和风格特色因袭于宋金，是国内现存有明确纪年最早的民居建筑。

A．二十八年（1291年）　B．二十九年（1292年）

C．三十年（1293年）　D．三十一年（1294年）

117. 山西新绛绛州大堂始建于唐代，元代重建，殿内北壁嵌有______御制“文臣七条”石刻，一曰清心、二曰奉公、三曰修德、四曰责实、五曰明察、六曰劝课、七曰革弊。

A．唐太宗　　B．宋真宗　　C．元世祖　　D．明成祖

118. 山西霍州州署大堂建于______，是现存古代州级衙署大堂的典型代表。大堂前檐开敞，后檐明间辟板门，两山辟低矮板门通左右厢房。

A．宋代　　B．金代　　C．元代　　D．明代

119. 山西______始建于汉代，清同治年间异地重建，现存山门、戏台、献殿、正殿、东西五虎殿、秋风楼等。秋风楼是明代遗构，挺拔秀美，为古典楼阁建筑杰作，楼内藏有汉武帝《秋风辞》碑。

A．介休后土庙　　B．灵石后土庙　　C．临汾东羊后土庙　　D．万荣后土庙

120. 国内现存府城隍庙中规模最大、保存最好的是______，始建于元至元二十二年（1285 年），中轴线长达 400 余米。每年农历四月十五为传统庙会日。

A．山西长治潞安府城隍庙　　B．江苏苏州苏州府城隍庙

C．福建长汀汀州府城隍庙　　D．河南洛阳河南府城隍庙

121. 山西代县阿育王塔始建于______，初为木塔。金兴定二年（1218 年）蒙古军南下时，州人举火自焚，元至元十二年（1275 年）改建为砖塔，是古代喇嘛塔中的佳作。

A．北魏　　B．北齐　　C．隋代　　D．唐代

122. 边靖楼位于山西______城内，始建于明洪武七年（1374 年），外观雄伟古朴，楼基高耸，梁架精巧，楼上悬挂“声闻四达”“威镇三关”等名额，高 3 米，长 7～9 米，国内少有。

A．山阴　　B．代县　　C．宁武　　D．原平

123. 山西曲沃大悲院始建于唐，宋、金重修，院内献殿是元大德______平阳大地震后该地区唯一保存下来的宋金建筑。

A．四年（1300 年）　　B．五年（1301 年）

C．六年（1302 年）　　D．七年（1303 年）

124. 运城泛舟禅师塔为单层圆体砖塔，通高10米，塔基、塔身、塔顶各占三分之一，是现存圆形______塔的孤例。

A. 唐 B. 宋 C. 金 D. 元

125. 山西______玉皇庙主要殿宇均为元代建筑，庙内月台上放置一直径1.65米的石罗盘，称为八卦台，用36色石子黏结，代表三十六天干，较为罕见。

A. 陵川 B. 高平 C. 垣曲 D. 洪洞

126. 山西______传法正宗殿内四壁满绘重彩工笔水陆画，共绘各种人像882个，儒、释、道汇合一壁，集各教神祇之大成，堪称明代绘画佳作。

A. 武乡会仙观 B. 浑源永安寺 C. 柳林香严寺 D. 定襄洪福寺

127. 乔家大院位于山西______，始建于清乾隆年间，为全封闭城堡式建筑群，分6个大院，20个小院，313间房屋，俯视成囍字形，建筑考究，工艺精湛，是清代北方民居建筑的典型代表。

A. 平遥 B. 祁县 C. 太谷 D. 灵石

128. 山西陵川崔府君庙为祀奉唐代名臣崔珏而修建，是国内现存______高台式建筑的唯一实例。崔珏在任期间，屡有异政，时称治行第一，唐玄宗封护国显应侯。相传金兵南下时，崔珏显圣，泥马渡康王（赵构），宋高宗加封护国显灵真君。

A. 五代 B. 宋代 C. 金代 D. 元代

129. 高平开化寺大雄宝殿内绘有壁画约90平方米，是现存宋代壁画中面积最大、独具特色的珍品。画师郭发题记表明，壁画创作始于北宋绍圣______。

A. 元年（1094年） B. 二年（1095年）

C. 三年（1096年） D. 四年（1097年）

130. ______居“天下九塞”之首，春秋时置关，明洪武年间修复古关城，东门外东侧高地上有靖边祠遗址，祀赵国名将李牧。

A. 雁门关 B. 平型关 C. 宁武关 D. 紫荆关

131. 山西交城卦山（山形如卦象）天宁寺创建于唐贞观元年（627 年），现存唐普光明殿遗址、石刻华严经塔及大量明清建筑。山门横匾“第一山”，乃北宋书法家______所书。

A．苏轼　　B．黄庭坚　　C．米芾　　D．蔡襄

132. ______始建于宋代，金大安二年（1210 年）及后代修葺，现存正殿、拜殿、舞楼，是研究商汤祷雨桑林的重要实物资料。

A．山西阳城下交汤帝庙　　B．山西阳城郭峪汤帝庙

C．山西泽州大阳汤帝庙　　D．河南博爱汤帝庙

133. 山西______无边寺创建于西晋泰始八年（272 年），北宋元祐五年（1090 年）按照《营造法式》建八角七级楼阁式砖塔，通高 43 米，是宋代建筑的标尺，也是______县城的标志。

A．平遥　　B．祁县　　C．太谷　　D．清徐

134. 山西介休张壁古堡依塬傍沟，地势险要，地上现存宋至清代庙堂建筑和民居宅院，地下满布立体______层、攻防退守藏功能齐全的网状古地道。

A．二　　B．三　　C．四　　D．五

135. ______始建于北齐天保四年（553 年），现存金代大雄宝殿、元代献殿、明代嘉靖年题记琉璃脊饰戏台（为当地乔氏琉璃代表作），价值珍贵。

A．河北景县开福寺　　B．山西阳城开福寺

C．福建莆田开福寺　　D．湖南长沙开福寺

136. 山西榆社福祥寺正殿为______代原构，是国内大额梁架结构建筑代表作，殿内东西山墙绘有元代壁画 70 平方米，并存北齐至隋唐石造像 82 件、五代后晋开运三年（946 年）经幢一通，价值珍贵。

A．唐　　B．宋　　C．金　　D．元

137. 尧陵位于山西省临汾市尧都区北郊村，始建（不晚）于______，陵丘高 50 米，周 300 余米，祠宇依陵丘而建，现存明清建筑及众多碑碣石刻。

A．隋代　　B．唐代　　C．五代　　D．北宋

138. 运城舜帝陵庙位于鸣条岗上，建于______时期，分外城、陵园、皇城，现存元代正殿、过殿等。文献载“舜都蒲坂”。

A．汉武帝　B．唐太宗　C．唐玄宗　D．宋真宗

139. 山西翼城四圣宫创建于元顺帝______年间，后世续建，供奉尧、舜、禹、汤四圣，是宫庙合一的古建筑群，舞楼用材硕大规整，结构精巧，为元代建筑之杰作。

A．至顺　B．元统　C．至元　D．至正

140. 稷王庙位于山西稷山县城，是奉祀我国农业始祖后稷的庙宇，创建于______代，后世重建时保留了遗构及琉璃饰件，现存姜嫄殿、后稷楼等。后稷，名弃，为帝舜时主管农事之官、周人始祖，相传曾在稷王山教民稼穑。姜嫄为帝喾之妻、后稷之母。《诗经·大雅·生民》载：“厥初生民，时维姜嫄。”

A．宋　B．金　C．元　D．明

141. 山西灵石王家大院始建于明______年间，为五巷六堡五祠堂建筑群，总面积超过25万平方米，砖、木、石雕刻及各类楹联、匾额题材繁多，内容丰富。

A．隆庆　B．万历　C．天启　D．崇祯

142. 太原永祚寺始建于明______年间，后屡有增修，大雄宝殿为砖砌仿木无梁结构。明代双塔均为八角十三级楼阁式空心砖塔，各高54米有余，是太原名城的象征。

A．正德　B．嘉靖　C．隆庆　D．万历

143. 山西山阴广武城始建于______时期，明代重修包砖，位于勾注山前，北距雁门关5千米，雄踞北方游牧民族进入中原地区的咽喉要道，是古代边塞军事防御体系的重镇。城北平川有国内最大的汉墓群。

A．宋太祖　B．宋太宗　C．宋真宗　D．宋仁宗

144. 山西汾阳杏花村汾酒酿造始于北齐武成帝河清年间，1500年来从未中断，现存作坊为清代堡墙式院落，位于宋代名店“甘露堂”原址，院内有元代古井一口，一直是汾酒酿造专用水源。唐代诗人______曾写下“借问酒家何处有，牧童遥指杏花村”的名句。

A．杜甫　B．白居易　C．杜牧　D．李商隐

145. 日昇昌是中国第一家票号，位于平遥县城西大街，前身为西裕成颜料行，清道光______改为专营银两汇兑和存放款业务的票号，取名“日昇昌”。旧址包括中、东、西三院，多为硬山顶两层木结构建筑，中院有铺面五间。

A．元年（1821 年）　　B．二年（1822 年）

C．三年（1823 年）　　D．四年（1824 年）

146. 交城玄中寺始建于北魏孝文帝延兴二年（472 年），初名石壁寺，先后有昙鸾、道绰、善导三位______祖师在此驻锡，影响传播海外，被日本______奉为祖庭，在佛教史和中日交流史上占有重要地位。

A．净土宗　　B．三论宗　　C．华严宗　　D．禅宗

147. 山西盂县藏山祠因春秋时期程婴于此藏匿赵氏孤儿而得名，建筑依山建造，分布于三层递高的平台上，正殿内山墙和北壁存留壁画 69 平方米，以连环画形式表现赵武生平。元代剧作家______据此故事创作杂剧《赵氏孤儿》。

A．纪君祥　　B．李寿卿　　C．王实甫　　D．乔吉

148. 陈廷敬故居位于山西省阳城县皇城村，为明清两代文化世家陈氏家族建筑群，分内、外城，占地 2 万多平方米，生活、战备设施齐全。陈廷敬，清康熙年间任文渊阁大学士兼吏部尚书，康熙______任《康熙字典》总修官。其故居也被称为“皇城相府”。

A．四十七年（1708 年）　　B．四十八年（1709 年）

C．四十九年（1710 年）　　D．五十年（1711 年）

149. 运城池神庙是______以来供奉盐神的庙宇，三大殿并行一字排列的布局较为罕见。明代环盐池筑有禁墙，现存 30 千米。运城盐池又名解池，已有约四千年的开发历史，是我国最古老的盐池之一，与俄罗斯库楚克盐湖、美国犹他州大盐湖并称为世界三大盐湖。

A．隋代　　B．唐代　　C．五代　　D．北宋

150. 山西永济栖岩寺创建于北周武帝建德年间，隋唐时期在河东诸寺中最负盛名，______曾以外国所赠玛瑙盏施寺为供，唐玄宗曾来寺避暑，唐代名士多有题咏。塔群现存隋、唐、五代、宋、辽、金、元、明、清古塔 50 座。

A．隋文帝　　B．隋炀帝　　C．唐高祖　　D．唐太宗

151. ______建于金泰和三年（1203年），长82米，宽8米，为敞肩联拱石拱桥，望柱上雕刻佛手、桃、石鼓、狮、麒麟等，造型生动。

A. 山西原平普济桥　　B. 山东平阴永济桥

C. 河南安阳永和桥　　D. 陕西韩城毓秀桥

152. 山西______为元代建筑，前出抱厦，屋顶仙人、飞马、力士、蟠龙、菩萨、童子、花卉、云气、水波等装饰，采用蓝、绿、黄等三彩釉色，工艺精湛，是不可多见的元代琉璃艺术精品。

A. 新绛寿圣寺大殿　　B. 长子文庙大成殿

C. 陵川田庄全神庙大殿　　D. 霍州祝圣寺大雄宝殿

153. 永济扁鹊庙现存明代献殿、正殿及东西耳殿，正殿供扁鹊、其弟子及包括华佗、孙思邈在内的中国历史上______位名医彩塑。庙西500米处有扁鹊墓。

A. 六　　B. 八　　C. 十　　D. 十二

154. 永济普救寺塔俗称莺莺塔，重修于明嘉靖年间，四面十三级，高39.5米，与北京天坛回音壁、河南陕州宝轮寺塔（蛤蟆塔）、重庆潼南大佛寺石琴并称为中国古代四大回音建筑。元代______《西厢记》中“红娘月下牵红线，张生巧会崔莺莺”的爱情故事，就发生在普救寺内。

A. 关汉卿　　B. 马致远　　C. 王实甫　　D. 郑光祖

155. 五台山尊胜寺初名翠岩山院，相传______代印度僧人佛陀波利朝台时在此遇文殊显化，后回国取《佛顶尊胜陀罗尼经》于长安译毕，仍取原道朝台，对原寺庙进行了扩建，其后屡经修建、命名，形成目前尊胜寺样貌。寺因佛经，而被尊为“尊胜法门”祖庭。

A. 唐　　B. 宋　　C. 元　　D. 明

156. 内蒙古呼和浩特金刚座舍利宝塔始建于清雍正五年（1727年），主要由金刚座和上部五个方形舍利宝塔构成。塔后照壁嵌有天文图石刻，是迄今发现唯一用______文标注的古代天文图。

A. 满　　B. 蒙　　C. 藏　　D. 梵

157. 美岱召位于内蒙古自治区土默特右旗，建成于明______年间，集寺庙、王府与城池为一体，由蒙古土默特部俺答汗（明朝封顺义王）主持营建。

A．正德　　B．嘉靖　　C．万历　　D．天启

158. ______是内蒙古地区现存规模最大的藏式寺院建筑群，始建于清康熙年间，占地面积 20 万余平方米。主体建筑苏古沁独贡（“独贡”藏语意为“殿”）高 3 层，二层内绘有全国著名佛教圣地全景图，颇为罕见。

A．大召　　B．美岱召　　C．五当召　　D．准格尔召

159. 万部华严经塔位于呼和浩特辽丰州故城西北隅，始建于辽______宗时期，为八角七级楼阁式藏经塔，塔内有大量汉文、契丹文、女真文、八思巴文、蒙古文、藏文题记，提供重要历史资料。

A．景　　B．圣　　C．兴　　D．道

160. 汇宗寺始建于清康熙三十年（1691 年），由哲布尊丹巴活佛主持设计建造，为“多伦淖尔会盟”的纪念。1690 年，康熙帝御驾亲征大败噶尔丹，翌年亲赴多伦诺尔会见漠北喀尔喀三部和漠南蒙古______旗王公台吉。

A．四十五　　B．四十六　　C．四十七　　D．四十八

161. 喀喇沁亲王府始建于清康熙______，是国内现存建成年代最早、等级最高、规模最大的清代蒙旗衙署建筑群，由府邸、后花园、家庙（福会寺）等组成，先后有 12 代喀喇沁蒙古王公在此居住和办公。

A．十八年（1679 年）　　B．十九年（1680 年）

C．二十年（1681 年）　　D．二十一年（1682 年）

162. 呼和浩特和硕恪靖公主府建于清康熙年间，为康熙帝的______女儿和硕恪靖公主所居，现存四进五重院落，是内蒙古地区保存最完整的皇族品级建制府邸建筑。

A．五　　B．六　　C．七　　D．八

163. 明万历七年（1579 年），蒙古俺答汗营建归化城（今呼和浩特旧城）和大召。大召于次年建成，中路主体建筑和西路乃琼庙现保存完好，东路存清代喇嘛印务处旧址，以银佛、龙雕、壁画为“三绝”。银佛供于佛堂正中，高 2.55 米，______世达赖索南嘉措主持开光法会。玉泉有“九边第一泉”之称。

A．二　　B．三　　C．四　　D．五

164. 绥远将军衙署建于清乾隆二年（1737年），位于归化城东北5里处，与绥远城同时营建，按《大清会典》______品封疆大吏衙署规制建造，分左中右三路，中路纵深五进，前堂后寝，为衙署办公及将军内宅居所，共历78位绥远将军。

A. 一　　B. 二　　C. 三　　D. 四

165. 定远营位于内蒙古自治区阿拉善左旗旧城区，别称“卧虎城”，创建于清______年间，现存城墙、阿拉善王府、延福寺和古民居。阿拉善王府按《大清会典》郡王府第等级营建，延福寺具有王府家庙性质。

A. 顺治　　B. 康熙　　C. 雍正　　D. 乾隆

166. 呼和浩特乌素图召创建于明万历三十四年（1606年），清乾隆年间重修，由相邻的五座庙宇组成，融合蒙、藏、汉族建筑艺术风格。______为主寺，大殿内壁画含有北印度、波斯绘画特征。

A. 庆缘寺　　B. 法禧寺　　C. 广寿寺　　D. 长寿寺

167. 辽宁义县奉国寺建于辽圣宗开泰九年（1020年），寺内大雄宝殿是现存古代佛寺中规模最大的单层木结构建筑之一，面阔______间，进深五间，建筑面积1829平方米，主供过去七佛。

A. 五　　B. 七　　C. 九　　D. 十一

168. 沈阳故宫是清朝入关前的皇宫，正殿______建于后金天聪年间，是后金及清初朝会议政之所。乾隆时增建文溯阁，珍藏《四库全书》。

A. 崇政殿　　B. 大政殿　　C. 清宁宫　　D. 凤凰楼

169. 北镇庙始建于______时期，是古代北方镇山——医巫闾山的山神庙，也是全国五大镇山（另：东镇沂山、西镇吴山、南镇会稽山、中镇霍山）中唯一保存完好的镇山庙，尚存历代封山、祭山、重修庙宇及诗文碑56通。大殿内壁绘有星宿人物32个，画艺精湛。

A. 隋文帝杨坚　　B. 隋炀帝杨广　　C. 唐高祖李渊　　D. 唐太宗李世民

170. 辽宁朝阳______塔以十六国三燕宫殿夯土台基为地基，北魏“思燕佛图”的台基为台基，隋唐砖塔为内核，辽塔为外表，雄伟壮丽，雕塑精美，被誉为“东北第一塔”。天宫内出土众多珍贵文物。

A. 东　　B. 西　　C. 南　　D. 北

171. 辽宁北镇崇兴寺双塔是目前仅存的一处______代双塔，相距 43 米，均为八角十三级实心密檐式砖塔（为现存此种双塔的最早实例），造型精美，雕刻细致。

A．隋　　B．唐　　C．辽　　D．金

172. 辽阳白塔又称垂庆寺塔，系金______为其母李氏所建（一说始建于辽），八角十三级实心密檐式，高 70 米（东北地区现存最高的古塔），逐层内收。塔身各面有坐佛、胁侍、飞天等雕像，各层悬挂风铃、铜镜。

A．海陵王完颜亮　　B．世宗完颜雍　　C．章宗完颜璟　　D．卫绍王完颜永济

173. 辽宁兴城古城始建于明______年间，踞辽西走廊中部咽喉之地，城内文庙为东北地区现存最古老的一座。明末，守军在此连败后金（清）努尔哈赤、皇太极军进攻。

A．永乐　　B．宣德　　C．正统　　D．景泰

174. 明长城虎山段位于辽宁宽甸鸭绿江畔，建于______年间，现存长城墙体、烽火台、石城城堡遗迹，为明长城“东起鸭绿、西至嘉峪”（《明史·兵志》）的实物证据。

A．成化　　B．弘治　　C．正德　　D．嘉靖

175. 辽宁铁岭银冈书院始建于清顺治十五年（1658 年），由清初谪官郝浴创立，兼具东北民居及南方建筑特点，办学时间长达______年，是东北地区影响较大的一处书院，也是少年周恩来的启蒙学校。

A．209　　B．219　　C．229　　D．239

176. 沈阳永安石桥俗称大石桥，为三孔砖拱结构，长 37 米，由______敕建，居清朝盛京通往北京以及各代帝王东巡之路。桥下外沿浮雕二龙戏珠，北面有二龙探首，南面有二龙翘尾，宛若龙身横在桥下，呈二龙驮桥之势。

A．皇太极　　B．顺治帝　　C．康熙帝　　D．雍正帝

177. 吉林延吉边务督办公署始建于清光绪三十四年（1908 年），次年建成，七开间四进深二层砖木结构，由督办吴禄贞主持修建。旧址现存督办公署楼（______大楼），是清末、民国延边最高行政机关所在地，见证了近现代中国的百年沧桑。

A．东　　B．西　　C．南　　D．北

178. 豫园位于上海老城厢东北部，明嘉靖年间创建，由造园名家张南阳设计，人称“奇秀甲于东南”。园中______是清咸丰三年（1853年）上海小刀会起义军的指挥所。

A．三穗堂　　B．万花楼　　C．会景楼　　D．点春堂

179. 宋代花石纲遗物、位居江南三大名石之冠的“玉玲珑”，现存于______中，高约3米，孔多如蜂巢，可现“百孔淌泉，百孔冒烟”奇观。

A．上海豫园　　B．苏州拙政园　　C．无锡寄畅园　　D．扬州个园

180. 上海龙华塔相传始建于三国吴时期，北宋太平兴国三年（978年）重建，为砖木结构楼阁式塔，______级八角，通高41米。该塔营建一反“古塔无基”传统，科学使用堂木桩基，此做法为全国首例。

A．五　　B．七　　C．九　　D．十一

181. 嘉定孔庙由嘉定县第一任知县高衎孙于南宋宁宗______年间创建，称文宣王庙，历史上重修、增建、重建达70余次，“规制崇宏，甲于他邑”，有“吴中第一”之称。

A．庆元　　B．嘉泰　　C．开禧　　D．嘉定

182. 云岩寺塔位于江苏苏州虎丘山上，为八角七级楼阁式砖塔，通高48米，内部为套筒式回廊结构，楼梯采用木制浮搁活动梯。1956年维修加固时发现一石函，内贮经匣，显示此塔落成的准确年代是______，为现存八角形楼阁式塔中年代最早的。自明代起向西北倾斜，目前塔顶中心偏离底层中心2.3米，斜度2° 40′，被称为“东方比萨斜塔”。

A．五代后周显德六年（959年）

B．五代后周显德七年（960年）、北宋建隆元年（960年）

C．北宋建隆二年（961年）

D．北宋建隆三年（962年）

183. 拙政园是苏州园林中规模最大的一座，初为三国吴郁林太守陆绩、唐代诗人陆龟蒙住宅，明正德年间御史王献臣改建宅园，取晋代潘岳《闲居赋》中“拙者之为政也”之意命名，由______参与设计，现分东、中、西三部分，庭院错落，以水见长，林木绝胜，为江南园林的代表。

A．沈周　　B．祝允明　　C．文徵明　　D．唐寅

184. ______位于苏州阊门外，始建于明万历年间，以建筑布置精巧、奇石众多而知名，“不出城郭而获山林之趣”，与北京颐和园、承德避暑山庄、苏州拙政园并称为中国四大名园。

A．留园　　B．网师园　　C．环秀山庄　　D．沧浪亭

185. 江南最大的太湖石“冠云峰”位于苏州______中，高约 5.7 米，因其形又名观音峰，相传为北宋花石纲遗物。

A．拙政园　　B．耦园　　C．艺园　　D．留园

186. 苏州文庙于北宋仁宗景祐二年（1035 年）由知州______创建，布局为东庙西学两轴并列，有“江南学府之冠”之誉。庙内石刻颇多，以《平江图》《天文图》《地理图》《帝王绍运图》四大宋碑最为知名。

A．吕蒙正　　B．范仲淹　　C．司马光　　D．苏东坡

187. 苏州玄妙观相传始建于晋，元代改现名。正殿三清殿重建于南宋淳熙六年（1179 年），面阔九间（46.1 米），进深______间（25.55 米），是江南地区现存规模最大的古代木构建筑。殿内供奉高 17 米的三清（元始天尊、灵宝天尊和道德天尊）塑像，为宋代雕塑上佳之作。

A．五　　B．六　　C．七　　D．八

188. 南京城墙建于元至正二十六年（1366 年）至明洪武十九年（1386 年），原宫城、皇城、外郭城已毁，仅剩京城（内城）城垣。城垣周长 35.3 千米（现存 25.1 千米），城门 13 座，以______（现称中华门）最大，是世界最长、保存原真性较好的古代城垣。

A．聚宝门　　B．通济门　　C．钟阜门　　D．神策门

189. 北京颐和园内的谐趣园、圆明园内的廓然大公（双鹤斋）均仿______而建。______为江南名园，明正德年间南京兵部尚书秦金（北宋词人秦观后裔）始建，以山池为中心，巧于因借，混合自然，园名取东晋王羲之《答许椽》诗意。清康熙、乾隆帝前后 10 次巡游江南，都曾到此园游览。

A．苏州环秀山庄　　B．扬州何园　　C．无锡寄畅园　　D．吴江退思园

190. 江苏扬州个园原为清初画家石涛故居寿芝园旧址，嘉庆年间由盐商黄应泰修建为住宅花园，以竹山著称，因竹叶形如“个”字而得名。融造园法则与山水画理于一体，假山采用分峰用石的手法象征春夏秋冬，别具一格。其中春季宜“______”。

A. 游　B. 看　C. 登　D. 居

191. 扬州何园又名寄啸山庄，原系清乾隆时双槐园旧址，因______年间道台何芷舠扩建得名，最大特点是充分发挥廊道功能，体现中国园林回环变化之美、四通八达之妙，有“晚清第一园”之誉。

A. 咸丰　B. 同治　C. 光绪　D. 宣统

192. 南通博物苑建于清光绪三十年十二月九日（1905 年 1 月 14 日），是中国人独立创办的第一座公共博物馆，创办人为著名实业家、晚期状元张謇。由中、南、北三馆及谦亭、国秀亭、相禽阁、藤东水榭、花竹子安馆等组成。建苑初期，藏品分天产、历史、美术、教育四部。______年编印《南通博物苑品目》，共收录文物、标本 2973 号。

A. 1914　B. 1915　C. 1916　D. 1917

193. 南京栖霞寺是佛教______宗的祖庭，始建于南朝齐武帝永明七年（489 年），寺中舍利塔为八角五级密檐式石塔，造型典雅秀美，雕刻细腻精湛，为唐宋之际江南石刻艺术杰作。

A. 天台　B. 华严　C. 唯识　D. 三论

194. 瑞光塔位于苏州______内，始建于三国吴赤乌年间，北宋大中祥符二年（1009 年）重建，宣和年间重修，为八角七级楼阁式砖木混合结构，相传塔上屡放五色祥光。1978 年在塔心发现五代手书经卷、北宋木版经卷和真珠舍利宝幢。

A. 娄门　B. 阊门　C. 胥门　D. 盘门

195. 江苏______彩衣堂始建于明代，清道光年间转归大学士翁心存。梁、枋、柱、檩等木构件表面均绘彩画，绘图技法属“上五彩”，是江南地区现存最完整的明代包袱建筑彩画。翁同龢（心存子，晚清状元、两代帝师）在此渡过青少年时光。

A. 常熟　B. 昆山　C. 太仓　D. 江阴

196. 盂城驿位于江苏高邮南门外，设立于明______年间，面积 1.6 万平方米，遗存驿舍、驿丞宅、库房、监房、马神祠、秦邮公馆等，是明代南北二京之间的重要驿站，也是国内现存规模最大、保存最完好的古代驿站。

A．洪武　　B．永乐　　C．宣德　　D．成化

197. 徐霞客是我国古代杰出的旅行家和地理学家，其故居位于江苏______，存有《晴山堂石刻》76 块，是徐霞客搜集整理、请名工巧匠镌刻的书法瑰宝。

A．金坛　　B．武进　　C．江阴　　D．丹阳

198. 退思园位于江南名镇吴江同里，始建于清光绪年间，园主伍兰生罢官归里，取______中“进思尽忠，退思补过”之意命名。

A.《春秋》　　B.《尚书》　　C.《国语》　　D.《左传》

199. ______位于苏州吴中长桥镇，横卧在澹台湖和运河之间，始建于唐元和十二年（816 年），明正统十一年（1446 年）重建，全长 316.8 米，以 53 个桥洞构成一个大连环，是国内现存孔数最多的连拱石桥。

A．宝带桥　　B．玉带桥　　C．锦带桥　　D．绣带桥

200. 江苏宿迁龙王庙行宫原名安澜龙王庙，为清代帝王南巡途中的行宫，乾隆皇帝曾______次宿顿于此。宫前建有御马路、御码头。

A．三　　B．四　　C．五　　D．六

201. 洪泽湖大堤北起淮安市淮阴区码头镇，南至洪泽县蒋坝镇，古称捍淮堰，始建于______时期，后代维修、增筑，是中国水利史上的杰作，被称为“水上长城”。现存石工墙以周桥越堤、乾隆信坝和蒋坝石工尾为典型，并存清康熙四十年（1701 年）铸镇水铁牛五只及部分石刻。

A．西汉　　B．东汉　　C．三国　　D．西晋

202. 无锡泰伯庙、墓始建于东汉桓帝______年间，由吴郡太守糜豹奉诏修建，为江南最古老的祠庙、陵墓之一，现存明清建筑。泰伯是周太王古公亶父长子，因父欲立幼子季历，便与二弟仲雍奔江南梅里，被拥为君长，自号“句吴”。孔子称其“至德”，司马迁《史记》列为“世家”第一。季历之子姬昌，后来建立周朝（文王）。

A．建和　　B．和平　　C．元嘉　　D．永兴

203. 沧浪亭为苏州现存历史最久的园林，始建于唐末五代，北宋庆历五年（1045年）诗人苏舜钦傍水建亭，以“沧浪濯缨”典故命名。布局开畅自然，巧于因借，富山林野趣。园内花窗108式，别具特色。______所作《沧浪亭记》中有“形骸既适则神不烦，观听无邪则道以明”的名句。

A. 苏舜钦　B. 胡理　C. 欧阳修　D. 归有光

204. 苏州吴中紫金庵始建于南朝梁、陈，经多次兴废重建，大殿两侧十六尊罗汉像为______初年雕塑家雷潮夫妇力作，生动传神，被誉为“天下罗汉二堂半”之一堂（另：济南长清灵岩寺的一堂、苏州吴中甪直保圣寺的半堂）。

A. 五代　B. 北宋　C. 南宋　D. 元代

205. 苏州______建于元至正十一年（1351年），由水陆城门、瓮城和两侧城墙组成，是国内现存最典型、完整的水陆并列古城门。

A. 胥门　B. 盘门　C. 阊门　D. 娄门

206. ______是苏州四大名园之一，建于元至正二年（1342年），后世屡有整修，山水园林融合文人写意、禅宗教义，尤以奇峰兀石闻名，有“假山王国”之誉。

A. 环秀山庄　B. 耦园　C. 狮子林　D. 艺圃

207. 南京瞻园始建于明朝初年，是江南四大名园之一（另：苏州拙政园、留园、无锡寄畅园），有欧阳修诗“瞻望玉堂，如在天上”之意，原为明朝开国功臣______府第的“西圃”，清代为江宁布政使衙署，太平天国时期为东王杨秀清王府。

A. 中山王徐达　B. 开平王常遇春　C. 岐阳王李文忠　D. 东瓯王汤和

208. 无锡东林书院始建于北宋政和元年（1111年），杨时曾在此讲学，明代拆毁、重修，是江南理学传习中心、明代东林学派发源地。名联“风声雨声读书声声声入耳，家事国事天下事事事关心”为东林党领袖______所作。

A. 顾宪成　B. 高攀龙　C. 安希范　D. 薛敷教

209. 常熟脉望馆为明______年间赵用贤、赵琦美父子的藏书楼，与毛晋的汲古阁、钱谦益的绛云楼齐名，藏书达5000余种，多秘本、善本，曾藏《古今杂剧》242种，是研究古代戏曲史的重要资料。

A. 宣德　B. 成化　C. 万历　D. 崇祯

210. ______瘦西湖因独具清瘦秀丽的特质而得名，湖上造园历史悠久，唐代诗人杜牧有“二十四桥明月夜，玉人何处教吹箫”的名句，至清代为迎接康乾两位帝王南巡，大规模营建，形成移步换景、相互因借的园林群，有“两堤花柳全依水，一路楼台直到山”之誉。

A．江苏扬州　　B．浙江杭州　　C．福建福州　　D．广东惠州

211. 扬州莲花桥建于清______年间，桥身十五拱洞，桥上五亭，中心一亭重檐攒尖顶，四角各亭单檐攒尖顶，亭间有廊相连，桥、亭完美结合，有“最秀美的桥”之说。

A．顺治　　B．康熙　　C．雍正　　D．乾隆

212. 扬州大明寺始建于南朝宋孝武帝大明年间，唐代高僧鉴真曾为该寺住持，后世屡有修建，分中、东、西三路，东路建有鉴真纪念堂，西路平山堂为北宋文学家______任扬州太守时所建，取（江南）“远山来与此堂平”之意。

A．王禹偁　　B．欧阳修　　C．王安石　　D．苏轼

213. 七桥瓮始建于明正统五年（1440 年），横跨外秦淮河上，是南京东南的门户。全长 89.6 米，宽 13 米，桥身酷似弯弓，用花岗岩掺合灰浆、秫米砌成，有______个梭船形桥墩，桥拱上方两翼各雕塑 16 只螭首。

A．5　　B．6　　C．7　　D．8

214. 江苏宜兴周王庙始建于西晋元康九年（299 年），为纪念晋平西将军（改恶从善、射南山虎、斩长桥蛟）周处的专祠，原名周孝侯庙，南宋______年间赠庙额曰“英烈”，加封“武惠正应王”，称周王庙，后历代均有修建。大殿东西两侧倚围墙建有碑廊，有唐代以来碑刻百余方。

A．建炎　　B．绍兴　　C．隆兴　　D．乾道

215. 江苏太仓浏河天妃宫始建于北宋宣和五年（1123 年），后世有郑和、林则徐等主持修缮，见证了元明大规模海运漕粮、郑和下西洋等重大历史事件，现存后殿楼、配殿、廊庑等建筑。郑和在此立“通番事迹碑”，记述______下西洋历史。

A．四　　B．五　　C．六　　D．七

216. 南京朝天宫是江南地区现存等级最高、规模最大、保存最完整的明清官式建筑群，有“金陵第一胜迹”之誉。朝天宫之名，由______下诏御赐。

A. 明太祖朱元璋　　B. 明建文帝朱允炆

C. 明成祖朱棣　　D. 明仁宗朱高炽

217. ______设自元代，清顺治三年（1646年）建织造局，康熙十三年（1674年）改为织造衙门，亦称织造府或织造署，旧址现存头门、仪门、行宫遗址等，是江南三织造中保留遗迹最多的一处。园中太湖石奇峰——瑞云峰为北宋花石纲遗物，有“妍巧甲于江南”之誉。

A. 江宁织造署　　B. 苏州织造署　　C. 杭州织造署

218. 吴江先蚕祠俗称蚕花殿，清______年间由当地丝绸业公建，是祭祀蚕神公祠，兼为丝业公所办公、议事之地。正殿内除供奉嫘祖外，还祭祀轩辕黄帝和神农炎帝。

A. 道光　　B. 咸丰　　C. 同治　　D. 光绪

219. 学政试院位于江苏省泰州市海陵区府前路，是清代扬州府所属______县童生院试的场所，又称扬郡试院。据文献记载，共有101任学政在这里主持过358场以上的院试。

A. 五　　B. 六　　C. 七　　D. 八

220. 江苏如皋公立简易师范学堂，由沙元炳于清光绪______创办，是我国第一所独立设置的公立师范学校，被誉为“中国师范教育的活化石”。初建时为中、东、西三路四进，现存中、东两路。

A. 二十七年（1901年）　　B. 二十八年（1902年）

C. 二十九年（1903年）　　D. 三十年（1904年）

221. 江苏常熟言子祠始建于南宋宁宗______年间，后代迁建、重修，现存明清建筑。言子，字子游，相传是孔子弟子中唯一的南方人，用所学文学和礼乐启迪东南文化，后世称其为“南方夫子”。

A. 庆元　　B. 嘉泰　　C. 开禧　　D. 嘉定

222. ______是我国东南沿海四大清真名寺之一，南宋德祐元年（1275 年）由名贤普哈丁创建，明清重修，对于研究海上丝绸之路文化遗存、伊斯兰教建筑中国化等具有重要价值。

A．江苏扬州仙鹤寺　B．浙江杭州凤凰寺
C．福建泉州清净寺　D．广东广州怀圣寺

223. ______始建于明洪武十五年（1382 年），是中国古代都城中独立设置钟鼓楼最早的实例，现存城台基座为明初原物，城台面阔 43.8 米，进深 22.5 米，中央设拱券三道。城台上部城楼为清代重建之碑楼，藏有康熙帝手书劝诫碑。

A．北京鼓楼　B．南京鼓楼　C．开封鼓楼　D．西安鼓楼

224. ______位于南京市东郊，始建于南朝梁武帝天监十三年（514 年），初名开善寺，明太祖朱元璋赐现名，并封其为“天下第一禅林”，寺内有国内现存规模最大的砖砌拱券结构无梁殿。

A．栖霞寺　B．定林寺　C．鸡鸣寺　D．灵谷寺

225. 寒山寺位于苏州市姑苏区，始建于南朝梁天监年间，初名妙利普明塔院，唐代高僧寒山、希迁创建寒山寺，后世屡建。唐代诗人______在《枫桥夜泊》中吟“姑苏城外寒山寺，夜半钟声到客船”，留下无穷意味。

A．贺知章　B．张继　C．刘长卿　D．皇甫冉

226. 六和塔位于浙江杭州钱塘江北岸月轮山上，北宋开宝三年（970 年）吴越王钱弘俶为镇江潮而建，名取佛教“六和敬”之义，现存砖构塔身系南宋重建。塔内部砖石结构分七层，外部木结构为八面十三层，清乾隆帝曾为每层题字，其中第七层为“______”。

A．谛俱融　B．明净域　C．天宝纲　D．宝庄严

227. ______位于浙江宁波灵山中，现存大雄宝殿（无梁殿）重建于北宋大中祥符六年（1013 年），是长江以南最古老、保存最完整的木结构建筑之一。

A．保国寺　B．护国寺　C．佑国寺　D．兴国寺

228. 宁波______创建于明嘉靖年间，由退隐的兵部右侍郎范钦主持建造，为两层硬山顶重楼式砖木结构建筑，是国内现存最古老的私家藏书楼。清乾隆年间开四库全书馆，诏各省进呈书籍，范氏后裔范懋柱进书 638 部，为当时藏书家之冠。

A．文宗阁　　B．文津阁　　C．天一阁　　D．文溯阁

229. 它山堰位于宁波鄞江上，是阻咸引淡的渠首工程，由唐______宗时县令王元玮主持修建，全长 113.7 米，宽 4.8 米，高 27 米，用巨大条石砌成，堰坡左右有石级，与都江堰、郑国渠、灵渠并称为中国古代四大水利工程。

A．敬　　B．文　　C．武　　D．宣

230. 浙江______胡庆余堂始建于清同治十三年（1874 年），是著名商人胡雪岩创办的国药店，与北京同仁堂并列为南北两家国药老店。现存建筑两进，一进营业，二进制药。建筑木构件选用银杏、樟木，百余年来保存完好。临近街区有胡雪岩故居。

A．杭州　　B．宁波　　C．湖州　　D．嘉兴

231. 浙江东阳卢宅为江南久负盛名的明清古建筑群，肃雍堂是卢氏大族的公共厅堂，以______进院落成工字形布局，纵深 320 米，为国内现存民居之最。

A．七　　B．八　　C．九　　D．十

232. 浙江______飞英塔创建于唐，重建于宋，由内、外塔组成。内为石塔，外为砖木结构，形成塔中塔的奇观。塔名取“舍利飞轮，英光普现”之义。

A．杭州　　B．绍兴　　C．衢州　　D．湖州

233. 孔氏南宗家庙位于浙江衢州，南宋建炎初年，孔子第______世孙、袭封衍圣公孔端友率族人随高宗赵构南渡后奉诏而建，是仅次于曲阜孔庙的孔氏及儒学中心，被称为“东南阙里”。

A．四十六　　B．四十七　　C．四十八　　D．四十九

234. ______始建于五代后晋天福二年（937 年），现存大殿于元延祐四年（1317 年）重建，为江南元代建筑珍品。

A．江苏昆山延福寺　　B．浙江武义延福寺

C．福建南安延福寺　　D．广东汕头延福寺

235. 诸葛村民居位于浙江省兰溪市诸葛镇，是三国名臣诸葛亮后裔的聚居地。南宋末年，诸葛亮第______世孙迁徙于此，至明清两代兴建了 30 余座厅堂及大批居住建筑，形成“九宫八卦阵”的村落布局。

A．二十四 B．二十五 C．二十六 D．二十七

236. 浙江瑞安玉海楼是东南著名藏书楼之一，清光绪十四年（1888 年）由太仆寺卿孙衣言创建，因慕______著名学者王应麟博览群书，遂以其巨著《玉海》为楼名，其子孙诒让为清末朴学大师，在此潜心著述三十年。

A．唐代 B．五代 C．北宋 D．南宋

237. 浙江义乌古月桥建于南宋宁宗______年间，横跨龙溪上，全长 31.2 米，其石拱形式与《清明上河图》中的虹桥相似，是研究古代石拱桥的重要实物。

A．庆元 B．嘉泰 C．开禧 D．嘉定

238. 义乌黄山八面厅始建于清嘉庆元年（1796 年），建筑用材硕大，雕刻工艺精湛，布局章法得当，为______木雕顶峰时期的杰出代表。

A．龙眼 B．黄杨 C．东阳 D．金漆

239. 国清寺是我国第一个佛教宗派______的发源地，由高僧智觊创建于隋开皇十八年（598 年）。唐代高僧鉴真东渡日本前，曾朝拜国清寺，将大量经典带到日本。日本高僧最澄曾到国清寺取经，回国后仿建延历寺，并把茶叶引种到日本。

A．华严宗 B．天台宗（法华宗）

C．法相宗 D．净土宗

240. ______修建于明天启五年（1625 年），由木拱架和廊屋组成，全长 28.2 米，净跨 19.5 米，是迄今有确切纪年寿命最长的木拱桥。

A．浙江泰顺泗溪北涧桥 B．浙江庆元如龙桥

C．福建屏南清晏桥 D．湖南通道普济桥

241. 浙江丽水通济堰建于南朝______时期，由拱形大坝、通济闸、石函、叶穴、渠道及湖塘等组成，是以引灌为主、蓄泄兼备的水利工程。

A．宋 B．齐 C．梁 D．陈

242. 杭州凤凰寺是我国东南四大清真古寺之一，寺内大殿建于______，由三个穹隆顶相连成长方形无梁殿顶，外观作成三个攒尖顶，是中西建筑文化融合的杰出作品。
A．北宋　B．南宋　C．元代　D．明代

243. ______位于杭州西湖孤山南麓，建于清乾隆四十九年（1784年），是为珍藏《四库全书》而建的七大藏书阁之一，也是南三阁（扬州、镇江、杭州）中唯一幸存的一座。
A．文渊阁　B．文汇阁　C．文宗阁　D．文澜阁

244. 浙江绍兴八字桥地处三河交汇之地，“两桥相对而斜，状如八字”，始建于南宋______年间，为我国早期简支梁桥的孤例。
A．绍熙　B．庆元　C．嘉泰　D．开禧

245. 绍兴吕府为明嘉靖年间礼部尚书吕本府第，共有______座厅堂，是江南地区现存规模最大的明代官式做法住宅群，正厅永恩堂为江南现存最大的厅堂。
A．九　B．十一　C．十三　D．十五

246. 浙江浦江郑义门融古代建筑、儒学思想与传统民俗于一体，以孝、义闻名，历宋、元、明三朝，事迹载刊正史，______代时被旌为“江南第一家”。
A．宋　B．元　C．明　D．清

247. 浙江海宁盐官海塘位于钱塘江北岸，为条石海塘，现长1100米，是我国古代著名水利工程，尚存天风海涛亭、占鳌塔、中山亭、镇海塘铁牛等。海神庙始建于清雍正七年（1729年），为江南地区最大的敕建官式建筑遗存。海宁的钱江潮以雄壮著称，宋代文学家苏轼词咏“八月______潮，壮观天下无”。
A．十五　B．十六　C．十七　D．十八

248. ______藏书楼位于湖州市南浔镇，1920年建，因清逊帝溥仪所赠金匾而得名，为平面呈回字形的二层楼房，是国内现存规模最宏大、功能最齐全的私家藏书楼。
A．适园　B．小莲庄　C．嘉应庙　D．嘉业堂

249. ______是国内现存时代最早的石牌坊，建于南宋至元代。
A．浙江宁波庙沟后、横省石牌坊　B．浙江乐清南阁牌楼群
C．安徽歙县棠樾牌坊群　D．四川隆昌石牌坊

250. 浙江德清寿昌桥横跨上渚河上，建于南宋______年间，全长 52.3 米，宽 2.9 米，净跨 17.4 米，是江南地区现存拱跨最大的宋代单孔薄拱桥。

A．宝祐　　B．开庆　　C．景定　　D．咸淳

251. 宁波阿育王寺始创于西晋______年间，是国内现存唯一以阿育王命名的千年古刹，寺院依山构筑，以天王殿、大雄宝殿、舍利殿、藏经楼连成中轴线。东、西各有一塔，始建于唐，重建于元。

A．泰始　　B．咸宁　　C．太康　　D．永熙

252. 浙江永嘉芙蓉村古建筑群始建于______，元至正年间重建，现基本沿袭原有格局，平面如芙蓉花（莲花），遗存大量明、清建筑，外围有石筑寨墙，设七门。

A．唐末　　B．五代　　C．北宋　　D．南宋

253. 宁波天童寺创建于西晋永康元年（300 年），明清重建，依山势呈阶梯状布局，建筑规模宏大，文物遗存丰富，为佛教______名刹，有“东南佛国”之称。

A．华严宗　　B．法华宗　　C．禅宗　　D．律宗

254. 绍兴青藤书屋，是明代著名画家______的故居。坐西朝东，三开间，分前、后两室，屋前有天池和青藤。______在绘画上大胆创新，“不求形似求生韵”，为青藤画派始祖。郑板桥曾刻一印云“青藤门下牛马走”。

A．戴进　　B．徐渭　　C．项元汴　　D．陈洪绶

255. 浙江泰顺廊桥数量众多，结构多样，造型各异，现存完好的古桥 19 座，被誉为“廊桥之乡”。以______建造年代最早，始建于宋代，清道光年间重建。

A．三条桥　　B．仙居桥　　C．泗溪上桥　　D．文兴桥

256. 浙江磐安玉山古茶场始建于______，后世重建，包括茶场庙（供奉许逊）、管理用房、茶场三部分，集茶叶生产、交易及茶文化传承于一体。所产“婺州东白”曾为贡品。

A．隋代　　B．唐代　　C．五代　　D．宋代

257. 浙江嵊州崇仁村古建筑群形成于北宋仁宗______年间，后世屡建，为十字骨架街道、方格网状结构，现存老台门、茶亭、染坊、邮局、教堂、店铺等，核心区为清一色古建筑。

A. 庆历　　B. 皇祐　　C. 至和　　D. 嘉祐

258. 法雨寺是普陀山三大寺之一，始建于明万历年间，清______帝时重建并赐“天华法雨”匾额，全寺依山取势，分列六层台基上。观音殿内九龙藻井系从南京明故宫拆迁而来，为普陀山三宝之一。

A. 顺治　　B. 康熙　　C. 雍正　　D. 乾隆

259. ______始建于明崇祯四年（1631 年），清光绪年间重建，全长 92 米，为纵联分节并列砌筑的三孔联拱桥，是京杭大运河南至杭州的标志。

A. 长虹桥　　B. 忠义桥　　C. 广济桥　　D. 拱宸桥

260. 绍兴兰亭，相传春秋时期越王勾践曾在此植兰，汉代设驿亭，故名兰亭。东晋永和九年（353 年）______，会稽内史王羲之邀集谢安、孙绰等 41 位文人贤士在兰亭修禊，临流泛觞，赋诗抒怀，写下被誉为“天下第一行书”的《兰亭序》。现存流觞亭、御碑亭、王右军祠、兰亭碑亭等古建筑和历代碑刻。

A. 二月初二　　B. 三月初三　　C. 四月初四　　D. 五月初五

261. 泰顺土楼多建于清至民国，为外部夯土合围、内部木构的建筑，在选址、布局、用材、构造等方面具有乡土特色，以______为典型代表。

A. 上交垟土楼　　B. 茂竹园下洋寨土楼

C. 双路土楼　　D. 东溪土楼

262. 浙江______始建于五代，宋代曾大修，为八面九级楼阁式实心砖塔，高 22.5 米，塔身每面中部设有壸门，塔顶为相轮式塔刹，在江南地区较为罕见。

A. 绍兴大善寺塔　B. 义乌大安寺塔　C. 丽水灵鹫寺塔　D. 安吉灵芝塔

263. 浙江椒江（旧称海门）戚继光祠，原是明______年间戚继光任台金严参将时的水师驻地之一，海门人民为纪念戚继光抗倭功绩建祠。祠内钟楼悬挂的南宋庆善寺铜钟，是用作抗倭报警的传世文物，重六千斤，铭文万余字。

A. 弘治　　B. 正德　　C. 嘉靖　　D. 隆庆

264. ______是我国现存最古老的蓄水灌溉工程，又名安丰塘，由春秋时期楚国令尹孙叔敖主持兴建，历代修治，至今仍发挥着灌溉效益。

A．安徽寿县芍陂　　B．福建莆田木兰陂

C．福建仙游官杜陂　　D．江西泰和槎滩陂

265. 广教寺双塔位于安徽宣城敬亭山南麓，形制为方形平面、直井式塔心室，是现存______双塔的孤例，也是可登临的此类双塔的最早实例。塔内嵌有苏轼楷书《观自在菩萨如意轮陀罗尼经》石刻。唐代李白诗云“相看两不厌，只有敬亭山”。

A．隋代　　B．唐代　　C．五代　　D．宋代

266. 安徽歙县许国石坊立于明______年间，四面八柱，呈口字形，俗称“八脚牌楼”，形制独一无二，雕刻精致生动。坊上文字出自著名书画家董其昌。

A．嘉靖　　B．隆庆　　C．万历　　D．天启

267. 歙县棠樾村村口依次排列______座明清时期石牌坊，是研究古代牌坊建筑、封建宗法制度、徽州民俗的重要实例。

A．七　　B．八　　C．九　　D．十

268. 安徽亳州古地道相传初为汉末曹操连通城内外的地下运兵道，现存大部分为______代重修，已发现 4000 余米，以大隅首为中心，向四面延伸。

A．隋　　B．唐　　C．宋　　D．元

269. 亳州花戏楼为大关帝庙（山陕会馆）戏台，始建于清______年间，砖雕、木雕、彩绘以地方戏曲折子戏为主要内容，计有《长坂坡》《空城计》等古代戏文五十七出。

A．顺治　　B．康熙　　C．雍正　　D．乾隆

270. 安徽______白崖寨始建于元末，寨墙由大块方石砌成，高 1～4 米、宽 1 米，长约 10 华里，蜿蜒盘旋于五峰之间，巍峨壮观，被誉为“南国小长城”。元末，朱元璋曾在此练兵；明末，史可法曾在此据守。1932 年，红 27 军在此成立。

A．怀宁　　B．东至　　C．望江　　D．宿松

271. 安徽徽州呈坎村古建筑群选址于“山水环绕，五星朝拱”之地，规划体现“枕山、环水、面屏”的堪舆理论，构成与自然相融的人居环境，至今保存着______代布局和街道、水系。自唐代以来，高官、隐士、巨贾、作家、制墨家、书画家频出。

A．宋　　B．元　　C．明　　D．清

272. 安徽黟县宏村始建于南宋绍兴年间，现有明、清建筑103幢，引自然山水入村内，以“______”的形态布置村内水系，是其典型特色。

A．马　　B．牛　　C．羊　　D．鱼

273. 黟县西递村以胡氏宗族血缘为纽带、聚族而居。始建于______，盛于明清，村西有古代驿站。村中街巷沿溪而设，巷道、溪流、建筑布局相宜，木雕、石雕、砖雕丰富多彩，与宏村同为皖南古村落代表（2000年列入世界文化遗产名录）。

A．隋代　　B．唐代　　C．宋代　　D．元代

274. 寿县古城位于淮河南岸、八公山下，历来为兵家必争之地。现存城墙建于北宋熙宁至南宋嘉定年间，为战国楚都寿春城西北角部分，周长7417米，兼具防洪功能。北宋文学家______曾赋诗《寿阳城晚眺》（“楚山重叠矗淮渍”）。

A．文同　　B．曾巩　　C．王安石　　D．苏轼

275. 安徽蒙城万佛塔修建于北宋崇宁______，因塔身内外嵌砌近万尊琉璃小佛而得名，为八角十三级楼阁式砖塔，通高42.6米，是我国南北方造塔技术融合的作品。

A．元年（1102年）　　B．二年（1103年）

C．三年（1104年）　　D．四年（1105年）

276. 祁门古戏台多为徽州祠堂建筑的组成部分，现存11处，分布于新安乡和闪里镇，以布局之工、结构之巧、装饰之美、营造之精称奇。其中，______戏台建于明万历十五年（1587年），背山面水，柱身为黑色，隔扇、月梁等为朱色，含有外来文化色彩。

A．会源堂　　B．述伦堂　　C．馀庆堂　　D．敦典堂

277. 安徽______古建筑群始建于宋代，现存清代建筑，村平面似船形，河岸和道路均以石块砌筑，河上架设石桥十余座，建筑以家庙、住宅、书院为主，木雕、石雕、砖雕精美。

A．歙县许村　　B．黟县南屏村　　C．旌德江村　　D．泾县黄田村

278. 黄山登山古道初建于______，形成于明清，发展于民国，完善于当代。以天海为中心，分为东、西、南、北四条主干道，辅以支道连接，形成贯通各点的盘道网络。目前，全山磴道总长约 85 千米，有石阶 6.3 万余级。

A．隋代　B．唐代　C．五代　D．北宋

279. 安徽青阳九华山______又名地藏寺，为九华山开山祖寺，始建于东晋隆安五年（401 年），后世屡建。唐至德元载（756 年），新罗僧人金乔觉入居。九华山在四大佛教名山中被称为“仙城佛国”。

A．化城寺　B．祇园寺　C．甘露寺　D．月身殿

280. ______原名谪仙楼，唐元和年间为纪念大诗人李白而建，挹长江，枕翠螺，有“风月江天贮一楼”之称。传说诗仙李白常在此饮酒赋诗，最终醉酒捞月，乘鲸飞天，化为神仙。

A．江苏溧阳太白楼　B．安徽马鞍山太白楼

C．山东济宁太白楼　D．四川江油太白楼

281. 福建晋江______是国内现存最长的古代连梁式石板平桥，始建于南宋绍兴八年（1138 年），历时十四年告成，桥长五里，有“天下无桥长此桥”之誉。桥上筑水心亭、中亭、官亭、雨亭、楼亭等，桥头建有六角五级空心白塔一座。

A．永通桥　B．安平桥　C．平安桥　D．广济桥

282. 国内现存建造年代最早的清真寺是______，始建于北宋大中祥符二年（1009 年），后代重修，现存门楼、奉天坛、明善堂等。

A．北京牛街礼拜寺　B．山西太原清真古寺

C．福建泉州清净寺　D．新疆喀什艾提尕尔清真寺

283. 我国长江以南现存最早的木结构寺殿建筑是______，建于北宋乾德二年（964 年），保留晚唐五代営造特点。

A．江苏苏州玄妙观三清殿　B．浙江宁波保国寺大雄宝殿

C．福建福州华林寺大殿　D．福建泉州开元寺大雄宝殿

284. ______创建于唐垂拱二年（686 年），寺内有宋代大石塔一对，东名镇国塔，高 48.2 米，西名仁寿塔，高 44.1 米，均为五级八角楼阁式建筑，雕刻精致，雄伟壮丽，为国内现存最高大的一对石塔。

A. 河北邢台开元寺　　B. 福建泉州开元寺
C. 山东济南开元寺　　D. 广东潮州开元寺

285. 木兰陂位于福建莆田木兰溪与兴化湾海潮汇流处，建于______，为我国五大古陂之一，分陂首枢纽、渠系和沿海堤防三部分，是集引、蓄、灌、排、挡等功能于一体的大型水利工程，至今仍保存完整并发挥水利效用。

A. 隋代　　B. 唐代　　C. 五代　　D. 北宋

286. 福建惠安崇武城建于明洪武年间，后多次增修，城墙用花岗岩石砌筑，周长 2567 米。隆庆年间，抗倭名将______曾在此督师操练。

A. 戚继光　　B. 俞大猷　　C. 胡宗宪　　D. 卢镗

287. 泉州洛阳桥始建于北宋皇祐五年（1053 年），历六年修成，原名万安桥，是国内现存最早的跨海梁式大石桥，也是世界桥梁“筏型”基础的开端，由时任泉州太守______主持修建并题记。

A. 高惠连　　B. 蔡襄　　C. 陆藻　　D. 赵思诚

288. 福建泰宁尚书第为明天启年间______部尚书李春烨的住宅，又称五福堂，院落五幢并列，每幢皆三进，第二幢“四世一品”门楼最为精致。紧邻其东面的世德堂，为元末明初古建筑精品。

A. 吏　　B. 户　　C. 礼　　D. 兵

289. 莆田是妈祖信仰的发源地。莆田妈祖庙位于湄洲岛宫下村，始建于宋代，后世扩建重修，现存寝殿、正殿、圣父母祠等。妈祖，原名林默，北宋建隆元年（960 年）出生于湄洲岛，雍熙______因救助海难逝世。

A. 元年（984 年）B. 二年（985 年）　C. 三年（986 年）　D. 四年（987 年）

290. ______始建于南宋庆元二年（1196 年），是我国东南沿海现存规模最大的一座妈祖庙，有“温陵天后祖庙”之称。明永乐十三年（1415 年）经郑和奏请重修，此后从泉州海上出使南洋诸国的使节，皆至该庙祭告祈祷。清康熙十九年（1680 年）庙号由“天妃”晋为“天后”。

A. 福建莆田湄洲天后宫　B. 福建泉州天后宫
C. 广东陆丰虎岛天后宫　D. 广东番禺南沙天后宫

291. 福建龙海白礁慈济祖宫建于南宋______年间，为闽台保生大帝吴夲（明成祖追封）庙宇的祖庙，也是台湾同胞寻根谒祖的胜地，与厦门海沧青礁慈济宫合为东西两庙。

A. 建炎　B. 绍兴　C. 隆兴　D. 乾道

292. 福建土楼是一种聚族而居、兼具防御性质的建筑，起源于唐代陈元光开漳时的兵营、城堡和山寨，成熟于明清和民国，以龙岩、漳州地区为众，2008 年列入世界文化遗产名录。______建于清乾隆年间，历时三十年建成，直径 73.4 米，是单元式与通廊式相结合的双环圆形土楼，有“土楼之王”之誉。

A. 华安二宜楼　B. 永定振成楼　C. 南靖怀远楼　D. 平和绳武楼

293. 福建______始建于明洪武二十二年（1389 年），依山而建，木雕、石雕工艺精湛，是台湾众多关帝庙的祖庙。

A. 诏安关帝庙　B. 南靖关帝庙　C. 东山关帝庙　D. 云霄霞港关帝庙

294. 福建仙游天中万寿塔又称青螺塔，北宋仁宗嘉祐四年（1059 年）由端明殿学士______主持重修，高 7.4 米，为石构四角五级实心塔，是国内体型最大的宝箧印经塔实例。塔身所雕男相观音，形象独特。

A. 富弼　B. 文彦博　C. 张方平　D. 蔡襄

295. 福建连城四堡书坊建筑群为明清时期雕版印刷场所，现存林兰堂、翰宝楼、碧清堂、文海阁等______余座，是已知最完整的古代雕版印刷遗存。书坊均以耐火砖砌筑，俗称“风火屋”。

A. 60　B. 70　C. 80　D. 90

296. 连城培田村古建筑群始建于______，鼎盛于清康乾时期，现存 30 座大屋、21 座宗祠、6 所书院、5 个庙观、2 座牌坊、1 条千米古街。民居多由门楼、正厅、后厅组成，木刻、石雕、灰塑、漆画工艺精湛。

A. 北宋　　B. 南宋　　C. 元代　　D. 明代

297. 莆田镇海堤始建于唐______年间，由闽浙观察使裴次元倡建，后世屡有修建，全长 3.4 千米，全部石砌，历经数以千次计的台风、暴雨、海潮、洪水等考验，保障南洋平原鱼米之乡。

A. 元和　　B. 长庆　　C. 宝历　　D. 大和

298. 龙江桥横跨福建福清流龙江出海口上，宋政和三年（1113 年）由乡人、僧人募捐建造，为多跨平梁式石桥，现有______孔，长 476 米，西端桥头左右分立一座六角七级实心镇桥塔。

A. 20　　B. 30　　C. 40　　D. 50

299. 福州三坊七巷历史文化街区以南后街为轴线，三坊在西，七巷在东，保存着大量明清时期民居建筑和庭院园林，有中国都市"里坊制度活化石"之称，历代名人荟萃，其中______故居位于郎官巷。

A. 林则徐　　B. 沈葆桢　　C. 严复　　D. 林觉民

300. 福州马尾罗星塔始建于南宋，明天启______经学者徐勃等倡议，在原塔基上复建，为八角七级楼阁式石塔，通高 30 米。罗星塔作为重要航海标志，被绘入《郑和航海图》。荷兰人称其为"中国塔"，收入《航海针经图册》，成为国际公认的海上航标之一。罗星塔还是中国东南沿海通用的海平线基准线——"罗星塔零点标高"的标志物。2015 年 7 月 10 日，第一届全国青年运动会圣火在此采集。

A. 元年（1621 年）　　B. 二年（1622 年）
C. 三年（1623 年）　　D. 四年（1624 年）

301. 晋江安海龙山寺始建于______，现存清代建筑，主供通高 4.2 米的明代木雕千手千眼观音立像。该寺为鹿港龙山寺、台北艋岬龙山寺等台湾数百座龙山寺的祖庙，是海峡两岸密不可分的历史见证。

A. 南朝　　B. 隋代　　C. 唐代　　D. 五代

302. 福建大田土堡群，包括琵琶堡、芳联堡、安良堡、泰安堡、广崇堂等 5 座土堡，现存年代最早的建于______，其防御为主、居住为辅的功能，墙、屋分离的建筑结构，与福建土楼、广东围龙屋等防住并举的乡土建筑有明显区别。

A．元末　　B．明初　　C．明中期　　D．明末

303. 观音桥原名栖贤桥，位于江西庐山含鄱口下谷，建于______代，单孔石构，在峭壁上倚崖跨涧而造，长 19.4 米，宽 4.3 米，桥上有建桥年代及工匠题刻多处，至今保存完好。

A．唐　　B．宋　　C．元　　D．明

304. 庐山白鹿洞书院始建于五代十国南唐时期，原名“庐山国学”，北宋初年扩建，______御赐《九经》，名扬海内。南宋理学家朱熹制定《白鹿洞书院揭示》，为后世效仿，并传至海外。白鹿洞，因唐穆宗时江州刺史李渤曾在此隐居读书、驯鹿自娱而得名。

A．宋太祖　　B．宋太宗　　C．宋真宗　　D．宋仁宗

305. 江西______与湖南长沙岳麓书院、河南商丘应天书院、河南登封嵩阳书院并称为宋代四大书院，办学历史长久，朱熹、陆九渊、王阳明等曾在此讲学。

A．庐山白鹿洞书院　　B．南昌豫章书院

C．吉安白鹭洲书院　　D．铅山鹅湖书院

306. 赣州城墙始建于南朝梁时期，______始用砖石修筑，现存炮城、马面、弩台等遗迹，具有军事防御和抵御洪水双重功能。

A．北宋　　B．南宋　　C．元代　　D．明代

307. 江西乐安流坑村古建筑群为______氏单姓聚族而居的村落，五代建村，明中叶以后渐次形成七横一竖街巷，族人按宗支分巷分区居住，有“千古第一村”之称。

A．项　　B．祝　　C．梁　　D．董

308. 江西龙南被称为“客家围屋之乡”，其中______建于清嘉庆、道光年间，占地 2.7 公顷，是赣南现存 500 多座客家围屋中面积最大、结构功能最齐全的一处。

A．关西新围　　B．燕翼围　　C．龙江围　　D．永藏围

309. 江西______建于宋治平元年（1064年），为六角九级楼阁式砖塔，通高66.5米，是江南现存最高宋塔。塔内每级设一明一暗双层塔室，室内有佛龛及彩绘藻井。

A. 赣州舍利塔　B. 信丰大圣寺塔　C. 安远无为寺塔　D. 石城宝福院塔

310. 江西宜春袁州谯楼始建于南宋嘉定______，集测时、守时、授时功能为一体，由主台、南观天台、谯楼北观天台及主台上的谯楼组成，是国内现存最早的地方时间天文台。

A. 十二年（1219年）　B. 十三年（1220年）

C. 十四年（1221年）　D. 十五年（1222年）

311. 铅山鹅湖书院原为鹅湖寺，为纪念南宋孝宗淳熙______朱熹、吕祖谦、陆九龄、陆九渊“四贤”在此聚会讲学（史称“鹅湖之会”）而建书院，现存明、清建筑，分布在鹅湖山北麓渐升台地上。

A. 元年（1174年）　B. 二年（1175年）

C. 三年（1176年）　D. 四年（1177年）

312. 江西婺源清华彩虹桥始建于______，长140米，宽3米，桥墩以青石砌筑，平面若船形，迎水面为尖状。桥面木构，上建六亭、五廊，顶覆青瓦，是徽州最古老的廊桥之一。清华村为唐代婺源县治旧址。

A. 北宋　B. 南宋　C. 元代　D. 明代

313. 婺源理坑村古称“理源”，建于北宋末期，居民以______姓为主，自古文风昌盛，现存明清时期官邸、商宅、民居等，砖雕、石雕、木雕精致。

A. 佘　B. 余　C. 俞　D. 虞

314. 青云谱位于南昌梅湖之滨，原为道院，清康熙六年（1667年）由画家八大山人（朱耷）创建，现辟为八大山人纪念馆，收藏《个山小像》《墨荷图》等八大山人作品40余幅。朱耷，明代宁献王朱权______世孙，清初画坛“四僧”之一，擅画山水和花鸟，画风恣纵。

A. 七　B. 八　C. 九　D. 十

315. 江西湖口石钟山位于长江与鄱阳湖交汇处南岸，是进出鄱阳湖、往来长江上下游的锁钥，历代名人访胜，现存丰富的古建筑和诗文石刻，以______《石钟山记》流传扬名。

A．郦道元 B．李渤 C．苏轼 D．袁枚

316. 江西泰和槎滩陂始筑于五代十国______时期，由主坝和副坝构成，长期发挥疏江导流灌溉功能，有“江南都江堰”之称。

A．吴 B．楚 C．吴越 D．南唐

317. 江西玉山三清山现存______至明代的宫、观、府、殿、亭、台、坊、塔、桥、池、泉、井、摩崖题刻等遗迹100余处，主要建筑以三清宫为中心，按《易经》八卦太极图布局。

A．东晋 B．南朝 C．隋代 D．唐代

318. 白鹭洲书院位于江西吉安赣江江心的白鹭洲上，南宋理宗______年间由吉州知军江万里创建，第一任山长为欧阳守道（吉州庐陵人）。文天祥曾在此读书。

A．淳祐 B．宝祐 C．开庆 D．景定

319. 江西安远东生围始建于清______年间，其外墙全砖结构、围内室外全用卵石铺地、实心炮楼等做法，为客家围屋中仅有。

A．雍正 B．乾隆 C．嘉庆 D．道光

320. 福寿沟位于赣州市章贡区，是赣州古城地下砖石排水管沟系统，创建于______，历代修浚更新，集蓄、防、排于一体的设计，体现了中国古城水系经营的智慧。

A．北宋 B．南宋 C．元代 D．明代

321. 江西金溪浒湾书坊建筑群包括大夫第、祠堂、作坊、会馆、漕仓、商行、民居等，多为院落式格局。金溪雕版印刷始于______，因木刻印书闻名，有“临川才子金溪书”之誉，至清代成为全国四大刻书中心（四堡、浒湾、武汉、北京）之一。

A．北宋 B．南宋 C．元代 D．明代

322. 山东长清孝堂山郭氏墓石祠建于______初年，是我国现存最早的地面房屋建筑，面阔4.14米，进深2.18米，高2.64米，屋顶为单檐悬山式，两面坡石板刻出脊背、瓦垄、勾头、椽头、连檐等。内壁线刻神话传说、天文星象、历史故事、出行战争等画像。

A．秦代　　B．西汉　　C．东汉　　D．三国

323. 武氏墓群石刻位于山东______武氏石祠内，祠建于东汉建和元年（147年），现存石阙、石狮各一对，石碑2块，画像石43块，隶书题记千余字。画像内容有历史人物、历史故事、神话传说、车马出行、水陆攻战等，被誉为汉代画像石的代表作。武氏墓地石刻最早著录于北宋欧阳修《集古录》和赵明诚《金石录》，南宋洪适将题字与图像集于《隶释》《隶续》中。

A．汶上　　B．巨野　　C．金乡　　D．嘉祥

324. 我国现存建造年代最早的石塔是______，建于隋大业七年（611年），单层方形阁式，高15.1米，每边宽7.4米，四面各有券门。2002年，被盗流失境外5年的______东向阿閦佛佛首回归故里。

A．北京房山下寺石塔　　B．江苏扬州木兰院石塔
C．山东济南历城四门塔　　D．四川邛崃大悲院石塔

325. 山东曲阜孔庙是祭祀春秋时期思想家孔子（丘）的本庙，又称阙里至圣庙，始建于公元前______年（孔子殁后______年），以其故居为庙，岁时奉祀。西汉以来历代帝王不断给孔子加封谥号，孔庙的规模也越来越大，为全国最大的文庙，也是中国使用时间最长的庙宇。汉高祖十二年（前195年）以太牢祭祀孔子，开皇帝亲祭孔子之先。

A．479　当　　B．478　一　　C．477　二　　D．476　三

326. 曲阜孔府是孔子嫡系子孙居住的地方。宋仁宗至和二年（1055年）封孔子______世孙孔宗愿为“衍圣公”，宋徽宗时封为世袭“衍圣公”，孔府也称“衍圣公府”。现今孔府共九进院落，是国内现存规模最大、保存最好的官衙与宅第合一建筑群。

A．四十五　　B．四十六　　C．四十七　　D．四十八

327. 山东长清灵岩寺创建于十六国前秦永兴年间，后代重建，寺内千佛殿中保存40尊______彩绘泥塑罗汉，神态生动，是我国古代雕塑艺术的杰作，梁启超赞誉为“海内第一名塑”。

A．隋代　　B．唐代　　C．五代　　D．宋代

328. 唐代列为“海内四大名刹”“天下丛林四绝”之首的是______。玄奘曾在寺内翻译经文，唐高宗以来历代皇帝赴泰山封禅，也多到访。

A. 南京（润州）栖霞寺　　B. 天台（台州）国清寺

C. 长清（齐州）灵岩寺　　D. 当阳（荆州）玉泉寺

329. 蓬莱水城位于丹崖山东麓，地处山东半岛最北端，与辽东半岛相望，原为宋代刀鱼寨旧址。明______年间依山形构筑城墙，疏浚小海，操练水师，抵御倭寇。抗倭名将戚继光曾在此镇守。

A. 洪武　　B. 建文　　C. 永乐　　D. 洪熙

330. 蓬莱阁位于丹崖山上，始建于______，后世扩建、重修，素称“人间仙境”，以“八仙过海”传说和“海市蜃楼”奇观享誉海内外。阁上存有历代碑刻 200 多块，著名的有苏轼《海市诗》碑及石刻楹联等。

A. 隋代　　B. 唐代　　C. 五代　　D. 宋代

331. 山东聊城光岳楼始建于明洪武七年（1374 年），由墩台和______层主楼组成，总高 33 米，系我国现存明代楼阁中最大的一座。

A. 2　　B. 3　　C. 4　　D. 5

332. 山东邹城孟庙为祭祀战国时期思想家孟子（轲）之所，始建于______代，现存建筑系清康熙年间重建，五进院落，主体建筑为亚圣殿。元文宗时封孟轲为“亚圣公”。邹城市东北的孟林是孟子及其后裔的墓地。

A. 晋　　B. 隋　　C. 唐　　D. 宋

333. 孟府是孟子后裔居住的宅第，北宋宣和三年（1121 年）迁建于今址，现存院落六进，前为官衙（孟氏世袭翰林院五经博士），后为住宅及花园。大堂檐下正中悬挂清______皇帝手书钦赐孟子第六十五世孙孟衍泰“七篇贻矩”堂匾。“七篇”指《孟子》七篇，即《梁惠王》《公孙丑》《滕文公》《离娄》《万章》《告子》《尽心》。

A. 顺治　　B. 康熙　　C. 雍正　　D. 乾隆

334. 泰安岱庙又名东岳庙，为历代帝王封禅泰山举行大典之地。始建于秦汉，各代均有增修，建筑布局采用帝王宫城的式样。______时创建天贶殿，诏封泰山神为“东岳天齐仁圣大帝”。庙中藏有清乾隆帝所赐“泰山三宝”（温凉玉圭、沉香狮子、黄釉青花葫芦瓶）。泰安岱庙天贶殿与北京故宫太和殿、曲阜孔庙大成殿并称为我国三大宫殿建筑。

A. 汉武帝　B. 隋文帝　C. 唐玄宗　D. 宋真宗

335. 山东栖霞牟氏庄园始建于清______年间，三组六院布局，是北方地区规模最大、保存最为完整的封建地主庄园之一，有“民间小故宫”之称。

A. 康熙　B. 雍正　C. 乾隆　D. 嘉庆

336. ______建于清光绪年间，总面积2.5万平方米，共13个院落，是北方地区现存最大、保存完整的城堡式民居之一。

A. 山西灵石夏门古堡　B. 山东龙口丁氏故宅

C. 山东惠民魏氏庄园　D. 陕西米脂姜氏庄园

337. 颜庙又称复圣庙，位于曲阜陋巷，是祭祀孔子弟子颜回（渊）的祠庙，元泰定三年（1326年）重建，分五进院落。颜回位居孔门七十二贤之首，配祀于孔庙，______时被追封为“兖国复圣公”。《论语·雍也》载：“一箪食，一瓢饮，在陋巷，人不堪其忧，回也不改其乐。”

A. 唐太宗　B. 唐玄宗　C. 宋真宗　D. 元文宗

338. 山东______运河钞关始设于明宣德四年（1429年），宣德十年（1435年）升为户部榷税分司，是明、清两代中央政府督理运河漕运税收的机构，明万历年间税收居全国运河钞关之首（占全国课税额的四分之一），也是目前仅存的一处运河钞关。

A. 临清　B. 聊城　C. 济宁　D. 枣庄

339. 泗水卞桥横跨泗河上，地处古代兖州、曲阜通往临沂的交通要道，始建于______，金大定二十一年（1181年）重修，明代补配部分栏板、望柱，为孔联拱券砌筑，桥身长25米，宽7米，两端各有引桥，桥墩下部为梭形迎水。

A. 初唐　B. 中唐　C. 晚唐　D. 五代

340. 隆兴寺铁塔位于山东聊城运河西岸，是国内为数不多的金属古建筑，始建于______，明成化二年（1466 年）重立，由地宫、塔座、塔身、塔刹四部分组成。地宫为石室，出土石函、银棺、舍利、佛像等；塔座为石砌方形须弥座，束腰四面均有浮雕；塔身平面八角形，用生铁仿木结构分层铸造、叠装而成，现存十二层，高 15.5 米；塔刹为仰莲葫芦宝瓶式。

A. 隋代　　B. 唐代　　C. 五代　　D. 宋代

341. 玉皇顶位于东岳泰山之巅，创建年代不详，明隆庆年间重修，由山门、玉皇殿、迎旭亭、望河亭等组成，为历代帝王燔柴祭天之处。自秦始皇至清代，先后有______位帝王登泰山封禅或祭祀，另有 24 位帝王遣官祭祀 72 次。

A. 12　　B. 13　　C. 14　　D. 15

342. 嘉祥曾庙是祭祀孔子四大弟子之一曾参的庙宇，相传始建于周考王十五年（公元前 426 年），原名忠孝祠，现存明清建筑，分左、中、右三路，五进院落。曾参，春秋末年鲁国南武城（今嘉祥）人，是孔子学说的主要继承人和传播者，______时被封为“宗圣公”。庙内宗圣殿中配祀其弟子子思（孔伋，孔子之孙）和再传弟子孟轲。曾子名言有“慎独”“三省吾身”等。

A. 唐玄宗　　B. 宋徽宗　　C. 宋度宗　　D. 元文宗

343. 曲阜尼山为孔子出生地，五代后周时期兖州太守赵侯在此创建孔庙，后屡有修建，现存明清建筑，前为庙堂，后为书院，各成院落。______时封尼山神为毓圣侯，建祠祭祀。

A. 唐高宗　　B. 宋仁宗　　C. 金章宗　　D. 元顺帝

344. 曲阜周公庙始建于北宋大中祥符元年（1008 年），后世屡有重修、改建。周公，姓姬名旦，周文王姬昌第四子、武王之弟，辅佐武王伐纣，建立周朝，“制礼作乐”，被封于鲁，由长子伯禽就封，都曲阜。周公被后世帝王封为“______”，并为庙、殿名。

A. 元圣　　B. 宗圣　　C. 亚圣　　D. 复圣

345. 山东______汉阙包括皇圣卿阙（2 座）、功曹阙（1 座），分别建于东汉章帝元和三年（86 年）和章和元年（87 年），两阙均为灰青石砌筑，由基座、阙身、阙顶三部分组成，阙顶是我国现存最早的石制屋顶之一，阙身镌刻屋脊、瓦陇、檐椽、斗拱，是早期建筑的重要实物资料。

A. 平邑　　B. 沂水　　C. 蒙阴　　D. 兰陵

346. 兖州金口坝位于运河与泗河交汇处，集交通、灌溉、抗洪、济运、蓄水等功能为一体，始建于北魏宣武帝______年间，由兖州刺史元匡主持筑堰，现长123米，宽10米，坝体用条石砌筑，条石之间以铁件连接，共开五洞，并装置闸门。

A. 景明　　B. 正始　　C. 永平　　D. 延昌

347. 河南登封太室阙建于东汉安帝元初______，是太室山庙前的神道阙，为国内现存最早的庙阙，与少室阙（少室山庙前的神道阙）、启母阙并称“中岳汉三阙”（庙阙完整者，唯嵩山3处）。为二重子母阙形式，分东、西双阙，母阙居里高大，子阙在外低矮，间距6.75米，相对如门。阙高3.92米，阙身刻“中岳太室阳城”六个篆字，另有汉隶和篆隶参半的铭文，记述吕常等人建阙经过。

A. 二年（115年）B. 三年（116年）　C. 四年（117年）　D. 五年（118年）

348. ______为东汉安帝延光二年（123年）颍川太守朱宠等人所建，阙上有小篆铭文，记述大禹治水“三过家门而不入”等事迹。

A. 太室阙　　B. 少室阙　　C. 启母阙　　D. 正阳石阙

349. ______始建于北魏正光元年（520年），是国内最古老的密檐式砖塔。高约37米，十五级，平面为十二边形，是现存古塔中的孤例。

A. 北京天宁寺塔　　B. 山西灵丘觉山寺塔
C. 河南登封嵩岳寺塔　　D. 陕西西安荐福寺塔

350. 河南开封祐国寺塔为宋______宗敕建，是国内现存时代最早、最高大的琉璃塔，八角十三级楼阁式，高55米，塔身用褐色琉璃砖砌成，远望似铁铸，俗称“铁塔”。

A. 真　　B. 仁　　C. 英　　D. 神

351. 佛教传入中国后，在中原地区建立的第一座寺院是______，始建于东汉明帝永平十一年（68年），有中国佛教“祖庭”和“释源”之称。寺中有“白马驮经”入汉朝的高僧摄摩腾、竺法兰墓。

A. 河南洛阳白马寺　　B. 山西五台大孚灵鹫寺
C. 江苏南京栖霞寺　　D. 陕西西安大兴善寺

352. 观星台位于登封告成镇，元世祖至元十三年（1276年）由天文学家郭守敬主持建造，是我国现存最古老的天文观测建筑，由台身和石圭（量天尺）组成，台身为覆斗状，“昼参日影，夜观极星，以正朝夕”；石圭由______方青石接连而成，用来度量日影长短，其方位与今测子午线方向相符。

A. 12　　B. 24　　C. 36　　D. 48

353. 修定寺塔位于河南省安阳县清凉山麓，为唐代______塔中的精品，塔身用5000余块模制图案浮雕砖嵌砌而成。

A. 楼阁式　　B. 密檐式　　C. 覆钵式　　D. 亭式

354. ______始建于清乾隆年间，以戏楼、拜殿和春秋阁等为轴线，布局严谨，规模宏伟，主次分明，多以民间传说和历史故事为建筑装饰，有“中国第一会馆”之称。

A. 山东聊城山陕会馆　　B. 山东泰安山陕会馆
C. 河南社旗山陕会馆　　D. 河南唐河山陕会馆

355. ______曾与洛阳白马寺、登封少林寺、开封相国寺并称为“中原四大名寺”，寺中唐代七祖塔（贞禅师塔）、宋代悬钟阁（悬挂宣和七年铸铁钟）和金代中佛殿并称“三宝”，塔林现存元明清历代砖塔83座。

A. 新乡定国寺　　B. 汝州风穴寺　　C. 信阳灵山寺　　D. 南阳水帘寺

356. 少林寺位于河南登封中岳嵩山西麓，面对少室山，背依五乳峰，创建于北魏孝文帝太和十九年（495年），兴隆于唐、明两朝，是佛教______宗的祖庭、少林武术的发源地。寺内明代五百罗汉壁画、清代少林寺拳谱、少林寺十三和尚救秦王壁画、少林拳站桩坑和古树名木等，具有重要价值。北魏孝昌三年（527年）印度僧人菩提达摩首创______宗，后分为南北两支。宋代建初祖庵纪念达摩。

A. 法相　　B. 华严　　C. 律　　D. 禅

357. 我国现存规模最大的塔群是______，占地面积1.4万平方米，保存唐、宋、金、元、明、清时期砖石塔230余座。

A. 北京昌平银山塔林　　B. 河南汝州风穴寺塔林
C. 河南登封少林寺塔林　　D. 宁夏青铜峡一百零八塔

358. 古时______水独流入海，与长江、黄河、淮河并称“四渎”。其祀庙（______渎庙）始建于隋，现存宋、元、明、清建筑，是古四渎中保存最完整、规模最宏大的文化遗产。

A．辽　　B．滦　　C．济　　D．浙

359. 诗人刘禹锡《陋室铭》中“______诸葛庐，西蜀子云亭”名句，表明当地武侯祠（诸葛躬耕之地）在唐代已贯名于世。子云亭系为纪念西汉著名辞赋家杨雄（字子云）而建，位于四川绵阳西山。

A．琅琊　　B．南阳　　C．襄阳　　D．成都

360. 河南淮阳太昊陵庙为中华人文始祖、三皇之首太昊______陵庙，始建于春秋，现存建筑为明正统年间重建，分内、外城两重。陵上圆下方，陵前有八卦台。

A．伏羲氏　　B．神农氏　　C．燧人氏　　D．女娲氏

361. 弦歌台位于淮阳古城内龙湖中，唐______年间为纪念孔子在陈（今淮阳）绝粮七日、弦歌不止，移孔庙于该台。明嘉靖二十一年（1542年）更名为“弦歌台”。

A．景云　　B．先天　　C．开元　　D．天宝

362. 比干庙位于河南卫辉，周武王时封墓，北魏孝文帝时建庙，是国内现存最古老的忠臣庙，二门额书“谏臣极则”，碑廊诸碑以魏孝文帝吊比干文碑（宋重刻）、______祭殷太师比干文碑最负盛名。

A．唐太宗　　B．宋太祖　　C．明太祖　　D．清世祖

363. 内乡县衙始建于元大德八年（1304年），清______年间重建，面积1.8万余平方米，平面设计反映坐北朝南、左文右武、前衙后邸制度，是目前保存最完好的封建社会县级官署衙门之一。

A．咸丰　　B．同治　　C．光绪　　D．宣统

364. 河南______山陕甘会馆始建于明代，清乾隆年间复建，以砖雕、石雕、木雕为“三绝”。

A．社旗　　B．洛阳　　C．郏县　　D．开封

365. 河南巩义康百万庄园始建于明代，清中期鼎盛，建筑面积______万多平方米，是全国三大庄园之一，曾受道光帝赐匾“义周仁里”，被誉为豫商精神家园、中原古建典范。

A. 5　　B. 6　　C. 7　　D. 8

366. 河南武陟妙乐寺塔始建于唐，五代______重修，为十三级密檐叠涩式方形砖塔，高 34.2 米，是现存规模最大、保存最完整的五代塔之一。据碑载，佛祖舍利灵骨，建宝塔一十九所，妙乐寺塔其一也，序列第十五。

A. 后唐　　B. 后晋　　C. 后汉　　D. 后周

367. 武陟嘉应观又称黄河龙王庙，始建于清______元年，是为祭祀河神、封赏历代治河功臣而修建的宫、庙、衙合一建筑群，可验证清代《工程做法则例》有关规制。

A. 顺治　　B. 康熙　　C. 雍正　　D. 乾隆

368. 小商桥横跨于河南______小商河（颍河故道）上，地处南北交通要冲，始建于隋开皇四年（584 年），现主体结构系北宋早期风格，为圆弧坦拱敞肩石桥，全长 21.3 米。宋、金曾在此大战。

A. 临颍　　B. 襄城　　C. 商水　　D. 鄢陵

369. 南阳府衙始建于南宋咸淳七年（1271 年），共历______任知府，是国内目前保存最完整、规制最完备的府级官署衙门。

A. 197　　B. 198　　C. 199　　D. 200

370. ______古建筑群位于河南淅川丹江上游，鄂、豫、陕三省交界处，是历史悠久的重要码头集镇，现存清代建筑 200 余栋。

A. 荆紫关　　B. 紫荆关　　C. 倒马关　　D. 武胜关

371. 河南汤阴岳飞庙建于明景泰元年（1450 年），精忠坊（明正德七年建）为“三间六柱五楼柱不出头”式建筑，较为罕见。坊之正中镌______赐额“宋岳忠武王庙”。岳飞，字鹏举，相州汤阴人，南宋抗金名将，位列“中兴四将”之首，后遭诬陷遇害。宋孝宗时平反，改葬于杭州西湖畔栖霞岭，追谥武穆，后又追谥忠武，封鄂王。

A. 明太祖　　B. 明孝宗　　C. 清世宗　　D. 清高宗

372. ______始建于五代后周广顺二年（952年），为八角密檐式砖塔，通高38.65米，塔身自下而上逐层外扩，塔檐也随塔身逐层外展，形成上大下小为伞状的优美外观。塔刹为一高10.8米的喇嘛式塔，形制独特。

A. 北京天宁寺塔　　B. 江苏仪征天宁寺塔
C. 浙江宁波天宁寺塔　　D. 河南安阳天宁寺塔

373. 会善寺位于登封太室山积翠峰下，始建于北朝末期，唐代一行大师在此出家修行，大雄宝殿为嵩山地区现存唯一的______代砖木结构建筑。寺内存东魏中岳嵩阳寺碑、北齐会善寺碑等名碑。

A. 唐　　B. 宋　　C. 元　　D. 明

374. 中岳庙位于登封嵩山太室山黄盖峰下，初名太室祠，始建于秦，西汉武帝元封元年（公元前110年）游嵩山时令祠官增建，唐玄宗时改建今址并易名，布局严谨，规模宏伟，面积______万平方米，为中州祠宇之冠，也是五岳中现存规模最大的古建筑群。中岳大殿（峻极殿）面阔九间，进深五间，重檐庑殿黄琉璃瓦覆顶。

A. 9　　B. 11　　C. 13　　D. 15

375. 登封崇福宫位于嵩山太室山万岁峰下，创建于西汉武帝元封年间，初名万岁观，北魏北天师道掌门人寇谦之在此主持道场，唐高宗赐名太乙观，北宋______更名为崇福宫以作祈福行宫，范仲淹、司马光、程颢、程颐等曾栖身传习。金代丘处机也曾在此主持教场。现存的三元殿、玉皇殿均为拱券式无梁建筑。

A. 太祖　　B. 太宗　　C. 真宗　　D. 仁宗

376. 河南郏县三苏祠是祭祀北宋著名文学家苏洵、苏轼、苏辙父子的祠宇，堂中三苏彩绘泥塑像塑于______，临近处有三苏墓。祠、墓内保存历代石刻。

A. 北宋　　B. 南宋　　C. 元代　　D. 明代

377. 两程故里位于河南嵩县田湖镇程村，是北宋著名哲学家、理学奠基人程颢（明道先生）、程颐（伊川先生）故宅，始建于北宋崇宁二年（1103年），明______时下诏名为“两程故里”。

A. 景帝　　B. 宪宗　　C. 孝宗　　D. 武宗

378. 大程书院位于河南______书院街，是著名理学家程颢于宋神宗熙宁八年（1075年）至元丰三年（1080年）任知县时创建，作为二程理学的发源地和传播地、“程门立雪”典故传扬之地，影响深远。

A. 太康　　B. 尉氏　　C. 通许　　D. 扶沟

379. 洛阳周公庙是纪念西周著名政治家姬旦的祠庙，为现存三大周公庙之一，始建于隋末唐初，明嘉靖四年（1525年）重建，现保存三进庭院，中轴线上依次排列定鼎堂、礼乐堂、三殿。1932年，国民政府一度迁都洛阳，将周公庙作为中央政府考试院所在地。《尚书大传》概括周公摄政事迹为：“一年救乱，二年克殷，三年践奄，四年建侯卫，五年营______，六年制礼乐，七年致政成王。”

A. 丰京　　B. 镐京　　C. 成周　　D. 宗周

380. 洛阳关林为埋葬汉末名将关羽首级之地，前祠后冢，为海内外三大关庙之一，独称为“林”。汉末三国时期的土冢依然，______时在汉代关庙原址上扩建，并敕封关羽“三界伏魔大帝神威远镇天尊关圣帝君”。

A. 宋高宗　　B. 元顺帝　　C. 明神宗　　D. 清世祖

381. 阳台宫位于河南济源王屋山华盖峰南麓，全称大阳台万寿宫，为唐玄宗敕谕茅山宗师司马承祯“自选形胜”创建，系王屋山三宫之一（另：紫微宫、清虚宫），现存明清建筑，保留宋元营造手法。王屋山是道教“天下十大洞天”中“第______洞天”。

A. 一　　B. 二　　C. 三　　D. 四

382. 济源五龙口水利设施现存广利、永利、广济、大兴利、小兴利、广惠和甘霖等渠首。其中，秦始皇二十六年（公元前221年）始建______渠，明万历年间创修四渠，并在渠首修闸门，形成五龙分水之势。

A. 广利　　B. 永利　　C. 广济　　D. 大兴利

383. 陈元光是唐代名将，曾平抚“啸乱”，为首任______州刺史，后被称为“开______圣王”。其祠堂位于家乡河南固始，始建于唐天宝年间，历代修缮，为石基、石柱、青砖灰瓦，木架结构。

A. 泉　　B. 漳　　C. 潮　　D. 汕

384. 开封大相国寺相传原为战国时期魏信陵君无忌故宅，北齐文宣帝天保六年（555年）创建建国寺，唐______宗为纪念由相王复登皇位，赐名大相国寺。北宋时期，深得皇家尊崇，多次扩建，成为京城最大的寺院。后因战乱水患而损毁，清代重修。

A. 高　　B. 中　　C. 睿　　D. 玄

385. 开封龙亭大殿坐落于宋代皇宫御苑旧址之上，大殿墩台为明代______王府花园中的煤山，清代包砌而成。龙亭一带曾是唐宣武军节度使衙署，后为后梁、后晋、后汉、后周、北宋、金末六朝皇宫所在。

A. 赵　　B. 汴　　C. 康　　D. 周

386. 北宋庆历______，著名政治家、文学家范仲淹谪知邓州，创建花洲书院，在此写下了千古名篇《岳阳楼记》。绍圣二年（1095年），范仲淹的四子范纯粹任邓州知州，整修了花洲书院，一时传为美谈。

A. 四年（1044年）　　B. 五年（1045年）

C. 六年（1046年）　　D. 七年（1047年）

387. 金顶位于湖北武当山天柱峰顶，又称金殿，建于明______年间，高5.54米，面阔5.8米，进深4.2米，由9种金属冶炼铸造（俗称九花铜），是国内现存铸铜殿堂中最大、最华丽的一座。武当山小莲峰上有元大德十一年（1307年）铸铜殿，系从天柱峰顶移来，为国内现存时代最早的铜铸建筑物。

A. 洪武　　B. 永乐　　C. 宣德　　D. 正统

388. 紫霄宫位于武当山展旗峰下，规模宏大，保存完整，周围岗峦天然形成一把二龙戏珠宝椅，被明______皇帝封为“紫霄福地”。主体建筑紫霄殿建在三层石基台之上，气势雄伟。

A. 永乐　　B. 洪熙　　C. 宣德　　D. 正统

389. 玉泉寺位于湖北当阳玉泉山东麓，始建于东汉末年，南朝______敕建覆船山寺，隋代为智觊禅师道场，隋文帝赐额玉泉寺，唐代与南京栖霞寺、天台国清寺、长清灵岩寺并称为“天下丛林四绝”。大雄宝殿前有隋大业十一年（615年）铸铁镬一具，重三千斤。

A. 宋　　B. 齐　　C. 梁　　D. 陈

390. 当阳玉泉寺铁塔铸于北宋嘉祐六年（1061 年），八角______级，高 17.9 米，为国内现存最高大的铁塔，塔身铸有 2000 多尊小佛像。

A. 七　　B. 九　　C. 十一　　D. 十三

391. 襄樊古隆中相传为东汉三国著名政治家诸葛亮躬耕苦读、并提出《隆中对》的地方。石牌坊上“三顾频烦天下计，两朝开济老臣心”楹联出自唐代______诗《蜀相》。

A. 刘弘一　　B. 杜甫　　C. 赵宏恩　　D. 陈维周

392. 襄阳城墙山川环卫，北以汉水为池，南依岘山为屏，东、南、西三面凿有城濠，濠最窄处 130 米，最宽处______米，世所罕见，有“华夏第一城池”之说。南宋末年，宋、元在此大战。

A. 170　　B. 210　　C. 250　　D. 290

393. 明代襄阳王府______影壁始建于正统年间，全长 26.2 米，高 7.6 米，厚 1.6 米，壁上雕刻 99 条龙各具神态，栩栩如生，是国内保存最完好的石质雕壁之一。

A. 红　　B. 黄　　C. 蓝　　D. 绿

394. 四祖寺位于湖北黄梅双峰山南坡，为佛教禅宗第四代宗师______卓锡传法之处。现存建于唐永徽二年（651 年）的毗卢塔（______墓塔），为亭阁式四门砖塔，高 11.4 米。

A. 僧璨　　B. 道信　　C. 弘忍　　D. 慧能

395. 黄梅五祖寺建于唐永徽______，是佛教禅宗第五代祖师弘忍创建的道场，现存唐宋石塔、元明佛殿及摩崖石刻等。宋英宗御书“天下祖庭”。

A. 三年（652 年）B. 四年（653 年）　C. 五年（654 年）　D. 六年（655 年）

396. 湖北利川大水井古建筑群由李氏宗祠、李氏庄园、李盖五（族长）宅院组成，建筑宏伟，修饰华丽，被誉为______族建筑中的“明珠”。李氏宗祠是一个集政权、神权、族权为一体的“土围子”。

A. 土家　　B. 苗　　C. 侗　　D. 瑶

397. 战国时期楚国音乐家俞伯牙为纪念故友钟子期，破琴绝弦，成为流传千古的“知音”故事。后人感其情谊深厚，以他的名字在其当年抚琴之地——______江口修筑了一座琴台，是国内现存最早的古琴台。

A. 汉口　　B. 汉阳　　C. 武昌　　D. 黄州

398. 湖北鄂州观音阁又名龙蟠矶寺，矗立于长江之中龙蟠矶上，元顺帝______年间监邑铁山主持重建，选址别具匠心，构筑精巧，有“万里长江第一阁”之称。

A. 至顺　　B. 元统　　C. 至元　　D. 至正

399. 湖北沙市万寿宝塔立于长江北岸边，系明朝第七代______王朱宪㸅遵母命为嘉靖皇帝祀寿而建，为八角七级楼阁式砖塔，通高 40.8 米，塔基转角设汉白玉力士托塔，塔身内外设佛龛 142 个，内壁及过道镶嵌佛像砖、花纹砖及汉、藏、满语铭文砖、碑碣等 1953 块。

A. 楚　　B. 荆　　C. 辽　　D. 郢

400. 岳阳楼位于湖南岳阳古城西门城墙上，下瞰洞庭，前望君山。相传始为汉末三国吴将鲁肃训练水师的阅兵台，唐开元年间张说谪守岳州时建楼阁，因位于大岳山之阳得名“岳阳楼”。北宋庆历五年（1045 年）滕子京谪守巴陵郡时重修，并请______撰《岳阳楼记》，名声益大。与南昌滕王阁、武汉黄鹤楼并称为“江南三大名楼”。楼平面呈长方形，三层三檐盔顶，高 19.42 米，气势雄伟，有“洞庭天下水，岳阳天下楼”之誉。

A. 范仲淹　　B. 司马光　　C. 王安石　　D. 苏东坡

401. 岳麓书院位于湖南长沙湘江西岸岳麓山下，北宋开宝九年（976 年）由潭州太守朱洞创建，______宗赐“岳麓书院”门额，为宋代四大书院之一。南宋时聘理学家张栻主持，朱熹曾到此讲学，从学者千余人。历经其后各代，为“千年学府”。现存二进庭院式砖木结构建筑，分为讲学、藏书和供礼三部分。

A. 真　　B. 仁　　C. 英　　D. 神

402. 岳麓书院讲堂为五间单层歇山琉璃脊建筑，两侧墙内嵌宋代理学家______手迹“忠孝”“廉洁”警语。

A. 张载　　B. 程颢　　C. 朱熹　　D. 陆九渊

403. ______始建于唐贞观二年（628 年），后屡毁屡建。大雄宝殿为重檐结构，上檐歇山顶，下檐悬山顶，做法独特。

A．江苏淮安龙兴寺　　B．安徽凤阳龙兴寺

C．湖南沅陵龙兴寺　　D．四川彭州龙兴寺

404. 湖南永州柳子庙是纪念唐代著名政治家、文学家______的祀庙建筑，始建于北宋，南宋时迁建于今址。______在永州谪居 10 年，写下《永州八记》《江雪》《捕蛇者说》等名篇。

A．柳冕　　B．柳宗元　　C．柳公权　　D．柳仲郢

405. 屈子祠位于湖南汨罗玉笥山上，为祭祀战国时期楚国大夫屈原之祠庙，始建于汉代，清乾隆十九年（1754 年）迁建现址。公元前 278 年农历______，屈原投汨罗江以身殉国。

A．二月二日　　B．三月三日　　C．四月四日　　D．五月五日

406. 通道芋头______寨古建筑群始建于明洪武年间，现存鼓楼、风雨桥、门楼、古井、萨岁坛、吊脚木楼屋、古驿道等，建筑多依山而建，造型各异。

A．瑶　　B．布依　　C．苗　　D．侗

407. 上甘棠村古建筑群位于湖南江永。唐太和年间，______氏族人定居于此。千余年来，村庄名称、位置和居住家族始终未变。“甘棠”一词出自《诗经·召南》，含有对先祖荣光的怀念。

A．朱　　B．胡　　C．谢　　D．周

408. 桃花源古建筑群位于湖南省桃源县，因东晋诗人陶渊明作《桃花源诗并序》而闻名于世，现存多处自______代以来的文物遗迹。清光绪十八年（1892 年）重修渊明祠，沿山配修亭阁，按陶诗文取名。

A．唐　　B．宋　　C．元　　D．明

409. 衡阳南岳庙是南方地区规模最大的宫殿式建筑群，始建（不晚）于唐代，后世修缮扩建，清光绪八年（1882 年）重修，主体建筑为四重院落，九进房屋，三路布局。清______皇帝御制《重修南岳庙碑记》中“南岳为天南巨镇，上应北斗玉衡，亦名寿岳”，是南岳为“寿岳”的御定。

A．顺治　　B．康熙　　C．雍正　　D．乾隆

410. 湖南耒阳蔡侯祠为汉代造纸术发明家蔡伦故宅，后人将其改作祠庙。蔡伦改进了造纸技术，使纸张得以推广应用，东汉安帝时被封为龙亭侯。其封地陕西______龙亭镇龙亭村也建有蔡伦墓和祠。

A. 宁强　　B. 西乡　　C. 勉县　　D. 洋县

411. 湖南凤凰古城堡以______为核心，与沿线数百里的城堡、屯堡、哨卡、炮台等组成完整的军事攻防体系。______始建于唐，清康熙年间改称凤凰营。

A. 黄丝桥古城　　B. 王坡屯　　C. 舒家塘　　D. 拉毫营盘

412. 湖南道县濂溪故里古建筑群是北宋著名哲学家、“北宋五子”之一______出生地。他晚年定居庐山莲花峰下，以家乡之水命名书堂和堂前小溪，人称濂溪先生。

A. 周敦颐　　B. 邵雍　　C. 张载　　D. 程颢

413. 湖南洪江黔城地处沅水、㵲水交汇处，三面环水，一面依山，自西汉以来一直是县、州、府、郡治所在地，为古代湘西地区政治、军事、经济、文化中心，现存城墙和古建筑群。相传唐代诗人______在任龙标县尉时，修建芙蓉楼，并作名篇《芙蓉楼送辛渐》（“洛阳亲友如相问，一片冰心在玉壶”）。

A. 王勃　　B. 王之涣　　C. 王昌龄　　D. 王维

414. 湖南______始建于北宋，清代迁建、重修。清光绪二十三年（1897 年），谭嗣同、唐才常等在文庙奎文阁创办了中国近代史上第一个科学技术团体——新算学馆，成为近代教育改革的开端。

A. 岳阳文庙　　B. 浏阳文庙　　C. 湘阴文庙　　D. 宁武文庙

415. 湖南湘潭北五省会馆始建于清康熙年间，为山西、山东、陕西、河南、______5 省旅潭商民祭祀关羽所建，主殿春秋阁殿内藻井上贴金盘龙，殿前汉白玉透雕蟠龙柱艺术精湛。

A. 河北　　B. 甘肃　　C. 青海　　D. 宁夏

416. 湖南江华宝镜村古建筑群为清康熙年间何氏先祖定居创建，绵延 300 余年，采用多重院落的紧凑布局，组成功能齐全的居住、防御系统，是研究清代湘西南民居发展、汉______文化交融的重要实物。1931 年，邓小平率领红七军转战时，曾在此停留。

A. 土家　　B. 苗　　C. 侗　　D. 瑶

417. 广州光孝寺为佛教禅宗六祖慧能出家受戒处，现存始建于东晋的大雄宝殿、南北朝时达摩开凿的洗钵泉，唐朝的瘗发塔、石经幢，南汉的千佛铁塔，宋、明的六祖殿、卧佛殿等，其中______是国内现存时代最早的一座铁塔，铸于五代十国南汉大宝六年（963 年）。

A．东铁塔　　B．西铁塔　　C．南铁塔　　D．北铁塔

418. ______横跨韩江上，全长 517 米，始建于南宋，以“十八梭船廿四洲”的独特风格，与赵州桥、洛阳桥、卢沟桥并称中国四大古桥。它集梁桥、拱桥、浮桥于一体，是我国桥梁史上的孤例，也是世界上现存最早的启闭式桥梁。

A．浙江景宁广济桥　　B．福建德化广济桥

C．广东潮州广济桥　　D．广东湛江广济桥

419. 广州陈家祠堂建于清______年间，是当时广东全省各县陈姓合族宗祠，规模宏大，木雕、石雕、砖雕、灰塑、琉璃用塑、绘画和铁铸工艺等装饰华丽。

A．道光　　B．咸丰　　C．同治　　D．光绪

420. 广东南雄三影塔又称延祥寺塔，建于北宋大中祥符二年（1009 年），高 50 米，六角______级楼阁式，空心可登。据方志记载：“其影有三，两影倒悬，一影朝上。”

A．七　　B．九　　C．十一　　D．十三

421. 广州怀圣寺光塔是国内现存最早的清真寺塔，相传始建于______，为圆柱形结构，底径 9 米，高 36 米，内有磴道可上塔顶。曾作为导航标志。

A．南朝　　B．隋代　　C．唐代　　D．五代

422. 广东曲江南华寺是佛教禅宗南宗的开山祖庭，始建于南朝梁武帝天监元年（502 年），初名宝林寺，六祖慧能在此弘法三十余年，______敕赐“南华禅寺”寺名。现存唐代卓锡泉、明代灵照塔等建筑，珍藏六祖真身塑像、千佛袈裟等珍贵文物。

A．唐太宗　　B．唐中宗　　C．宋太祖　　D．宋真宗

423. 广东德庆学宫大成殿打破传统厅堂“八柱撑空”的木梁架结构，而采用“四柱不顶”的独特形式，以满足防灾要求，为我国______代木构建筑的瑰宝。

A．宋　　B．元　　C．明　　D．清

424. 广东潮州许驸马府是宋______宗驸马许珏与德安公主的府第，三进院落四合院式格局，为国内现存罕见的宋代府第建筑。

A．仁　B．英　C．神　D．哲

425. ______位于广东省始兴县隘子镇，始建于清道光年间，成“围中有围”格局，为广东客家民居建筑的代表作，有“岭南第一围”之名。

A．满堂围　B．鹤湖围　C．鸳鸯围　D．罗坝白围

426. 东莞可园始建于清______年间，为莞城人张敬修所建，布局精巧，园景幽致，与顺德清晖园、佛山梁园、番禺余荫山房合称清代粤中四大名园。

A．嘉庆　B．道光　C．咸丰　D．光绪

427. 东华里古建筑群临近佛山祖庙，是珠江三角洲地区城镇民居里巷标本。清代中后期，______两氏家族迁入，建门楼、修祠堂、造宅院，成繁盛风貌。

A．杨、伍　B．杨、招　C．骆、伍　D．骆、招

428. 广东陆丰元山寺始建于______，明代扩建成现有格局，主体建筑由五座分别象征金、木、水、火、土的四合院组成，戏台为岭南地区现存最大的庙宇戏台。

A．五代　B．北宋　C．南宋　D．元代

429. 大鹏所城始建于明洪武年间，是明清两代中国南部海防军事要塞，深圳别称“鹏城”即源于此。______年，按照中英《展拓香港界址专条》，大鹏所下辖诸寨、台、营、汛被裁没，城遂废颓。

A．1842　B．1860　C．1898　D．1901

430. 广东______悦城龙母祖庙（祀龙母）与广州陈家祠、佛山祖庙（祀玄天上帝）并称为岭南古建筑三大瑰宝，有“古坛仅存”之誉，砖、木、石雕工艺精湛，山门、香亭石雕龙柱造型生动。

A．德庆　B．封开　C．怀集　D．广宁

431. ______始建于唐开元二十六年（738年），现存唐代石经幢、宋代阿育王塔、明代金漆木雕千佛塔、清代御赐《大藏经》等，价值珍贵。

A．河北邢台开元寺　B．山东济南开元寺

C．河南汝南开元寺　D．广东潮州开元寺

432. 广东______慧光塔始建于南朝宋泰始四年（468 年），宋代重建，为六角九级楼阁式砖塔，被称为东方斜塔，其鸳鸯交手拱做法对研究宋代建造技艺具有重要价值。

A. 广州　　B. 惠州　　C. 连州　　D. 梅州

433. 广州六榕寺塔始建于南朝刘宋年间，北宋重建，为八角九级楼阁式砖塔，又称花塔，顶层中央塔心柱为______代铸造的千佛铜柱，铜柱穿出塔顶贯串塔刹构件，总重逾 5 吨，世所罕见。

A. 宋　　B. 元　　C. 明　　D. 清

434. 广东饶平道韵楼建于明万历十五年（1587 年），平面似八卦形，周长 328 米、直径______米、外墙高 11.6 米，有正房 56 间、角房 16 间、水井 32 口，是迄今发现规模最大的八角形土楼，集潮汕土楼民俗文化之精萃。

A. 61　　B. 81　　C. 101　　D. 121

435. 陈芳家宅位于广东珠海梅溪村，包括陈芳故居和石牌坊群。陈芳出生于此，后在______等地经商，成为华侨中第一个百万富翁，致富后不忘家乡，多有捐助。石牌坊群为清光绪皇帝为陈芳及其父母等热心公益事业而诰封兴建。

A. 新加坡　　B. 夏威夷　　C. 新西兰　　D. 西班牙

436. 梅岭古道修建于唐开元四年（716 年），是张九龄奉诏开凿______路的一段，为古代中原通往岭南的主要道路。南粤雄关坐落于赣粤交界的梅岭山顶隘口处，始建于宋嘉祐八年（1063 年），现存关楼建于明万历年间，南额题“岭南第一关”，北额题“南粤雄关”。

A. 大庾岭　　B. 骑田岭　　C. 萌渚岭　　D. 都庞岭

437. 南海神庙位于广州黄埔南岗庙头村，始建于隋开皇十四年（594 年），是海上丝绸之路起点之一，也是隋唐四大海神庙中唯一保留下来的一座。庙内珍藏历代御祭碑及名人碑刻，今语“海事”一词即出于______碑记。清康熙四十二年（1703 年）御书“万里波澄”匾。

A. 韩愈　　B. 苏轼　　C. 杨万里　　D. 屈大均

438. 广东新兴国恩寺是佛教禅宗______所建及其弘法、辑录《法宝坛经》、圆寂之所，唐弘道元年（683 年）为报父母之恩始建。现存唐代塔基地宫、明代牌坊和众多清代建筑。

A．三祖僧璨　　B．四祖道信　　C．五祖弘忍　　D．六祖惠能

439. 博罗冲虚古观由道教宗师葛洪于东晋咸和二年（327 年）创建，后代续修。东晋时，葛洪举家南迁，在罗浮山采药治病，筑灶炼丹，修道授徒，著书立说，成为中国道教史上魏晋丹鼎派的代表人物。______年，中共广东区党委、广东军政委员会和广东人民抗日游击队东江纵队司令部曾设在此地。

A．1942　　B．1943　　C．1944　　D．1945

440. 广西容县经略台为唐代诗人元结任容管经略史使时修筑，台上立明______年间修建的真武阁，阁高三层，以杠杆结构原理，串联吻合，彼此扶持，互相制约，组成优美稳固的统一整体，使中层四根金柱悬空，有“天南杰构”之称。

A．嘉靖　　B．隆庆　　C．万历　　D．天启

441. 广西三江程阳永济桥修造于 1916 年，桥上建有______座塔式楼亭和 19 间桥廊，亭廊相连，浑然一体，是目前保存最好、规模最大的风雨桥。

A．4　　B．5　　C．6　　D．7

442. 灵渠位于广西兴安，由秦将史禄主持修凿，建成于始皇三十三年（公元前 214 年），全长 34 千米，用石叠砌成铧嘴状的分水工程，把湘江水分成南、北二渠，沟通______和______两大水系。

A．长江　澜沧江　B．珠江　元江　　C．长江　珠江　　D．长江　元江

443. 莫土司衙署由广西忻城第______任土司莫镇威建于明万历十年（1582 年），延至清光绪三十二年（1906 年），历 20 任土司，是国内现存规模最大、保存最好的土司衙署之一，被誉为“壮乡故宫”。

A．五　　B．六　　C．七　　D．八

444. ______横跨三江孟江河上，建于清末，集桥、亭、廊为一体，在木桥立体功能分工方面属国内外首创，与现代双层立交桥有异曲同工之妙。

A．岜团桥　　B．八协桥　　C．华练桥　　D．八江桥

445. 广西全州燕窝楼始建于明代，由牌楼和祠堂两部分组成，是供奉______氏祖宗神位和族人举行庆典活动的地方。牌楼的明楼、次楼檐下饰如意斗拱，是国内现存如意斗拱中较早的一例。明楼出翘四层，次楼出翘三层，形似燕窝。

A. 蒋　　B. 蔡　　C. 董　　D. 范

446. 广西恭城古建筑群由文庙、武庙、周渭祠、湖南会馆等明清建筑组成，是瑶族地区集中反映《周易》八卦、堪舆理论的代表，为多种建筑文化融合的结晶。其中，周渭祠是祭祀______代恭城人、御史周渭的建筑，门楼俗称“蜜蜂楼”，其斗拱构造使气流产生回流轰鸣声的做法，较为罕见。

A. 唐　　B. 宋　　C. 元　　D. 明

447. 明万历至清光绪年间，广西富川共建风雨桥 29 座，现存完整的 27 座，为保存最完整、最集中的瑶族风雨桥（廊桥）群，工艺精湛，造型丰富，以______建成年代最早。

A. 青龙风雨桥　　B. 福寿风雨桥　　C. 朝阳风雨桥　　D. 迴澜风雨桥

448. 澄迈美榔双塔始建于______，俗称“姐妹塔”，是海南现存最早的古代建筑，造型独特，雕刻古拙。南塔（姐塔）六角七级，第 2、3 层做空透柱廊，底层为须弥座，塔身设佛龛佛像。北塔四角七级，做法与南塔相似。

A. 唐代　　B. 五代　　C. 宋代　　D. 元代

449. 明代岭南“文宗”丘浚的故居位于______，前堂、可继堂仍存，为海南现存年代最早的木结构建筑。

A. 海口　　B. 三亚　　C. 琼山　　D. 文昌

450. 海南儋州东坡书院原名载酒堂，取意于______“载酒问字”，是宋代大诗人苏轼（号东坡居士）被贬海南时的住所，初为茅屋，后世屡有修建。苏轼客居三年，完成《易传》《居儋录》等著作，并启民教化。壁刻《坡仙笠屐图》描绘东坡出尘气质。

A.《春秋》　　B.《左传》　　C.《史记》　　D.《汉书》

451. 海口五公祠，又名海南第一楼，系清代雷琼道台朱采为纪念唐宋两代被贬来琼的李纲等五位名臣，于光绪十五年（1889 年）修建。“五公”中担任过唐代宰相的是______。

A. 李德裕　　B. 李光　　C. 赵鼎　　D. 胡铨

452. 儋州故城位于中和古镇，为______至清代儋州（军、县）治所所在地，有“粤南名镇”之称，现存西、北城门、城墙及宁济庙、魁星塔、关岳庙等。

A. 汉　B. 晋　C. 唐　D. 宋

453. 海南______始建于北宋庆历四年（1044 年），后世屡有迁建、重修，是古代中国最边远的学宫，沿中轴线依次为棂星门、泮池泮桥、大成门、大成殿、崇圣祠，左右对称排列为名宦祠、乡贤祠、忠孝祠、节孝祠等，布局严整。

A. 文昌学宫　B. 琼山学宫　C. 澄迈学宫　D. 崖城学宫

454. 澄迈石石矍村是______时期冯宝、冼夫人渡琼登岸之地，现存文林冯公祠、将军第、古井、冼夫人石墓、传统火山岩民居等，是海南地区冼夫人文化的摇篮。

A. 南朝齐　B. 南朝梁　C. 南朝陈　D. 隋代

455. 张桓侯庙位于重庆云阳长江南岸，始建于______，为纪念蜀汉名将张飞而建，布局精巧，错落有致，殿亭建筑多采用盝顶，具有特色。

A. 三国　B. 西晋　C. 东晋　D. 南朝

456. 石宝寨位于重庆忠县长江北岸边，此处临江有一孤峰拔起的巨石，相传为女娲补天所遗的五彩石，故称“石宝”。______代谭宏起义，据此为寨，“石宝寨”由此得名。

A. 宋　B. 元　C. 明　D. 清

457. 白帝城位于重庆市奉节县白帝镇白帝村，由白帝山、白帝庙构成，居长江三峡起点——瞿塘峡西口，历为兵家必争之地。西汉末年，______在此筑城，自号白帝，始为白帝城。李白、杜甫、白居易、刘禹锡、苏轼、陆游等留下大量诗篇，享有“诗城”美誉。

A. 公孙起　B. 公孙弘　C. 公孙述　D. 公孙度

458. 汉阙是成对建在城门或建筑群大门外表示威仪等第的建筑物，左右分列，仿木结构建筑形制。在全国现存的近三十处汉阙中，仅四川______就有六处七座，堪称“汉阙之乡”，以冯焕阙、沈府君阙最为著名。

A. 德阳　B. 夹江　C. 芦山　D. 渠县

459. 成都武侯祠系______时期为纪念三国蜀汉丞相、武乡侯（追封忠武侯）诸葛亮而建，与蜀先主刘备昭烈庙、惠陵相邻。唐元和四年（809 年）立蜀丞相诸葛武侯祠堂碑，由宰相裴度撰文，书法家柳公绰书写，名匠鲁建刻字，称为“三绝碑”。

A．三国　B．西晋　C．东晋　D．成汉

460. 杜甫草堂为唐代著名诗人杜甫在成都的故宅旧址，北宋元丰年间重建，并立祠宇。杜甫于唐乾元二年（759 年）流寓成都，濒浣花溪筑茅屋而居，历时近四年，作诗 240 余首。以下诗歌中不在草堂所作的是______。

A.《茅屋为秋风所破歌》　B.《闻官军收河南河北》

C.《蜀相》　D.《月夜忆舍弟》

461. 四川峨眉山是我国四大佛教名山之一、普贤菩萨道场。圣寿万年寺始建于东晋，寺中砖殿内有宋______宗时铸造的普贤菩萨骑六牙白象铜像一尊，通高 7.3 米，重 62 吨，为全国最大的普贤铜像。

A．太　B．真　C．仁　D．英

462. 峨眉山______内立有一座明代华严铜塔，高 7 米，十四级，塔身铸 4700 多个佛像，并刻《华严经》全文，是国内现存最高的铜塔。

A．报国寺　B．万年寺　C．伏虎寺　D．仙峰寺

463. 都江堰位于四川省都江堰市（原名灌县）城西，始建于战国秦昭襄王时期，为蜀守李冰主持兴建，由鱼嘴、宝瓶口、飞沙堰三部分组成，是______上的大型水利枢纽工程，也是世界上现存最古老的无坝引水工程。

A．金沙江　B．大渡河　C．岷江　D．涪江

464. 四川自贡燊海井，于清道光十五年（1835 年）采用我国传统的冲击式顿钻凿法凿成，井深 1001.42 米，是世界上第______口超千米深井，出产天然气和黑卤。

A．一　B．二　C．三　D．四

465. 卓克基土司官寨位于四川省马尔康市卓克基镇西索村，始建于清乾隆年间，系清至民国______族土司衙门官署，由一座石砌五层民居和一座石砌五层碉楼组成。1935 年 7 月，毛泽东、周恩来、张闻天等进驻土司官寨，在土司议政厅召开中央政治局常委会议，讨论民族政策和民族工作的有关问题。

A．藏　B．羌　C．彝　D．苗

466. 四川芦山樊敏阙建于东汉建安十年（205年），左阙高4.99米，顶作庑殿脊式，斗拱处刻双手托拱力士像，檐下浮雕《哀牢夷九隆氏龙生______子图》（云南古哀牢族神话，樊敏曾任永昌郡长史）和"西王母"像。阙前有石兽两具，一为天禄，一为辟邪。

A. 七　B. 八　C. 九　D. 十

467. ______始建于唐，后世重修。大殿西供殿内尚存宋代木作飞天藏（又称星辰车）一座，高10.3米，直径7.5米，形如木塔，可自由转动，是不可多见的道教转轮经藏。

A. 江苏苏州云岩寺　B. 浙江临海云岩寺
C. 河南嵩县云岩寺　D. 四川江油云岩寺

468. 四川泸县龙脑桥横跨九曲河上，建于明______年间，为石墩石梁式平桥，11孔12墩，长54米，中部8座桥墩分别雕有龙、麒麟、狮、象等形象，为古代桥梁的罕见之作。

A. 洪武　B. 永乐　C. 宣德　D. 正统

469. 四川梓潼七曲山大庙始建于晋，为蜀地百姓祭祀张亚子而建。______初，张亚子被封为"文昌帝君"后，此地建文昌宫，逐步形成了由三条轴线组成的建筑群。

A. 唐　B. 宋　C. 元　D. 明

470. ______始建于明正统五年（1440年），历时二十年建成，寺内各殿堂木构件皆用楠木制成，加之大悲殿中用整根楠木雕成的千手千眼观音像、华严藏中的转轮经藏和泥塑蟠龙等，被誉为"明初罕见之遗构"。

A. 安徽寿县报恩寺　B. 福建晋江报恩寺
C. 四川平武报恩寺　D. 四川眉山报恩寺

471. 四川宜宾真武山古建筑群始建于明______年间，至清中叶形成以道教宫观为主，融道、释、儒三教文化，集楼、殿、坊、廊、桥、池、洞、台为一体的宏大建筑群。

A. 正德　B. 嘉靖　C. 隆庆　D. 万历

472. 四川______张桓侯祠系为纪念三国蜀汉名将张飞而建，现存明清建筑，立有北宋文学家曾巩桓侯庙记碑、清代四川总督常明汉张桓侯祠碑。刘备占益州（今四川）后，张飞任巴西太守，曾驻______七年，死后追谥为桓侯。

A．成都　　B．阆中　　C．云阳　　D．绵阳

473. 德格印经院位于四川德格更庆寺内，清雍正七年（1729 年）由第______代德格土司却吉登巴泽仁创建，现存桦木刻藏文典籍书版 21.7 万余块和少数藏画版，共 82 部 586 册，居我国藏区三大印经院之首。

A．十二　　B．十三　　C．十四　　D．十五

474. 四川江安夕佳山民居始建于明万历四十年（1612 年），为组合四合院式，悬山穿斗式木质结构，深院高墙，飞檐黛瓦，古木参天，被誉为“川南______民俗文化之绝唱”。

A．彝　　B．苗　　C．侗　　D．汉

475. 四川新都宝光寺相传始建于东汉，平面布局保留早期佛教寺院“寺塔一体，塔踞中心”的特点，存有南朝梁代千佛碑、唐代施衣功德碑、______金银书华严经等珍贵文物。

A．唐代　　B．五代　　C．宋代　　D．元代

476. 国内现存四大佛寺罗汉堂中历史最久、规模最大的是______。堂内有塑像 577 尊，以生动多姿而闻名。

A．北京碧云寺罗汉堂　　B．苏州西园寺罗汉堂

C．武汉归元寺罗汉堂　　D．新都宝光寺罗汉堂

477. 直波碉楼位于马尔康市松岗乡，藏语意为“峡谷口上的官寨”，由嘉绒藏族松岗土司建于清______年间，现存南、北两座，分别高 29、25 米，用石砌筑，平面外为八角、内为圆形，自下向上收分。

A．雍正　　B．乾隆　　C．嘉庆　　D．道光

478. 四川剑阁觉苑寺始建于唐贞观年间，以大雄宝殿内______代佛传壁画著称，共 209 幅，计 170 多平方米，内容为佛本生故事，采用通景式界画构图方法，融合工笔重彩与沥粉堆金技法绘成。

A．宋　　B．元　　C．明　　D．清

479. 四川隆昌石牌坊现存 17 座，建于明弘治九年（1496 年）至清光绪三年（1877 年）间，其中______座排列在纵贯县城的巴蜀古道长约 600 米路段中央，国内罕见。

A. 12　　B. 13　　C. 14　　D. 15

480. 四川壤塘棒托寺始建于元代，属藏传佛教宁玛派（红教）寺院，共有喇嘛塔 32 座，与四川甘孜色达寺、西藏降扎寺塔群并称藏区三大塔群。寺内所存藏文《大藏经》，包括《甘珠儿》《丹珠儿》两部，用______余万片石双面刻成，是藏族聚集区现存最完整的石刻藏经，也是全国数量最多的石刻藏经堆。

A. 30　　B. 40　　C. 50　　D. 60

481. 国内现存时代最早的汉阙是四川______，建于东汉光武帝建武十二年（36 年），为独石单阙。

A. 绵阳平阳府君阙　　B. 夹江杨公阙

C. 梓潼李业阙　　D. 渠县冯焕阙

482. 阆中玉台山石塔建于______代，为覆钵式喇嘛塔，高 8.6 米，分塔基、塔身和塔刹三部分。塔身正面开一船形佛龛，龛内浮雕结迦趺坐佛像一尊，形制独特。

A. 唐　　B. 宋　　C. 元　　D. 明

483. 古碉楼是嘉绒藏族建筑的杰作，距今已有千年历史。四川______素有“千碉之国”之称，古碉楼主要分布在县城东部、大小金川河和大渡河沿岸，形制为四角、五角、八角、十三角等高方柱状体，用途分要隘碉、烽火碉、寨碉和家碉。

A. 小金　　B. 康定　　C. 道孚　　D. 丹巴

484. 四川遂宁广德寺始建于唐代，自高僧克幽开山阐教后，香火兴盛，遐迩闻名，有“西来第一禅林”之誉，现存宋至清代古建筑、玉印、玉佛等。其广德寺名由______敕赐。

A. 唐德宗　　B. 唐昭宗　　C. 宋真宗　　D. 明武宗

485. 芦山平襄楼始建于北宋，为纪念三国蜀镇西大将军、平襄侯______而建造。芦山在蜀汉时为汉嘉郡首府，传为______屯兵守边御羌、封荫食邑和肝胆归葬之地，有______城、祠、墓等遗迹。

A. 马岱　　B. 向宠　　C. 王平　　D. 姜维

486. 四川安岳木门寺始建于明______年间，其亭内修塔、亭外建殿的构造，巧妙地运用了力学、光学、美学原理，独具匠心。

A. 洪武　　B. 永乐　　C. 宣德　　D. 正统

487. ______始建于明万历二十四年（1596 年），因殿内藻井形如旋螺而得名，三重檐八角攒尖顶，内分二层，"梁柱结构之优，颇足傲于当世之作"（梁思成）。

A. 江苏宜兴旋螺殿　　B. 江西宜春旋螺殿

C. 湖北宜昌旋螺殿　　D. 四川宜宾旋螺殿

488. 四川蓬溪宝梵寺始建于北宋，英宗敕封寺名，意为"佛中之圣，梵中之宝"。大雄殿壁画《西方境》作于明成化二年（1466 年），现存 10 铺，以______图最为精妙，为明代壁画代表作。

A.《议赴法会》　　B.《雷音供奉》　　C.《地藏说法》　　D.《达摩朝贡》

489. 成都望江楼古建筑群是清代为弘扬文风和纪念唐代女诗人______而建造，主体建筑崇丽阁取西晋文学家左思《蜀都赋》"既丽且崇，实号成都"之意命名，高 29 米，共四层，下面两层四方飞檐，上面两层八角攒尖。

A. 上官婉儿　　B. 江采萍　　C. 薛涛　　D. 薛媛

490. 成都洛带会馆群包括广东会馆、湖广会馆、江西会馆和______，既反映移入民原籍的建筑风貌，又结合川派建筑特色。

A. 川东会馆　　B. 川南会馆　　C. 川西会馆　　D. 川北会馆

491. 四川新龙波日桥长近 70 米，宽 2.6 米，系清道光二十四年（1844 年）藏族建筑大师唐通吉布在高寒山区、峡谷高深、江水险急的______上，用圆木、卵石、树藤缠绕叠砌为墩，从两岸逐层悬挑，在悬臂上架横梁、铺桥板，上装木制栏杆建成，被称为"康巴第一桥"。1936 年 6 月，红军由此桥经过北上抗日。

A. 金沙江　　B. 雅砻江　　C. 岷江　　D. 嘉陵江

492. ______三苏祠始建于元延祐年间，故址是北宋著名文学家苏洵、苏轼、苏辙父子三人的旧居。三苏在文学上造诣极深，既同出一源，又各具特色，人称"凝炼老泉，豪放东坡，冲雅颍滨"。清代文华殿大学士张鹏翮撰大门联赞"一门父子三词客，千古文章四大家"。

A. 湖北黄冈　　B. 海南儋州　　C. 四川眉山　　D. 陕西凤翔

493. 四川大英卓筒井开凿于北宋庆历年间，为现存最早的小口径钻井技术实物，比西方早______多年，现存9灶、41眼井，以大顺灶为典型代表。

A. 500　B. 600　C. 700　D. 800

494. 四川白玉嘎托寺是康巴藏区藏传佛教______第一座寺庙，由嘎·当巴德西始建于南宋绍兴二年（1132年），嘎托意为“洁白的石头”。红二军团长征期间曾在此休整。

A. 格鲁派　B. 萨迦派　C. 宁玛派　D. 噶举派

495. 四川理县筹边楼于唐文宗太和四年（830年）由剑南西川节度使李德裕创建，是唐朝与吐蕃交往的历史见证，清乾隆年间复建。唐代著名女诗人______曾以楼名赋诗（“最高层处见边头”）。

A. 李冶　B. 薛涛　C. 刘采春　D. 鱼玄机

496. 四川青城山是中国道教发祥地之一，分为前山和后山，自古有“青城天下______”之誉，与剑门之险、峨眉之秀、夔门之雄齐名。现存天师洞、朝阳洞、上清宫、真武宫、圆明宫、玉清宫、天然图画坊、五洞天及接仙桥、凝翠桥、山荫亭等古建筑。

A. 幽　B. 静　C. 清　D. 宁

497. 四川______为抬梁式单檐歇山建筑，殿内存多处题记，是西南地区为数不多有明确纪年的元代木构建筑，题记中反映出元代纸币使用信息，是研究古代货币的重要资料。

A. 蓬溪金仙寺大殿　B. 盐亭花林寺大殿

C. 南部永安庙大殿　D. 泸县圆通寺大殿

498. 四川合江福宝古建筑群位于川南、黔北、渝西结合部，以川盐入黔盐道驿站兴市，______成集，清康熙末年“湖广填四川”移民再兴，现由民居与“三宫八庙”等组成，建筑布局依山傍水，随形就势，有“山地建筑精华”之称。

A. 宋末元初　B. 元中期　C. 元末明初　D. 明中期

499. 四川道孚惠远寺为藏传佛教格鲁教派寺庙，始建于清雍正六年（1728 年），由清廷为______世达赖喇嘛格桑嘉措兴建，雍正帝钦定寺名，亲书匾额，现存集会大殿（朵翁）、都岗楼（行宫）及护法殿等，大殿系汉藏结合式土木建筑。十一世达赖喇嘛克珠嘉措诞生于临近的下村。

A. 七　　B. 八　　C. 九　　D. 十

500. 贵州毕节大屯土司庄园始建于清康熙年间，后经当地______族余氏土司逐年扩建，现存三路三重堂宇，设回廊相互贯通。

A. 苗　　B. 布依　　C. 白　　D. 彝

501. 贵州从江增冲鼓楼始建于清康熙十一年（1672 年），为五层十三重檐八角攒尖顶木结构塔形建筑，通高 20 余米，用以______族乡亲聚众议事，迎送宾客，休息娱乐等。

A. 侗　　B. 苗　　C. 瑶　　D. 布依

502. 青龙洞古建筑群位于贵州______中和山，明清时期依山修建，贴壁凌空而立，集儒、道、释三教与会馆、桥梁、驿道等建筑于一身，为汉地建筑与西南少数民族山地建筑文化相结合的典范，有“西南悬空寺”之称。

A. 镇宁　　B. 镇远　　C. 岑巩　　D. 剑河

503. 贵州平坝天台山伍龙寺始建于明______年间，现存大佛殿、玉皇阁、粮仓等，集军事、宗教功能为一体，是山顶悬崖石构建筑的杰作。

A. 嘉靖　　B. 隆庆　　C. 万历　　D. 天启

504. 贵州石阡万寿宫又称______会馆，始建于明万历年间，建筑群规模较大，砖雕、木雕、斗拱、彩绘富于变化，具有浓厚地域特色。

A. 山西　　B. 湖广　　C. 西秦　　D. 江西

505. 贵州安顺云山屯古建筑群始建于______，为军屯村寨，屯墙、街巷、宅院及自然生态环境保存完整，犹如一部古代屯田文化的百科全书。

A. 明代早期　　B. 明代中期　　C. 明代晚期　　D. 清代早期

506. 安顺鲍家屯水利工程创建于明______年间，由横坝、顺坝和高低龙口组成，采用“鱼嘴分流”方式，把上游河道一分为二，形成“两河绕田坝”之势，使村落周边不同高程的 200 万平方米田地得到自流灌溉。

A．洪武　B．建文　C．永乐　D．宣德

507. 贵州福泉古城墙始建于明代，时为贵州都指挥使十八卫之______，墙依山势而建，在西北隅建水城，水城外又筑外城，将河水括入城内，以解决战时人畜饮水需要，构思巧妙。

A．都匀卫　B．平越卫　C．安顺卫　D．铜仁卫

508. 贵州雷山郎德上寨系______族村寨，始建于元末明初，背山面水，民居多为三层干栏式吊脚楼，铜鼓坪以鹅卵石镶嵌，模仿铜鼓鼓面纹饰，具有鲜明的民族特点。

A．苗　B．布依　C．水　D．侗

509. 海龙屯位于贵州遵义龙岩山巅，始建于唐，明万历年间播州第______代世袭土司杨应龙大规模整修并改现名，分内城、外城，地势险峻，城墙坚固，关隘重重。明廷平藩后废弃。2015 年与湖北咸丰唐崖土司城址、湖南永顺老司城遗址一起列入世界文化遗产名录。

A．二十六　B．二十七　C．二十八　D．二十九

510. 地坪风雨桥横跨贵州黎平南江河上，始建于清光绪八年（1882 年），全长 57.6 米，河中立一青石桥墩支撑木梁结构桥身，下部有两排杉木穿榫连成一体，架通两岸，桥上建有桥廊和三座桥楼，表现了______族建造特色。

A．侗　B．苗　C．壮　D．瑶

511. 贵州织金古建筑群始建于______，清初扩建，现存衙署、书院、佛寺、道观、祭祠、会馆、井泉、古街、古塔、民居、作坊、桥梁等 280 多处，按五行、八卦定位。

A．元初　B．元中期　C．元末　D．明初

512. 贵州开阳马头寨始建于宋末元初，是元代底窝紫江等处总管府、靖江路总管府和明代底窝马头驻地，现存建筑多为明、清遗构，建筑构造为石基、穿斗式木构架、布瓦屋面，寨内居民以______族为主。

A．布依　B．苗　C．侗　D．瑶

513. 贵州修文阳明洞因明代著名思想家、教育家王阳明（守仁）被贬谪为龙场驿丞时曾居此洞而得名，是阳明学说的创立地和早期传播地。王守仁在此三年，提出了著名的“知行合一”思想，写下______等脍炙人口的名篇。

A.《大学问》　B.《尊经阁记》　C.《瘗旅文》　D.《传习录》

514. 贵州______位于梵净山下，现存明清城墙、城门、民居、会馆、商铺、作坊、码头、街巷等建筑物，以及自流供排水及消防系统，民居大门连楹多做成牛角形，会馆多用鹅卵石砌成鱼骨形墙群，具有鲜明的地域特点。

A. 思南思唐古建筑群　B. 黄平飞云崖古建筑群

C. 铜仁东山古建筑群　D. 松桃寨英村古建筑群

515. 贵州______横跨麻哈江上，明万历十六年（1588 年）始建，历时 30 年造成，为湘黔古驿道必经之地。桥长 52.7 米，宽 8.5 米，高 23 米，是变截面圆弧尖拱石拱桥的典型代表，有“北有赵州桥，南有______”之说，著名桥梁专家茅以升称其为“西南桥梁之冠”。

A.（福泉）葛镜桥　B.（遵义）集文桥

C.（印江）天马桥　D.（镇远）祝圣桥

516. 贵州镇远天后宫建于清代，是天后信仰的祭祀场所，兼作福建同乡会馆。天后，是______以来以中国东南沿海为中心的海神信仰，镇远作为长江流域、东南沿海地区进入滇黔内陆的重要水陆口岸，天后宫是清代闽粤移民活动的缩影。

A. 隋代　B. 唐代　C. 北宋　D. 南宋

517. 崇圣寺三塔是云南大理“文献名邦”的象征。以千寻塔（文笔塔）最高，建于唐代南诏时期，高 69.1 米，共______层（底层特高、以上密檐），是我国现存密檐式塔中层数最多的一座，每层正面中央开券龛，供白色大理石佛像一尊。南、北两座小塔，建于五代大理国时期，各十层。

A. 十三　B. 十四　C. 十五　D. 十六

518. 太和宫金殿位于云南昆明鸣凤山上，由平西王吴三桂铸造于清康熙十年（1671 年），长、宽各 6.2 米，高 6.7 米，重约______吨，是国内现存最大的（仿木结构）铜铸建筑之一。

A. 150　B. 200　C. 250　D. 300

519. 云南沧源广允缅寺又称学堂缅寺，建于清道光年间，现存大殿及二门，汉式建筑外形与______族庭院内部装饰有机结合，建筑艺术精湛。

A. 佤　　B. 白　　C. 傣　　D. 布朗

520. 云南______景真八角亭建于清康熙四十年（1701年），亭高17米，由座、身、顶三部分组成，顶呈多层锥形，造型独特精巧。

A. 勐海　　B. 勐腊　　C. 孟连　　D. 景洪

521. 云南景洪曼飞龙塔重建于清乾隆年间，系南传佛教建筑，由主塔和八座小塔组成，宛如一丛春笋破土而出，______语称为“塔糯”（笋塔），独具一格。

A. 白　　B. 傣　　C. 水　　D. 景颇

522. 妙湛寺金刚塔位于昆明官渡古镇，建于明天顺______，形制为金刚宝座式，是国内现存年代最早的砂石构筑喇嘛塔。

A. 元年（1457年）　　B. 二年（1458年）

C. 三年（1459年）　　D. 四年（1460年）

523. 大宝积宫与琉璃殿位于云南丽江白沙村东，为丽江土官木氏于______代所建，壁画规模较大，融合汉、藏、纳西、白族绘画技法，具有很高的历史和艺术价值。大宝积宫属藏传佛教密宗，琉璃殿属佛教禅宗。

A. 宋　　B. 元　　C. 明　　D. 清

524. 云南香格里拉中心镇公堂始建于清雍正二年（1724年），光绪八年（1882年）重建，是______族祭祀祖先、集会议事及宗教活动的中心。1936年5月，中国工农红军二、六军团长征途中在此召开中甸会议。

A. 彝　　B. 纳西　　C. 傈僳　　D. 藏

525. 喜洲______族古建筑群位于大理苍山、洱海之间，现存明、清、民国时期“三坊一照壁”“四合五天井”式庭院，照壁、大门、游廊和门窗装饰多样。

A. 白　　B. 彝　　C. 普米　　D. 纳西

526. ______五百罗汉彩塑由清代泥塑大师黎广修塑造，技艺娴熟，富于变化，创作构思体现“众生平等”“众生皆有佛性”，为古代雕塑艺术精品。

A．浙江天台方广寺　　B．湖北汉阳归元寺

C．四川新都宝光寺　　D．云南昆明筇竹寺

527. 云南______俗称蛇骨塔，由白族英雄段赤城舍身斩蟒故事得名，建于唐代南诏劝丰佑时期，为方形十三级密檐式空心砖塔，通高 30 米，塔内壁中空呈筒状，通至十二层，塔身每面均砌有佛龛。

A．祥云水目寺塔　B．昆明惠光寺塔　C．大理佛图寺塔　D．大姚白塔

528. 云南______始建于南宋大理国时期，殿宇依山而建，现存南宋南海三圣木雕像，是汉语系佛教禅宗最早进入云南的实证。

A．安宁曹溪寺　　B．建水指林寺

C．姚安龙华寺　　D．剑川兴教寺

529. 云南通海秀山古建筑群始建于唐代，现存涌金寺、清凉台、玉皇阁、普光寺、三元宫、土主庙、万寺宫、白龙寺等，为元代至民国遗构，并以______柏、元杉、明玉兰、茶花为“四绝”。

A．晋　B．隋　C．唐　D．宋

530. 丽江宝山石头城位于金沙江峡谷中，三面悬崖绝壁，一面石坡直插江面，仅有南北两座石门可供出入，堪称天险之城，系纳西族先民于______建造，民居布置随岩就势，错落有致。

A．元初　B．元中期　C．元末　D．明初

531. 丽江金龙桥建于清光绪年间，由贵州提督、鹤庆彝族人蒋宗汉捐资修建，长 131.6 米，桥面宽 3.5 米，______条粗大铁链悬系两岸，是长江上现存最古老的桥梁，有“万里长江第一桥”之喻。

A．14　B．16　C．18　D．20

532. 云南孟连宣抚司署原系傣族______氏土司衙门，28 代相沿承袭。主体建筑议事厅为傣族干栏式建筑，装饰部分采用汉族的斗拱、飞檐、方格窗等形式。

A．木　B．孟　C．刀　D．杨

533. 云南建水双龙桥横跨泸江与塌冲河交汇处，始建于清乾隆年间，起初只建成三孔，______年间续建十四孔，雁齿蝉联为十七孔，并在桥上建楼阁三座。全长 148.3 米，宽 3～5 米，远看如一艘楼船，近观似长虹卧波。

A．嘉庆　　B．道光　　C．咸丰　　D．同治

534. 云南会泽地处交通要地，是国内现存古代会馆最多的城市，有“会馆之城”之誉。会泽会馆多建于清代，现存江西、湖广、楚黔、江南、云南、福建、陕西、四川八大会馆，集中体现了不同地域建筑特色。其中，______万寿宫聚儒、道、佛三教合一的风貌，集木雕、石雕、砖雕精华为一体，以雄、奇、秀、美而著称。

A．江西会馆　　B．湖广会馆　　C．楚黔会馆　　D．江南会馆

535. 云南广南侬氏土司衙署始建于元至元十二年（1275 年），由侬氏家族世袭继承 27 代 673 年，是______族土司中管辖范围最广、建筑规模最大、世袭时间最长的土司府。

A．苗　　B．瑶　　C．侗　　D．壮

536. 云南省祥云县云南驿村因彩云南现而得名，是“云南”名称的起源地。汉武帝元封______置云南县，云南驿为县治驻地。1918 年，因省、县同名，县名改称祥云县，而云南驿名称沿用至今，现存古驿道、驿站、客栈、商铺、民居、寺院、宗祠等，是古代西南丝绸之路、茶马古道上的交通枢纽和重要驿站。

A．元年（公元前 110 年）　　B．二年（公元前 109 年）

C．三年（公元前 108 年）　　D．四年（公元前 107 年）

537. 昆明大观楼始建于清康熙二十九年（1690 年），后世改建，为三层楼阁式三重檐攒尖顶建筑。乾隆年间孙髯翁撰______字长联（“五百里滇池，奔来眼底”），被誉为“古今第一长联”。

A．160　　B．180　　C．200　　D．220

538. 云南凤庆古墨水磨房群始建于清______年间，现存磨房、碾子房、榨油坊、石桥等建筑和石条铺设的古道，集建筑技术、生产生活与山形水系于一体，是西南民族地区利用水资源的典型代表。水磨房以石条为基，垒石为墙，青石板覆顶。

A．嘉庆　　B．道光　　C．咸丰　　D．同治

539. 顺治______，清政府始设云南提督，康熙三年（1664 年）云南提督治所迁至大理古城，先后有 50 多任提督在这里处理军务。咸丰六年（1856 年），杜文秀农民起义军在此设“元帅府”。旧址以东西向中轴线延伸布局为主，现存大堂、白虎堂等建筑。

A．十五年（1658 年）　　B．十六年（1659 年）
C．十七年（1660 年）　　D．十八年（1661 年）

540. 大昭寺位于西藏拉萨老城区，始建于公元______世纪中叶，融合藏、唐、尼泊尔、印度建筑风格，开创了藏式平川式寺庙布局规制。大殿正中供奉释迦牟尼十二岁时等身像，配殿供吐蕃赞普松赞干布和文成公主、尺尊公主等塑像。寺内《文成公主进藏图》《大昭寺修建图》等壁画弥足珍贵。寺前有唐蕃会盟碑、公主柳。

A．六　　B．七　　C．八　　D．九

541. 昌珠寺位于西藏乃东城南，藏语意为“鹏与龙”，相传由唐代吐蕃赞普______主持建造，大殿下层布局与大昭寺大殿相仿。现存元末明初观世音菩萨憩息图珍珠唐卡等珍贵文物。

A．松赞干布　　B．贡日贡赞　　C．芒松芒赞　　D．都松芒布吉

542. 布达拉宫位于拉萨市中心的红山上，梵文意为“圣地普陀山”，是世界上海拔最高的宫殿建筑群（海拔 3700 米），始建于 7 世纪，相传系吐蕃赞普松赞干布为迎娶唐文成公主而建，后屡有扩建，成为西藏政教合一的统治中心。宫体主楼外观十三层（实为九层），高 115.7 米，分红宫、白宫，有宫殿、佛堂、寝宫、灵塔殿等，珍藏唐卡、经卷及历代中央政府封敕达赖喇嘛的金册、玉册、金印等。共供奉八座灵塔，以______达赖灵塔最大。

A．四世　　B．五世　　C．六世　　D．七世

543. 萨迦寺位于西藏日喀则本波山下，是藏传佛教萨迦派（花教）的主寺，萨迦派创始人贡却杰布于北宋熙宁六年（1073 年）创建北寺，元代建成南寺，后屡经增建。寺内文物丰富，尤以______为著，居藏区诸寺之首。

A．唐卡　　B．塑像　　C．法器　　D．经书

544. 噶丹寺（甘丹寺）位于西藏达孜汪古尔山上，藏语意为“极乐寺”，是藏传佛教格鲁派创始人宗喀巴于明永乐七年（1409 年）创建的黄教首寺，寺庙巍峨重叠，清______皇帝曾赐名为“永泰寺”。

A. 顺治　　B. 康熙　　C. 雍正　　D. 乾隆

545. 扎什伦布寺位于日喀则尼色日山下，明正统十二年（1447 年）由宗喀巴大师的大弟子根敦珠巴主持兴建，自______世班禅后成为政教中心（班禅驻锡之地），为后藏地区最大的寺庙。寺中强巴佛殿内供奉世界上最大的镀金铜佛坐像，高 26.2 米。

A. 四　　B. 五　　C. 六　　D. 七

546. 扎什伦布寺与甘丹寺、色拉寺、______合称藏传佛教格鲁派的“四大寺”；并与青海湟中塔尔寺、甘肃夏河拉卜楞寺并列为“六大寺”。

A. 昌珠寺　　B. 小昭寺　　C. 平措林寺　　D. 哲蚌寺

547. 哲蚌寺位于拉萨市西北根培乌孜山麓，明______年间由宗喀巴大师的弟子绛央曲结创建，占地面积约 25 万平方米，是西藏地区规模最大的寺庙。二至四世达赖喇嘛灵塔保存在措钦大殿（大法堂）。寺内藏有用金汁丹朱手抄经典及朝廷赐给西藏地方的佛像。每年雪顿节（藏历六月三十日），举行隆重的展佛仪式。

A. 洪武　　B. 永乐　　C. 宣德　　D. 正统

548. 色拉寺位于拉萨市北郊色拉乌孜山麓，明永乐十六年（1418 年）由宗喀巴大师的弟子绛钦曲结创建。绛钦曲结曾应诏赴北京，受封大慈法王，回藏后将钦赐经像等珍藏于寺内，以永乐______用朱砂刊印的 108 函藏文《甘珠尔》最为珍贵。

A. 八年（1410 年）　　B. 九年（1411 年）
C. 十年（1412 年）　　D. 十一年（1413 年）

549. 罗布林卡藏语意为“宝贝园”，位于拉萨老城西郊，始建于______世达赖时，后成为历代达赖喇嘛的夏宫，由格桑颇章、金色颇章、达旦明久颇章三组建筑组成，宫殿造型庄严别致，亭台池榭曲折清幽。

A. 五　　B. 六　　C. 七　　D. 八

550. 夏鲁寺位于日喀则市东南，藏语意为“新生嫩叶”，原寺建于北宋元祐二年（1087 年），______世纪中叶，著名僧人布顿·仁钦珠主持寺务，重修扩建寺院，以该寺为中心创立了藏传佛教夏鲁派。寺内存有元代壁画和八思巴文文告。

A．十三　　B．十四　　C．十五　　D．十六

551. 桑耶寺位于西藏扎囊雅鲁藏布江北岸，______世纪时由莲花生大师主持建造，由中心殿、四大洲、八小洲、太阳殿、月亮殿、红白黑绿四塔等组成，具有浓郁的藏、汉、印度早期建筑风格。

A．八　　B．九　　C．十　　D．十一

552. 藏传佛教历史上第一座佛、法、僧三宝俱全的寺庙是______，寺内保存有长达 92 米、被称为“西藏史记”的长幅壁画。

A．昌珠寺　　B．夏鲁寺　　C．桑耶寺　　D．托林寺

553. 托林寺位于西藏札达象泉河畔，始建于______时期，是古格王国在阿里地区建造的第一座佛寺，仿照前藏的桑耶寺设计建造，一度成为当时的佛教中心。

A．隋唐　　B．五代　　C．北宋　　D．南宋

554. 西藏江孜白居寺为______世班禅克珠杰·格勒巴桑与施主热丹衮桑帕于明永乐十六年（1418 年）奠基兴建，珍藏各种塑像、壁画等，在藏族文化艺术史上具有重要地位。

A．一　　B．二　　C．三　　D．四

555. “十万见闻解脱大塔”（也称“吉祥多门塔”“菩提塔”）位于______中，建于明宣德二年（1427 年），共九层，高 42.4 米，塔内有 77 间佛殿，以及神龛、经堂等，存有十余万尊佛像和近千幅壁画，是中国建筑史上独一无二的珍品。

A．昌珠寺　　B．夏鲁寺　　C．桑耶寺　　D．白居寺

556. 西藏______朗色林庄园建造于明代（西藏帕竹王朝时期），主要由围墙、护墙壕、主楼、经堂、仓库、神殿及花园组成，是西藏早期农奴制庄园建筑的典型实例。

A．乃东　　B．扎囊　　C．琼结　　D．曲松

557. 小昭寺位于拉萨大昭寺之北，______，由唐文成公主主持修建，为典型的汉藏结合式建筑。小昭寺藏语意为“藏宝之所”，供奉释迦牟尼八岁等身铜像（曾与大昭寺中供奉的佛像易地）。

A．坐北朝南　　B．坐南朝北　　C．坐东朝西　　D．坐西朝东

558. 查杰玛拉康藏语意为“光彩耀目的大殿”，位于西藏自治区类乌齐县，始建于南宋咸淳六年（1270 年），大殿共三层，顶层为汉式结构，屋顶铺以琉璃瓦，并有龙爪形屋檐装饰；中部为______式结构，突出了象鼻形屋檐装饰；下部为藏式结构，为常见的狮爪形屋檐装饰。

A．不丹　　B．尼泊尔　　C．印度　　D．孟加拉

559. 扎囊松卡石塔建于唐代，传说由藏传佛教______派创始人（也是著名寺院桑耶寺的创立者）莲花生大师设计、印度高僧寂护主持雕造。五座大小不同的石塔，均利用山崖上的整块巨石雕刻而成。

A．宁玛　　B．噶举　　C．萨迦　　D．格鲁

560. ______初建于 10 世纪末，由高僧卢梅・楚臣西绕主持修建，是藏传佛教宁玛派三大寺之一，以注重研习佛教经典、天文历法、书法修辞及藏医、藏药、藏香等闻名，历年《藏历年表》均出于此。

A．四川白玉噶托寺　　B．四川德格协庆寺

C．西藏扎囊敏竹林寺　　D．西藏贡嘎多吉扎寺

561. 西藏昌都强巴林寺于明正统二年（1437 年）由宗喀巴大师的弟子喜绕桑布创建，是西藏开创金瓶掣签确认活佛制度的第一座寺庙，从清______皇帝开始，历代帕巴拉呼图克图均受中央政府册封，逐步形成政教合一统治机构，并拥有 130 座分寺。

A．顺治　　B．康熙　　C．雍正　　D．乾隆

562. 拉萨冲赛康建于清代，为清朝驻藏大臣最早的衙门所在。雍正______始置驻藏大臣。

A．六年（1728 年）　　B．七年（1729 年）

C．八年（1730 年）　　D．九年（1731 年）

563. 拉萨门孜康，______年由十三世达赖喇嘛土登嘉措出资、克罗诺布主持兴建，是集藏医药、天文历算、藏文文法、诗词学、梵文等学科的综合性学院，为西藏医算学科的圣殿。

A. 1901　　B. 1906　　C. 1911　　D. 1916

564. 褒斜道贯穿陕西秦岭山脉，南口名“褒谷”（今汉中），北口名“斜谷”（今眉县），是我国最早开凿的人工隧道，自______时起即凿石架木，修建栈道，后经历代修凿而成，隧道内两壁和石门的南褒河两岸崖壁上，遍布汉魏以来留诗题名，通称“石门石刻”，著名者称为“石门十三品”。

A. 战国　　B. 秦代　　C. 西汉　　D. 东汉

565. 陕西西安______始建于唐永徽三年（652 年），最初用来珍藏玄奘法师从天竺取回的佛经，武周长安年间重建，方形七层，通高 64 米，逐层向内收分，造型简洁，古朴庄重，气势雄伟，是我国楼阁式砖塔的典范之作。塔南门龛内嵌唐太宗撰《大唐三藏圣教序》和唐高宗撰《大唐皇帝述三藏圣教序记》。

A. 兴教寺塔　　B. 大雁塔　　C. 小雁塔　　D. 圣寿寺塔

566. 西安大慈恩寺是我国佛教______宗的祖庭，唐贞观二十二年（648 年）太子李治为追念母亲文德皇后长孙氏创建。玄奘曾主持寺务，领管译经。

A. 天台　　B. 三论　　C. 唯识　　D. 华严

567. 小雁塔位于西安荐福寺内，修建于唐景龙年间，初为存放高僧义净从天竺带回的佛教经卷、佛图等而建，是早期方形密檐式砖塔的代表作，与登封法王寺塔、大理崇圣寺千寻塔并称唐代三大密檐式塔。现存______层，造型优美，玲珑秀丽。

A. 七　　B. 九　　C. 十一　　D. 十三

568. ______又称玄奘墓塔，位于西安城南少陵原畔，始建于唐总章二年（669 年），为“西游取经”的玄奘法师埋骨处，也是早期砖砌仿木构楼阁式塔的典型代表，底层北壁嵌唐开成四年（839 年）《大唐三藏大遍觉法师塔铭》，记述玄奘诞生、出家、受戒、取经和译经过程。其弟子窥基、圆测墓塔陪侍左右。

A. 兴教寺塔　　B. 香积寺塔　　C. 华严寺塔　　D. 宝庆寺塔

569. 西安城墙为明洪武年间在唐长安城皇城和元奉元城基址上修建，用黄土分层夯筑，多层城砖包砌。周长近______里，是国内现存最完整、规模最大的古代城垣建筑之一。

A．18　　B．21　　C．24　　D．27

570. 陕西长武昭仁寺系______为纪念阵亡将士诏建，大雄宝殿内部不见立柱，全由四周大梁架叠而起，为古建筑中所罕见。

A．唐高祖李渊　　B．唐太宗李世民　　C．唐高宗李治　　D．唐中宗李显

571. 陕西华阴西岳庙始建于______时，原名集灵宫，是历代帝王祭谒西岳华山之处，东汉（一说北魏）迁现址，改名西岳庙。坐北朝南，庙门正对华山，中轴线上依次排列灏灵门、五凤楼、棂星门、金城门、灏灵殿、寝宫、御书楼、万寿阁等。唐玄宗先天二年（713 年）封华山神为金天王，北宋时加封金天顺圣帝。

A．汉高祖　　B．汉文帝　　C．汉景帝　　D．汉武帝

572. 西安化觉巷清真寺又名东大寺，存有唐天宝______建寺碑记，采用中国古典庭院建筑形式，以东西向为中轴线，装饰上融合伊斯兰教建筑艺术。大殿藻井图案600 余幅，是清真彩绘装饰艺术的代表作。

A．元年（742 年）　B．二年（743 年）　C．三载（744 年）　D．四载（745 年）

573. 陕西周至仙游寺法王塔是国内现存唯一的______砖塔，也是现存最早的方形砖塔，七级楼阁式，高 35 米。相传白居易任周至县尉时，在这里写下著名的《长恨歌》，成为千古绝唱。

A．西晋　　B．北朝　　C．隋代　　D．唐代

574. ______钟楼始建于明洪武年间，万历十年（1582 年）整体迁移今址，基座高 8 米，楼高 27.4 米，三层檐歇山顶，为古城的标志性建筑，也是我国现存钟楼中形制最大、保存最完整的一座。

A．北京　　B．保定　　C．凤阳　　D．西安

575. 陕西蓝田水陆庵翻建于明嘉靖年间，正殿塑有______多尊宗教与世俗人物，传为著名匠人乔仲超所塑，是国内现存数量最多的彩塑泥像群。

A．2700　　B．3700　　C．4700　　D．5700

576. 陕西三原城隍庙创建于明洪武年间，供奉唐代名将三原人______，规模庞大，建筑堂皇，在全国城隍庙中独具一格。

A．李靖　　B．程知节　　C．秦琼　　D．尉迟恭

577. 鸠摩罗什舍利塔位于西安鄠邑（原户县）草堂寺内，呈八角亭阁式，选玉白、砖青、墨黑、乳黄等八色大理石及玉石分段拼雕而成，又称“八宝玉石塔”。鸠摩罗什与真谛、玄奘、不空并称中国古代四大佛教翻译家，翻译了《妙法莲华经》《金刚般若波罗蜜经》等大量佛教经典，______时受邀由龟兹迁居长安草堂寺，逝后葬于此，唐人建塔纪念。

A．前秦　　B．后秦　　C．西魏　　D．北周

578. 鄠邑草堂寺是我国佛教______的祖庭，尊高僧鸠摩罗什为始祖。

A．华严宗　　B．三论宗　　C．律宗　　D．密宗

579. 鄠邑公输堂创建于明______年间，历时十一年建成，是白阳三会教教徒为纪念其祖师公输般（鲁班）而建，后殿内“天宫”楼阁模型集彩绘、雕刻、书法、绘画等艺术于一身，雕刻精，结构巧，造型绝，彩绘细，为现存小木作精品。

A．洪武　　B．建文　　C．永乐　　D．宣德

580. ______是传说中黄帝的史官、创造汉字的始祖。其墓与庙位于陕西省白水县史官乡，庙始建年代无考，冢传说建于汉代，宋嘉祐年间曾维修墓、庙。

A．岐伯　　B．伶伦　　C．隶首　　D．仓颉

581. 善导塔位于长安香积寺内，唐中宗神龙二年（706 年）为纪念佛教______第二代祖师善导而建，历史上曾为观星测雾、量日定时之用。

A．密宗　　B．净土宗　　C．律宗　　D．禅宗

582. ______城隍庙是国内三大“都城隍庙”之一，与北京、南京城隍庙齐名，大殿采用庑殿式屋顶，屋面施蓝色琉璃瓦。

A．杭州　　B．洛阳　　C．开封　　D．西安

583. 陕西______又称铁佛寺塔，始建于明万历年间，八角十三级楼阁式，高 87.2 米，为国内现存最高的砖塔。

A．周至八云塔　　B．泾阳崇文塔　　C．彬州开元寺塔　　D．永寿武陵寺塔

584. ______始建于元延祐三年（1316年），大殿内保存塑于元泰定三年（1326年）的释迦摩尼佛及菩萨、弟子彩塑，价值珍贵。

A．河北沧州普照寺　　B．福建漳州普照寺

C．河南汝州普照寺　　D．陕西韩城普照寺

585. 陕西韩城党家村古建筑群始建于元代，主要居民为党、______二姓族人，选址合理，村容如舟，房屋建造符合传统阴阳八卦之说，木、石、砖三雕俱全，人称“民居瑰宝”。

A．张　　B．韩　　C．贾　　D．商

586. 镇北台位于陕西榆林城北红山上，始建于明______年间，原址为秦昭襄王长城烽燧基址。砖砌结构，逐层内收，状如阶台，是明长城线上最大的一座防御敌台和军事要塞，有“万里长城第一台”之称。

A．永乐　　B．宣德　　C．嘉靖　　D．万历

587. 西安华严寺是我国佛教华严宗的祖庭，始建于唐______年间，以《华严经》为基本典籍。现存初祖杜顺法师灵塔和四祖澄观法师灵塔。

A．武德　　B．贞观　　C．永徽　　D．显庆

588. 西安净业寺位于终南山北麓，是我国佛教______的祖庭，始建于隋末，创始人为道宣大师，后由道宣再传弟子鉴真传播到日本。

A．律宗　　B．密宗　　C．禅宗　　D．净土宗

589. 西安大兴善寺始建于西晋武帝泰始二年（266年），原名遵善寺，隋文帝赐名大兴善寺，是我国佛教______宗的祖庭。创始人为号称唐“开元三大士”的印度高僧善无畏、金刚智和不空，后经一行、惠果等传承弘扬。

A．律　　B．密　　C．净土　　D．禅

590. 陕西______始建于唐贞观年间，为八角七级楼阁式空心砖塔，通高40.9米，遗存景教（基督教一支）泥塑、古叙利亚文刻字，对研究古代中西文化交流具有重要价值。大秦景教流行中国碑相传出至该塔所在寺中。

A．长安华严寺塔　B．周至大秦寺塔　C．高陵昭慧塔　D．岐山太平寺塔

591. 陕西吴堡石城始建于五代十国北汉时期，依山顺势构筑，东扼黄河天险，西北以石壑为堑，素有“______吴堡”之称。现存古街、衙署、书院、庙宇、店铺、民居等。

A. 金　　B. 银　　C. 铜　　D. 铁

592. ______为纪念西周政治家周公姬旦建造，始建于唐，现存多为明清建筑，前有三公（周公、召公、太公）殿，中有姜嫄殿，后有后稷殿，为“姜嫄背子抱孙”势。

A. 山东曲阜周公庙　　B. 河南洛阳周公庙　　C. 陕西岐山周公庙

593. 榆林卫城为明长城______边重镇之一，始建于明洪武初年，成化九年（1473 年）延绥镇迁驻于此，其后三次大规模扩建（“三拓榆阳”）。城内有街贯通南北门，连缀文昌阁、万佛楼、新明楼、钟楼、凯歌楼、鼓楼及四座木牌坊。

A. 六　　B. 七　　C. 八　　D. 九

594. 陕西留坝张良庙位于秦岭南坡紫柏山麓，始建于东汉，现存明清遗构，共有院落九重。张良与______合为“汉初三杰”，汉高祖刘邦称其“运筹策帷幄之中，决胜千里之外”。西汉立国之时，张良赴秦岭紫柏山隐身修行。

A. 萧何、韩信　　B. 萧何、曹参　　C. 曹参、韩信　　D. 萧何、陈平

595. 陕西______盘龙山古建筑群始建于明成化年间，原为真武祖师庙，崇祯十六年（1643 年）李自成（______人）建立大顺政权后，将其扩建为行宫。

A. 米脂　　B. 绥德　　C. 子洲　　D. 清涧

596. ______是一座以储粮为主、兼具防御功能的大型砖结构窑群式民办仓城，垣内周列仓廒 58 洞，城外建有寨墙。清光绪八年（1882 年）由东阁大学士阎敬铭倡议修建，慈禧太后曾朱批“天下第一仓”，也是目前仅存的仍在使用的古代粮仓。

A. 河北深州盈亿义仓　　B. 山西运城解州同善义仓

C. 江苏苏州丰备义仓　　D. 陕西大荔丰图义仓

597. 陕西______报本寺原为唐高祖李渊别宅、李世民出生地，李世民登基后舍宅为寺，名“报本”。报本寺塔始建于唐代，北宋宝元二年（1094 年）重修，为八角七级楼阁式砖塔，通高 39.7 米，地宫出土金棺、银椁、舍利子等珍贵文物。

A. 扶风　　B. 岐山　　C. 武功　　D. 兴平

598. 西安大学习巷清真寺俗称西大寺，始建于元中统四年（1263 年），明永乐十一年（1413 年）钦命郑和重修，清代修葺。礼拜大殿悬清______皇帝手书“教崇西域”和慈禧太后题写“派衍天方”匾额。

A．康熙　　B．乾隆　　C．道光　　D．光绪

599. ______始建于元末，明初著名道人张三丰曾在此修行传道，楼、台、阁、亭、殿、洞组合有序，为黄土高原古建筑 + 窑洞组合的著名道观。

A．陕西韩城紫云观　　B．陕西宝鸡金台观

C．甘肃天水玉泉观　　D．甘肃兰州金天观

600. 陕西勉县武侯祠始建于三国蜀景耀______，为蜀汉后主刘禅下诏敕建的第一座武侯祠，后世屡有修葺，形成集建筑、园林、书法等艺术为一体的古建筑群。陕西眉县五丈原也建有诸葛亮庙。

A．三年（260 年）B．四年（261 年）C．五年（262 年）D．六年（263 年）

601. ______始建于清光绪十七年（1891 年），现存门厅、考舍、伦秀堂、官厅、厢房等，木、石、砖雕精美，是现存最完整的清代童生考试场所。

A．江西玉山考棚　　B．广东龙川考棚

C．云南建水学政考棚　　D．陕西蒲城考院

602. 我国最早建立的道教宫观是______，相传建于周代，后世屡有修建，地处道家七十二福地之首，享有“仙都”之誉。

A．北京白云观　　B．湖北武当山紫霄宫

C．四川成都青羊宫　　D．陕西周至楼观台

603. 嘉峪关是______代万里长城西端终点。关城由内城、外城、罗城三部分组成，南依祁连山，北依龙首山、马鬃山，筑城墙与两山相连，有“天下第一雄关”之誉。

A．秦　　B．汉　　C．宋　　D．明

604. 拉卜楞寺位于甘肃夏河大夏河畔，清康熙______由第一世嘉木样活佛阿旺宋哲创建，为黄教六大寺之一，藏传佛教教学体系完备，有闻思、医药、时轮、吉金刚、上续部、下续部六大学院。

A．四十七年（1708 年）　　B．四十八年（1709 年）

C．四十九年（1710 年）　　D．五十年（1711 年）

605. 甘肃张掖大佛寺创建于西夏永安元年（1098 年），大佛殿内供奉木胎泥塑释迦牟尼佛涅槃像，身长 34.5 米，为国内现存最大的室内卧佛。藏经阁内珍藏明______宗敕赐佛经 356 种，3584 卷，价值珍贵。

A. 英　B. 代　C. 宪　D. 孝

606. ______始建于明正统二年（1437 年），由儒学、圣庙、文昌宫三组建筑组成，是西北地区现存建筑规模最大、保存最完整的孔庙，也是全国三大孔庙之一。

A. 陕西韩城文庙　B. 甘肃武威文庙

C. 青海贵德文庙　D. 新疆乌鲁木齐文庙

607. 甘肃永登鲁土司衙门创建于______代，历 19 代 21 任土司，集衙门、庙宇（妙因寺）、私宅为一体，与广西忻城莫土司衙署、四川马尔康卓克基土司官寨、贵州毕节大屯土司庄园并称为“四大土司衙门”。

A. 宋　B. 元　C. 明　D. 清

608. 永登红城感恩寺为明______宗表彰鲁土司家族功勋诏建，现存明代泥塑、悬塑像和壁画，主体建筑大雄宝殿为汉藏结合式风格，顶部天花彩绘藏式唐卡。

A. 宪　B. 孝　C. 武　D. 世

609. 甘肃天水伏羲庙系明武宗依奏诏立于秦州，依“前宫后寝”格局建立，是全国现存规模最大的伏羲祭祀建筑群，每年正月______为伏羲诞辰大祭。

A. 初一　B. 初七　C. 十五　D. 十六

610. 甘肃______始建于北宋元符二年（1099 年），八角七级楼阁式，塔檐、直棂窗、假版门、栏杆等雕刻精巧，具有较高的艺术价值。

A. 宁县凝寿寺塔　B. 民乐圆通寺塔　C. 永昌圣容寺塔　D. 华池东华池塔

611. 甘肃______现存内、外二城，内城为空心十字形，截去城垣四面凸出部分的 8 个角，形成 20 个面，这一设计上突破了传统方形城的格局，在现存古城中较为罕见，对于研究丝绸之路军事屯守、邮驿制度等具有重要价值。

A. 安西破城子遗址　B. 民乐八卦营城址

C. 夏河八角城城址　D. 景泰永泰城址

612. 张掖鼓楼始建于明正德二年（1507年），清康熙七年（1668年）重建，是河西走廊现存最大的鼓楼，由楼台、楼阁两部分组成，通高27.3米。楼阁分上下两层，上层檐下四面悬挂匾额，其中北面匾额为“______”。鼓楼东南角悬有唐代铜钟一口。

A．九重在望　B．万国咸兵　C．声教四达　D．湖山一览

613. 塔尔寺位于青海湟中莲花山中，明洪武十二年（1379年）建莲聚宝塔，嘉靖三十九年（1560年）建寺，是藏传佛教格鲁派创始人宗喀巴的诞生地，也是黄教六大寺之一，为汉藏合璧建筑群的范例，______被称为塔尔寺艺术“三绝”。

A．酥油花、堆绣、壁画　B．铜佛像、金银灯、金书藏经

C．象牙、古瓶、法轮　D．宝瓶、宝伞、倒钟

614. 青海乐都瞿昙寺为三罗喇嘛桑杰扎西创建，______以佛祖释迦牟尼的姓氏赐名书匾，是我国西北地区保存最完整的一组明代官式建筑群，以巨幅彩色壁画及所藏珍贵文物闻名。

A．明太祖朱元璋　B．明成祖朱棣　C．明宣宗朱瞻基　D．明英宗朱祁镇

615. 隆务寺始建于______代，明洪武三年（1370年）在青海同仁隆务庄重建，是藏传佛教艺术瑰宝——热贡艺术（唐卡、壁画、堆绣、雕塑等）的发源地。

A．隋　B．唐　C．宋　D．元

616. 藏娘佛塔位于青海称多通天河南岸，由尊者孟德嘉纳于______世纪创建，为石土木结构，高28.3米，一层基座周长81米，塔身内游廊相通，与西藏江孜白居塔、尼泊尔巴耶塔并称为世界三大藏传佛塔。明宣德年间在塔下建桑周寺。

A．10　B．11　C．12　D．13

617. 青海互助却藏寺由______世却藏南杰班觉于清顺治四年（1647年）创建，现存佛堂、经堂、僧舍等。千佛殿（金龙殿）中藏有高一尺五寸铜质镀金佛像1000余尊，另有唐卡、佛像、经卷等珍贵文物。

A．一　B．二　C．三　D．四

618. 青海化隆夏琼寺始建于元至正九年（1349年），由宗喀巴大师的老师端智仁钦奠基建寺，后世不断兴建，为藏传佛教格鲁派的发祥地和安多地区诸喇嘛庙之祖寺。以______（初创地）和大金瓦殿（供端智仁钦灵塔）为中心，其余建筑呈环状分布，高低错落。

A．阿拉巴杂殿　B．大经堂　C．藏经院　D．时轮殿

619. 海宝塔位于宁夏银川北郊，据载为大夏国王______重修，后世续建，券门部分皆向外突出，塔身外观形似“亚”字，为我国众多古塔所仅见。

A. 赫连勃勃　　B. 赫连昌　　C. 赫连定

620. 同心清真大寺始建年代不晚于______，建在一个高 7 米、面积 3500 平方米的砖砌台座上，以中国传统建筑为主体，兼纳伊斯兰风格装饰，是宁夏回族自治区现存历史最久、规模最大的清真寺。

A. 宋代　　B. 元代　　C. 明代　　D. 清代

621. 宁夏贺兰拜寺口双塔建于______时期，均为砖砌空心八角密檐式，高 40 余米，东西对峙，守卫贺兰山口。

A. 十六国　　B. 北朝　　C. 隋唐　　D. 西夏

622. 一百零八塔位于宁夏青铜峡黄河西岸，背山面河，随山势分阶凿石而建，从上往下按奇数排列成______行，构成一个等边三角形的塔群，为国内孤例。塔的造型为覆钵式、宝瓶式、葫芦式实心喇嘛塔。

A. 九　　B. 十　　C. 十一　　D. 十二

623. 苏公塔系清______年间吐鲁番郡王苏赉满为其父额敏和卓所建，高 37 米，用黄色方砖叠砌成维吾尔传统花纹图案，有螺旋形台阶，可登临塔顶。额敏和卓在清朝平定准噶尔、大小和卓叛乱斗争中，屡建功勋。

A. 康熙　　B. 雍正　　C. 乾隆　　D. 嘉庆

624. 伊犁将军府位于新疆霍城惠远镇，清乾隆二十七年（1762 年）平定准噶尔叛军后，乾隆帝诏令设立“总统伊犁等处将军”，统辖巴尔喀什湖以东、以南一切军政事务，首任将军______。将军府设在惠远城，现存正厅、东西两厢、金库、衙府等建筑。

A. 明瑞　　B. 阿贵　　C. 松筠　　D. 长龄

625. 我国现存规模最大的伊斯兰礼拜寺是______，始建于明代中期，占地面积 1.68 万平方米，可容纳四千多名（一说五六千名）穆斯林同时作礼拜。

A. 北京牛街清真寺　　B. 河北泊头清真寺

C. 陕西西安化觉巷清真寺　　D. 新疆喀什艾提尕尔清真寺

626. 新疆察布查尔靖远寺始建于清光绪十四年（1888 年），保留了大量精美的砖雕、木雕、石雕和壁画彩绘，是______族建筑艺术的杰出代表。______族原居东北地区，清乾隆年间部分西迁至新疆戍边（农历四月十八日为西迁节），辽宁沈阳存有______族家庙（太平寺）。

A．锡伯　　B．蒙古　　C．达斡尔　　D．哈萨克

627. 新疆伊宁拜吐拉清真寺始建于清乾隆______，是清政府统一新疆后在伊犁修建的第一座伊斯兰教寺院，宣礼塔外形由汉式鼓楼演变而来。

A．八年（1743 年）　　B．十八年（1753 年）

C．二十八年（1763 年）　　D．三十八年（1773 年）

628. 斗拱是中国古代建筑独特的构件，安装在柱头和枋上。方形木块叫______，弓形短木叫______，斜置长木叫______，总称斗拱。

A．斗　昂　拱　　B．拱　斗　昂　　C．昂　斗　拱　　D．斗　拱　昂

629. 我国古代建筑屋顶中级别最高的是重檐______顶，一般只在皇宫正殿使用。

A．庑殿　　B．歇山　　C．攒尖　　D．盝

630. 我国古代建筑彩画中等级最高的是______。

A．和玺彩画　　B．旋子彩画　　C．苏式彩画

631. 中国古代园林营造历史源远流长，商代出现具有园林性质的“囿”，周代开始营构人工园林，秦汉流行宫苑建筑，魏晋南北朝崇尚自然山水园林，唐宋以园林空间表现画意构思，明清造园艺术更重生活情趣。______为唐代著名皇家园林。

A．上林苑　　B．曲江池　　C．艮岳　　D．太液池

632. 高台建筑至迟出现于春秋战国时期，易县燕下都、邯郸赵王城、临淄齐故都、曲阜鲁故城、新郑郑韩故城等都发现众多夯土台址，其中______由魏国营造。

A．中天台　　B．武阳台　　C．章华台　　D．舞雩台

633. ______城市布局突破了早期封闭式的里坊制度，改为沿街设店的方式，出现了各种形式的殿堂楼阁，木结构建筑设计与施工达到一定程度的规格化。

A．隋代　　B．唐代　　C．五代　　D．宋代

634. 无梁殿的建造以明代最为普遍，典型的有北京皇史宬、天坛斋宫、太原永祚寺、五台山显通寺、南京灵谷寺、______开元寺等。

A. 定州　　B. 扬州　　C. 苏州　　D. 潮州

635. 明______年间立四郊分祀之制，在天地坛增建圜丘坛、皇穹宇，改名天坛。另在京城北、东、西门外建地坛、日坛、月坛。

A. 成化　　B. 弘治　　C. 正德　　D. 嘉靖

636. ______官方颁布的《营造法式》（由李诫编著），共36卷（含看详、目录各1卷）、357篇、3555条，将建筑营造分为壕寨、石作、大木作、小木作、雕作、旋作、锯作、竹作、瓦作、泥作、彩画作、砖作、窑作13作，是一部规范完整的建筑设计、施工书籍，标志着中国古代营建技术已经发展到较高阶段。

A. 唐代　　B. 北宋　　C. 南宋　　D. 金代

637. 清雍正十二年（1734年）刊行《工部工程则例》，为官式建筑通行规范。全书共74卷，前______卷为______种典型工程营造范例，其余为大木作、装修作、石作、瓦作、土作、铜作、铁作、搭材作、油作、画作、裱作等11个工种的用工用料定额规定。《营造法式》着重“程式”，《工程则例》着重“事例”。

A. 17　　B. 22　　C. 27　　D. 32

638. 反映江南地区代表性传统建筑技术的专著是______。

A.《鲁班经》　　B.《长物志》　　C.《匠作则例》　　D.《营造法原》

639.《园冶》是我国第一部园林艺术理论专著，由明末造园家______所撰，共3卷，附图235幅，分为园说和兴造论两部分，园说又分相地、立基、屋宇、装折、门窗、墙垣、铺地、掇山、选石、借景10篇。

A. 张南阳　　B. 计成　　C. 文震亨　　D. 李渔

石窟寺及石刻

1. 石窟寺，一般指开凿于河畔山崖的佛教寺院。中国兴建石窟寺约始于______世纪，盛于在 5～8 世纪（南方稍延），有的地点至 16 世纪还在开凿。中国石窟从形制上可分为塔庙窟（中心柱窟）、佛殿窟（像坛窟）、讲堂窟、禅窟、僧房窟等类型。

   A．1　　B．2　　C．3　　D．4

2. 我国三大佛教石窟是甘肃敦煌莫高窟、______、河南洛阳龙门石窟。

   A．河北邯郸响堂山石窟　　B．山西太原天龙山石窟
   C．山西大同云冈石窟　　D．甘肃天水麦积山石窟

3. 秦始皇统一天下后，先后五次巡视全国，并刻石纪功。据记载，共刻峄山、泰山、琅琊、芝罘、东观、碣石、会稽 7 石，字体为小篆，每句 4 字，韵文。现残存琅琊、______刻石。

   A．峄山　　B．泰山　　C．碣石　　D．会稽

4. 儒家刻经始于东汉熹平石经（7 经），迄今有文字可考的还有曹魏正始石经（2 经 3 体）、唐代开成石经（12 经）、______广政石经（10 经）、北宋嘉祐石经（9 经）、南宋绍兴石经（7 经）、清代乾隆石经（13 经），共 7 种。

   A．蜀汉　　B．成汉　　C．前蜀　　D．后蜀

5. 佛教刻经始于______，盛于唐和辽金。山东泰山、河北响堂山、北京房山云居寺现存大量北朝、唐、辽、金刻经。

   A．前秦　　B．北魏　　C．东魏　　D．北齐

6. 道教刻经约始于唐代中期，盛于宋、元，最常见的刻经内容是______。

   A.《道德经》　　B.《南华经》　　C.《阴符经》　　D.《常清静经》

7. 北京房山云居寺东北的石经山上有藏经洞九座，保存隋至明代刻制的石经板 4196 块，连同寺院藏经穴中的经板共近______块，是世界上保存石刻经版最多的寺庙。

A. 12000　　B. 13000　　C. 14000　　D. 15000

8. 千像寺造像位于天津蓟州盘山东麓，已发现线刻造像 535 尊及相关经幢、碑刻，是国内迄今发现规模最大的______代石刻造像群。

A. 唐　　B. 宋　　C. 辽　　D. 金

9. 河北邯郸响堂山石窟分南、北两窟，初凿于______，后代增凿，现存主要洞窟 17 座，造像 5000 余尊，还有大量刻经（6 万余字）、题记等，学界将响堂山雕塑艺术称为“______造像模式”。响堂山地处太行八陉之一的滏口陉，为______国都邺城与别都晋阳往来必经之地。

A. 东魏　　B. 北齐　　C. 隋代　　D. 唐代

10. 河北涉县娲皇宫北侧崖壁上有______时期所刻《深密解脱经》《十地经》等六部经文，共 13.74 万字，是国内现存同时期刻经文字最多的摩崖。

A. 北魏　　B. 东魏　　C. 北齐　　D. 隋

11. 我国现存形体最高大的经幢是______，建于北宋景祐五年（1038 年），用石料叠砌而成，共七级，高 16.44 米，刻有陀罗尼经及佛教人物、经变故事、动物、花卉等图案，幢顶以铜质火焰宝珠为刹。

A. 河北赵县陀罗尼经幢　　B. 上海松江陀罗尼经幢

C. 浙江海宁陀罗尼经幢　　D. 云南昆明陀罗尼经幢

12. 河北井陉天护陀罗尼经幢建于唐开元______，青石质，高 4.7 米，八角形，为国内现存最早的完整经幢实物。现存最早的纪年石幢，是陕西富平唐永昌元年（689 年）佛顶尊胜陀罗尼经幢，仅存幢身。

A. 十四年（726 年）　　B. 十五年（727 年）

C. 十六年（728 年）　　D. 十七年（729 年）

13. 河北易县龙兴观道德经幢建于唐开元二十六年（738 年），高约 7 米，幢身上块镌刻“太上玄元皇帝道德经大唐开元神武皇帝注”及______颁发推崇《道德经》的诏书（205 字），下块镌刻《道德经》八十一章，是国内目前唯一保存较完整的道德经幢。

A. 唐高祖　　B. 唐太宗　　C. 唐高宗　　D. 唐玄宗

14. 河北赵县大观圣作之碑刻于北宋大观二年（1108年），是现存同类碑刻中保存最好的一通，碑文内容为宋徽宗推行的“三舍法”和“八行取士”制度。“三舍”指太学内立外、内、上三舍，“八行”指孝、悌、姻、睦、任、恤、忠、______。碑文为宋徽宗亲撰，书学博士李时雍仿“瘦金体”摹写，丞相蔡京题写碑额。

A．勇　　B．和　　C．义　　D．信

15. 河北大名五礼记碑高12.34米，是目前已知最大的古碑之一，碑身侧面残存唐代书法家柳公权墨迹，阴面为______御书《五礼之记》碑文。

A．唐太宗　　B．唐玄宗　　C．宋真宗　　D．宋徽宗

16. 河北沙河宋璟碑系唐代贤相宋璟之孙宋俨为“追念祖父德业”所立，书法家______撰文并书丹，在历代金石著录中被列为上品，堪称“人、文、字”三绝。

A．欧阳询　　B．虞世南　　C．褚遂良　　D．颜真卿

17. 河北永年朱山石刻是汉文帝后元______赵国（西汉分封诸侯王国）群臣为赵王祈福所刻，共15个小篆体大字，为国内目前发现时代最早的汉篆刻石。

A．四年（公元前160年）　　B．五年（公元前159年）

C．六年（公元前158年）　　D．七年（公元前157年）

18. 河北承德木兰围场是清代皇帝举行“秋狝”之所，康熙二十年（1681年）开辟，现存入崖口有作、于木兰作、虎神枪记、永安湃围场殪虎、永安莽喀、古长城说、木兰记7通御制碑刻和1处摩崖石刻，是记录皇家猎场活动的珍贵史料。其中，古长城说碑刻记述______皇帝考证古长城遗址经过。

A．康熙　　B．雍正　　C．乾隆　　D．嘉庆

19. 河北正定龙藏寺碑刻于隋开皇六年十二月（587年），楷书，30行，1500余字，记述______州刺史鄂国公为国劝造龙藏寺事，笔力遒劲，向称隋碑第一。

A．恒　　B．瀛　　C．赵　　D．冀

20. 云冈石窟位于山西大同武周山南麓，始凿于北魏文成帝和平元年（460 年），分早、中、晚三期，是国内第一处由皇室主持开凿的大型石窟，也是世界闻名的艺术宝库。现存主要洞窟 45 个，附属洞窟 209 个，雕刻面积 18000 余平方米，造像 59000 余尊。高僧昙曜主持开凿的早期五窟（16～20 窟），气魄雄伟，以第______窟大佛为云冈石窟的象征（传为北魏道武帝形象）。中期（孝文帝太和年间）石窟积极创新，出现成组双窟、中国传统建筑样式、褒衣博带式袈裟，掀起了佛教石窟艺术中国化的进程。晚期石窟开凿于北魏迁都洛阳后，多为中小窟，呈现清秀俊逸的新风貌，人称“秀骨清像”。（一说始凿于 453 年。）

A．17　　B．18　　C．19　　D．20

21. 山西太原龙山石窟是国内现存规模最大、保存最完整的纯道教石窟群，共计 9 龛，作上、中、下三层布局，尚存造像 60 余尊，主要开凿于______代，由丘处机弟子、披云真人宋德芳主持营造。

A．宋　　B．金　　C．元　　D．明

22. 天龙山石窟位于太原天龙山东、西二峰的腰部，现存东魏至唐代开凿的 25 个洞窟，北齐石窟（1、10、16 窟）造像开启写实手法先河，是中国佛教造像史上的一个重要转折点。隋代杨广为晋王时开凿第______窟，内刻有《开皇石室铭》，2021 年 7 月，流失海外近 1 个世纪的该窟北壁主尊佛首回归故里。以圆雕技法雕出的佛像，称为“天龙山样式”。

A．5　　B．8　　C．11　　D．14

23. 山西平顺金灯寺石窟开凿于明弘治至嘉靖年间，现存七进院，洞窟 14 个，摩崖造像 500 余尊，是我国石窟造像尾声中的巅峰之作。第______窟水陆殿为三间仿木构式殿堂，殿内泉潭、桥涵、堤坝荟萃，为海内外孤例，水陆画题材包含了儒、释、道众神祇。

A．1　　B．3　　C．5　　D．7

24. 山西沁县南涅水石刻为大型佛教石刻窖藏，上迄北魏永平三年（510 年），下至北宋天圣九年（1031 年），主要有造像塔、单体造像、造像碑、碑碣四种形式。造像塔系以四面开龛造像的方形石块叠垒成塔形，为国内稀有，现存______座。

A．43　　B．53　　C．63　　D．73

25. 阴山岩画曾载于北魏郦道元《水经注》中，分布在内蒙古巴彦淖尔东西220多千米、南北约60千米的阴山石壁上，由几公海勒斯太、巴日沟、大坝沟、炭窑口、格尔敖包沟、默勒赫图沟岩画区六部分组成，其中______以大型群马图岩画最为典型。

A．巴日沟岩画区　　B．大坝沟岩画区

C．炭窑口岩画区　　D．格尔敖包沟岩画区

26. 内蒙古阿拉善右旗曼德拉山岩画群现有岩画4200多幅，分布在东西6千米、南北3千米的黑色玄武岩脉上，作画者主要有原始氏族部落、匈奴、突厥、党项、蒙古等，分布密集，题材多样，年代从______延续至清代。

A．新石器时代　　B．青铜时代　　C．汉代　　D．北朝

27. 万佛堂石窟位于辽宁义县大凌河北岸山崖上，开凿于______，分东、西两区，现有洞窟17个，是我国东北地区年代最久、规模最大的石窟群。平面呈品字形的三室窟，做法独特。西区第5窟平东将军营州刺史元景造像碑书法精湛。

A．北魏　　B．东魏　　C．北齐　　D．隋代

28. 阿什哈达摩崖位于吉林省吉林市丰满区松花江北岸断崖上，共有2块，记载了明辽东都指挥使______于永乐、洪熙、宣德年间三次领军至此、兴役造船的史实，是明朝经略东北的历史见证。明朝经略东北的见证物还有15世纪初设立于黑龙江口附近特林地方的永宁寺碑和重建永宁寺碑。

A．周兴　　B．康旺　　C．刘清　　D．亦失哈

29. 松江石经幢建于______，高9.3米，二十一级，是上海现存最古老的地面建筑。幢身八面，刻有《佛顶尊胜陀罗尼经》及题记。

A．隋代　　B．唐代　　C．五代　　D．宋代

30. 存于苏州文庙的平江图碑，高274厘米，宽142厘米，碑身刻______平江城（今苏州）平面图，标出613处名称，是国内现存最早较为详细的石刻城市地图，图中的玄妙观三清殿、报恩寺塔、罗汉院双塔、瑞光塔等至今尚存。

A．唐代　　B．五代　　C．北宋　　D．南宋

31. 帝王绍运图碑刻于南宋淳祐七年（1247年），存于苏州文庙，高177厘米，宽100厘米，是一张以帝王为中心的历史图表，始于传说中的黄帝，止于南宋理宗，共有______君，经历3500多年，制图者为南宋人黄裳。

A．185　　B．190　　C．195　　D．200

32. 存于苏州文庙的地理图碑，刻于南宋淳祐七年（1247 年），高 190 厘米，宽 105 厘米，详细刻绘了宋朝的山川城池，图下有 645 字注释，大致记述了中国自______至宋的版图变迁。与西安碑林《华夷图》《禹迹图》并列为三幅最古老的全国性地图，制图者为南宋人黄裳。

A．尧　　B．舜　　C．禹　　D．启

33. 存于苏州文庙的天文图碑，刻于南宋淳祐七年（1247 年），高 216 厘米，宽 106 厘米，是世界上现存最古老的星象实测图。上部刻有北宋______年间观测到的星辰 1440 颗、星座 280 个，下部刻有 2091 字注释，简要介绍一些星体和天文现象，充分反映了当时的天文学水平。

A．景祐　　B．皇祐　　C．元丰　　D．崇宁

34. 将军崖岩画位于江苏连云港锦屏山南麓，以石器敲凿磨制而成，内容有人面、鸟兽、星象、农作物等图案和各种符号，是国内迄今发现时代较早的岩画，距今约______多年，有“东方天书”之说。

A．6000　　B．5000　　C．4000　　D．3000

35. 连云港孔望山摩崖造像雕凿于______，兼有佛教和道教题材，是目前发现最早的佛教石刻艺术作品，内容有佛、菩萨、弟子、力士和供养人等，以佛本生故事为主题。技法以平面浮雕为主，风格古朴。

A．东汉　　B．三国　　C．西晋　　D．东晋

36. 江苏______现存六朝帝王陵 10 余处，是南朝帝陵最集中的区域，年代可考的有齐宣帝永安陵、景帝修安陵、武帝景安陵、明帝兴安陵及梁文帝建陵、武帝修陵、简文帝庄陵，陵前石刻雕像有麒麟、天禄等，造型雄健，神态生动，刻工精细。

A．南京　　B．丹阳　　C．句容　　D．金坛

37. 江苏镇江焦山碑林位于长江之中，存有六朝以来碑刻近 500 块，“大字之祖”——______原址即在此。

A.《瘗鹤铭》　　B.《金刚经偈句》　　C.《米芾摩崖题名》D.《禹迹图》

38. 江苏宜兴国山碑立于三国吴末帝______年间，呈圆鼓形，高 2.35 米，围长 3.3 米，四周环刻文字约 1000 字，字体篆书略带隶意，内容为宣扬祥瑞感应的立碑缘起：一是吴郡临平湖壅塞后忽然开通，二是鄱阳郡历阳山石纹理出现吉祥文字，三是阳羡（今宜兴）离墨山中开裂十余丈长的石室。孙皓遂派司徒董朝到阳羡举行封禅大典，将离墨山封为“国山”。

A．凤凰　　B．天册　　C．天玺　　D．天纪

39. 江苏南京栖霞山千佛崖石窟由南朝宋、齐间隐士明僧绍和高僧法度设计，后代屡有开凿，是现存最早、规模最大的南朝石窟。______撰《明征君》文并立碑，记述千佛崖石窟开凿的缘起和经过，由高正臣书写，王知敬篆额。

A．唐太宗李世民　B．唐高宗李治　C．唐中宗李显　D．唐睿宗李旦

40. 杭州飞来峰造像多系利用天然岩洞或山崖开凿，始凿于五代十国吴越______，宋、元代均有开凿，现存造像343尊，主要洞窟有青林洞、玉乳洞、龙泓洞等，是江南地区造像艺术瑰宝。

A．广顺元年（951年）　B．广顺二年（952年）

C．广顺三年（953年）　D．显德元年（954年）

41. 浙江缙云仙都山现存摩崖石刻和题记120余处，延续千余年，书法品类众多，不乏名家和精品，最早的刻于______代（缙云县令李阳冰篆书“倪翁洞”）。

A．隋　B．唐　C．宋　D．元

42. 浙江长兴顾渚贡茶院建于唐德宗贞元十七年（801年），是现存时代最早的皇家贡茶院遗址，摩崖题记记述唐宋时期______作为皇家贡品、地方官员督制贡茶、观景品茗、以茶会友等历史。

A．黄芽茶　B．白毫茶　C．翠尖茶　D．紫笋茶

43. 浙江海宁安国寺现存三座唐代石经幢，其中______经幢高7米，八面十九级，刻《佛顶尊胜陀罗尼经》及题记和其他佛教故事，幢身勾栏、腰檐、斗拱、屋盖等均为仿木构建筑形式，是国内现存时代最早的仿木构石刻经幢。

A．会昌二年（842年）　B．会昌四年（844年）　C．咸通六年（865年）

44. 浙江仙居古越族岩画群由福应送龙山岩画、朱溪小方岩岩画、广度中央坑崖刻、上张西塘岩画4处组成，为春秋战国时期古越族先民刻制，已见各类图纹220多个，其中______、锄耙形图纹较为普遍。

A．鸟形　B．鱼形　C．马形　D．蛇形

45. 南宋太学石经由______及皇后吴氏用楷书写成，是现存唯一由皇帝御笔亲书的石经，包括《毛诗》《尚书》《周易》《春秋》《论语》《孟子》《中庸》七种，原石立于南宋仁和县学，明正德十三年（1518年）连同宋高宗御题圣贤图赞画像刻石、宋理宗道统十三赞刻石等一并移入杭州府学（现杭州碑林）。

A．宋高宗赵构　B．宋孝宗赵昚　C．宋光宗赵惇　D．宋宁宗赵扩

46. 安徽潜山天柱山山谷流泉摩崖石刻密布于崖壁盘石及溪谷河床上，现存唐至民国石刻400余方，以宋刻最多，形成一座天然的艺术博物馆和史料档案馆。北宋舒州通判______游览山谷，坐石听泉，赋六言诗“水无心而宛转，山有色而环围，穷幽深而不尽，坐石上以忘归”以咏其胜。

A. 李师中　　B. 王安石　　C. 苏东坡　　D. 黄庭坚

47. 安徽休宁齐云山是中国四大道教名山之一（另：江西龙虎山、湖北武当山、四川青城山），现存宋至清代碑刻及摩崖石刻537处（块），主要分布在真仙洞府、紫霄崖和石桥岩一带，紫霄崖下紫霄宫玄帝碑铭为明代书画家______所撰，高7.6米，宽1.4米，文笔流畅，书法苍秀。

A. 沈周　　B. 文徵明　　C. 唐寅　　D. 仇英

48. 唐大历六年（771年），滁州刺史李幼卿与高僧法琛在琅琊山建宝应寺，历经各代，留下400多幅摩崖石刻及碑刻，包括诗词、游记、经文、楹联、题记等。欧阳修撰文、______手书碑刻《醉翁亭记》和《丰乐亭记》享誉海内外。

A. 苏轼　　B. 黄庭坚　　C. 米芾　　D. 蔡襄

49. 老君岩造像位于福建泉州清源山西峰下，雕于______代，高5.6米，宽8米，厚6.9米，由一块天然岩石雕琢而成，是国内现存最大的道教石造像，手法独特，雕工精巧。

A. 唐　　B. 宋　　C. 元　　D. 明

50. 福建南安九日山现存宋至清代摩崖石刻75方，其中反映海外交通的祈风石刻______方（含市舶祈风石刻3方），记载从北宋崇宁三年（1104年）至南宋咸淳二年（1266年）泉州郡守偕市舶官员为番船祈风，祝愿一帆风顺、满载而归的史实。

A. 11　　B. 12　　C. 13　　D. 14

51. 福建______瑞岩弥勒造像雕凿于元末明初，高9米，宽8.9米，厚8米，形态生动，线条流畅，是国内现存最大的石刻弥勒造像，与泉州清源山老君岩造像并称福建石雕二绝。

A. 长乐　　B. 平潭　　C. 仙游　　D. 福清

52. 福建晋江草庵石刻系在崖壁上凿圆形佛龛，龛内雕摩尼光佛，建于元顺帝至元______，高 1.5 米，宽 0.8 米，为国内仅存完整的摩尼（明教）佛石像。

A. 三年（1337 年） B. 四年（1338 年）

C. 五年（1339 年） D. 六年（1340 年）

53. 江西赣州通天岩石窟凿建于宋至明代，由通天岩、忘归岩、同心岩、翠微岩、老虎岩组成，现有窟龛 315 座，造像 359 尊，题刻 128 品，为我国南方石窟造像比较集中的一处，造像以______为主。

A. 佛陀 B. 菩萨 C. 罗汉 D. 天王

54. 泷冈阡表碑位于江西省永丰县沙溪镇西阳宫内，由北宋政治家、文学家______撰文并手书，高 210 厘米，宽 90 厘米，正楷直书，为叙述家世、缅怀父母恩德之作，与韩愈《祭十二郎文》、袁枚《祭妹文》合称中国古代三大祭文，被称为“千古至文”。

A. 欧阳修 B. 曾巩 C. 王安石 D. 苏轼

55. 江西弋阳南岩石窟雕造于南宋宁宗______年间，造像以释迦牟尼佛为中心，两侧分布菩萨、罗汉、供养人等，是国内最大的在自然洞穴中开凿的佛教石窟。

A. 庆元 B. 嘉泰 C. 开禧 D. 嘉定

56. 山东青州驼山石窟现存洞窟 5 个、龛窟 1 个，大小佛像 638 尊。其中第 3 窟开凿时代最早、面积最大、造像最多，主体造像为一佛二菩萨，并有千佛像，为______艺术精品。

A. 东魏 B. 北齐 C. 北周 D. 隋代

57. “荥阳郑文公之碑”摩崖石刻位于山东______，51 行、1243 字，书法谨严浑厚，具有从汉隶向楷书过渡的特点，为历代书法家、金石家所推崇。

A. 莱州云峰山 B. 邹城铁山 C. 平度天柱山 D. 青州玲珑山

58. 泰山经石峪石刻镌刻于北齐时期，是我国现存规模最大的佛经摩崖刻石，共刻《金刚般若波罗密经》44 行，______字，现存 41 行，1069 字。字径 50 厘米，书法纵逸遒劲，被誉为“大字鼻祖”“榜书之宗”。

A. 2699 B. 2799 C. 2899 D. 2999

59. 泰山唐摩崖石刻位于玉皇顶南 80 米处，为______封禅泰山时所刻。摩崖高 12.3 米，宽 5.3 米，现存 1008 字，字径 25 厘米，是帝王摩崖刻石中的杰作。

A．唐高祖李渊　B．唐太宗李世民　C．唐高宗李治　D．唐玄宗李隆基

60. 山东东平白佛山石窟造像初凿于______，是较早反映三教合一风格的遗存。第 1 窟内十六王子像，是目前已知唯一一处以十六王子为专一题材并有记铭的造像窟。

A．北齐　B．隋代　C．唐代　D．五代

61. 山东文登圣经山摩崖为金元时期雕造，包括刻经、石窟造像。金大定七年（1167 年），道教全真派开山祖师王重阳率弟子到此传法。月牙石阴刻《太上老子道德经》上下两卷，5700 余字。东华洞内有玄门五祖、七真石像，为全真派七真之一______的弟子李道元所刻。

A．马钰（丹阳子）　B．丘处机（长春子）

C．谭处端（长真子）　D．王处一（玉阳子）

62. 龙门石窟位于河南洛阳伊水两岸，始凿于______，延续至北宋，现存编号窟龛 2345 个，造像 10 万余尊，碑刻题记 3600 余品，造像风格呈现出中国化和世俗化的趋势，是中国石窟艺术变革的重要里程碑。代表性洞窟有北魏古阳洞、宾阳洞、莲花洞和唐代潜溪寺、万佛洞、奉先寺、看经寺等。

A．后秦　B．北魏　C．东魏　D．北齐

63. ______是龙门石窟中规模最大、艺术最精湛的一组摩崖群雕，开凿于唐高宗时期，咸亨三年（672 年）皇后武则天捐出脂粉钱两万贯，上元二年（675 年）功毕。主佛卢舍那大佛为释迦牟尼的报身佛，通高 17.14 米，大佛莲座北侧题记《大卢舍那像龛记》中有“实赖我皇，图兹丽质”之述。

A．奉先寺　B．潜溪寺　C．看经寺　D．万佛洞

64. 龙门石窟碑刻题记之多，居全国石窟之冠，内容多为造像记，也有修路、修佛和游人题记，其中“龙门二十品”（古阳洞十九品、慈香窟一品）是魏碑书法精华，岑文本撰文、褚遂良书丹的伊阙佛龛之碑则是初唐______艺术名篇。宋代书法家陈尧叟楷书宋真宗龙门铭（刻于龙门东山），亦是典范之作。

A．隶书　B．行书　C．楷书　D．草书

65. 巩县石窟位于河南巩义洛水北岸大力山下，雕凿于______至宋代，现存大窟5个、大佛3尊，各种造像7000余尊，第1、3、4窟内的“帝后礼佛图”浮雕，反映了皇室的宗教活动。

A. 北魏　　B. 东魏　　C. 北齐　　D. 北周

66. 灵泉寺石窟位于河南省安阳县，创建于东魏武定四年（546年），原名宝山寺，______赐现名。现存东魏至宋代石窟造像、摩崖石塔200多处，数量之多、延续之久、雕刻之精为国内罕见。

A. 隋文帝　　B. 唐太宗　　C. 唐高宗　　D. 宋真宗

67. 千唐志斋位于河南新安铁门镇，建于20世纪30年代，为辛亥革命元老张钫营建。斋内收藏自______以来墓志石刻1400余件，其中唐代墓志近1200件，被誉为“石刻唐书”。

A. 东汉　　B. 曹魏　　C. 西晋　　D. 北魏

68. 河南义马鸿庆寺石窟共有6窟，其中第1窟北壁所雕五角形城门楼，构思独特，结构合理，为国内现存最早的实例，是研究______建筑的重要资料。

A. 北魏　　B. 东魏　　C. 北齐　　D. 隋代

69. 河南临颍受禅碑、受禅台是现存唯一的禅让活动纪念地。受禅碑又称公卿将军上尊号奏碑，三国魏黄初元年（220年）立，上刻49位公卿将军呈给魏王______的奏章，力劝以曹代汉，建立魏国之事，见证“繁城受禅”的历史事件。

A. 曹操　　B. 曹丕　　C. 曹植　　D. 曹真

70. 升仙太子碑立于河南偃师缑山之巅，是______赴嵩岳封禅途中，游览升仙太子庙时撰书的一通巨碑，通高8米，碑高6.7米，宽1.6米，竖书33行，每行66字，行草相间，记述周灵王太子姬晋升仙故事，歌颂当时盛世。

A. 唐太宗　　B. 唐高宗　　C. 武周则天皇帝　　D. 唐中宗

71. 大唐嵩阳观纪圣德感应之颂碑位于登封嵩山南麓峻极峰下，唐天宝三年（744年）刻立，通高9米，记述嵩阳观道士孙太冲为唐玄宗炼丹九转之事，是唐代______书的代表作品。

A. 篆　　B. 楷　　C. 行　　D. 隶

72. 登封崇唐观原名隆唐观，位于太室山南麓逍遥谷中，为唐高宗与武则天探访道士潘师正时敕建，观内老君殿中供奉元始天尊石像一尊，雕造于唐（武周）______年间，是国内现存时代最早、保存完整的元始天尊像。

A. 天授　　B. 如意　　C. 长寿　　D. 延载

73. 河南郾城彼岸寺碑（经幢）建于北宋真宗______年间，通高 12.2 米，由底座、基座、篆文碑、造像碑、碑顶等构成。因其形似古塔，雕有蟠龙立柱，刻有小篆铭文，又称“龙塔古篆”。

A. 咸平　　B. 景德　　C. 大中祥符　　D. 天禧

74. 尹宙碑，全名汉故豫州从事尹君之铭碑，存于河南鄢陵文庙（现鄢陵县初级中学内），东汉熹平六年（177 年）制，通高 2.1 米、宽 1 米，碑文 14 行、每行 27 字，为东汉文学家、书法家蔡邕撰文，书体为隶书向______书的过渡，笔法圆健，在我国书法史上有承上启下的地位。

A. 篆　　B. 楷　　C. 行　　D. 草

75. 回銮碑位于河南濮阳御井街，又称“契丹出境碑”，是北宋景德元年（1004 年）宋辽“澶渊之盟”的实物见证，______撰文、书丹，阴刻行草书体。

A. 宋真宗赵恒　　B. 宋仁宗赵祯　　C. 宋英宗赵曙　　D. 宋神宗赵顼

76. 熹平石经是中国历史上最早的官定儒家经典刻石，刻于东汉灵帝熹平四年（175 年）至光和六年（183 年），原立于洛阳太学讲堂前，书体为隶书，所刻经书有《鲁诗》《尚书》《仪礼》《周易》《春秋》《公羊传》______七部，共 20 万余字，传由蔡邕所书。后遭毁坏，残石现藏于多地。

A.《论语》　　B.《孟子》　　C.《大学》　　D.《中庸》

77. 晋辟雍碑，全名大晋龙兴皇帝三临辟雍皇太子又再莅之盛德隆熙之颂碑，西晋咸宁______刻立，通高 320 厘米，宽 110 厘米，记述晋武帝司马炎和皇太子司马衷亲临辟雍视察等事，共 1500 余字，是晋代八分体隶书的代表作，也是现存晋碑中最大、最完整的一通。

A. 元年（275 年）　　B. 二年（276 年）

C. 三年（277 年）　　D. 四年（278 年）

78. 湖北宜昌三游洞摩崖位于长江西陵峡峡口北岸与下牢溪交汇处。唐元和______，白居易、白行简、元稹三人游历洞中，由白居易作《三游洞序》书于石壁，三游洞因此得名。北宋嘉祐元年（1056年），苏洵、苏轼、苏辙父子也来游历，各作诗一首题于洞壁，此为“后三游”。现存历代题刻。

A．十二年（817年） B．十三年（818年）
C．十四年（819年） D．十五年（820年）

79. 湖北来凤仙佛寺石窟位于酉水河西岸石壁上，有佛龛22个、造像31尊，是长江中游、两湖地区仅存的______摩崖造像。

A．南朝 B．隋代 C．唐代 D．五代

80. 湖北黄冈赤壁又称文赤壁，清______年间黄州知府郭朝祚因景仰北宋诗人苏轼的道德文章，改名“东坡赤壁”。苏轼因“乌台诗案”谪居黄州，创作诗、词、文、赋数百篇，《赤壁赋》《黄州寒食诗二首》《念奴娇·赤壁怀古》等作品在明清时期被摹刻成碑，镶嵌在东坡赤壁的楼台亭阁之中。

A．顺治 B．康熙 C．雍正 D．乾隆

81. 湖南祁阳浯溪摩崖石刻现存唐代以来300多位名人书画诗文词题等486处，著名者有颜真卿、黄庭坚、秦观、米芾、·李清照、范成大、沈周、顾炎武等，人称“南国摩崖第一”。以元结作、______书332字大唐中兴颂之文奇、字奇、石奇为“三绝”，被誉为“冠冕百代书家师”。

A．褚遂良 B．徐浩 C．颜真卿 D．柳公权

82. 湖南郴州苏仙岭摩崖石刻群由白鹿洞、沉香石、景星观等石刻组成，年代从唐至民国，其中北宋秦观（字少游）作词（“为谁流下潇湘去”）、苏轼作跋（“少游已矣，虽万人何赎”）、______书写的《踏莎行·郴州旅舍》“三绝碑”闻名于世。

A．黄庭坚 B．米芾 C．晁补之 D．张耒

83. 广东肇庆七星岩摩崖石刻有唐代至现代摩崖石刻530余处，主要集中于石室岩（有“千年诗廊”之誉）和玉屏岩。最久远的是唐代著名文学家、书法家______所作《端州石室记》，刻于开元十五年（727年）。

A．陆柬之 B．李邕 C．徐浩 D．李阳冰

84. 广东东莞却金亭碑为明嘉靖二十年（1541 年）所刻，碑文记述番禺县尹李恺与______商人文明交往、不受酬金的历史，是中外通商贸易和人民友好往来的重要见证。

A. 苏禄（今菲律宾境内） B. 爪哇（今印度尼西亚境内）
C. 暹罗（今泰国境内） D. 真腊（今柬埔寨境内）

85. 广西宁明花山岩画刻于明江峭壁上，为战国至______时期骆越人创作，画面高 40 米、宽 210 米，用赭红色颜料绘有以人物为中心的图像 1900 多个，是国内目前发现单体最大、内容最丰富、保存最完好的一处岩画，也是中国首个岩画类世界遗产（2016 年）。

A. 西汉 B. 东汉 C. 三国 D. 两晋

86. 桂林摩崖石刻始于东晋、兴于唐、盛于宋、繁于明清，分布在普陀山、伏波山、叠彩山、象鼻山、独秀峰等 30 余处，以月牙山龙隐岩、龙隐洞桂海碑林最为集中，现存唐至清代石刻近 2000 件，其中唐刻 28 件、宋刻______件，是全国摩崖石刻数量最多的地方，并为宋代题刻之最，人云“唐宋题名之渊薮，以桂林为甲”。

A. 184 B. 284 C. 384 D. 484

87. 广西柳州柳侯祠内外共存有宋代至现代有关柳宗元史迹及柳侯祠沿革的碑刻 42 方，其中集柳宗元事迹、韩愈诗文、______书丹于一体的宋刻荔子碑（“荔子丹兮蕉黄”），称为“三绝碑”。

A. 苏洵 B. 苏轼 C. 苏辙 D. 王安石

88. 广西宜州会仙山有宋至清代摩崖石刻 60 多块，其中北宋元符元年（1098 年）五百罗汉名号碑是国内同类碑刻中年代最早者，太平天国______等唱和诗碑为仅存的太平天国诗文石刻。

A. 东王杨秀清 B. 西王萧朝贵 C. 南王冯云山 D. 翼王石达开

89. 北山摩崖造像位于重庆大足城区西北。唐景福元年（892 年），______州刺史韦靖在此建寨造像，至南宋绍兴年间历时 250 余年，现有编号窟龛 290 个，造像约 7000 尊，以佛湾造像为中心，第 136 号南宋转轮经藏窟（“心神车”窟）等为代表。

A. 昌 B. 普 C. 渝 D. 合

90. 大足宝顶山摩崖造像开凿于______，以大佛湾和小佛湾规模最大，由僧人赵智凤主持营建。石刻以密宗瑜伽部教义为多，内容丰富，形态生动，体现了佛道宗教教义与世俗生活、蜀乡情趣的深度结合。场面之大，国内罕有。

A．唐代　　B．五代　　C．北宋　　D．南宋

91. 千手观音龛镌刻于大足______岩壁上，共刻手 1007 只（一说近千只），纵横交错，富于变化，画面如同孔雀开屏一般，金碧辉煌，富丽多姿，为国内仅见。

A．北山　　B．南山　　C．宝顶山　　D．石篆山

92. 白鹤梁题刻位于重庆涪陵长江南岸的天然石梁上，长约 1600 米，平均宽度约 15 米。梁上现存自唐代宗广德二年（764 年）至清代的题刻 165 则、石鱼 18 尾、观音 2 尊、白鹤 1 只，其中涉及水文价值的题刻 108 则，记录了 1200 年间______个年份的历史枯水（"时和岁丰"）资料，有"水下石铭""世界第一古代水文站"之称。

A．57　　B．62　　C．67　　D．72

93. 重庆潼南大佛寺摩崖造像始凿于隋，盛于唐，宋、元、清代续凿，共有造像龛 129 个、造像 928 尊。大佛殿内的摩崖弥勒头像为唐代雕凿，宋代续凿佛身，依岩面江（涪江），脚踏江岸，头与山齐。此外，还有我国最早使用全琉璃顶的古建筑"大像阁"、古代四大回音建筑之一的"______"、全国最大的"顶天佛字"等胜景。

A．回音壁　　B．莺莺塔　　C．蛤蟆塔　　D．石磴琴声

94. 石门大佛寺摩崖造像位于重庆江津长江石门险滩北岸，______代依山崖雕凿水月观世音坐像，通高 13.5 米，为现存脚踏莲花观音造像中最大的一座，也是长江航道的重要标志。像阁七重飞檐，宝顶华脊。

A．隋　　B．唐　　C．宋　　D．元

95. 皇泽寺位于四川广元（唐代称利州）嘉陵江西岸、乌龙山东麓，曾为皇帝______之祀庙。现存南北朝、隋、唐、宋代石窟和摩崖造像 34 处，造像千余尊，大佛楼石窟天龙八部像，为唐代雕刻代表作。

A．李渊　　B．李世民　　C．李治　　D．武则天

96. 广元千佛崖摩崖造像位于嘉陵江东岸，南北朝至明代相继凿建，据清咸丰四年（1854年）石刻题记记载，曾有造像______余尊。现存窟龛400余个、造像7000余尊，重叠密布，最多处达13层。大云洞（第512窟，唐开元年间剑南道按察使史韦抗主持开凿）居千佛崖中心，正中立弥勒佛像。

A. 15000　B. 16000　C. 17000　D. 18000

97. 乐山大佛位于岷江东岸凌云寺侧，濒大渡河、青衣江、岷江三江汇流处。唐开元______由高僧海通主持开凿，完成于贞元十九年（803年），通高71米，头与山齐，双手抚膝，足踏大江，是我国现存最高大的一尊摩崖石刻造像，世人称之谓"山是一尊佛，佛是一座山"。佛像前原建有13层大像阁，后毁于兵燹。

A. 元年（713年）　B. 二年（714年）

C. 三年（715年）　D. 四年（716年）

98. 南龛摩崖造像位于四川巴中化成山上，以______造像为主，现存龛窟133个、造像2100余尊，集聚了佛教显宗、密宗、净土宗等派风格。第116号西方净土变窟的天王像足穿草鞋，可见蜀中民俗。

A. 隋代　B. 唐代　C. 五代　D. 宋代

99. 四川安岳卧佛院摩崖造像雕凿于唐代，现有大小窟龛139个、造像1600余尊，大部为盛唐作品，以23米长的释迦牟尼涅槃像最为壮观。15个唐开元经窟内刻经文约______万字，字迹古朴工整，笔势清劲纯熟。

A. 20　B. 30　C. 40　D. 50

100. 四川昭觉博什瓦黑岩画为唐宋时期（南诏至大理）佛教文化遗存，______语意为"岩石上的龙蛇"。岩画阴刻在16块巨大岩石上，面积440平方米，总计72尊像，并有汉文题记。

A. 彝　B. 藏　C. 傈僳　D. 纳西

101. 四川荣县大佛石窟雕凿于晚唐时期，通高______米，是国内现存体量仅次于乐山大佛（弥勒佛）的唐代第二大佛，也是体量最大的石雕释迦牟尼佛。

A. 36.67　B. 46.67　C. 56.67　D. 66.67

102. 四川______共有窟龛 54 个，造像 3000 余尊，是研究唐代服饰、雕刻、建筑的珍贵实物资料。高 3.7 米的七级浮雕佛塔龛，是除西安大雁塔门楣石上线刻外，仅有的人字形直斗重叠使用例证。

A. 梓潼卧龙山千佛岩石窟　　B. 夹江千佛岩石窟

C. 通江千佛岩石窟　　D. 仁寿牛角寨石窟

103. 四川剑阁鹤鸣山道教石窟寺始建于北魏晚期，共有 21 龛窟，其中 1、3 窟内的长生保命天尊像和“六图”，是唐代道教造像的代表作品。《大唐中兴颂》摩崖石刻由唐代文学家元结撰文、书法家颜真卿书写，《剑州重阳亭铭并序》碑文为唐代诗人______所作。

A. 李贺　　B. 杜牧　　C. 李商隐　　D. 韦庄

104. 四川宜宾流杯池石刻，由宋代“流杯池”、宋至民国石刻题记（140 处）、石牌坊（4 座）等组成。流杯池由北宋文学家、书法家______居戎州时所凿，仿王羲之《兰亭集序》中“流觞曲水”意境，是国内现存最大的流杯池，与宜宾白酒文化相得益彰。

A. 苏轼　　B. 黄庭坚　　C. 秦观　　D. 周邦彦

105. 云南剑川石钟山石窟开凿于唐宋时期（南诏至大理），分布在石钟寺、狮子关、沙登村三区，共 17 窟，现存南诏王及后妃造像（阁罗凤出巡图、异牟寻议政图）、“波斯国人”雕像和佛教造像等，以及南诏、大理、元、明时期墨书或石刻题记，是研究古代______族历史和艺术的重要实物。

A. 白　　B. 傣　　C. 彝　　D. 纳西

106. 爨宝子碑全称晋故振威将军建宁太守爨府君之墓碑，又称小爨，立于东晋义熙______，高 190 厘米，碑文 13 行，记述爨宝子生平事迹，书法为隶书向楷书过渡风格，为汉字演变和书法研究提供了宝贵资料。现存于云南曲靖第一中学内。

A. 元年（405 年）　　B. 二年（406 年）

C. 三年（407 年）　　D. 四年（408 年）

107. 爨龙颜碑全称宋故龙骧将军护镇蛮校尉宁州刺史邛都县侯爨使君之碑，又称大爨，立于南朝宋大明______，高338厘米，碑文904字，记述爨氏世系及爨龙颜祖孙三代仕历。碑文古雅，笔力遒劲，意态奇逸，虽为楷书，饶有隶意，被称为“云南第一古石”。现存于云南陆良贞元堡。

A．元年（457年） B．二年（458年）
C．三年（459年） D．四年（460年）

108. 段氏与三十七部会盟碑立于北宋太祖开宝四年（大理明政三年，971年），高125厘米，碑文212字，多简笔或别体字，记述大理国主段氏（白族）联合三十七部（______族）出战滇东，在石城会盟的情况。现存于云南曲靖第一中学内。

A．苗 B．傣 C．彝 D．哈尼

109. 云南昆明地藏寺经幢，为大理国议事布爕（相当于宰相）袁豆光所立，高6.7米，八角______层，第一层刻四金刚及梵文，以上各层刻佛像，雕工精细，有“滇中艺术极品”之称。

A．六 B．七 C．八 D．九

110. 袁滋题记摩崖镌刻于云南盐津豆沙关崖壁上。唐德宗贞元十年（794年），袁滋奉使南诏，册封______为南诏王，途经石门（即豆沙关）时，为纪行所作。全文8行122字，是反映云南与中原关系的重要文物。

A．阁罗凤 B．凤伽异 C．异牟寻 D．寻阁劝

111. 元世祖平云南碑位于大理苍山中和峰麓，元______宗时立，由翰林院学士程文海撰书。全碑原约有1300字，现存1000余字，直行正书，文词典雅，气势磅礴。

A．成 B．武 C．仁 D．英

112. 云南沧源崖画地处小黑江及其支流峡谷区域内，绘于距今______多年前，内容为祭祀、狩猎、舞蹈、战争、采集、建筑等，图形作剪影式，绘画颜料为赤铁矿粉。

A．6000 B．5000 C．4000 D．3000

113. 金沙江岩画分布于云南香格里拉、玉龙两县（市）沿江石壁上，已发现50余处，属______遗存，内容有野牛、野羊、鹿、猴、人物、狩猎工具等，技法主要是描绘和凿刻，描绘岩画占绝大多数，颜色多为土红色。

A．旧石器时代至新石器时代 B．新石器时代至商周
C．商周至秦汉 D．秦汉至三国

114. 西藏吉隆大唐天竺使出铭，系唐高宗显庆______遣使出使天竺行经此地时所刻，现存文字 24 列，311 字，字体为汉文楷书，是迄今在西藏发现藏汉文石刻中年代最早的一通，对研究古代唐蕃关系、中外交通等具有重要价值，也是中央政府有效治理西藏的实证。

A．元年（656 年）　　B．二年（657 年）

C．三年（658 年）　　D．四年（659 年）

115. 唐蕃会盟碑落成于唐长庆三年（823 年），通高 5.6 米，由碑座、碑身和碑首三部分组成，碑上刻汉藏两体对照文字，记述唐穆宗与吐蕃赞普______结成舅甥之谊、订立盟约等事，是汉藏友好的历史见证，树立于西藏拉萨大昭寺前。

A．牟汝赞普　B．赤德松赞　C．赤祖德赞　D．朗达玛

116. 西藏芒康囊巴朗则石雕刻于______世纪，由大日如来佛和八大菩萨像组成，系吐蕃高僧益西央为兴佛及唐蕃和盟而作，为汉藏友谊的实证。

A．6　B．7　C．8　D．9

117. 西安______南门洞两侧镶嵌着唐太宗李世民撰《大唐三藏圣教序》和唐高宗李治撰《大唐皇帝述三藏圣教序记》两通石碑，均由书法家褚遂良所书，具有很高历史和艺术价值，人称"二圣三绝碑"。

A．兴教寺塔　B．大雁塔　C．小雁塔　D．圣寿寺塔

118. 西安碑林系北宋______宗时为保存唐代开成石经等而建立，历代均有增添，现有碑石墓志 1000 余块，荟萃汉至清代名家手笔，以石台孝经、大秦景教流行中国碑等闻名于世，是一座书法艺术宝库。

A．英　B．神　C．哲　D．徽

119. 开成石经刻于唐文宗大和七年（833 年）至开成二年（837 年），包括《周易》《尚书》《毛诗》《周礼》《仪礼》《礼记》《春秋左氏传》《春秋公羊传》《春秋谷梁传》《孝经》《论语》《尔雅》等儒家经书 12 种，共计 114 石、650252 字。原立于唐长安城______坊国子监，现存西安碑林。

A．务本　B．崇德　C．靖善　D．敦化

120. 陈列于西安碑林内的石台孝经由______亲自作序、注解并以隶书书写，高 620 厘米，共 4 面，每面宽 120 厘米，碑文 18 行，每行 55 字，书法工整，结体恢弘。

A．唐高祖李渊　B．唐太宗李世民　C．唐高宗李治　D．唐玄宗李隆基

121. 昭陵六骏石刻是唐贞观十年（636 年）立于昭陵北司马门内的 6 块大型浮雕石刻，纪念六匹随太宗（秦王）李世民征战疆场的战马。飒露紫、拳毛騧石刻于 1914 年被盗，辗转流入美国宾夕法尼亚大学博物馆。其余四块现藏西安碑林，其中太宗亲题赞语“足轻电影，神发天机，策兹飞练，定我戎衣”的是______。

A．青骓　B．白蹄乌　C．什伐赤　D．特勤骠

122. 大秦景教流行中国碑，由景教（基督教聂斯脱利派）传教士伊斯出资、景净撰述、吕秀岩书刻于唐建中二年（781 年），后被埋入地下，明天启年间出土，现藏西安碑林。高 280 厘米，宽约 85 厘米，32 行，碑文记述景教教义、礼仪以及在华传播情况，除汉文外，还刻有古______文。与埃及罗塞塔碑、约旦摩押碑、墨西哥阿兹特克授时碑并称为“世界考古史上四大名碑”。

A．罗马　B．叙利亚　C．波斯　D．粟特

123. 陕西耀州药王山保存北朝至明代窟龛、碑刻。______“药王”孙思邈晚年隐居此山，著书立说，为百姓治病。明隆庆六年（1572 年）后人将其所著药书刻五通碑石，立于山上。

A．隋代　B．唐代　C．五代　D．宋代

124. 陕西彬州大佛寺系______为纪念阵亡将士而建，现存窟龛 446 处，造像 1980 余尊。大佛窟是全寺中心，正中石雕泥塑阿弥陀佛像，高 20 米，依岩趺坐，造型丰满，面容端庄。

A．隋文帝杨坚　B．隋炀帝杨广　C．唐高祖李渊　D．唐太宗李世民

125. 陕西子长钟山石窟凿建于______时期，主窟万佛岩窟壁满布万余尊佛、菩萨、罗汉等，造型生动，雕刻细腻。

A．北朝　B．隋唐　C．五代　D．北宋

126. 陕西鄠邑重阳宫祖庵碑林现存55通碑石，大多数为巨型元碑，记载道教全真派历史、教义和修炼要旨，以十方重阳万寿宫记碑、全真教祖碑等为代表，还有7通元代圣旨碑，其中______通为蒙汉文合刻。重阳宫为道教全真派祖师王重阳修道与长眠之地，弟子马钰、丘处机等修建道观，遂成全真教祖庭。

A．3　　B．4　　C．5　　D．6

127. 陕西麟游慈善寺石窟，系为______皇帝到麟游消夏避暑做佛事所建，佛像丰满圆润，刀法洗炼，代表了这一时期佛造像艺术的最高水平。

A．北魏　　B．北周　　C．隋唐　　D．宋代

128. 灵岩寺摩崖石刻位于陕西略阳嘉陵江东岸玉文山，现存汉至清代134通摩崖石刻和碑碣，重要的有东汉建宁五年（172年）"汉三颂"之______、唐代权德舆颂师德教碑、药水洞名胜画图记，宋代灵岩叙别记、仪制令碑等。

A.《石门颂》　　B.《西狭颂》　　C.《郙阁颂》

129. 陕西扶风杨珣碑立于唐天宝十二载（753年），螭首，圭额，方座，唐玄宗李隆基御书______体，总计千余字，记述了弘农杨珣家世及其生平，太子李亨篆额，为唐碑精品。

A．楷　　B．行　　C．篆　　D．隶

130. 莫高窟开凿于甘肃敦煌鸣沙山东麓断崖上，前秦建元二年（366年）由沙门乐僔创凿，现存十六国、北魏、西魏、北周、隋、唐、五代、宋、西夏、元等十个朝代洞窟492个（加北区735个），壁画______多平方米，彩塑造像2400余尊，是世界现存规模最大、延续时间最长、内容最丰富、保存最完整的石窟艺术宝库。1900年发现了藏经洞（现编号第17窟）。

A．25000　　B．35000　　C．45000　　D．55000

131. 莫高窟第______窟又称"文殊堂"，开凿于五代，元代重修，为覆斗顶殿堂式洞窟，西壁绘有巨幅五台山图，高近5米，长13.5米，通贯全壁，描绘从太原、镇州（正定）两地至五台山方圆数百里的山峦、河流、城市、桥梁、寺庙、佛塔等史迹，以及送贡、进香、商旅、行脚、踏碓等风土人情，是一幅形象的历史地图（也是莫高窟最大的一幅壁画）。图中所绘寺院，如大佛光寺、金阁寺等，至今尚存。

A．45　　B．61　　C．85　　D．285

132. 榆林窟又名万佛峡，位于甘肃安西榆林河两岸，始凿于北魏时期，现存43窟，壁画5200余平方米，泥质彩塑259尊。第25窟大幅西方净土、弥勒净土图，结构、色彩、神态、线条等具有______一派风格，为唐代壁画精品。

A．阎立本　　B．吴道子　　C．李昭道　　D．梁令瓒

133. 榆林窟第29窟壁画《水月观音图》绘于______，描绘玄奘和牵马的悟空隔着浩渺碧波，遥礼安坐于珞珈山上的观音菩萨，是目前所见最早表现玄奘取经故事的绘画之一，有唐代周昉所创“水月”之意。

A．五代　　B．宋代　　C．西夏　　D．元代

134. 甘肃天水麦积山石窟始凿于十六国后秦时期，北魏、西魏、北周、隋、唐、宋、明各代均有建造、重绘或改塑，现存洞窟221个，造像10632尊，壁画约1000平方米。第______窟上七佛龛，又称“散花楼”，凿于北周时期，为七间八柱庑殿式结构，前廊后室，是国内最大的一座仿中国传统建筑形式的洞窟，南北朝著名文学家庾信撰《秦州天水郡麦积崖佛龛铭并序》碑文。

A．1　　B．2　　C．3　　D．4

135. 炳灵寺石窟开凿于甘肃永靖黄河北岸大寺沟崖壁上，十六国西秦始凿，后代续有建造、雕凿、重绘，现存窟龛216个，造像近800尊，壁画约1000平方米，石刻题记62处。第169窟壁画上有（西秦文昭王）“建弘______”题铭，是国内现存最早的开窟纪年题记，为中国早期石窟的断代提供了标尺。

A．元年（420年）　　B．二年（421年）

C．三年（422年）　　D．四年（430年）

136. 北石窟寺位于甘肃西峰覆钟山崖壁上，与位于泾川的南石窟寺同为______泾州刺史奚康生创建，以第165窟（七佛）规模最大，保存最好，内容最丰富，为同期石窟所罕见。

A．后秦　　B．北魏　　C．西魏　　D．北周

137. 马蹄寺石窟群位于甘肃肃南临松山中，始凿于十六国时期，历代均有增补，现存北凉、北魏、隋、唐、元、明、清代造像与壁画，包括北寺、南寺、金塔寺、千佛洞和上、中、下观音洞7个部分，以第8窟（马蹄殿）内马蹄印记而得名。北寺“三十三天”窟（第3窟）由______个窟龛排列成塔形（五层），为国内仅见。

A．16　　B．17　　C．18　　D．19

138. 肃南文殊山石窟始凿于______，后世续修，万佛洞有大型“弥勒经变”及“镇窟四天王”像，是研究西夏佛教及绘画艺术的重要资料。

A．前凉　B．后凉　C．西凉　D．北凉

139.《西峡颂》摩崖石刻位于甘肃______天井山崖壁上，镌于东汉建宁四年（171 年），记述东汉武都太守李翕的生平、屡任政绩和主持修治西峡栈道事迹，是现存“汉隶三颂”（另：《石门颂》《郙阁颂》）之一，且保存最好。

A．成县　B．文县　C．康县　D．徽县

140. 重修护国寺感应塔碑现存于甘肃武威文庙内，又称天祐民安之碑，高 250 厘米，宽 90 厘米，是迄今所见保存最完整、内容最丰富、与汉文对照字数最多的______碑刻。

A．匈奴　B．突厥　C．契丹　D．西夏

141. 武威天梯山石窟始凿于十六国时期，由高僧昙曜等主持开凿，是佛教从印度沿丝绸之路向中原地区传播过程中______石窟的典型代表，兴盛于唐代，现有洞窟 18 个，以第 13 号大佛窟为中心，上下三层分布。

A．甘州　B．肃州　C．凉州　D．瓜州

142. 水帘洞石窟位于甘肃武山响河沟两岸，依天然岩洞、崖壁开龛造像或绘制壁画，始建于十六国后秦白雀年间，包括拉梢寺、水帘洞、千佛洞、显圣池四个单元。其中拉梢寺单元为北周______刺史尉迟迥创建，第 1 窟大佛像是国内现存最大的石胎泥塑佛像，高 42 米。

A．原州　B．河州　C．宁州　D．秦州

143. 甘肃______木梯寺石窟始建于北魏，后代续凿，以第 5、7 窟中的五代、宋代塑像最为精美。在我国北方石窟开凿逐渐走向衰落的五代、宋时期，木梯寺石窟塑像丰富了西北地区佛教艺术。

A．渭源　B．陇西　C．甘谷　D．武山

144. 甘肃泾川王母宫石窟是北魏时期创建的一座大型中心塔柱窟，共有造像 200 余尊，中心为八角形柱体，每面开一龛，龛内雕一佛二菩萨。佛像面相浑圆，身体健壮，着褒衣博带式袈裟。其洞窟结构和佛像样式与云冈石窟第______窟中心柱窟十分相似，是“云冈模式”向西影响和传播的例证。

A．3　B．4　C．5　D．6

145. 甘肃徽县新修白水路记摩崖于北宋嘉祐______镌刻于徽白公路的悬崖上，共 26 行，每行 37 字，笔力遒劲，字迹工整，记述白水路的修建和变迁情况。宋仁宗年间，将原唐代由陕西长安至四川成都的青泥路改道修建凤州河池驿（今甘肃徽县银杏村）至长举（今陕西略阳白水江镇）的陕甘入川通道。白水路的贯通，结束了李白《蜀道难》所描述“青泥何盘盘，百步九折萦岩峦”的历史，成为北宋时期的“高速公路”。

A. 元年（1056 年） B. 二年（1057 年）
C. 三年（1058 年） D. 四年（1059 年）

146. 青海玉树贝大日如来佛石窟寺，俗称文成公主庙，建于唐贞观十六年（642 年）左右，永徽三年（653 年）完成。勒巴沟摩崖始刻于太极元年（712 年）左右，天宝元年（742 年）竣工，是汉藏友好往来的实物见证，______将松赞干布与文成公主事迹勒石铭记，永世传颂。

A.《普贤菩萨行愿王经》 B.《三转法轮图》
C.《佛诞生图》 D.《公主礼佛图》

147. 玉树新寨嘉那嘛呢由______世嘉那活佛多德松却帕旺于 18 世纪末创建，如今已形成长 300 米、宽 80 米、高 4 米，占地面积 2.4 万平方米，包含石雕佛经、佛像、佛塔、莲花、坛城等，超过 25 亿块石头的石城，被誉为“天下第一大嘛呢”。

A. 一 B. 二 C. 三 D. 四

148. 宁夏固原须弥山（梵语意为“宝山”）石窟始建于北魏______时期，西魏、北周、隋、唐继续营造，以后各代修葺重妆，现有窟龛 162 个，是古代丝绸之路上著名的佛教石窟寺。北魏窟主要为支提式作法，雕像清秀刚劲。隋唐窟有马蹄形、塔柱和方形平顶三种。第 5 窟（大佛楼）为典型代表。

A. 孝文帝 B. 宣武帝 C. 孝明帝 D. 孝庄帝

149. 贺兰山岩画是古代西戎、匈奴、鲜卑、突厥、党项、蒙古等民族遗留下来的艺术作品，分布在宁夏贺兰山东麓 20 余个沟口，以______岩画点最为集中，已发现 6000 余幅，内容有图腾崇拜、游牧狩猎、生殖崇拜、巫术活动、战争场景、欢庆舞蹈及各种符号等。

A. 插旗口 B. 贺兰口 C. 苏峪口 D. 水吉口

150. 我国现存开凿时代最早的石窟是新疆______，约始凿于公元3世纪末或4世纪初，分为中心柱窟和像坛窟两类，保存着大量早期龟兹风格的壁画。

A. 库车库木吐喇石窟　　B. 拜城克孜尔石窟

C. 吐鲁番柏孜克里克石窟　　D. 鄯善吐峪沟石窟

151. 克孜尔石窟（千佛洞）凿建于新疆拜城木扎特河北岸崖壁上，已发现洞窟349个，壁画近4000平方米，早中期壁画内容以小乘佛教佛本生故事为主（“唯礼释迦”），第17窟被誉为“故事画之冠”，第38窟有“音乐窟”之称。晚期壁画出现汉传佛教的千佛一类题材，是古代______佛教艺术的杰出代表。中心柱窟后室多以塑像、壁画表现释迦牟尼佛涅槃场景。

A. 月氏　　B. 乌孙　　C. 龟兹　　D. 鄯善

152. 新疆库车______凿建于公元5～11世纪，依山凿洞，分南、北两区，壁画内容以佛传、说法图为主。晚期石窟（第79窟）佛像旁有汉文、龟兹文、回鹘文3种文字书写的供养人榜题，前所未见。

A. 库木吐喇石窟　　B. 克孜尔尕哈石窟

C. 森木塞姆石窟　　D. 苏巴什佛寺

153. 新疆吐鲁番的石窟寺群多达十余处，合称高昌石窟，与新疆龟兹石窟，以敦煌、云冈、龙门为代表的中原石窟，以及印度最大的石窟阿旃陀石窟齐名，是世界佛教石窟艺术的四支代表之一。______是高昌石窟中现存洞窟最多、壁画内容最丰富的一处，曾是高昌回鹘王国的王家寺院。

A. 柏孜克里克石窟　　B. 雅尔湖石窟

C. 吐峪沟石窟　　D. 胜金口石窟

154. 平定准噶尔勒铭碑立于新疆昭苏格登山上，碑文由清______皇帝亲撰，通高3米，碑身两面刻满、汉、蒙、藏四种文字的碑文，记述清军平叛经过，颂扬格登山之战中参战将士的英雄精神，是维护祖国统一、反对民族分裂的重要历史见证。

A. 顺治　　B. 康熙　　C. 雍正　　D. 乾隆

155. 新疆拜城《刘平国治路颂》摩崖石刻，镌于东汉桓帝永寿______，隶书，全文119字，记述东汉西域都护府下属龟兹左将军刘平国率众在南北疆通道要隘凿关建城的事迹，印证了中央政府在新疆行使主权的历史，对于研究汉代书法及西域军事、交通等也具有重要价值。

A．元年（155年） B．二年（156年）
C．三年（157年） D．四年（158年）

156. 南宋______年间，洪适著《隶释》27卷，与后来成书的《隶续》，共著录汉碑碑文、碑阴等258种，曹魏、西晋碑17种，汉晋铜器、铁器铭文及砖文20余种，是现存最早考释汉魏晋石刻文字的专著。

A．绍兴 B．隆兴 C．乾道 D．淳熙

157. 清代乾嘉时期，______、邢澍收集著录各地石刻碑碣等8000余种，编成《寰宇访碑录》，共12卷，为全国性的碑刻总目。全书以时代为序，自周至元，一一注明石刻书体、撰书人姓名、碑刻年月、后人题记及刻于碑阴的文字。除石刻外，还集有名家收藏的古代砖瓦。

A．朱彝尊 B．黄易 C．孙星衍 D．吴大澂

158. 清代嘉道时期金石学家吴式芬著《攈古录》，收录三代至元代碑目18000余种，成书______卷，为有碑石目录以来最丰富者。

A．16 B．18 C．20 D．22

159.《语石》是第一部通论古代石刻文字的专著，成书于清光绪年间，作者______，共10卷，484条。以笔记形式，记述石刻的年代、地区、义例、制度、撰人、书人、文字内容、书体演变、断代、辨伪、收藏源流、摹拓、装裱等。作者还著有《藏书纪事诗》7卷。

A．王昶 B．杨守敬 C．叶昌炽 D．叶德辉

近现代重要史迹及代表性建筑

1. ______红楼位于北京市东城区五四大街，为四层砖木结构建筑，平面呈工字形。1918 年，李大钊在此成立马克思主义研究小组，宣传马克思列宁主义，成为北方革命活动中心。五四运动中，红楼及其北面的民主广场，是爱国活动的主要场所。

   A．北京大学　　B．清华大学

   C．燕京大学　　D．北京高等师范学校

2. 1949 年 10 月 1 日，中华人民共和国开国大典在北京______广场上举行，宣告新中国的诞生。______成为新中国的象征。近百年来，______见证了中国近现代史上的许多重大历史事件，如 1919 年五四运动、1935 年一二・九运动。

   A．天安门　　B．午门　　C．新华门　　D．正阳门

3. 人民英雄纪念碑于______年建成，通高 37.94 米，碑心正面镌刻着毛泽东题写的"人民英雄永垂不朽"八个大字。碑座四周刻有"虎门销烟""金田起义""武昌起义""五四运动""五卅运动""南昌起义""抗日游击战""胜利渡长江"八幅革命历史事件浮雕，另有"支援前线"和"欢迎人民解放军"装饰性浮雕。

   A．1949　　B．1954　　C．1958　　D．1959

4. 卢沟桥始建于金大定二十九年（1189 年），后世重修，长 266.5 米，宽 7.5 米，为十一孔联拱石桥，横跨永定河（金代称卢沟河）上，桥身两侧护栏各有望柱 140 根，柱头上共雕刻形态各异的石狮______个，为天下之最。1937 年 7 月 7 日，日军挑起卢沟桥事变，中国军民奋起抵抗，掀起了全民族抗战的高潮。

   A．455　　B．465　　C．475　　D．485

5. 清光绪______，清政府将原兵部与练兵处合并为陆军部，新建办公楼群。宣统二年（1910 年）成立海军部，选定陆军部东侧的贵胄学堂为办公楼，两部共用一座大门。1912 年，袁世凯任中华民国临时大总统时，总统府和国务院设在此处。旧址位于北京市东城区（现张自忠路），两部主楼均为西洋古典建筑形式。

A. 三十一年（1905 年）　　B. 三十二年（1906 年）
C. 三十三年（1907 年）　　D. 三十四年（1908 年）

6. 辛亥革命胜利后，中华民国临时参议院于 1912 年 1 月 28 日在南京成立，4 月迁至北京。5 月，参议院改选议长，______当选。1913 年 4 月 8 日，正式国会（参众两院）成立。北京国会旧址位于北京市西城区（现佟麟阁路），现存国会议场、“圆楼”等。

A. 吴景濂　　B. 汤化龙　　C. 林森　　D. 王正廷

7. 北平图书馆前身为______年清学部设立的京师图书馆，1929 年与北平北海图书馆合并，在文津街兴建新馆，1931 年落成。主楼造型仿清官式宫殿楼阁，绿琉璃庑殿顶，汉白玉须弥座式栏杆。现为国家图书馆古籍馆。

A. 1908　　B. 1909　　C. 1910　　D. 1911

8. 京张铁路是我国自行设计、施工、建设的第一条铁路，由詹天佑主持修建，从北京丰台柳村，经居庸关、八达岭、沙城、宣化至张家口，全长约 200 千米，1905 年开工，______年建成通车。南口至八达岭段保留火车站站房、职工宿舍、机车车辆厂、人字形铁路、詹天佑墓及铜像等。2019 年 12 月 30 日，京张高速铁路正式通车运营。

A. 1908　　B. 1909　　C. 1910　　D. 1911

9. 北京西交民巷近代银行建筑群是清末、民国时期的金融中心，现存大陆银行北京分行、华资商业银行总办事处、中央银行北平分行、中国农工银行北平分行、户部银行 5 处旧址。户部银行始创于清光绪______，是中国第一家国家银行，后改称大清银行、中国银行。

A. 二十八年（1902 年）　　B. 二十九年（1903 年）
C. 三十年（1904 年）　　D. 三十一年（1905 年）

10. 香山双清别墅是中国共产党“进京赶考”的第一站，作为中共中央的指挥中心，见证了中国革命走向胜利的历程。1949年3月______日，中共中央、中央军委机关进驻北平后，在双清别墅居住和办公，毛泽东等在此指挥了渡江战役，筹备了新政协，筹建了新中国。

A．23　　B．24　　C．25　　D．26

11. 吕祖堂原为津门道教名观，1900年4月，义和团著名首领______选定此地建立总坛口，成为天津义和团活动中心之一。

A．赵三多　　B．曹福田　　C．刘呈祥　　D．张德成

12. 大沽海口自古为“津门之屏”，清咸丰八年（1858年）在海河口两岸修筑五座炮台，分别以“威、镇、______（现存）、门、高”五字命名。第二次鸦片战争和八国联军侵华战争期间，中国军民在这里进行了英勇的反侵略斗争。

A．江　　B．河　　C．湖　　D．海

13. 我国最早使用电灯、电话、电报设备的机构是天津______。

A．利顺德饭店　　B．望海楼教堂　　C．北洋学堂　　D．劝业场大楼

14. “饮冰室”书斋位于______梁启超旧居中，建于1924年，为两层意式楼房，是梁启超晚年著书立说之所。

A．北京　　B．天津　　C．广东新会　　D．日本东京

15. 天津北洋水师大沽船坞，系______于清光绪六年（1880年）依托大沽海神庙修建，是继福建马尾船政、上海江南船坞后的第三所近代造船厂，也是北方最早的船舶修造厂和重要的军械生产基地。现存甲、乙、丙、丁、戊、己字船坞、轮机厂房、海神庙等遗迹。

A．曾国藩　　B．左宗棠　　C．李鸿章　　D．张之洞

16. 北洋大学堂由盛宣怀于清光绪______创建，原名天津北洋西学堂，是中国第一所近代大学。旧址现存南楼、北楼、团城三座建筑。

A．二十一年（1895年）　　B．二十二年（1896年）

C．二十三年（1897年）　　D．二十四年（1898年）

17. 天津五大道，是以由南向北并列的马场道、睦南道、大理道、常德道、重庆道为主的街区的统称，被誉为“万国建筑博览苑”。民国年间，许多军政要人、晚清遗老、中外实业家和知名人士定居于此，其中睦南道50号为______旧居。

A. 顾维钧　　B. 张学铭　　C. 潘复　　D. 徐世章

18. 觉悟社旧址位于天津市河北区三戒里，为三合院民居建筑。1919年______月，周恩来、郭隆真、马骏、刘清扬、邓颖超等在此成立觉悟社，成为反帝爱国运动的重要领导中心。

A. 7　　B. 8　　C. 9　　D. 10

19. 1914年，______天主教耶稣会神甫、博物学家桑志华在天津创建北疆博物院，1922年修建专用馆舍，建筑由北楼、陈列室和南楼三部分组成，呈工字形布局，藏品包括动物、植物、古生物、古人类、岩石矿物标本、历史民俗文物20余万件，在二十世纪二三十年代被誉为“世界上第一流的博物馆”。

A. 英国　　B. 法国　　C. 德国　　D. 美国

20. 1948年5月26日，中共中央机关进驻河北平山西柏坡村，在这里部署、指挥了举世闻名的辽沈、淮海、平津三大战役，召开了具有伟大历史意义的______全会，为全国解放奠定了坚实基础。这里成为中国共产党最后一个农村指挥所。1949年3月23日，中共中央离开西柏坡，“进京赶考”。

A. 七届二中　　B. 七届三中　　C. 七届四中　　D. 七届五中

21. 晋察冀边区政府及军区司令部旧址位于河北省阜平县太行山麓，1938年1月在此召开晋察冀边区军政民代表大会，选举产生了晋察冀边区临时行政委员会，______任主任，标志着华北敌后第一个政权的建立和边区新民主主义制度的开端。

A. 聂荣臻　　B. 宋劭文　　C. 刘奠基　　D. 吕正操

22. 河北清苑冉庄地道战遗址是华北军民抗击日寇的重要史迹，总长约______千米，有4条主要干线及11条东西支线、13条南北支线。抗日战争中，冉庄人民利用地道进行了100多次战斗，消灭了大量敌人，曾荣获“抗日模范村”称号。1965年，电影《地道战》在此拍摄，成为传世经典。

A. 12　　B. 13　　C. 14　　D. 15

23. 河北威县是义和团（拳）运动的发源地之一，清光绪二十四年（1898 年）______等在沙柳寨村率先举起大旗，策划马场起义。现存义和拳议事厅旧址。

A．赵三多　　B．阎书芹　　C．张德成　　D．曹福田

24. 保定陆军军官学校于 1912 年 10 月在原陆军预备大学堂基础上创办，开近代中国军事教育先河，______年因军阀混战停办，共举办九期。旧址现存检阅台、靶场、护校河沟等。

A．1921　　B．1923　　C．1925　　D．1927

25. 察哈尔都统署位于河北张家口明德北街，始建于清乾隆二十七年（1762 年），共历 61 位都统任职。______年，北洋政府在此设察哈尔特别区都统公署，1928 年，国民政府将特别区改为察哈尔省，省府驻原都统署内。旧址现存四进院落。

A．1912　　B．1913　　C．1914　　D．1915

26. 河北开滦唐山矿早期工业遗存是近代中国机器采矿业、铁路运输业和股份制企业的发轫之地，现存一号井、百年达道、唐胥铁路等。一号井开凿于清光绪四年（1878 年），______建成出煤。

A．五年（1879 年）　　B．六年（1880 年）

C．七年（1881 年）　　D．八年（1882 年）

27. 察哈尔民主政府旧址位于张家口市宣化区牌楼西街，原为始建于清光绪三十年（1904 年）的若瑟总修院，为三进四合院，门、窗、柱等装饰具有欧洲风格。1945 年______月，中国共产党领导建立的第一个行政省人民民主政府——察哈尔民主政府在此成立。

A．9　　B．10　　C．11　　D．12

28. 河北秦皇岛耀华玻璃厂始建于 1922 年，为中国与______合资建造，是中国第一块机制玻璃的诞生地。创办人周学熙与张謇齐名，人称“南张北周”。现存电灯房、水塔、水泵房等遗迹。

A．法国　　B．德国　　C．荷兰　　D．比利时

29. 中国人民银行总行旧址位于河北石家庄中华北大街，俗称小灰楼，1948 年 12 月 1 日，中国人民银行在这里宣告成立，第一任行长______，同日发行了我国第一套人民币。

A．南汉宸　　B．关学文　　C．胡景澐　　D．曹菊如

30. 平型关战役遗址位于山西灵丘西乔沟一带，西南距平型关约 5 千米，沟长约 7 千米，东通冀北，西抵雁门，地势险要。1937 年 9 月，八路军______师首战平型关，给锐气正盛的日军以迎头痛击，提高了八路军声威，大大鼓舞了全国人民的抗战信心。

A．115　　B．120　　C．129

31. 山西______八路军总司令部旧址包括王家峪村和砖壁村两处，相距 10 千米。1939 年 7 月至 1942 年 5 月，八路军总司令部和中共中央北方局曾驻于此，指挥华北乃至全国抗日军民坚持敌后抗战。王家峪旧址由三所相连的农家院落组成。砖壁旧址为一组四个院落式祠堂、庙宇建筑及一所民居。

A．左权　　B．武乡　　C．五台　　D．潞城

32. 晋绥边区政府及军区司令部旧址位于山西兴县蔡家崖村，为两个相互连通的院落。1948 年，毛泽东率中央机关从陕北前往西柏坡时曾路居这里，______月主持召开晋绥干部会议，并发表了《对〈晋绥日报〉编辑人员的谈话》。

A．3　　B．4　　C．5　　D．6

33. 山西______黄崖洞兵工厂建于 1939 年，是抗日战争时期八路军最早的军工基地，也是当地军民共同抗击侵略者的战场，1943 年迁往平顺西安村。旧址包括生产区、管理区、生活区。

A．左权　　B．潞城　　C．壶关　　D．黎城

34. 山西大学堂创立于清光绪______，设中学专斋和西学专斋，由山西巡抚岑春煊和英国人李提摩太创办，是中国最早的三所国立大学堂之一。旧址现存西学专斋主楼、门房及部分院墙，是近代中西文化合璧的实物例证。

A．二十八年（1902 年）　　B．二十九年（1903 年）

C．三十年（1904 年）　　D．三十一年（1905 年）

35. 山西国民师范学校始建于 1919 年，是专门培育全省小学教师的师范学校，徐向前、薄一波、程子华等曾在此接受马列主义的启蒙教育。1937 年______，中国共产党在此创建山西青年抗敌决死队。旧址现存主楼、东图书馆、学生东斋、第九宿舍等。

A．7 月 1 日　　B．8 月 1 日　　C．9 月 1 日　　D．10 月 1 日

36. 全国全面抗战爆发后，八路军总部东渡黄河，于1937年9月23日至10月22日驻扎在山西省______。在这里指挥平型关战役，配合实施忻口战役。旧址为典型的北方四合小院，朱德、彭德怀、任弼时等曾在此居住。
A．五台县南茹村　B．潞城县北村　C．武乡县砖壁村　D．左权县武军寺村

37. 辽宁沈阳张氏帅府始建于______年，由中院、西院、东院、院外建筑四部分组成。作为张作霖、张学良父子两代官邸与私宅，曾是东北政治、军事、经济决策中心。
A．1912　B．1914　C．1916　D．1918

38. 东北大学旧址位于沈阳市皇姑区，1923年筹建，是20世纪早期东北地区规模最大的综合性大学，由文、法、理、工、______五个学院组成。1928年张学良任校长后，实行男女同校，并大力发展体育。
A．经济　B．管理　C．教育　D．医

39. 鸭绿江断桥位于辽宁丹东，前身是______年建成通车的鸭绿江第一座铁路大桥，又称鸭绿江第一桥。1943年在第一桥上游建成第二座铁路大桥（今称中朝友谊桥），将第一桥改为公路桥。抗美援朝战争初期，第一桥是输送志愿军和作战物资过江的交通大动脉，1950年11月被美机炸断，中国一侧现存四联，长392米。
A．1911　B．1912　C．1913　D．1914

40. 辽宁旅顺口老铁山灯塔位于辽东半岛南端伸入大海的老铁山岬上，与山东蓬莱登州头灯塔相对形成黄渤海分界线。灯塔建于清光绪十九年（1893年），呈圆柱形，高14.2米，直径6米，装有人工磨制的水晶玻璃八面牛眼透镜。1977年，被国际航标协会列入世界著名历史灯塔。2013年，第______届全国运动会圣火在此成功采集。
A．十　B．十一　C．十二　D．十三

41. 吉海铁路总站位于吉林省吉林市，建于______年，是中国人在东北地区自行建设的第一条铁路（吉林至海龙）的车站，由林徽因设计，主体站舍为哥特式尖屋顶建筑，造型似雄狮伏卧，狮尾设计成钟塔。同年，由梁思成设计的吉林大学教学楼落成。
A．1928　B．1929　C．1930　D．1931

42. 伪满皇宫旧址位于吉林长春，是清朝末代皇帝爱新觉罗·溥仪充当伪满洲国傀儡皇帝时的宫廷，始建于 1932 年，主体由内廷和外廷组成，中国传统建筑、日本风格殿堂、西方情调楼宇共存。1934 年 3 月 1 日，溥仪在______举行“登基”大典。

A．嘉乐殿　　B．怀远楼　　C．勤民楼　　D．同德殿

43. 长春电影制片厂原为伪满映画协会株式会社，1945 年成立东北电影公司，1955 年更名为长春电影制片厂。早期建筑现存办公楼、摄影棚、洗印车间、录音室及小白楼，已辟为博物馆。作为新中国电影的摇篮，诞生了中国电影事业多项“第一”。其中第一部动画片是______，由朱丹编剧，方明导演兼动画设计，1948 年 12 月完成。

A.《皇帝梦》　　B.《桥》　　C.《普通一兵》　　D.《瓮中捉鳖》

44. 长春第一汽车制造厂是我国第一个大型汽车生产基地，被称为“中国汽车工业的摇篮”，1956 年 7 月，第一批国产汽车——“______”牌汽车下线，结束了中国不能自主生产汽车的历史。早期建筑包括生产区（10 个分厂厂房）和生活区（92 栋建筑）。

A．解放　　B．东风　　C．红旗　　D．长安

45. 中东铁路是沙俄在我国领土上修建的铁路，为中国东清铁路的简称，1896 年动工，1903 年通车。干线以哈尔滨为中心，西至满洲里，东至绥芬河；支线从哈尔滨向南，经长春、沈阳至旅顺口，全长近 2500 千米，同时建造了站舍、教堂、学校、兵营、桥梁等大量公共和民用建筑。日俄战争后，南段（______至旅顺口）为日本占领，称南满铁路。

A．长春　　B．四平　　C．铁岭　　D．沈阳

46. 黑龙江哈尔滨圣索菲亚教堂初建于______年，后有重建，是国内（也是远东地区）现存最大的拜占庭式东正教堂。教堂中央为一高大的鼓座，上冠巨形洋葱头式穹顶。

A．1901　　B．1903　　C．1905　　D．1907

47. 哈尔滨马迭尔宾馆始建于 1906 年，接待过许多重要人士，也曾作为新政协筹备活动和代表驻地之一，1948 年 11 月______日，中共代表与民主人士在此达成《关于召开新的政治协商会议诸问题的协议》。宾馆建筑为新艺术运动风格，现存大量建造初期使用的器物、画作等。

A．10　　B．15　　C．20　　D．25

48. 黑龙江大庆第一口油井（松基三井）位于高台子屯和小西屯之间，______年9月26日喜喷油流，结束了中国贫油国的历史。这口油井是大庆石油会战的历史见证，也是新中国石油工业成就及大庆精神、铁人精神的主要象征。

A．1958　　B．1959　　C．1960　　D．1961

49. 大庆油田铁人一口井井址，是1960年王进喜钻井队（1205钻井队）用______小时打出的第一口油井，作为铁人精神的发祥地，保留着当年的井房、采油树、卸车坑、泥浆池、土油池、地窨子等。

A．124　　B．144　　C．164　　D．184

50. 上海中山故居位于香山路，是一座二层西式楼房，屋前有花园草坪。孙中山先生于______年迁入居住，在此著述了《孙文学说》《实业计划》；会见了中国共产党人李大钊、林伯渠、瞿秋白以及共产国际代表马林、越飞等，商谈国共合作，为“联俄、联共、扶助农工”三大政策的确立和第一次国共合作的实现奠定了基础。

A．1918　　B．1919　　C．1920　　D．1921

51. 中共一大会址位于上海市黄浦区兴业路76号（原望志路106号）、浙江省嘉兴市南湖，1921年7月，各地共产主义小组选出的13名代表（含派遣），举行了中国共产党第一次全国代表大会。大会讨论通过了中国共产党的第一个______和第一个决议，选举了中央领导机构，宣告中国共产党成立。上海会址是一幢一上一下的石库门房屋，会场在楼下客堂内。嘉兴会场在南湖的一条游船上。

A．纲领　　B．章程　　C．宣言　　D．通告

52. 1922年7月16日至23日，中国共产党第二次全国代表大会在上海辅德里625号（现老成都北路7弄30号）召开，出席会议代表12人，其中参加过一大的______人。大会提出了明确的反帝反封建的民主革命纲领，通过了党的第一个章程。会址为一幢中西合璧的石库门里弄房屋，砖混结构，上下两层。

A．3　　B．4　　C．5　　D．6

53. 中国社会主义青年团中央机关旧址位于上海市淮海路渔阳里，1920年______月，俞秀松等在此发起成立了中国第一个社会主义青年团——上海社会主义青年团。旧址为一幢二上二下老式石库门房屋。

A．6　　B．7　　C．8　　D．9

54. 外滩是上海近代大都市的最初轮廓线，荟萃着西方各种重要建筑样式，有“万国建筑博览群”之称。其中，______被誉为“外滩第一楼”。

A．和平饭店南楼 B．招商局大楼 C．上海海关大楼 D．亚细亚大楼

55. 杨树浦水厂原为英商上海自来水公司，清光绪七年（1881年）兴建，系英国传统哥特城堡式建筑，______年开闸放水，标志着中国第一座现代化水厂正式建成，曾是远东地区历史最久、供水量最高、设备最先进的大型水厂。

A．1882 B．1883 C．1884 D．1885

56. ______邮政总局大楼始建于1924年，拥有曾被称为“远东第一大厅”的邮政营业厅，是我国目前仍在使用的建筑时间最早、规模较大的邮政历史标志性建筑。

A．北京 B．天津 C．上海 D．广州

57. 四行仓库抗战旧址位于上海苏州河北岸，是1931年建造的钢筋混凝土结构六层大厦，原为交通银行和北四行（金城银行、中南银行、大陆银行、盐业银行）联合仓库。1937年______，中国军队第72军88师262旅524团1营400余官兵，在中校团副谢晋元率领下，在此顽强抗击日军。

A．10月上旬 B．10月中旬 C．10月下旬 D．11月上旬

58. 太平天国忠王府位于江苏苏州娄门内，太平天国庚申十年（1860年），忠王李秀成率军攻占苏州后，以______旧址兴建王府，同时也是太平天国设置的苏福省（辖苏南部分地区）省府。王府建筑彩绘精雅秀丽，为现存清代苏式彩绘的代表作。

A．拙政园 B．留园 C．环秀山庄 D．耦园

59. 中山陵是中国民主革命先行者孙中山先生的陵墓，位于江苏南京钟山南麓，平面布局呈铎形，含有“木铎警世”之意。主要建筑有牌坊、墓道、陵门、石阶、碑亭、祭堂和墓室等，排列在一条中轴线上。1929年______举行奉安大典。

A．5月1日 B．5月15日 C．6月1日 D．6月15日

60. 南京堂子街壁画是已发现太平天国壁画的代表作，现存18幅，均为水墨彩画，画在石灰墙面或板壁等处，以______最为出色，是太平天国保卫天京的真实写照。太平军定都南京后，曾设立“绣锦衙”，组织艺术创作活动，有画工、画师数百人。

A.《防江望楼图》 B.《江天亭立图》 C.《山亭瀑布图》 D.《云带环山图》

61. 南京国立紫金山天文台是我国自行设计建造的第一座现代化天文台，______建成，被誉为“中国现代天文学的摇篮”，所存浑仪、简仪、圭表为明正统年间铸造，是世界上现存最早、最大且保存完整的古天文仪器。

A．1928　　B．1930　　C．1932　　D．1934

62. 新四军重建军部旧址位于江苏盐城建军西路，旧址原为泰山庙，四进六厢。1941年1月20日，中共中央军委发表了重建新四军军部的命令。______日，陈毅、刘少奇奉命重建的新军部宣告成立。

A．25　　B．26　　C．27　　D．28

63. 人民海军诞生地位于江苏泰州白马庙村，旧址原为建于清乾隆年间的庄园建筑。1949年4月，粟裕、张震等率部驻白马庙村，指挥渡江作战。______日，奉中央军委命令，组建华东军区海军。1989年2月，中央军委确定1949年4月______日为人民海军诞生日。

A．21　　B．22　　C．23　　D．24

64. 金陵兵工厂位于南京中华门外，前身是清同治四年（1865年）代理两江总督______创办的金陵机器制造局，有“中国民族军事工业摇篮”之称，旧址现存9座清代建筑和25座民国建筑。

A．曾国藩　　B．李鸿章　　C．左宗棠　　D．张之洞

65. 南京总统府建筑群，其历史可上溯到明朝初年的归德侯府和汉王府，清代辟为江宁织造署、两江总督署等，康熙、乾隆帝南巡均以此为行宫。太平天国定都天京后，在此扩建天王府。1912年1月1日，孙中山在府中______宣誓就职中华民国临时大总统，辟为大总统府，后来又成为南京国民政府总统府。

A．大堂　　B．中堂　　C．暖阁　　D．子超楼

66. 1928年，国民政府在南京创办中央陆军军官学校，旧址原为清朝陆军学校。1945年______，中国战区侵华日军投降签字仪式在学校大礼堂隆重举行。现存大礼堂和憩庐，均由张谨农等设计，杨仁记营造厂建造，1929年竣工。

A．8月15日　　B．9月2日　　C．9月3日　　D．9月9日

67. 拉贝旧居是约翰·拉贝 1934～1938 年间在金陵大学农学院（现南京大学）的居所。拉贝为德国______公司驻南京代表处代表，1937 年日军侵占南京期间，拉贝组织建立国际安全区，保护难民。他目睹日军大屠杀暴行，写下了著名的《拉贝日记》。旧居现存主楼、车库、门卫室和防空洞。

A. 西门子　　B. 大众　　C. 克虏伯　　D. 蔡司

68. 南京长江大桥建成于______年，是我国自行设计、施工的第一座长江公路铁路两用桥，上层公路桥长 4589 米，下层铁路桥长 6772 米，南北两端各有两座高 70 米的桥头堡。公路正桥两边栏杆上嵌着 202 块铸铁浮雕，其中 100 块向日葵镂空浮雕，96 块风景浮雕，6 块国徽浮雕。

A. 1966　　B. 1967　　C. 1968　　D. 1969

69. 国立美术陈列馆是我国第一个国家美术馆，旧址位于南京市玄武区长江路，______年建成，主楼建筑四层，立面呈山字形，是民国时期新民族形式建筑的代表作。

A. 1933　　B. 1934　　C. 1935　　D. 1936

70. 西泠印社创立于______年，由篆刻家叶舟、丁友仁等发起创建，以“保存金石、研究印学，兼及书画”为宗旨，是海内外研究金石篆刻历史最悠久、成就最高、影响最广的学术团体，有“天下第一名社”之誉，社址坐落于杭州西湖孤山西麓，依山而建，为江南园林佳作。吴昌硕为第一任社长（1913 年）。

A. 1896　　B. 1900　　C. 1904　　D. 1908

71. 太平天国侍王府位于______，是现存太平天国王府中规模最大、保存最完整的一处，建筑壁墙和梁架上绘满彩画，反映太平天国的制度、战争等。侍王李世贤是太平天国后期重要将领，忠王李秀成的堂弟。

A. 江苏南京　　B. 江苏苏州　　C. 浙江杭州　　D. 浙江金华

72. 浙江绍兴大通学堂原为清代山阴、会稽两县豫仓，中轴为门厅、礼堂、“徐社”，东、西两轴分别是教室和办公室，西轴以西为操场。清光绪三十一年（1905 年）由______成员徐锡麟、陶成章等创立，是近代最早培养民主革命人才的军事学校之一，也是皖浙暴动的重要据点。

A. 同盟会　　B. 华兴会　　C. 兴中会　　D. 光复会

73. 浙江瑞安利济医学堂建于清光绪______，由陈虬等人创办，是我国最早的一所新式中医学校，集教学、医疗、科研为一体。旧址由门厅、主楼、两厢及中药圃组成，门厅、两厢采用传统建筑形式，主楼为西式柱廊结合歇山屋顶。
A．十一年（1885 年） B．十二年（1886 年）
C．十三年（1887 年） D．十四年（1888 年）

74. 浙江玉环坎门验潮所建成于______年，次年正式验取潮汐资料，是中国人自行选址、设计、建造的第一座长期验潮所，由其观测数据统计分析得出的坎门高程，一直作为全国高程系统使用。现存迴澜闸三道、验潮井、252 号基准点、参考水准点等，为国际潮位资料交换站。
A．1926 B．1927 C．1928 D．1929

75. 五四宪法起草地旧址位于______，1953 年 12 月 28 日至 1954 年 3 月 14 日，毛泽东主席率领宪法起草小组在此历时 77 天，起草了中华人民共和国第一部宪法草案初稿，为《中华人民共和国宪法》的正式诞生奠定了基础。旧址由前院、主楼、平房组成。
A．浙江杭州 B．湖北武汉 C．广西南宁 D．四川成都

76. 陈望道故居位于浙江义乌分水塘村，为清宣统年间建造的前廊式天井院砖木结构建筑。1920 年，陈望道回到故乡，将______文版《共产党宣言》翻译成首个中文全译本，为马克思主义在中国的传播作出重要贡献。
A．德 B．俄 C．英 D．日

77. ______至 1941 年 1 月，新四军军部设于安徽泾县云岭，指挥华中敌后各抗日战场的新四军部队。司令部旧址在云岭脚下的罗里村，为两座相邻的大型宅院；中共中央东南局旧址在罗里村以西 3 千米的丁家山村，为三间两厢两进平房。
A．1937 年 12 月 B．1938 年 4 月 C．1938 年 7 月 D．1939 年 5 月

78. 安徽凤阳小岗村旧址由前后两进房屋及相关附属建筑组成。1978 年冬，小岗______户农民以“敢为天下先”的胆识，按下红手印，搞起“大包干”，揭开了中国农村改革的序幕。
A．16 B．17 C．18 D．19

79. 古田会议会址位于福建省上杭县古田村采眉岭笔架山下，清末为廖氏宗祠，民国为和声小学校址，由前后厅和左右厢房组成。1929 年 12 月，中国工农红军第四军第______次党代表大会在此召开，通过了古田会议决议，确立了思想建党、政治建军的原则。

A．六　B．七　C．八　D．九

80. 福建船政建筑位于福州市马尾区闽江边，创建于清______年间，是洋务运动时期创办的规模最大的造船军工企业。同时创办的船政学堂，培养了严复、詹天佑、萨镇冰、邓世昌等近代著名思想家、外交家、工程师和海军将领。

A．咸丰　B．同治　C．光绪　D．宣统

81. 福建厦门胡里山炮台建于清______年间，仿西洋炮台形式，由炮台、弹药库、兵营等设施组成，是晚清东南海防要塞。东炮座现存德国克虏伯兵工厂 1893 年制造的精钢主炮，炮身长 13.96 米，是世界上“现存于原址上最古老、最大的 19 世纪海岸炮”。

A．咸丰　B．同治　C．光绪　D．宣统

82. ______后，厦门被辟为通商口岸，西方列强纷纷涌入鼓浪屿，建造公用和民用建筑。20 世纪初，一些富商、华侨也到此建宅置业，兴建了众多仿西式或中西合璧式建筑，使鼓浪屿成为万国建筑汇集地。2017 年列入世界遗产名录。

A．第一次鸦片战争　B．第二次鸦片战争　C．中法战争　D．甲午战争

83. 福建上杭临江楼面临汀江，融合客家建筑与西欧建筑元素。______年 10 月，毛泽东在此指导闽西党组织开展土地革命斗争，建设地方政权。时值重阳佳节，挥毫写下名篇《采桑子・重阳》(“战地黄花分外香”)。

A．1928　B．1929　C．1930　D．1931

84. “八一”起义指挥部旧址位于江西南昌中山路，原为______。1927 年 8 月 1 日，周恩来、贺龙、叶挺、朱德、刘伯承等领导了具有伟大历史意义的南昌起义，打响了武装反抗国民党反动派的第一枪。旧址为一幢五层砖木结构灰色楼房，平面呈回字形，中间有天井。

A．江西省立图书馆　B．江西大旅社

C．交通大厦　D．军官教育团部

85. 井冈山革命遗址位于江西、湖南两省边境，罗霄山脉中段。1927 年 10 月，毛泽东率领秋收起义部队挺进井冈山，创立了全国第一个农村革命根据地，开辟了农村包围城市、武装夺取政权的革命道路。1928 年 4 月，朱德、陈毅等率领南昌起义保留下来的部队和湘南农军到达______，与毛泽东领导的部队会师。

A．茅坪　　B．茨坪　　C．砻市　　D．大井

86. ______是第二次国内革命战争时期中华苏维埃共和国临时中央政府所在地。1931 年 11 月至 1934 年 7 月，中国共产党以此为中心，创立了中央革命根据地和苏维埃政权，进行了土地革命，发展壮大了工农红军，粉碎了国民党军的四次“围剿”。革命遗址主要分布在叶坪、沙洲坝等地。

A．瑞金　　B．兴国　　C．于都　　D．宁都

87. 安源路矿工人俱乐部旧址位于江西萍乡，原为湖北同乡会会址，1922 年______，安源路矿工人俱乐部成立，毛泽东、李立三、刘少奇等领导了安源路矿工人大罢工。

A．1 月 1 日　　B．5 月 1 日　　C．7 月 1 日　　D．8 月 1 日

88. 兴国革命旧址现存土地革命干部训练班、中国工农红军江西军区、中央兵工厂、江西省第一次工农兵代表大会、长冈乡调查旧址等。1929 年 4 月，毛泽东率红四军第______纵队来到兴国。至 1933 年间，兴国成为巩固的革命根据地和“创造了第一等的工作”的苏区模范县。

A．一　　B．二　　C．三　　D．四

89. 土地革命战争时期，______是中央革命根据地的重要组成部分和长征前夕的全红县，也是中央红军二万五千里长征的集结出发地。贡江是中央红军长征渡过的第一条河。

A．兴国　　B．宁都　　C．会昌　　D．于都

90. 中央革命博物馆旧址位于瑞金沙洲坝老茶亭，原为建于清光绪年间的民居，由两横屋一洞水（过道）组成，共 7 间房，占地面积 210 平方米。1934 年______月，第二次全国苏维埃代表大会召开前夕，在此举办了以十大类革命史为主要内容的展览。

A．1　　B．2　　C．3　　D．4

91. 东固平民银行创办于 1928 年______月，是中华苏维埃政府设立的第一所银行，奠定了苏区金融系统基础，后改名为赣西南苏维埃政府银行、江西工农银行。1932 年 3 月，与闽西工农银行合并组建中华苏维埃国家银行。旧址位于江西省吉安市青原区东固畲族乡，为硬山式两层楼房。

A. 9　　B. 10　　C. 11　　D. 12

92. 中国工农红军学校于 1932 年夏在瑞金成立，肖劲光、何长工、刘伯承、叶剑英先后任校长，毛泽东、朱德等领导人经常为学员讲课。至 1933 年秋，共招生______期，为红军培养各级军政干部 6000 多名。旧址系杨氏宗祠，并排五祠。

A. 三　　B. 四　　C. 五　　D. 六

93. 刘公岛甲午战争纪念地位于山东威海，清光绪______修建旅顺、威海卫两大军港，建立北洋水师，并在刘公岛设立提督署。中日甲午战争爆发后，光绪二十年十二月二十五日（1895 年 1 月 20 日），日军海陆两路围攻威海，北洋水师官兵力战不敌，提督丁汝昌等殉国。

A. 十二年（1886 年）　　B. 十三年（1887 年）

C. 十四年（1888 年）　　D. 十五年（1889 年）

94. 青岛啤酒厂建于清光绪______，原为外资日尔曼啤酒公司青岛股份公司，早期建筑现存两幢红色德式楼房，包括综合办公楼、酿造生产车间，保留国内最早的糖化锅、煮沸锅、滤过槽、发酵池、1896 年德国西门子电机等老设备。

A. 二十六年（1900 年）　　B. 二十七年（1901 年）

C. 二十八年（1902 年）　　D. 二十九年（1903 年）

95. ______签订后，烟台被辟为通商口岸，英、法、德、意、丹、美、日等 17 个国家在烟台山及其周围修建领事馆、教堂、洋行等机构。20 世纪初，民族工商业建筑也在此兴建，形成了规模庞大、风格各异的近代建筑群。

A.《南京条约》　　B.《天津条约》　　C.《瑷珲条约》　　D.《北京条约》

96. 烟台张裕公司酒窖建成于 1905 年，由八个拱洞组成，顶部用大青砖发券，墙壁用大青石砌成，深 7 米，低于海平面______米，常年温度 14℃左右，湿度 75%，许多获奖葡萄酒产品出自于此。

A. 1　　B. 2　　C. 3　　D. 4

97. ______成立于 1958 年 4 月 20 日，是我国第一个人民公社。现存办公楼始建于 1958 年 10 月，为双面二层砖木结构，墙上保留“人民公社万岁”标语、毛主席语录及画像。70 年代新建大礼堂 1 座和用于公社招待所的两层砖混楼房 3 座。1983 年公社体制撤销，公社改为乡。

A．上海县七一人民公社　　B．济南北园人民公社

C．遂平嵖岈山卫星人民公社　　D．新乡七里营人民公社

98. 红旗渠工程主体位于河南林州，______年 2 月动工，1965 年 4 月总干渠竣工通水，1969 年 7 月支渠配套工程全面完成。工程共削平 1250 座山头，架设 151 座渡槽，开凿 211 个隧洞，总干渠全长 70.6 千米（山西平顺石城镇——河南林州任村镇），支渠分布在林州全市乡镇，全面发挥引水、蓄水、排水、灌溉、发电等综合效益，是我国水利工程史上的创举。

A．1958　　B．1959　　C．1960　　D．1961

99. ______于清光绪三十二年（1906 年）通车，桥原长 3015 米，共 102 孔，是第一座横跨黄河的钢体结构铁路大桥。现存南端 5 孔 160 米作参观用。

A．山东济南泺口黄河铁路大桥　　B．河南郑州黄河第一铁路桥

C．晋陕风陵渡黄河铁路桥　　D．甘肃兰州黄河铁桥

100. 辛亥革命武昌起义军政府旧址位于武汉武昌蛇山南麓，又称红楼，原为清代湖北省谘议局大楼。1911 年______，武昌起义成功，次日在此组成革命军政府，颁发了第一号布告，宣布废除清朝帝制，建立中华民国，并通电号召各省起义。此楼两层，砖木结构，平面呈山字形，面阔 73 米，最大进深 42 米。

A．9 月 9 日　　B．10 月 10 日　　C．11 月 11 日　　D．12 月 12 日

101. 八七会议会址位于武汉市江岸区鄱阳街 139 号（原汉口三教街 41 号），1927 年 8 月 7 日，党中央在此举行紧急会议，确定了土地革命和武装反抗国民党反动派的总方针。______在会上提出“枪杆子里出政权”的著名论断。会址为三层砖混结构西式建筑（局部四层）。

A．瞿秋白　　B．张太雷　　C．邓中夏　　D．毛泽东

102. 湖北红安七里坪革命旧址是土地革命战争时期鄂豫皖革命根据地的中心，1929 年曾改名为“列宁市”，1931 年 11 月，在此组成了中国工农红军第______方面军。

A．一　　B．二　　C．三　　D．四

103. 武昌农民运动讲习所，是第一次国共合作时期由______倡议创办并主持的培养全国农民运动干部的学校。旧址位于武昌红巷，原为张之洞创办的北路小学堂。

A. 毛泽东　　B. 邓演达　　C. 陈克文　　D. 恽代英

104. 大智门火车站位于______，清光绪二十九年（1903 年）建成，是中国第一条长距离准轨铁路的大型车站，曾是亚洲首屈一指的现代化火车站，见证了中国近代化发展历程。

A. 郑州　　B. 武汉　　C. 长沙　　D. 广州

105. 汉口开埠以后，清政府于 1862 年设立海关，名江汉关。现存江汉关大楼落成于______年，由主楼和钟楼两部分组成，是中国现存最早的三座海关大楼之一，也是汉口的标志建筑。

A. 1918　　B. 1920　　C. 1922　　D. 1924

106. 清光绪十六年（1890 年），为修建芦（卢）汉铁路，湖广总督张之洞创建汉阳铁厂。18 年后，以汉阳铁厂、大冶铁矿、萍乡煤矿为基础，成立汉冶萍煤铁厂矿有限公司，是中国近代最大的钢铁煤联合企业。1915 年以前，出产全国钢产量的______% 以上。旧址位于湖北黄石，现存冶炼铁炉、高炉栈桥、日欧式建筑群、瞭望塔、卸矿机、天主教堂等。

A. 60　　B. 70　　C. 80　　D. 90

107. 武昌起义门原名______，为武昌古城 10 座城门中仅存的一座。1911 年 10 月 10 日晚，湖北新军工程八营起义后，迅速控制______，南湖马炮营得以从此门入城，在城头架炮轰击清朝湖广总督府，支援其他起义部队占领武昌城。______被誉为“首义胜利的开端”，民国元年（1912 年）改名为“起义门”。

A. 中和门　　B. 文昌门　　C. 武胜门　　D. 宾阳门

108. 中共五大旧址位于武昌都府堤 20 号，原为国立武昌高等师范学校附属小学。1927 年 4 月 27 日，中国共产党第五次全国代表大会在此举行开幕式，之后在汉口黄陂会馆继续进行。同年 5 月 10 日，中国共产主义青年团第______次全国代表大会亦在此召开。旧址为融合西式风格的学宫建筑。

A. 三　　B. 四　　C. 五　　D. 六

109. 新四军建立的第一个军部位于______。1937年11月12日，经中共中央同意，叶挺等着手组建新四军军部。12月25日，新四军军部正式成立。旧址为毗邻的两栋二层砖木结构楼房。

A. 江苏盐城　　B. 安徽泾县　　C. 江西南昌　　D. 湖北武汉

110. 武汉长江大桥横跨于武昌蛇山和汉阳龟山之间，建于1955年9月，1957年10月通车，全长1670米，有桥墩8个，是长江上第一座铁路、公路两用桥。1956年夏天，毛泽东在武汉横渡长江，面对初现轮廓的万里长江第一桥，即兴写下“一桥飞架南北，天堑变通途”的豪迈词句（《______·游泳》）。

A. 水调歌头　　B. 贺新郎　　C. 念奴娇　　D. 沁园春

111. 秋收起义文家市会师旧址位于湖南浏阳，1927年9月9日，毛泽东领导湘赣边界秋收起义，部队于______日集结于此。当晚毛泽东主持召开前敌委员会会议，决定改变攻打长沙的计划，向井冈山进军。旧址原为文华书院、里仁学校。

A. 17　　B. 18　　C. 19　　D. 20

112. 平江起义旧址原为天岳书院。1928年7月22日，彭德怀、滕代远、黄公略等率部起义，成立了中国工农红军第______军。书院为清代砖木结构建筑，包括大门、中厅、后厅和东西斋舍等，书院西面的操场是当年起义部队的集合地点。

A. 四　　B. 五　　C. 六　　D. 七

113. 湘南年关暴动指挥部旧址位于湖南省______县城内，原为清代守备署、民国县女子学校。1928年1月，朱德、陈毅率部举行“年关暴动”，建立了苏维埃政府，成立了中国工农革命军第一师。

A. 宜章　　B. 临武　　C. 汝城　　D. 蓝山

114. 湖南省立第一师范学校旧址位于长沙市书院路，前身为城南书院，______年改现名，有“千年学府，百年师范”之誉。毛泽东曾在这里领导中共湘区委员会创建工作。中国近现代史上的许多仁人志士，如何叔衡、蔡和森、任弼时、李维汉、萧三等曾在此学习，徐特立、杨昌济、黎锦熙、王季范、易培基等曾在此任教。

A. 1911　　B. 1912　　C. 1913　　D. 1914

115. 中共湘区委员会旧址位于长沙清水塘，属典型的南方砖木结构民居建筑，是中国共产党初创时期重要的省级地方组织机关所在地。______年5月前后，中共湘区委员会在此成立，毛泽东任书记。

A. 1921　　B. 1922　　C. 1923　　D. 1924

116. 因抗战需要，1938年10月，国民政府在湖南芷江创建空军航校，建立中美空军第五大队十四中队兵营、指挥塔及机房等设施。1945年8月15日，日本宣布无条件投降。______日，芷江空军军校西正屋营房作为中国战区洽降堂接受日军投降。

A. 16　　B. 18　　C. 21　　D. 24

117. 爱晚亭位于湖南长沙岳麓山清风峡中，清乾隆五十七年（1792年）由岳麓书院山长罗典创建，后湖广总督毕沅根据唐代诗人______“停车坐爱枫林晚，霜叶红于二月花”诗句，更名爱晚亭。亭为攒尖宝顶，丹柱琉璃瓦，彩绘藻井，是古代亭台建筑经典。青年时期的毛泽东、蔡和森等曾在此从事革命活动。

A. 李白　　B. 杜甫　　C. 李贺　　D. 杜牧

118. 三元里平英团遗址（三元古庙）位于广东省广州市北郊。______年5月，三元里附近103乡群众自发组织起来，在此誓师，打起“平英团”大旗，抗击侵华英军，揭开了近代中国人民反帝反封建的民主主义革命运动序幕。三元古庙是供奉北帝的道观，道教以天、地、水为“三元”，故称“三元古庙”。

A. 1839　　B. 1840　　C. 1841　　D. 1842

119. 黄花岗七十二烈士墓位于广州市先烈路。1911年4月______日（清宣统三年农历三月廿九日），同盟会在广州举行武装起义。起义失败后，同盟会会员潘达微冒死收殓烈士遗骸72具，丛葬于此。后建陵园，孙中山书“浩气长存”四字镌于墓坊。

A. 26　　B. 27　　C. 28　　D. 29

120. 广州农民运动讲习所旧址原为番禺学宫，第六届讲习于1926年5～9月在此举办，______任所长，共招收学员300多人。学员毕业后赴各地从事农民运动，为中国革命作出重大贡献。

A. 毛泽东　　B. 肖楚女　　C. 彭湃　　D. 阮啸仙

121. 广东海丰红宫旧址原为建于明代的海丰学宫（孔庙），1927年10月，______领导农民举行第三次武装起义，11月18日至21日在此召开海丰县工农兵代表大会，成立了中国第一个红色政权。12月1日，在东仓埔广场召开海丰人民庆祝苏维埃政府成立大会，并把“东仓埔”命名为“红场”。

A. 张太雷　　B. 叶挺　　C. 彭湃　　D. 叶剑英

122. 1927年12月______日，共产党人张太雷、苏兆征、叶挺、叶剑英、周文雍、聂荣臻等领导广州起义，建立了广州苏维埃政府（广州公社），后因敌我力量悬殊而失败。公社旧址原为广州市公安局，现存大门、中楼（苏维埃政府和工人赤卫队总部）、北楼（军事指挥部）、南楼（警卫连连部等）等。

A. 8　　B. 9　　C. 10　　D. 11

123. 林则徐销烟池旧址位于广东东莞虎门海滩，为两个边长各45米的大池子。清道光十九年（1839年），钦差大臣林则徐将收缴英、美等国输入的______万余斤鸦片，当众销毁。

A. 217　　B. 237　　C. 257　　D. 277

124. 虎门炮台旧址位于珠江出海口虎门两岸。清道光二十年（1840年），英国发动侵略中国的鸦片战争。次年2月，英军大举进攻虎门，广东水师提督______率领兵士英勇抗击，以身殉国。

A. 邓廷桢　　B. 关天培　　C. 陈连升　　D. 李廷钰

125. 国民党“一大”旧址位于广州市文明路，包括大钟楼（礼堂）及革命广场。1924年______月，孙中山主持召开中国国民党第一次全国代表大会，确立了“联俄、联共、扶助农工”的基本政策，标志着第一次国共合作的实现和反帝反封建革命统一战线的形成。会后，会址改为广东大学，1926年10月易名中山大学。1927年鲁迅任中山大学文学系主任兼教务主任时，一度住在钟楼上。

A. 1　　B. 2　　C. 3　　D. 4

126. 黄埔军校旧址位于广州珠江长洲岛，原为清朝陆军小学堂和海军学校校舍。第一次国共合作时期，孙中山在苏联和中国共产党的帮助下，于______年创建陆军军官学校，培养了一大批军事骨干人才。

A. 1922　　B. 1923　　C. 1924　　D. 1925

127. 中华全国总工会成立后的第一个总部所在地位于广州市越秀南路，原为惠州会馆，系券廊式砖木结构二层楼房。1925 年 5 月，第______次全国劳动大会在广州召开，决定成立中华全国总工会。全总成立后，此处成为大革命时期领导全国工人运动的中心。

A．一　　B．二　　C．三　　D．四

128. 广州圣心大教堂是我国最大的______教堂，由法国人按巴黎圣母院样式设计，清同治二年（1863 年）6 月 18 日（圣心瞻礼日）举行奠基典礼，历时 25 年建成。

A．哥特式　　B．罗马式　　C．巴洛克式　　D．洛可可式

129. 广东湛江硇州灯塔是世界上现存______个水晶磨镜灯塔之一，清光绪二十五年（1899 年）由广州湾法国公使署建造，用 160 多块三棱水晶镜片组成蚌形凸透镜，灯光射程达 26 海里之远。

A．两　　B．三　　C．四　　D．五

130. 中华民国军政府大元帅府旧址原为广东士敏土（水泥）厂办公楼，建于洋务运动后期。______年 8 月，孙中山在广州召开非常国会，成立护法军政府。9 月 1 日，孙中山被推举为中华民国军政府大元帅，设大元帅府于此。

A．1915　　B．1916　　C．1917　　D．1918

131. 广州中山纪念堂位于越秀山南麓，由著名建筑师吕彦直设计，______年落成，为八角形仿古宫殿式建筑，包括门楼、纪念堂及东西耳楼，前立孙中山全身铜像。吕彦直也是南京中山陵的设计者。中山纪念堂原址为 1921 年孙中山任非常大总统时的总统府，1945 年 9 月，驻广州地区日本侵略军投降签字仪式在这里举行。

A．1928　　B．1929　　C．1930　　D．1931

132. 广东开平碉楼群始建于明末清初，20 世纪早期大量兴建，多为中西合璧式建筑，兼具防御、避洪功能。碉楼顶部装饰，由各地华侨吸收侨居国建筑风格、结合中国建筑传统设计建造，以世界建筑艺术总汇著称。______位于塘口镇自力村，建于 1925 年，高 6 层，由美国华侨方润文回乡营建。

A．雁平楼　　B．铭石楼　　C．瑞石楼　　D．天禄楼

133. 广州粤海关旧址包括粤海关大楼、水埠码头、海关黄埔税口古港遗址和粤海关黄埔分关旧址。粤海关大楼的钟楼是目前全国仅有的______个旧海关钟楼中最古老的一个，建于1916年。

A. 一　　B. 二　　C. 三　　D. 四

134. 粤海关于清康熙二十四年（1685年）开关，是清朝最早设立的海关之一，清政府另设闽（在厦门）、江（在云台山）、浙（在______）三个海关。乾隆二十二年（1757年）停止其他三个海关相关业务，仅留广州一口对外通商。

A. 杭州　　B. 宁波　　C. 台州　　D. 温州

135. 广东咨议局旧址为仿古罗马风格议会大楼式建筑，始建于清宣统元年（1909年），见证了广东独立、国民党二大等重要历史事件。广东咨议局第一任议长是______。1921年5月，孙中山在此宣誓就任中华民国非常大总统。

A. 易学清　　B. 丘逢甲　　C. 卢乃潼　　D. 陈炯明

136. 阅江楼位于______西江岸边，始建于明代，为四合院式建筑，楼高两层，分南、北、东、西4座，通过4座耳楼衔接通连，院内设水池、假山。1925年11月25日，叶挺独立团（国民革命军第四军独立团）在此成立，是中国共产党直接掌握和领导的第一支正规革命武装。

A. 广西梧州　　B. 广东云浮　　C. 广东肇庆　　D. 广东佛山

137. 1851年1月______日，洪秀全在广西桂平金田村领导武装起义，建号太平天国，揭开了太平天国运动的序幕。起义指挥部设在犀牛岭营盘，为长方形城堡，遗址尚存。

A. 11　　B. 12　　C. 13　　D. 14

138. 1929年12月11日，邓小平等在广西百色领导起义，成立中国工农红军第______军，司令部和政治部分别设于粤东会馆和清风楼，现保存完好。同日，右江第一届工农兵代表大会在恩隆县（今田东县）平马镇经正书院召开，成立了右江工农民主政府。

A. 四　　B. 五　　C. 六　　D. 七

139. 中国工农红军第八军军部旧址位于广西壮族自治区龙州县龙州镇。1930年______，邓小平等领导龙州起义，成立了中国工农红军第八军和左江革命委员会。军部旧址为一座砖木结构、瓦顶三层的楼房。

A. 1月1日　　B. 1月11日　　C. 1月21日　　D. 2月1日

140. 连城要塞是清朝晚期广西提督、抗法名将______于1885～1896年间主持修建的军事防御工事体系，长1000多千米，宽约15千米，有“南疆小长城”之称。现存大、小连城提督行署及其东西两翼的城墙、炮台、碉台等。

A. 苏元春　　B. 刘光才　　C. 丁槐　　D. 龙济光

141. 友谊关位于广西凭祥，始建于汉代，曾名镇南关，古建筑包括关楼、城墙、左辅山炮台（镇关炮台）、右辅山炮台（金鸡山炮台）、广西全边对讯署（法式楼）等。______年冯子材大败法国侵略者的镇南关大捷、______年孙中山亲自指挥的镇南关起义均发生于此。

A. 1883　1907　　B. 1883　1911　　C. 1885　1907　　D. 1885　1911

142. 太平天国永安活动旧址位于广西______，现存东王府（武庙）、冯云山指挥所旧址、圣库遗址、太平军及清军营盘，以及古战场遗址等。永安州城是太平天国起义军夺得的第一座城池，也是太平天国早期封王建制、建立农民政权的地方。

A. 昭平　　B. 蒙山　　C. 平南　　D. 荔浦

143. 鼓楼是______寨团结、兴旺的象征，为______族聚众议事和娱乐的场所。广西三江马胖鼓楼原建于清代，1943年重建，为穿斗式木构架，塔阁型，九重檐歇山顶，是群众捐工献料建成的工艺精湛、气势恢宏、造型独特的建筑精品。

A. 苗　　B. 瑶　　C. 侗　　D. 水

144. ______年6月，中共琼崖第一次代表大会在海口市竹林里召开，选举产生了琼崖党组织的最高领导机构——中共琼崖地方委员会。旧址原为邱氏祖宅，二进四合院式布局。

A. 1926　　B. 1927　　C. 1928　　D. 1929

145. 晚清“四大海岸炮台”位于海南海口的是______炮台，建于清光绪十七年（1891年），振威、定西、拱北、镇东、镇武5座炮台东西向一字排列，另有演兵场、指挥所、营房、弹药库等设施。抗日战争期间，这里打响了琼崖人民抵抗日寇侵略的第一炮。

A. 大沽口　　B. 吴淞口　　C. 虎门　　D. 秀英

146. 蔡家宅位于海南省琼海市博鳌镇留客村，1934 年由______侨领蔡家森兴建，采用海南传统的中式建筑与西式建筑相结合的形式，有“侨乡第一宅”之誉。

A．泰国　B．新加坡　C．马来西亚　D．印度尼西亚

147. 陵水县苏维埃政府旧址原为琼山会馆。1927 年 12 月______日，琼崖第一个苏维埃政权在此宣告成立，成为我国第一个少数民族参加创建、参与执政的县级苏维埃政权。

A．14　B．16　C．18　D．20

148. 抗战期间及战后初期，中国共产党在重庆主要活动地点包括：红岩村 13 号八路军办事处、曾家岩 50 号周公馆、中山三路 151 号（原 263 号）中共代表团驻地和民生路 240 号（原 208 号）《新华日报》营业部等。抗战胜利后，毛泽东亲临重庆，与国民党谈判，在______度过了 41 个日夜。

A．红岩村 13 号　B．曾家岩 50 号
C．中山三路 151 号　D．民生路 240 号

149. 抗战胜利后，1945 年 8 月 29 日起，中国共产党代表团与国民党政府代表在重庆举行谈判，于 10 月 10 日在______签署《政府与中共代表会谈纪要》（即《双十协定》）。

A．梅园　B．特园　C．桂园　D．林园

150. 中国西部科学院旧址位于重庆北碚文星湾，由著名实业家卢作孚于 20 世纪三四十年代创办，是中国第一家民办科学院，为科学研究、经济建设和科普教育等作出重大贡献。______年，该院与相关机构联合筹备成立的中国西部博物馆向公众开放。

A．1941　B．1942　C．1943　D．1944

151. 重庆______由两栋三层中西合璧的别墅组成，见证了抗战时期中国共产党与各民主党派、各界民主人士团结合作、共商国是，以及 1945 年国共和平谈判的历史。1945 年 10 月 1 日，中国民主同盟第一届全国代表大会在此召开。

A．林园　B．特园　C．梅园　D．桂园

152. 重庆抗战胜利纪功碑暨人民解放纪念碑建成于 1947 年 10 月，八方柱体，高 27.5 米，是全国唯一一座中华民族抗日战争胜利纪念碑；也是中国人民在中国共产党领导下，经过长期奋斗，流血牺牲，终于赢得解放的胜利象征。人民解放纪念碑碑名由______题写。

A．刘伯承　　B．邓小平　　C．贺龙　　D．陈锡联

153. 沪定桥位于四川沪定城西，横跨大渡河上，始建于清康熙四十四年（1705 年）。桥长 102 米，宽 2.8 米，由十三根铁索组成，在九根铁索上横铺木板作桥面，左右各以二根铁索作桥栏。1935 年 5 月 29 日，红军______位勇士组成突击队，冒着枪林弹雨，缘铁索匍匐前进，一举夺占泸定桥。泸定铁索桥成为红军长征史上的一座里程碑。

A．20　　B．21　　C．22　　D．23

154. 红军长征是人类史无前例的伟大壮举。______是红军一、二、四方面军在长征途中全部经过且停留时间最长的地区，留下了众多长征遗迹。小金县达维会师桥横跨沃日河上，全长 13.8 米，宽 2.8 米，伸臂式结构。1935 年 6 月 12 日，刚刚翻过大雪山的红一方面军 1 军团 2 师 4 团与前来接应的红四方面军 9 军 25 师 74 团在桥上胜利会师。

A．四川省凉山彝族自治州　　B．四川省甘孜藏族自治州
C．四川省阿坝藏族羌族自治州　　D．甘肃省甘南藏族自治州

155. 中国营造学社旧址位于四川省宜宾市李庄镇上坝村月亮田，为两个相连的小院。______～1946 年间，梁思成、林徽因、刘敦桢、陈明达、刘致平、莫宗江、罗哲文等曾在此工作、学习和生活，他们以先进的研究方法和严谨的治学精神，为中国古代建筑史等研究作出了重要贡献。

A．1938　　B．1939　　C．1940　　D．1941

156. 红军强渡大渡河遗址由红军指挥部碉楼、掩护阵地、勇士宣誓点和登船渡口、上岸渡口点组成。1935 年 5 月，红一方面军渡过金沙江，由会理沿安宁河谷北上，抵达石棉县安顺场大渡河渡口。25 日，红一团组织______名勇士，冒着敌人密集火力，乘一只小船渡过大渡河，占领了北岸渡口，打通了北上道路，取得了红军长征途中具有战略意义的重大胜利。

A．15　　B．17　　C．19　　D．21

157. 四川古蔺天宝洞、地宝洞为两座形成于侏罗纪的大型石灰岩溶洞，系 20 世纪初酿制传统回沙郎酒的重要设施，两洞上下相叠，尾部相通，总面积 1.4 万平方米，洞内恒温恒湿，常年保持______℃，适宜传统白酒酿制。

A. 17　　B. 19　　C. 21　　D. 23

158. 荣县军政府原为唐宋以来历代官署，由正厅、后堂及两侧厢房等组成。1911 年，四川保路风潮高涨，同盟会在荣县发动武装起义，9 月 25 日由吴玉章、王天杰等领导，在全国率先脱离满清政府统治，建立了第一个资产阶级民主革命政权——荣县军政府，比武昌起义建立的湖北军政府还早______天。

A. 13　　B. 14　　C. 15　　D. 16

159. 遵义会议会址位于贵州遵义老城子尹路，原为黔军师长柏辉章的私邸。______，中国共产党中央政治局扩大会议在此召开，确立了毛泽东在党和红军中的领导地位，为红军长征奠定了胜利的基础。会址为一座曲尺形砖木结构二层楼房，会议在二楼小客厅举行。

A. 1934 年 12 月　　B. 1935 年 1 月　　C. 1935 年 2 月　　D. 1935 年 3 月

160. 黎平会议会址位于贵州省黎平县德凤镇二郎坡，为晚清建筑。1934 年 12 月，中央红军占领黎平后，将总司令部设在这里。______日，中共中央政治局在此召开会议，确定了北上遵义建立革命根据地的部署，为遵义会议的召开作了重要准备。

A. 17　　B. 18　　C. 19　　D. 20

161. 红军四渡赤水战役旧址由土城渡口、二郎滩渡口、茅台渡口、娄山关等组成。1935 年 1～3 月，四渡赤水战役的胜利，谱写出红军长征第一曲嘹亮凯歌。毛泽东在______写下“雄关漫道真如铁，而今迈步从头越”的壮丽词章。

A. 土城渡口　　B. 二郎滩渡口　　C. 茅台渡口　　D. 娄山关

162. 贵州晴隆“______”公路建于 1927～1936 年，全长 4000 米。抗日战争期间，作为中国与盟国战略补给线上的咽喉要道，有力地支持了远东反法西斯战争。

A. 二十一道拐　　B. 二十二道拐　　C. 二十三道拐　　D. 二十四道拐

163. 贵州仁怀茅台酒酿酒工业遗产群始建于明代，清同治元年（1862年）、光绪五年（1879年）、民国十八年（1929年）先后建成______酒坊，现存踩曲房、粮仓、曲药房、石磨房、酒库、窖池、烤酒房、古井等一套完备的酿酒工业体系。

A. 荣和、成义、衡昌　　B. 成义、衡昌、荣和

C. 成义、荣和、衡昌　　D. 衡昌、成义、荣和

164. 云南陆军讲武堂创办于清宣统元年（1909年），至1928年止共办______期，设步、骑、炮、工四科，朱德、叶剑英等毕业于此。主楼为走马转角楼式二层砖木建筑，四楼各约长120米，南楼中部有阅操楼。

A. 十七　　B. 十八　　C. 十九　　D. 二十

165. 云南建水纳楼长官司署始建于清光绪三十三年（1907年），是______族纳楼茶甸长官司副长官普氏的衙署之一。衙署为三进四合大院，四周建两道墙垣，四角设角楼护卫。

A. 彝　　B. 苗　　C. 瑶　　D. 哈尼

166. 云南梁河南甸宣抚司署始建于清咸丰元年（1851年），依汉式衙署格局，历三代建成，五进四院逐级升高，人称______族"小故宫"。南甸宣抚司世袭29代，历552年（1398～1950年）。

A. 景颇　　B. 佤　　C. 拉祜　　D. 傣

167. 石龙坝水电站位于云南省昆明市海口镇螳螂川畔，是中国第一座水力发电站，建于清宣统二年（1910年），1912年5月28日建成发电，最初装机容量为480千瓦。百年过去，这座水电站的马达依然在轰鸣，已累计发电量超过______千瓦时。

A. 1亿　　B. 5亿　　C. 10亿　　D. 20亿

168. 根据清光绪十三年（1887年）中法《续议商务专条》，云南蒙自被辟为商埠，于______年开关通商，现存海关税务司署、法国领事府、花园、哥胪士洋行旧址。1938年夏至1939年春，海关旧址曾作为西南联合大学文法学院教室。

A. 1888　　B. 1889　　C. 1890　　D. 1891

169. 和顺图书馆位于云南省腾冲市和顺镇十字路村，创建于______年，是中国乡村第一座现代图书馆，建馆资金、馆藏图书由华侨捐赠。旧址建筑中西合璧，结构新颖。

A. 1928　　B. 1929　　C. 1930　　D. 1931

170. 云南盈江允燕塔又名曼勐町塔，始建于 1947 年，傣语意为吉祥、欢跃、令人向往的地方，由中间一座主塔和周围______座小塔组成，为典型的南传上座部佛教傣族教派群塔建筑。主塔通高 25.5 米，立于第五层莲花须弥座上，塔身近似覆钵体的钟鼓形。

A．10　　B．20　　C．30　　D．40

171. 国立西南联合大学旧址位于昆明市一二一大街云南师范大学校园内，包括西南联大纪念碑、抗战以来从军学生题名碑、原教室、“一二・一”运动四烈士墓、爱国民主人士闻一多、李公朴衣冠冢、国立昆明师范学院纪念标等。国立西南联合大学纪念碑立于 1946 年 5 月 4 日，碑额篆书由联大中国文学系教授______题写，碑文由文学院院长冯友兰撰写，中国文学系主任罗庸书丹，被称为现代“三绝碑”。

A．闻一多　　B．朱自清　　C．陈寅恪　　D．刘文典

172. 西南联大是抗日战争时期由北京大学、清华大学、______南迁昆明后合组而成。它熔三校优良传统于一炉，集三校大师于一堂，培养了大批优秀人才，谱写了中国教育史上的光辉篇章。

A．南开大学　　B．北洋大学　　C．辅仁大学　　D．燕京大学

173. 云南普洱民族团结誓词碑高 1.42 米，宽 0.66 米，刻汉文誓词 75 字，有傣文、拉祜文、汉文人名 48 个。碑立于 1951 年元旦宁洱专区 15 个县______个民族（含支系）的代表与地方党政军领导人剽牛喝咒水之后，有“新中国民族团结第一碑”之称。

A．25　　B．26　　C．27　　D．28

174. 蒙自碧色寨车站是中国第一条民营铁路——个（旧）碧（色寨）石（屏）铁路的始发站，也是个碧石铁路与滇越铁路的换装站（米轨与寸轨交汇），现存铁路站房、寸轨机车库、哥胪士酒店、大通公司等遗迹。滇越铁路于 1903 年动工修建，1909 年铺轨至碧色寨,1910 年通车。个碧石铁路于 1915 年开工，______年通车。

A．1918　　B．1919　　C．1920　　D．1921

175. 云南个旧鸡街火车站于 1921 年建成投入使用，是个碧石铁路的枢纽中心站，寸轨（轨距______米）和米轨铁路人员换乘、货物换载的重要转运站，站房为二层砖石木结构中西合璧式建筑。

A．0.5　　B．0.6　　C．0.7　　D．0.8

176. 皎平渡是云南禄劝通往四川会理的金沙江渡口，1935 年 5 月上旬，中央红军一、三、五军团和中央机关三万多人，靠______条小木船，经当地 37 位船工九天九夜奋力摆渡，从这里胜利渡过金沙江，摆脱了数十万敌人的围追堵截。

A. 5　　B. 6　　C. 7　　D. 8

177. 江孜宗山抗英遗址地处交通要冲，清光绪______西藏守山军民在此英勇抗击入侵英军，坚守阵地达 3 个月之久，重创侵略者，后弹尽援绝，与攻上宗山的英军进行肉搏战，最后跳崖牺牲。炮台和宗山遗址尚存。

A. 二十七年（1901 年）　　B. 二十八年（1902 年）

C. 二十九年（1903 年）　　D. 三十年（1904 年）

178. 延安革命旧址是 1937～______年中共中央所在地，包括凤凰山中共中央旧址，杨家岭中共中央旧址，枣园中共中央书记处旧址，王家坪中共中央军事委员会、八路军总司令部旧址，城南关陕甘宁边区政府、陕甘宁边区参议会礼堂旧址等。

A. 1945　　B. 1946　　C. 1947　　D. 1948

179. 1936 年 12 月 12 日，张学良、杨虎城等发动“西安事变”，在陕西临潼骊山脚下逮捕了蒋介石。16 日，周恩来率中共代表团赴西安调停，促成了西安事变的和平解决，为抗日民族统一战线的建立创造了条件。周恩来这一时期住在______（金家巷 5 号）内，旧址为东西排列的三座三层砖木结构西式楼房。

A. 张学良公馆　　B. 杨虎城新城官邸

C. 高桂滋公馆　　D. 西京招待所

180. 瓦窑堡革命旧址位于陕西省______（原安定县），1935 年 11 月至 1936 年 6 月为中共中央驻地，1935 年 12 月在此召开中共中央政治局会议，确定了建立抗日民族统一战线的政治路线。会址为一排五孔砖窑。

A. 吴起县　　B. 子长县　　C. 志丹县　　D. 洛川县

181. 八路军______办事处是全国十多个八路军、新四军办事处中成立最早、坚持时间最长、影响较大的机构，先后由林伯渠、董必武负责，驻地名为七贤庄。

A. 重庆　　B. 西安　　C. 兰州　　D. 桂林

182. 清光绪二十九年（1903 年），陕西巡抚曹鸿勋奏请试办延长石油机矿，______年正式出油，日产原油 1.5 吨，油井被命名为“延一井”，是中国陆上第一口油井。旧址现存抽油机等设备。

A．1904　　B．1905　　C．1906　　D．1907

183. 1937 年______月，中共中央政治局扩大会议在陕西洛川冯家村召开，会议确定了全面抗战的路线，提出了中国共产党在统一战线中的独立自主原则。旧址现存小院一座，内有砖砌窑洞两孔。

A．7　　B．8　　C．9　　D．10

184. 杨家沟革命旧址位于陕西______，主要包括毛泽东、周恩来、任弼时等旧居、十二月会议旧址、东渡黄河动员大会旧址等。杨家沟是中共中央转战陕北取得胜利的标志点，也是离开陕北走向全国胜利的出发点。

A．米脂　　B．绥德　　C．吴堡　　D．清涧

185. 易俗社是______史上第一个以戏剧推进社会改革的戏曲学社。1917 年 6 月，该社购买西安宜春园，更名为“易俗社剧场”。1924 年，鲁迅在西安讲学期间数次来此观看演出，并题写“古调独弹”匾额。

A．眉户　　B．汗调　　C．秦腔　　D．道情

186. 保安革命旧址位于陕西省志丹县保安镇，1936 年______月至 1937 年 1 月，曾是中共中央、中华苏维埃共和国中央政府、中央军委和中国人民抗日红军大学所在地，成为继江西瑞金之后的第二个“赤色之都”。

A．7　　B．8　　C．9　　D．10

187. 南泥湾革命旧址位于延安市宝塔区南泥湾镇，现存毛泽东旧居、南泥湾垦区政府旧址、八路军炮兵学校等。在短短三年内，王震旅长率领______发扬自力更生、艰苦奋斗精神，把荆棘遍野、荒无人烟的南泥湾变成“到处是庄稼，遍地是牛羊”的陕北好江南。

A．343 旅　　B．344 旅　　C．358 旅　　D．359 旅

188. 1937年9月，国民政府以北平大学、北平师范大学、北洋工学院和北平研究院等院校为基干，设立西安临时大学，后迁至汉中，并改称为国立西北联合大学。西北联大是我国抗战时期两大大学联合体之一，激活、整合和提升了西北地区的教育力量，奠定了西北高等教育的基础。旧址位于汉中市______，现存工学院、法商学院部分遗迹。

A．城固县　B．留坝县　C．西乡县　D．镇巴县

189. 1935年9月18日，红一方面军突破天险腊子口，来到甘肃宕昌哈达铺。22日，党中央在______毛泽东居室内召开会议，作出“落脚陕北”重大决策。1936年8月，红二方面军和红四方面军部分队伍也途径此地。

A．义和昌药铺　B．同善社　C．关帝庙　D．张家大院

190. 甘肃会宁红军会师旧址包括红军会师楼、会师门及两侧古城墙等，1936年10月，______在此胜利会师。会师楼原为会宁县城西城门楼“西津门”，始建于明洪武六年（1373年）。

A．红一方面军与红15军团　B．红一方面军与红四方面军

C．红二方面军与红四方面军　D．红一方面军与红二、四方面军

191. 兰州黄河铁桥建成于______年，全长233.5米，宽8.5米，为五孔下承式平行弦钢桁桥，有“天下黄河第一桥”之称，1928年命名中山桥。桥南端有明洪武年间所立“将军柱”一根，为明代新建兰州镇远浮桥两岸系拉绳索的铁柱。

A．1908　B．1909　C．1910　D．1911

192. 甘肃玉门油田老一井是中国石油工人打出的第一口油井，______年由石油地质学家孙健初等用人工方式打出，从此揭开开发玉门油田的序幕，成为中国近现代石油工业的摇篮。

A．1929　B．1934　C．1939　D．1944

193. 中国第一个核武器研制基地旧址（即原国营______旧址）位于青海海晏金银滩草原上。1964年、1967年，先后在此成功试爆了我国第一颗原子弹和氢弹，在我国国防建设及维护世界和平的史册上书写了不朽篇章。

A．二二一厂　B．二二二厂　C．二二三厂　D．二二四厂

194. 宁夏西吉将台堡革命旧址，是1936年10月______日中国工农红军长征三大主力胜利会师地，标志着红军长征胜利结束。将台堡始建于北宋，占地面积1万平方米。

A．21　　B．22　　C．23　　D．24

195. 坎儿井是一种地下水道工程，在地表下开挖引水渠道，把地下潜流逐渐引出地面，由竖井、暗渠、明渠和小型水库组成，是人类利用自然、改造自然的一大创举，与长城、大运河并称为中国古代三大工程。新疆吐鲁番坎儿井地下水利工程始建不晚于______，部分在清代开凿，沿用至今。现存1400余条，总长5000多千米。

A．汉代　　B．魏晋　　C．十六国　　D．北朝

其　他

1. 河北沧州铁狮子又称“镇海吼”，铸成于五代______时，由数百块30～50厘米见方的铁块分节垒范浇铸而成。狮子头顶及项下各铸“狮子王”3字，昂首怒目，作奔走状，身披障泥，背负仰莲圆盆。通高5.4米，通长6.3米，文献记载重约40吨（历代有损，1984年实测重32吨），是我国古代最大的铸铁艺术品。

A．后唐　　B．后晋　　C．后汉　　D．后周

2. 河北黄骅聚馆古贡枣园是全国重点文物保护单位中唯一一座枣园，园内有600年以上历史的冬枣树198株，每株树均冠以名称，明______宗钦定聚馆冬枣为“贡品”，年年进贡至清末。

A．宪　　B．孝　　C．武　　D．世

3. 江苏苏州保圣寺创建于南朝梁武帝天监二年（503年），寺内现存9尊罗汉塑像（原共18尊），相传为唐代著名雕塑家______的作品，有“江南佛像无双”之谓。

A．窦弘果　　B．毛婆罗　　C．孙仁贵　　D．杨惠之

4. 四连碓造纸作坊位于浙江省温州市瓯海区泽雅镇，是中国古代造纸术的活化石。______代先民为了反复利用水利资源，顺流分级连建四座水碓，故名“四连碓”。

A．宋　　B．元　　C．明　　D．清

5. 浙江嵊泗______地处中国沿海航线和长江航线的交汇点，是进出上海、宁波、舟山等港口的门灯，也是远洋国际航线的重要标志。建于清同治九年（1870年），呈圆柱形，通高16.5米，因地理位置重要、规模大、功能全、设备先进、历史悠久，被称为“远东第一灯塔”。

A．花鸟灯塔　　B．白节山灯塔　　C．唐脑山灯塔　　D．半洋礁灯塔

6. 浙江杭州西湖十景创始于宋代，以“四字景目”系列方式组成，包括苏堤春晓、曲院风荷、平湖秋月、断桥残雪、花港观鱼、柳浪闻莺、三潭印月、双峰插云、雷峰夕照、南屏晚钟。著名文学家苏轼在______诗中，抒发“欲把西湖比西子，淡妆浓抹总相宜”的情怀。

A.《开西湖》　　B.《夜泛西湖》

C.《望湖楼醉书》　　D.《饮湖上初晴后雨》

7. 福建宁德蕉城霍童灌溉工程，由______谏议大夫黄鞠主持，采用烧爆法开凿，包括龙腰水渠（长 1765 米）和琵琶涵洞（长 578 米），至 12 世纪已形成相对完备的引水灌溉工程体系，是东南地区乡村宗族灌溉的代表性工程。

A．南朝梁　　B．南朝陈　　C．隋代　　D．唐代

8. 湖南______溪州铜柱为五代后晋天福五年（940 年）楚王马希范与溪州刺史彭士愁设盟时所立。柱高 3 米，重约 2500 千克，铭刻《复溪州铜柱记》2000 余字，记载会盟原委及盟约等，是研究古代民族关系的重要实物资料。

A．古丈　　B．永顺　　C．泸溪　　D．凤凰

9. 我国现存的经幢大多为石制，铁制经幢留存很少。湖南常德铁幢为______初遗物，仿木结构，高 4.3 米，重 1521 千克，用白口生铁铸成，幢身铸《般若波罗蜜经》及捐造人姓名、官职等。

A．隋　　B．唐　　C．宋　　D．元

10. 南风古灶、高灶陶窑位于广东省佛山市石湾镇东平河畔，同为建于明______年间的龙窑，传为“龙凤窑”，以烧制陶塑和窑变釉器物著称，延续使用至今，也是唯一并存的古窑。

A．正德　　B．嘉靖　　C．隆庆　　D．万历

11. 海南儋州洋浦盐田始建于______，是国内现存最早的日晒制盐历史见证，并将传统制盐工艺沿用至今。现存蓄水池、晒盐田、盐池、卤水池、盐槽及古盐铺等。

A．唐代　　B．五代　　C．北宋　　D．南宋

12. 四川______建于明万历元年（1573 年），窖泥已形成一个庞大的微生物体系，是国内持续使用时间最长、保存最好的酒窖池。

A．泸州大曲老窖池　　B．宜宾五粮液窖池

C．绵竹剑南春酒坊酒窖　　D．成都水井街酒坊酒窖

13. 南诏铁柱又称天尊柱，位于云南弥渡铁柱庙内，残高 3.3 米，圆周 1.05 米，由五节衔接铸成，是现存唯一的唐代大型铁质铸件，题记 22 字表明其铸于唐代南诏第______世王世隆建极十三年（872 年）。

A. 八　　B. 九　　C. 十　　D. 十一

14. 云南景迈古茶园分布在海拔 1400～1600 米的山区，由景迈、竜蚌、南卓、班改、勐本、芒埂、老酒房、糯干、芒洪、翁基、上寨、下寨、翁洼、那乃等村寨茶林组成，是世界上保存最完好的人工栽培型古茶园。景迈茶叶种植始于______，元代时成为贡品，并销往国外。

A. 唐代　　B. 五代　　C. 北宋　　D. 南宋

15. 云南红河哈尼梯田始垦于______，分布在哀牢山海拔 144 米的深山河谷到海拔 2000 米的山巅上，坡度在 15°～75°，级数多者达 3000 多级，是以哈尼族为主的各族人民利用特殊的地理、气候，经过长期艰苦劳动开垦的农业生态景观，也是人与自然和谐共处的伟大创造。2013 年列入世界文化遗产名录。

A. 隋代　　B. 唐代　　C. 五代　　D. 宋代

16. 西藏芒康盐井古盐田始建于______，分布于澜沧江山体间，最多至 13 层，其制盐工艺有别于云南、四川的煎煮法，而类似于沿海地区日晒法。芒康为“茶马古道”进藏门户。

A. 唐代　　B. 五代　　C. 北宋　　D. 南宋

中国文化
遗产知识
2500题

可移动文物

陶　瓷

1. 陶器的发明，是人类利用化学变化改变物质天然性质的开端，也是人类社会发展到新石器时代的主要标志之一。我国______、浙江浦江上山、江西万年仙人洞、湖南道县玉蟾岩、广东英德青塘、广西桂林甑皮岩等遗址出土的陶片，是目前发现最早的制陶遗存，年代距今约 10000 多年。

A．河北徐水南庄头　　B．河南舞阳贾湖

C．陕西宝鸡北首岭　　D．甘肃秦安大地湾

2. 制陶黏土的主要成分是______和铝的氧化物。根据工艺、质地、颜色、装饰的不同，陶器可分为红陶、灰陶、彩陶、黑陶、白陶、硬陶和釉陶等。其中，红陶在氧化焰中烧成，灰陶在还原焰中烧成。

A．铁　　B．硅　　C．钾　　D．钠

3. 河北武安磁山遗址和河南新郑裴李岗遗址是新石器时代早期黄河下游主要文化遗存，其陶器制作的共同特征是多红陶______器。

A．圜底　　B．圈足　　C．三足　　D．四足

4. 目前已知最早的黑陶，是新石器时代______遗址中出土的夹炭黑陶，其坯体含有大量的炭化稻壳，有的器表刻划凤鸟、猪、鱼及植物形象，年代距今约 7000 年。

A．河姆渡文化　　B．马家浜文化　　C．崧泽文化　　D．良渚文化

5. 彩陶是在陶胎表面以红、黑、赭、白等颜料作画后入窑烧成。迄今出土彩陶最多的新石器时代文化是______，为远古彩陶数量之冠。

A．大地湾文化　　B．仰韶文化　　C．马家窑文化　　D．齐家文化

6. 鹳鱼石斧图彩陶缸1978年出土于河南临汝（今汝州）阎村，是新石器时代______的陶画珍品，高47厘米，口径32.7厘米，底径20.1厘米，画面中一只昂首、圆眸、长喙、身体后倾、两腿斜撑的水鸟，嘴衔一条大鱼，面对一把装有木柄的竖立石斧，学者认为含有征服、权力、膜拜之意。

A．裴李岗文化 B．仰韶文化

C．庙底沟二期文化 D．马家窑文化

7. 青海大通上孙家寨遗址1973年出土的舞蹈纹彩陶盆，高14厘米，口径28厘米，内壁饰三组舞蹈图，每组五人，朝向、步调一致，手拉手，踏节拍翩翩起舞，是新石器时代______的珍宝，也是人类早期舞蹈形象的具体表现。

A．仰韶文化 B．马家窑文化 C．齐家文化 D．辛店文化

8. 陕西西安半坡遗址1955年出土的人面鱼纹彩陶盆，高16.5厘米，口径39.8厘米，内壁以黑彩绘出两组对称人面鱼纹，人面呈圆形，头顶有发髻状的尖状物和鱼鳍形装饰，嘴左右两侧分置一条变形鱼纹，鱼头与人嘴外廓重合，构成人鱼合体，是新石器时代______的杰出作品。

A．大地湾文化 B．仰韶文化 C．马家窑文化 D．龙山文化

9. 陶鹰鼎1957年出土于______仰韶文化遗址，高35.8厘米，口径23.3厘米，最大腹径32厘米，采用伫足站立的雄鹰造型，鼎口设置于背部与两翼之间，是原始艺术与实用功能完美结合的典范。

A．河南新郑 B．河南灵宝 C．陕西华县 D．陕西临潼

10. 彩绘蟠龙纹陶盘1980年出土于山西襄汾陶寺遗址，通高9厘米，直径40.5厘米，内壁涂褐色陶衣，用红、白彩绘制蟠龙图案，龙头在外圈，圆眼，张口露齿，身向内卷，尾部在盘底中心，是新石器时代______的杰出作品，为迄今发现最早的彩绘龙形象，预示着文明曙光。

A．仰韶文化 B．庙底沟二期文化

C．大汶口文化 D．龙山文化

11. 八角星纹彩陶豆1978年出土于山东泰安，通高28厘米，口径26厘米，足径14.5厘米，腹部用白彩在红色陶衣上绘出5个方形八角星状纹饰，表现出先民对天地自然的敬仰，堪称______的艺术珍品。

A．北辛文化 B．大汶口文化 C．龙山文化 D．岳石文化

12. “蛋壳黑陶”表面乌黑发亮，胎壁薄如蛋壳（0.2 至 1 毫米），质地细腻坚硬，制作工艺精湛，是新石器时代______的代表性作品，有“四千年前地球文明最精致之制作”之誉。

A．山东龙山文化　B．河南龙山文化　C．陕西龙山文化　D．湖北龙山文化

13. 白陶以瓷土和高岭土为原料，出现于新石器时代中期，______后期进入高度发达阶段，器形多模仿当时的青铜器造型，如罍、觯、卣、簋、壶、盂等。

A．夏代　B．商代　C．西周　D．春秋

14. 印纹硬陶兴起于新石器时代晚期，沿至秦汉，其成分介于陶土和瓷土之间，含铁量较高，颜色多呈紫、褐色，经______℃左右的高温烧成，不施釉，表面拍印几何图案。

A．600　B．800　C．1000　D．1200

15. 至迟在______，我国江南地区已经出现了后代所称的龙窑，烧制陶瓷器。

A．商代晚期　B．西周中期　C．春秋早期　D．春秋晚期

16. 早期的江南龙窑既烧制印纹硬陶，也烧制原始青瓷，为“陶瓷同窑合烧”，印纹硬陶以盛贮器为主，原始瓷器以饮食器为主。至______时期结束了陶瓷合烧的状况，出现了专烧瓷器的龙窑。宋、元以后，出现分室龙窑。

A．春秋　B．战国　C．西汉　D．东汉

17. ______时期日用陶器上刻印“陶文”，内容有工匠、地名、窑场、督造者、吉祥语和年月等，是研究古代文字、地理、手工业发展的重要资料。

A．商代　B．西周　C．春秋　D．战国

18. 西汉中期创烧了以______为着色剂、以铅为助熔剂的低温铅釉陶器（汉墓中经常出土绿釉陶器），为后世各种颜色低温釉陶器的出现奠定了基础。

A．锰　B．钴　C．铜　D．银

19. 击鼓说唱俑 1957 年出土于四川成都天回山______崖墓，通高 56 厘米，俳优左臂环抱一扁鼓，右手举槌欲击，神态诙谐，生动传神。

A．战国　B．西汉　C．东汉　D．三国蜀汉

20. 瓦当是中国传统建筑中覆盖檐头筒瓦前端的遮挡，已知时代最早的瓦当出现于______，多为素面半圆形瓦当，个别饰重环纹。战国时期出现圆瓦当。

A. 夏代　B. 商代　C. 西周　D. 春秋

21. 目前发现最大的瓦当出土于陕西临潼秦始皇陵北2号建筑基址中，直径达______厘米，饰夔纹图案。

A. 31　B. 41　C. 51　D. 61

22. 汉代瓦当常见______、卷云纹、吉祥文字等装饰图案。文字内容有“万岁”“长乐未央”“与天无极”等，书体以篆书为主。

A. 四神纹　B. 莲花纹　C. 凤鸟纹　D. 蟠龙纹

23. ______时期开始盛行莲花、兽面图案的瓦当。

A. 三国　B. 西晋　C. 十六国　D. 北魏

24. 原始瓷器创烧不晚于______，以瓷土为胎，表面施青灰色或黄绿色釉，在1200℃左右高温下烧成，常见器形有尊、罍、罐、瓮、盘、豆、簋、盂等，每一器形又有多种样式。与陶器相比，胎土更细密，烧成温度更高，吸水率很低，器表普遍施釉。

A. 商代　B. 西周　C. 春秋　D. 战国

25. 全国多个地方发现了汉代原始瓷窑址，以浙江______最为集中，是这一时期原始瓷器的重要产地。

A. 绍兴　B. 上虞　C. 慈溪　D. 永嘉

26. 我国的原始瓷器自早期出现以后，一直到______时期才完成了向真正瓷器的过渡。

A. 东汉　B. 三国　C. 两晋　D. 南北朝

27. 我国早期瓷器的生产集中在长江以南地区，品种主要有______两大类。

A. 青瓷和白瓷　B. 青瓷和彩瓷　C. 青瓷和黑瓷　D. 白瓷和黑瓷

28. 浙江是我国早期青瓷的发源地和主要产区，以上虞曹娥江两岸的______窑发展最快，窑场分布最广。

A. 瓯　B. 越　C. 婺　D. 龙泉

29. 目前所知，釉下彩绘瓷器出现于______，考古出土一件青釉褐彩羽人纹双系壶，是以绘画艺术美化瓷器的最早代表。西晋时期越窑出现了以铁为着色剂的釉上点彩。

A. 东汉晚期　　B. 三国魏　　C. 三国蜀　　D. 三国吴

30. ______瓷器上出现斜方格网纹，并在谷仓罐上装饰楼阙、佛像、人物、飞鸟等堆塑。

A. 东汉晚期　　B. 三国早期　　C. 三国晚期　　D. 西晋早期

31. 目前已知最早带有纪年款铭的瓷器出现在______时期。

A. 东汉　　B. 三国　　C. 西晋　　D. 东晋

32. 西晋是六朝时期南方青瓷品种最丰富的一段，出现了扁壶、狮形烛台、______等新产品。

A. 耳杯　　B. 薰炉　　C. 堆塑罐　　D. 鸡首壶

33. ______时，联珠网纹带成为越窑瓷器的主要装饰，另有禽兽纹带、棱形纹和忍冬纹等，多装饰在罐、壶的肩腹交界处和碗、钵的上腹部，适应当时人们席地而坐，或坐于矮榻的习惯。

A. 三国　　B. 西晋　　C. 东晋　　D. 南北朝

34. 迄今发现最早使用化妆土工艺的瓷窑是______，西晋晚期始用化妆土衬底，掩盖胎土的深色，并使釉层呈色柔和滋润。

A. 婺州窑　　B. 岳州窑　　C. 洪州窑　　D. 寿州窑

35. 江苏宜兴周处家族墓 1976 年出土一件青釉神兽尊，高 27.9 厘米，口径 13.2 厘米，尊、兽一体，以堆塑、贴塑及刻划手法装饰，是______越窑青瓷的代表作品。

A. 东汉　　B. 三国　　C. 西晋　　D. 东晋

36. 南朝时期，青釉瓷器出现了莲花尊、圆形虎子、管形烛台、______等新器形，器身也向修长发展。

A. 灯盏　　B. 方榻　　C. 托盘　　D. 多足砚

37. ______时期，莲瓣纹成为越窑、瓯窑、婺州窑等南方青瓷的主要纹饰。

A．三国　　B．西晋　　C．东晋　　D．南朝

38. 1948年，河北景县______封氏墓群出土四件青釉仰覆莲花尊，器形硕大，装饰华美，综合雕刻、堆塑、模印贴花等装饰方法，使用了飞天、宝相花、菩提叶、莲花等佛教题材，反映了佛教艺术对北方陶瓷的影响。

A．北魏　　B．东魏　　C．北齐　　D．北周

39. 我国迄今发现最早的白瓷，是在河南安阳北齐武平六年（575年）______墓出土的一批白瓷器（罐、壶、瓶、碗），为北方瓷窑产品。白瓷烧制成功，为中国瓷业发展开辟了新的道路。青瓷釉中铁元素含量一般在1%～3%之间，白瓷釉中铁元素含量一般在1%以下。

A．范粹　　B．崔昂　　C．高润　　D．张盛

40. 隋代瓷器中最具典型的器物是______，南、北方瓷窑都大量烧制。

A．四系罐　　B．莲花尊　　C．高足盘　　D．执壶

41. 唐代瓷器的发展，形成了两大瓷窑系统，概称“______”，分别以浙江越窑和河北邢窑为代表，陆羽《茶经》中喻为“类玉”“类冰”与“类银”“类雪”。

A．北青南白　　B．南青北白　　C．东青西白　　D．西青东白

42. 唐代饮茶之风盛行，诗人徐夤将茶和茶具比作“嫩花涵露”。他以“捩翠融青瑞色新，陶成先得贡吾君。巧剜明月染春水，轻旋薄冰盛绿云”的诗句，赞美______生产的瓷器。

A．耀州窑　　B．定窑　　C．越窑　　D．邛窑

43. 邢窑代表了唐代白瓷烧造的最高水平，______《国史补》载：“内丘白瓷瓯，端溪紫石砚，天下无贵贱通用之。”玉璧底碗、“盈”字款为其特征，曾远销海外。

A．白行简　　B．李肇　　C．苏鹗　　D．王仁裕

44. 唐代长沙窑瓷器的装饰以______与模印贴花最具特色，贴花之上往往施一层褐色釉斑，以突出装饰作用。扬州博物馆所藏青釉褐蓝彩双系罐为______代表作品（1974年扬州唐城遗址出土），表明长沙窑瓷器远销各地。

A．釉上彩　　B．釉下彩　　C．刻花　　D．白地黑花

45. 寿州窑是唐代六大青瓷名窑之一，以烧造______釉瓷器为特色，是南、北方陶瓷文化结合的典型实例。

A. 白　　B. 蓝　　C. 黄　　D. 绿

46. ______是四川邛窑的鼎盛时期，器物造型多样，制作精细，小瓷塑具有浓郁特色，还创烧了瓷器名品“省油灯”。釉下彩绘也是其重要技术特色。

A. 隋代　　B. 唐代　　C. 五代　　D. 北宋

47. 唐三彩是一种______器，烧造工艺为二次烧成，先在1100℃左右的高温下烧成素胚，冷却后施釉，再入窑经900℃左右低温烧成。使用三彩器随葬主要流行于西安和洛阳地区，已在河南巩义黄冶和陕西耀州黄堡发现窑址。

A. 彩绘瓷　　B. 彩绘陶　　C. 铅釉瓷　　D. 铅釉陶

48. 唐三彩的釉料用多种金属氧化物为着色剂，颜色丰富，以黄、白、______色为主，用铅的金属氧化物作为助熔剂。

A. 绿　　B. 红　　C. 蓝　　D. 紫

49. 陕西西安中堡村1959年出土的唐三彩骆驼载乐俑，高58厘米，长43厘米，骆驼作昂首张口嘶鸣状，其上七个男乐俑分别持笙、琵琶、排箫、拍板、箜篌、笛、箫演奏，中间立一载歌载舞的女子，造型新颖，形象逼真，学者认为演奏的是流行于______时期反映中外交流的“胡部新声”。

A. 唐太宗　　B. 唐高宗　　C. 唐中宗　　D. 唐玄宗

50. “秘色瓷”是唐、五代时期______窑烧造的青瓷精品，窑址位于浙江余姚上林湖一带，唐代诗人陆龟蒙《秘色______器》诗云：“九秋风露______窑开，夺得千峰翠色来。”苏州虎丘云岩寺塔发现的五代莲花式托盏为其典型代表，陕西扶风法门寺塔地宫也有重大发现。

A. 瓯　　B. 婺　　C. 越　　D. 鄞

51. 我国早期青花出现于______，河南巩义窑是重要产地，在考古遗址和外销沉船中发现实物。

A. 隋代　　B. 唐代　　C. 五代　　D. 北宋

52. 花瓷出现于唐代，在黑、黄、酱釉上饰以天蓝或月白色的斑点，故宫博物院藏黑釉蓝斑腰鼓是其代表作品，唐人南卓《羯鼓录》载为“______花瓷”，与宋代钧瓷的产生有一定的渊源关系。

A．鲁山　　B．郏县　　C．禹县　　D．泌阳

53. 绞胎瓷器出现于______，是将两种或两种以上不同颜色的瓷土揉和在一起，拉坯成形，再施釉、烧成，纹理变化无穷。

A．南北朝　　B．隋代　　C．唐代　　D．五代

54. 河南汲县（今卫辉）出土的青釉凤首龙柄壶，通高41.3厘米，口径19.3厘米，表现中国传统的龙凤纹样，融入六朝以来的佛学气息，吸收______金银器的造型特点，集塑贴、刻花、模印、划花等装饰技法于一体，反映了唐代制瓷业的高超水平。

A．罗马　　B．大食　　C．波斯　　D．印度

55. 唐代______创烧黑釉剔刻花填白彩瓷，黑白对比强烈，装饰效果显著，为后代各种颜色釉的剔刻花瓷发展开辟了道路。

A．萧县窑　　B．黄堡窑　　C．长沙窑　　D．邛崃窑

56. 宋代五大名窑是指汝窑、官窑、钧窑、定窑、______。

A．景德镇窑　　B．龙泉窑　　C．耀州窑　　D．哥窑

57. 定窑创烧于唐，盛于北宋及金，衰于元，以产______釉瓷著称，兼烧酱釉（“紫定”）、黑釉（“黑定”）、绿釉瓷等，装饰有刻花、划花、印花等。出土的瓷片中刻有“官”“尚食局”“东宫”等字样，说明部分产品为官府和宫廷烧造。河北定州净众院塔基地宫出土的刻花莲瓣纹龙首净瓶，为宋代定窑瓷器的杰出代表。

A．白　　B．青　　C．黄　　D．花

58. 宋代______瓷器胎为白色微黄，釉呈米色，施釉极薄，积釉处状似泪痕，称“蜡泪痕”。晚期器物口沿多不施釉，称为“芒口”，常镶饰金、银、铜质边圈。

A．鹤壁窑　　B．登封窑　　C．定窑　　D．磁州窑

59. ______起，定窑大量采用覆烧方法，并使用垫圈式组合匣钵，最大限度地利用窑炉空间，既节省燃料，又可防止器具变形，从而降低了成本，大幅提高了产量，促进了我国制瓷业的发展。

A. 唐代晚期　　B. 五代　　C. 北宋早期　　D. 北宋晚期

60. 钧窑创烧于唐，盛于宋（北宋晚期烧造贡瓷），元以后衰落，因瓷釉中含有微量______，烧制出青中带红、灿如云霞的紫红釉色，时人以“夕阳紫翠忽成岚”赞美之，是瓷器发展史上的一个重大突破。代表器物有出戟尊、鼓钉洗、花盆、高柄碗等。

A. 氧化铅　　B. 氧化铜　　C. 氧化钾　　D. 氧化铁

61. 宋代______窑瓷器因釉料黏稠，经高温焙烧后釉面收缩开裂而形成“蚯蚓走泥纹”。

A. 汝　　B. 官　　C. 钧　　D. 哥

62. “窑变”是宋代______烧制色釉的特色，有“入窑一色，出窑万彩”之誉。

A. 汝窑　　B. 官窑　　C. 定窑　　D. 钧窑

63. “青如天，面如玉，蝉翼纹，晨星稀，芝麻支钉釉满足”是宋代______窑瓷器的典型特征。

A. 汝　　B. 官　　C. 哥　　D. 定

64. 中国陶瓷史上有“汝窑为魁”之说，汝窑于______烧造皇家贡瓷，器形以盘、洗较多（椭圆形四足洗为其独有），造型古朴，胎体较薄，呈香灰色，多采用满釉支烧工艺。

A. 五代　　B. 北宋早期　　C. 北宋中期　　D. 北宋晚期

65. 汝窑以名贵玛瑙入釉，釉色的基调是______色，有“千峰碧波翠色来”之妙。

A. 天青　　B. 翠绿　　C. 姜黄　　D. 月白

66. 宋代官窑有北、南之分。北宋徽宗______年间设官窑于汴京（今开封，尚未发现窑址）；南宋官窑设于临安（今杭州）修内司及郊坛下。

A. 建中靖国　　B. 崇宁　　C. 大观　　D. 政和

67. 宋代官窑瓷器口沿与底足的典型特征是______。
A. 紫口铁足　B. 青口灰足　C. 白口黑足　D. 白口、火石红足

68. 宋代______窑瓷器因坯、釉膨胀系数不同，在高温焙烧时釉面产生不规则的开裂纹片，俗称“开片”，小纹片的纹理呈金黄色，大纹片的纹理呈铁黑色，有“金丝铁线”之说。
A. 汝　B. 钧　C. 哥　D. 龙泉

69. 辽宁北票辽墓1971年出土的摩羯形水盂，高9.3厘米，长14厘米，器内隔成前后两室，造型新颖，釉色莹泽，是五代______的精品之作。
A. 定窑　B. 越窑　C. 缸瓦窑　D. 耀州窑

70. 青釉刻花提梁倒流壶1968年出土于陕西彬县（今彬州市），高18.3厘米，提梁为凤，壶盖为花，壶嘴处堆塑哺乳母子狮，母狮张口为流，壶腹刻缠枝牡丹，底部中心有梅花形注水孔，构思奇巧，举世无双，是______耀州窑杰出作品。
A. 唐代晚期　B. 五代　C. 北宋早期　D. 北宋晚期

71. 宋代瓷器的刻花装饰工艺以______为典型代表，刀法犀利，线条流畅，具有浅浮雕效果，居同类装饰之冠，而成常年例贡之物。
A. 磁州窑　B. 耀州窑　C. 登封窑　D. 龙泉窑

72. “三把莲”是宋代______窑瓷器中富有特色的纹饰形式，内壁印出三束以锦带扎起的莲花，花心内分别印“三、把、莲”字样。
A. 耀州　B. 吉州　C. 泉州　D. 潮州

73. 磁州窑创烧于北齐，宋金鼎盛，最富代表性的装饰是______。它以瓷坯为纸，以彩料为墨，将制瓷工艺与诗词、书法、绘画艺术有机结合，具有浓郁的民间生活气息，为其他瓷窑所仿效，形成庞大的窑系。
A. 白地绿斑　B. 珍珠地划花　C. 铁锈花　D. 白地黑花

74. 在瓷器上大量题写诗文作为装饰，始于唐代______，到宋代磁州窑得到进一步的发展，常见“满庭芳”“朝天子”“普天乐”“阮郎归”等内容。
A. 浑源窑　B. 长沙窑　C. 洪州窑　D. 淄博窑

75. 底部常有“张家造”等制瓷作坊戳记的瓷枕，是宋代______的作品。

A．定窑　　B．耀州窑　　C．磁州窑　　D．景德镇窑

76. 宋代时，山西______窑烧制一种白釉褐花瓷器，胎上先施一层洁白的护胎釉，然后以褐色彩料作画，彩绘纹饰凸出釉面，纹饰外再罩以透明的玻璃釉，为其他瓷窑所罕见。

A．介休　　B．平定　　C．交城　　D．阳城

77. 盘、洗四面饰以“孩童荡船”纹饰，是宋代______瓷器的独特纹饰，不见于其他瓷窑。

A．萧县窑　　B．鲁山窑　　C．介休窑　　D．临汝窑

78. 宋金时期“釉下绞彩”瓷以______产品最为丰富、精美，具有天然不琢、变化莫测的图案效果。

A．登封曲河窑　　B．修武当阳峪窑　　C．新密西关窑　　D．禹州扒村窑

79. 登封窑始烧于唐，盛于北宋，衰落于金元，瓷器品种丰富，最具代表性的装饰是______。

A．白釉剔花　　B．白釉珍珠地划花

C．白釉绿彩　　D．绿釉划花

80. 景德镇原名昌南镇，烧瓷始于五代，至宋代制瓷技术成熟，真宗时依年号改称景德镇，其时以烧造______（影青）瓷著称，流通范围遍及全国，词人李清照《醉花阴》中“玉枕纱厨”的“玉枕”为其形象特征。

A．白　　B．黑　　C．青　　D．青白

81. 南宋龙泉窑烧制的青釉瓷器名品有______、梅子青等，色泽青翠娇艳，光泽如玉，是匠师创造性地烧出石灰碱釉的成果（在此前的石灰釉中掺入“乌釉”），达到青瓷釉色之美的顶峰。

A．粉青　　B．影青　　C．豆青　　D．冬青

82. “剪纸贴花”“木叶贴花”“玳瑁釉”是宋代______独具一格的装饰手法，其他窑场罕见。

A．吉州窑　　B．浑源窑　　C．建窑　　D．长沙窑

83. 宋代饮茶、斗茶之风兴盛，茶盏名品众多，黑釉兔毫盏是______最富特色的产品，为皇室斗茶所用，徽宗《大观茶论》中载："盏色贵青黑，玉毫条达者为上，取其焕发茶采色也。"

A．景德镇窑　　B．龙泉窑　　C．建窑　　D．越窑

84. 宋代饮茶习俗与唐代的区别是：唐代的茶一般为绿色，青瓷碗与白瓷碗并重；而宋代茶色尚______，多使用黑瓷碗，兴起斗茶之风。

A．红　　B．白　　C．黄　　D．褐

85. 北宋定窑瓷器生产工艺对辽朝制瓷有重要影响，辽朝的______产品风格与定窑最为接近，如印花装饰、划刻"官""新官"字铭等。辽朝瓷窑主要分布在其五京附近。

A．赤峰缸瓦窑　　B．辽阳江官屯窑　　C．北京龙泉务窑　　D．大同青磁窑

86. 鸡冠壶、鸡腿瓶和______是辽代瓷器中的典型器物，反映了北方草原文化特色。

A．盘口壶　　B．海棠花式长盘　　C．四系瓶　　D．莲花尊

87. 鸡冠壶是辽代契丹形式瓷器的典型器物之一，有单孔、双孔、环梁、横梁诸式，施釉以______色釉为主。

A．绿　　B．白　　C．黄　　D．酱

88. 辽代契丹式瓷器中最为流行的装饰手法是堆线和______。

A．印花　　B．剔花　　C．划花　　D．塑贴

89. 辽三彩系受唐三彩及渤海三彩影响而创烧，更具地域特色和实用属性，装饰内容多为花草、虫鱼、鸟兽、云水等，施釉不交融，釉面少流淌，未见______色。

A．褐　　B．黄　　C．绿　　D．蓝

90. 白地红绿彩瓷器，始烧于______代，是以红、绿、黄等彩料，在化妆白瓷上作画，再低温复烧而成。已知窑址有磁州窑、扒村窑、长治窑、淄博窑等，开创了瓷器多彩装饰的先声。

A．宋　　B．金　　C．元　　D．明

91. 灵武窑是西夏著名瓷窑，瓷器烧制多仿______，器形以剔刻花扁壶和双耳瓶最具特色，还烧造黑釉和白釉瓦件。

A. 耀州窑　　B. 介休窑　　C. 磁州窑　　D. 缸瓦窑

92. 至元十五年（1278 年），元世祖忽必烈在景德镇设立______，负责督烧宫廷、官府用瓷。元代景德镇瓷器已采用瓷石加高岭土的“二元配方”法，使氧化铝含量增高，烧成温度相应提高。

A. 浮梁瓷局　　B. 御窑厂　　C. 御器厂　　D. 瓷器制造局

93. 卵白釉瓷器又称“枢府釉”，流行于______，主要为枢密院定烧，器形以盘、碗、执壶、高足杯等小型器物为主，碗为小底足，足径一般为口径的三分之一。

A. 北宋　　B. 南宋　　C. 元代　　D. 明代

94. 青花瓷是一种在白瓷胎上用______料绘画，然后施透明釉，再以 1300℃左右高温一次烧成的釉下彩瓷器，自元代以后成为中国瓷器生产的主流，并大量外销。

A. 铜　　B. 钴　　C. 钾　　D. 铁

95. 下列信息中不属于元代青花瓷器基本制作特征的是______。

A. 大件器物分段制作，接痕明显　　B. 圈足不整齐

C. 削足处理　　D. 器底施釉

96. 元代青花瓷器最主要的装饰手法是______，纹饰构图丰满，层次多而不乱。

A. 白地绘彩　　B. 青花（蓝地）拔白

C. 印花与青花绘彩相配合　　D. 镂雕、堆塑

97. 釉里红瓷是一种在白瓷胎上用______料着色，然后施透明釉，再在 1350℃的还原焰中一次烧成的釉下彩瓷器，始见于唐代长沙窑，元代景德镇窑烧制成熟，有釉里红线绘、釉里红拔白、釉里红涂绘三种装饰方法。

A. 铜　　B. 钴　　C. 钾　　D. 铁

98. 祭蓝釉创烧于元代景德镇窑，是一种以______为着色剂的石灰碱釉，扬州博物馆收藏的霁蓝釉白龙纹梅瓶为其代表作品。

A. 钾　　B. 镁　　C. 钴　　D. 钠

99. 下列颜色釉瓷器不是元代景德镇窑烧制的是______。

A．高温铜红釉 B．低温铁红釉 C．高温蓝釉 D．低温孔雀绿釉

100. 景德镇凌氏墓1974年出土的元青花釉里红瓷仓，为重檐庑殿顶楼阁式造型，通高29厘米，宽20厘米，烧造于至元______，是迄今发现唯一一件有明确纪年的楼阁式瓷仓，集青花、釉里红、红釉、青白釉等工艺于一身，可谓世之孤品。

A．元年（1335年） B．二年（1336年）

C．三年（1337年） D．四年（1338年）

101. 湖北钟祥明郢靖王墓出土一件元青花四爱图梅瓶，图案分别为王羲之爱兰、陶渊明爱______、林和靖爱梅、周敦颐爱莲，表现了古人崇尚修为、淡泊名利的高尚情操。

A．菊 B．竹 C．松 D．桂

102. 明清两代，______一直保持着中国瓷都的地位，“工匠来八方，器成天下走”，创造出众多新技艺、新品种（颜色釉瓷、彩绘瓷）。

A．景德镇 B．龙泉 C．德化 D．醴陵

103. 明代洪武官窑瓷器主要有青花、釉里红、釉上红彩等品种，器上龙纹装饰几乎全用______爪，而在此前并不多见。

A．二 B．三 C．四 D．五

104. “甜白”釉创烧于______时期，“汁水莹厚如堆脂，光洁如美玉”，是明代颜色釉瓷器中的佼佼者，以薄胎暗花最为珍贵。

A．永乐 B．宣德 C．成化 D．弘治

105. 景德镇官窑瓷器落正规年款始于明永乐朝，从目前资料看，永乐官窑款仅见“永乐年制”四字______书款，有刻、印、青花书写三种方式。

A．楷 B．隶 C．篆 D．行

106. 明代永乐、宣德时期的青花瓷色泽浓翠而有铁锈结晶，一般认为所用青料是郑和出航西洋带回的______，含锰量低，含铁量高。天球瓶、绶带耳扁腹葫芦瓶、蒜头口绶带扁壶、花浇、折沿盆、八方烛台、无裆尊等瓷器的造型和纹饰图案也受到西亚地区文化影响。

A．苏麻离青（苏泥婆青） B．平等青（陂塘青）

C．回青 D．石子青

107. 明宣德青花瓷器以古朴典雅的造型、晶莹浓艳的釉色、丰富多姿的纹饰而闻名，人称“开一代未有之奇”，创烧出了折方瓶、八角烛台、鸟食罐、______等新品种。

A. 抱月瓶　B. 僧帽壶　C. 蟋蟀罐　D. 压手杯

108. 红釉瓷器初创于元代，明永乐年间烧制成功匀净、鲜艳的______釉，为高温铜红釉，在还原焰中烧成，品种有梨壶、高足碗、盘等。

A. 胭脂红　B. 珊瑚红

C. 豇豆红　D. 宝石红（祭红、鲜红）

109. 黄釉是用含铁成分较高的天然磁石赭石为着色剂烧成，根据已知材料，最早在明代______朝瓷器上出现，为宫廷专用。其施釉方法有两种：一是在素胚上直接施黄釉，二是在已烧成的白釉瓷器上施黄釉，以后一种居多。

A. 洪武　B. 永乐　C. 宣德　D. 正统

110. 有“款识满器身”之称的是______朝瓷器，以六字楷书款最为多见。

A. 明宣德　B. 明万历　C. 清雍正　D. 清乾隆

111. 明代官窑瓷器生产史上的“空白期”指的是______三朝，因受政争及管控等影响，景德镇出产优质官窑瓷器（带年款）较少。

A. 永乐、洪熙和宣德　B. 正统、景泰和天顺

C. 成化、弘治和正德　D. 嘉靖、隆庆和万历

112. 最早将釉下青花与釉上多彩相结合，烧制成“斗彩”（“逗彩”）的是______朝瓷器（此前已见青花与釉上单一红彩的结合）。斗彩，是在高温烧成的釉下青花瓷器上，用矿物颜料进行二次施彩，填补青花图案留下的空白或涂染青花轮廓线内的空间，然后再次入窑低温烧成，也称作“青花间装五色”。

A. 明永乐　B. 明成化　C. 明嘉靖　D. 清康熙

113. 最早使用“斗彩”一词并加以解释的，是成书于清代雍乾时期的______，全书共有札记 35 条，其中记古窑 7 条，明窑 6 条，胎、釉、彩、青料等 22 条。

A.《野获编》　B.《博物要览》　C.《景德镇陶录》　D.《南窑笔记》

114. “娇黄”釉是______颜色釉瓷中最负盛名的品种，也是明代黄釉烧制最成功之作，呈色淡雅纯正，主要造型有双耳罐、牺耳罐、盘、碗等，有的还加饰金彩。

A. 永乐　B. 弘治　C. 嘉靖　D. 万历

115. 明正德彩瓷以______品种最具特色，以黄、绿、蓝、紫等色为主，不用红色。正德时期的孔雀绿釉色调翠绿、鲜艳，宛如孔雀羽毛，为绿釉烧制的历史高峰。

A．粉彩　　B．斗彩　　C．五彩　　D．素三彩

116. 采用正确配比的______绘制的明嘉靖官窑青花瓷器，色泽艳丽，蓝中泛紫，且不见永乐、宣德时期的铁锈斑。

A．平等青　　B．回青　　C．石子青　　D．浙青

117. 明代青花瓷器烧造的三大高峰是永宣、成化和______时期。

A．弘治　　B．正德　　C．嘉靖　　D．万历

118. 青花五彩不同于斗彩，其青花部分被当作一种蓝彩（而不是勾线）来应用，使釉下蓝彩与釉上多彩共同构成整幅图案。明代青花五彩主要流行、发展于______时期，一般以红、黄、绿、紫及釉下青花为 5 种主要色调，图案花纹以龙凤、花草为主，构图繁密。至清康熙时期发明釉上蓝彩，不再借用釉下青花。

A．成化　　B．弘治　　C．嘉靖　　D．万历

119. 明代瓷器上描金装饰最盛行的是______朝，见有蓝釉描金、绿釉描金、矾红描金、黄地描金、紫金地描金等制品。

A．成化　　B．弘治　　C．正德　　D．嘉靖

120. 黄釉青花五彩是明代______时期特有的瓷器品种，先在瓷胎上绘青花，然后通体罩以黄釉，釉上再绘红、绿彩等。

A．嘉靖　　B．隆庆　　C．万历　　D．天启

121. 福建德化窑瓷器始烧于______，明代时逐渐形成独特的技法和风格，在中国瓷艺中别具一格，以白瓷雕塑（如达摩、弥勒、观音、关帝等）闻名。

A．唐代　　B．五代　　C．宋代　　D．元代

122. 德化白瓷的瓷胎是用氧化硅含量较高的瓷土制成，所含的氧化钾含量也高达______% 以上，烧成后玻璃相较多，胎质致密，透光度好。其釉色泽光润明亮，乳白如凝脂，有“猪油白”“象牙白”之称。欧洲人称其为“鹅绒白”“中国白”。

A．3　　B．4　　C．5　　D．6

123. 何朝宗是明代嘉靖、万历年间______窑瓷塑名家，作品吸收泥塑、木雕和石刻造像技法，结合瓷土特性，形成别具一格的“何派艺术”，为世人推崇。

A. 景德镇　B. 龙泉　C. 德化　D. 石湾

124. 紫砂器是一种______器，用质地细腻、含铁量高的特殊陶土制成，呈赤褐、淡黄、紫黑等色，从土质的优良和烧造的成就来讲，我国的紫砂器以江苏宜兴（古称阳羡）最负盛名。

A. 带釉细瓷　B. 无釉细陶　C. 带釉粗陶　D. 无釉细瓷

125. 江苏宜兴的紫砂器始烧于宋代，兴盛于明代中期，成就主要集中于茶壶，用一种名为“紫金土”的黏土烧成，氧化铁含量在______% 左右。

A. 7　B. 8　C. 9　D. 10

126. 明代正德、嘉靖年间______制作的紫砂壶（树瘿壶为名品），与嘉定濮仲谦的刻竹、苏州陆子冈的治玉、扬州江千里的螺钿器同为世之名品。

A. 龚春（供春）　B. 时朋　C. 李茂琳　D. 陈子畦

127. 明代后期紫砂名师______及其弟子李大仲芳、徐大友泉，技艺精湛，佳作频出，有“三大壶家妙手”之称。

A. 董翰　B. 赵梁　C. 元畅　D. 时大彬

128. 明代晚期周高起所著______，是第一部关于宜兴紫砂的专著，记述制壶名手 31 人及其部分代表作品。

A.《阳羡名陶录》　B.《茗壶图录》

C.《阳羡砂壶图考》　D.《阳羡茗壶系》

129. 琉璃器是以陶土为胎，以铁、铜、钴、锰为着色剂，铅为助熔剂，配以______制成的低温釉，一般先烧素胎，再施釉二次烧成。

A. 石英　B. 云母　C. 水晶　D. 玛瑙

130. 明代时琉璃器发展到高峰，主要烧制建筑所用琉璃（照壁、塔、屋脊、瓦等）及日常生活琉璃器皿，取得最大成就的是______地区，至今还保存大量遗存，且多留有工匠姓名。

A. 北京　B. 山西　C. 南京　D. 景德镇

131. 珐花器（法华器）系从琉璃器中派生出来，元代开始烧造，明中期以前在______地区十分流行。其装饰手法是彩画中的“沥粉”技术，在陶胎表面用特制带管的泥浆袋，勾勒成凸出的纹饰轮廓，再以各种色料填出底子和花纹色彩，然后入窑烧成。

A．景德镇　　B．南京　　C．博山　　D．晋南

132. 琉璃器与法华器的主要区别是：琉璃器的助熔剂用铅，法华器则用______。

A．牙硝　　B．钼　　C．锡　　D．钨

133. 1602 年，荷兰东印度公司在海上捕获一艘______商船——“克拉克号”，船上装有大量来自中国的青花瓷器，因不明瓷器产地，欧洲人把这种瓷器命名为“克拉克瓷”，并一直沿用下来。

A．西班牙　　B．葡萄牙　　C．意大利　　D．英吉利

134. 从 17 世纪起，荷兰、英国的商船大量贩运中国瓷器至欧洲，据荷兰东印度公司的记载，从 1602 年至 1682 年中，仅该公司贩运的中国瓷器即达______件以上，以青花瓷为大宗。

A．1000 万　　B．1200 万　　C．1400 万　　D．1600 万

135. 装饰“麒麟芭蕉”图案、题写“梧桐一叶生，天下尽皆春”诗文的青花瓷器，主要流行于______时期。

A．明成化　　B．明嘉靖　　C．清顺治　　D．清同治

136. ______时期的青花瓷器习用传统故事和长篇诗词歌赋作为装饰，诗赋见有《前后出师表》《滕王阁序》《赤壁赋》等。制瓷工匠还将中国传统的水墨画晕染法（如“分水法”）运用到瓷画中，使青花浓淡相宜，富有层次。

A．明万历　　B．清康熙　　C．清雍正　　D．清乾隆

137. 清______年间仿照明宣德鲜红釉烧制出郎窑红釉，釉色浓艳透亮，施釉技术有“脱口、垂足、郎不流”之称，器底有色而无款，口沿多见“灯草边”，笠式碗、观音尊为典型品种。

A．顺治　　B．康熙　　C．雍正　　D．乾隆

138. 被称为“娃娃脸”“桃花片”“美人醉”的铜红高温釉是______釉，釉色淡雅柔润，器形以小件居多，主要是清代康熙朝宫廷所用的文房用具（太白尊常见）。
A．胭脂红　　B．牛血红　　C．豇豆红　　D．霁红

139. 洒蓝又称“雪花蓝”，以______为着色剂，经高温烧成后，浅蓝色的釉面上呈现深蓝色斑点，犹如洒下的雪花，故名。明宣德时景德镇窑创烧，清康熙时最精，以洒蓝开光描金装饰较多见。
A．钴　　B．铜　　C．铁　　D．锰

140. 清代康熙朝青釉瓷器釉色匀净，色如豆青（亦名），有棒槌瓶、花觚、凤尾尊等典型器物，装饰以______为主。
A．印花　　B．划花　　C．剔花　　D．刻花

141. 观音尊、棒槌瓶、笠式碗、金钟杯、______等，是清代康熙朝特有的瓷器品种。
A．天字罐　　B．贯耳六方瓶　　C．凤尾尊　　D．海棠杯

142. 釉里三彩是清代______朝创烧并特有的釉下彩瓷品种，除青花和釉里红以外，又增加了一种以铁为呈色剂的釉下豆青色。
A．康熙　　B．雍正　　C．乾隆　　D．嘉庆

143. 珐琅彩是一种名贵的宫廷御用瓷，先在景德镇用高温烧成素白瓷，然后送进北京皇宫内务府造办处绘彩，再由造办处珐琅作在彩炉中低温烧成。珐琅彩瓷从______朝开始烧制，所用彩料均为进口料，因系仿制铜胎珐琅器而来，又称“瓷胎画珐琅”。
A．顺治　　B．康熙　　C．雍正　　D．乾隆

144. 粉彩（“软彩”）是釉上彩的一种，创制于清代______晚期，因彩料中含有“玻璃白”粉而得名，色彩柔和淡雅。粉彩的彩料使用进口“洋彩”，施釉以油料调色，是制瓷史上的一大改革。
A．顺治　　B．康熙　　C．雍正　　D．乾隆

145. 清代雍正朝以后，______成为景德镇官窑烧制釉上彩瓷器的主流。
A．粉彩　　B．珐琅彩　　C．五彩　　D．斗彩

146. 清代宫廷用具有着严格的等级划分，其中使用黄地绿龙瓷器的是______。
A. 皇太后、皇后　B. 皇贵妃
C. 贵妃　D. 嫔妃

147. 炉钧釉是______朝新创的低温釉，仿宜兴钧釉制成，先将坯体经高温素烧，然后施釉，再在低温炉火中烧成，着色剂为铜、铁、钴等。釉面五彩缤纷，将钧红、月白、葱绿、青蓝等釉色熔融为一体，以流淌的色釉模仿自然山水。
A. 明宣德　B. 明嘉靖　C. 清康熙　D. 清雍正

148. 下列颜色釉中不属于清代雍正朝新创烧的是______。
A. 铁锈花釉　B. 霁蓝釉　C. 木纹釉　D. 瓜皮绿釉

149. 雍正红釉主要有高温铜红的祭红釉、低温铁红的珊瑚红釉和______的胭脂红釉。
A. 高温金红　B. 低温金红　C. 高温银红　D. 低温银红

150. 以釉下青花和釉上粉彩相结合的斗彩工艺，开创于粉彩盛行的清代______朝。
A. 康熙　B. 雍正　C. 乾隆　D. 嘉庆

151. 清康熙四十四年至五十一年（1705～1712年）主持景德镇瓷器烧造的官员是______，其间有很多新品种被创烧出来，如珐琅彩、豇豆红釉、天蓝釉等。
A. 徐廷弼　B. 李廷禧　C. 臧应选　D. 郎廷极

152. 清雍正朝有年希尧和______两位著名督陶官，在督理景德镇御窑厂时，取得重大成就。其中______著有《陶成纪事》，总结了雍正官窑的57条主要工艺，大部分为单色釉瓷器。
A. 刘源　B. 年羹尧　C. 唐英　D. 继昌

153. 清代______粉彩瓷的制作，往往集压印、剔划、绘画、开光、色釉、镂空、堆塑、描金等多种装饰技法于一器。
A. 康熙　B. 雍正　C. 乾隆　D. 嘉庆

154. 清代______朝珐琅彩瓷器参用西洋油画手法，翎毛花卉、景致物体具有立体感，并出现了以圣经故事等为题材的西洋人物故事画面。
A. 康熙　B. 雍正　C. 乾隆　D. 嘉庆

155. “象生瓷”在______时期最为流行，仿烧品种“人物鸟兽，指不胜屈”(《陶雅》)。
A．明成化　　B．明万历　　C．清雍正　　D．清乾隆

156. 下列瓷器款识中为清光绪朝多用的是______。
A．澹宁堂　　B．行有恒堂　　C．慎德堂　　D．大雅斋

157. 清代康熙、雍正时期紫砂名师陈鸣远所制的茶具和陈设品式样多变，尤以______类器最为驰名，当时推为绝作。
A．几何形体　　B．瓜果像生　　C．堆塑装饰　　D．仿古

158. 清代嘉庆、道光时期的紫砂名家______和名匠杨彭年合作，创造了书画篆刻与紫砂工艺密切结合的新风格，因其号而称“曼生壶”，多达十八式，壶底多钤“阿曼陀室”铭款。
A．陈鸿寿　　B．瞿子冶　　C．朱石楳　　D．邵大亨

159. “雨淋墙”釉是______窑的著名品种。该窑创烧于唐宋，兴盛于明清，曾为“贡陶”，以善仿钧窑（釉色以蓝色、玫瑰紫、翠毛釉等为佳）、仿中有创而著称。钧窑的窑变釉是一层釉色，而该窑的窑变釉有底釉与面釉两层。
A．江苏宜兴　　B．福建德化　　C．广东石湾　　D．浙江龙泉

160. 以“渔、樵、耕、读”为题材的陶塑，是广东佛山石湾窑的典型品种，俗称“石湾公仔”，明代晚期以后的制品上往往印有店号、作者等款识。其中“文如璧”是______时期的款识。
A．明万历　　B．清康熙　　C．清乾隆　　D．清道光

161. ______一书初刻于清乾隆年间，作者朱琰，包括“说今”“说古”“说明”“说器”等内容，是第一部陶瓷史专著，对于研究中国古代陶瓷工艺的发展具有重要价值。
A.《陶记》　　B.《陶雅》　　C.《饮流斋说瓷》　　D.《陶说》

玉　器

1. 玉为“石之美者”、山岳精英，中华民族以“爱玉”“崇玉”而著称，黑龙江饶河小南山遗址发现了距今______年左右的玉环、管、珠、匕、斧、璧饰等，见有世界已知最早的砂绳切割技术，开启了中国玉器起源认识的新纪元。

A．10000　　B．9500　　C．9000　　D．8500

2. 内蒙古敖汉旗兴隆洼遗址出土的______，是我国目前已发现最早的玉器之一，年代距今约 8000 年，器身剖面呈椭圆形，一般认为是一种耳饰。南方地区最早的玉耳饰出现于新石器时代河姆渡文化中。

A．玉玦　　B．玉璧　　C．玉琮　　D．玉璜

3. 我国已知最早的龙形玉器（玉龙）出现于新石器时代______遗址中，高 26 厘米，墨绿色，身体蜷曲呈 C 形，吻部前伸，双眼突起呈棱形，颈部有长鬣，末端微卷，尾部向内曲。背部中央有一圆孔，应作系挂之用。

A．河姆渡文化　　B．红山文化　　C．良渚文化　　D．大汶口文化

4. 红山文化的玉器种类非常丰富，具有典型代表性的有玉猪龙、双龙首璜、兽首形玦、马蹄形玉箍、三联玉璧、动物形玉饰、______等，玉料主要产自辽宁岫岩（“老河磨玉”）。

A．玉玦　　B．玉斧　　C．勾云形玉佩　　D．玉带钩

5. 玉琮是一种外方内圆、中间有直穿孔的柱状玉器，出现于新石器时代，以______最为发达，有的以阴线或浅浮雕手法琢刻出兽面纹饰。东汉郑玄补注《周礼》载：“琮，八方象地。”

A．马家浜文化　　B．崧泽文化　　C．薛家岗文化　　D．良渚文化

6. 被称为玉琮之首的“琮王”，高 8.9 厘米，1986 年出土于______，琮体四面各琢刻一完整的神人兽面纹像（学者认为是“神徽”），刻画细致，神态威严。

A．上海青浦福泉山　　B．江苏武进寺墩

C．浙江余杭反山　　D．浙江余杭瑶山

7. 良渚文化是与红山文化并立的史前玉文化高峰，品种丰富，制作精良，典型玉器有琮、璧、钺、三叉形器、柱形器、锥形器、______，以及环、镯、管、珠、璜等。

A．璋　　B．斧　　C．冠形器　　D．戚

8.《周礼·春官·大宗伯》载：“以玉作六器，以礼天地四方。”其中“礼天”的玉器是______，最早见于长江流域新石器时代崧泽文化，良渚文化盛行，而齐家文化用______则为黄河流域之最。

A．璧　　B．圭　　C．璋　　D．璜

9. 牙璧也称玉璇玑，圆形，中部有大圆孔，身扁薄，外缘凸出三个同向齿牙，始见于新石器时代______。

A．红山文化　　B．良渚文化　　C．大汶口文化　　D．龙山文化

10. 圭是重要的玉礼器之一，其造型由古代生产工具斧、铲或兵器戈、矛演变而来，分为尖首圭和平（圆）首圭，最早出现于新石器时代______。

A．红山文化　　B．仰韶文化　　C．良渚文化　　D．龙山文化

11. 玉璋是一种扁平长方器物，一端斜刃（或为丫字形），形状如半边圭（《说文》载“半圭为璋”），始见于新石器时代______，盛行于商周。四川广汉三星堆遗址出土的大型玉边璋为代表。《周礼·春官·典瑞》载：“璋邸射，以祀山川，以造赠宾客。”

A．红山文化　　B．仰韶文化　　C．龙山文化　　D．齐家文化

12. 玉觿是一种微曲的锥形器，初为解结的工具（《说文》载“锐端可解结”），后来成为佩饰。出现于新石器时代，沿用至______，演变为冲牙。

A．汉代　　B．三国　　C．两晋　　D．南北朝

13. 新石器时代______遗址1998年出土了一件玉鹰，作展翅飞翔状，鹰首侧视，双翼平展，翅端对称饰猪首形象，腹部饰八角星纹，具有神秘色彩。

A．大溪文化　B．凌家滩文化　C．马家浜文化　D．石家河文化

14. 新石器时代______遗址1955年出土的玉凤，是迄今所知时代最早的凤鸟造型，整体为圆环形，凤首随形插入尾羽中，以浅浮雕状弦纹刻画双翅，镂空技法装饰长尾。

A．大溪文化　B．屈家岭文化　C．凌家滩文化　D．石家河文化

15. 玉带钩是用于扣接束腰革带的器物，一般由钩首、钩身、钩钮三部分组成，出现于______，春秋中叶以后流行，钩首有龙首、马首、鸭首等，器身有螭形、琵琶形等，华贵者还镶嵌各种宝石。

A．新石器时代　B．夏代　C．商代　D．西周

16. 文献记载“半璧曰______”，是对该玉器形制的描述，最早出现于新石器时代河姆渡文化，商周时期大量使用。

A．璋　B．琥　C．璜　D．环

17.《尔雅·释器》载：“肉倍好谓之璧，好倍肉谓之______，肉好若一谓之环。”肉指边，好指孔。

A．镯　B．璋　C．珩　D．瑗

18.《周礼·春官·大宗伯》所载“六器”中用来“礼西方”的是______琥。

A．青　B．赤　C．白　D．玄

19. “双勾拟阳线”“臣字目”“且形角”是______玉器琢制的典型特征。

A．夏代　B．商代　C．周代　D．汉代

20. 商代玉器流行凤鸟造型，《诗经·商颂·玄鸟》载“天命玄鸟，降而生商”。______出土的龙凤合体玉器，是目前已知最早的龙凤造型组合实例，龙上凤下，龙小凤大。

A．安阳殷墟遗址　B．灵石旌介遗址

C．黄陂盘龙城遗址　D．成都金沙遗址

21. 殷墟妇好墓发现两件玉______和一件玉盘，造型、纹饰与同时代的青铜器相一致，表明玉容器也可能具有祭祀、礼仪用途。

A．鼎　　B．簋　　C．鬲　　D．甗

22. 1974 年，______出土一件商代大玉戈，长 93 厘米，蛇纹石质，为仪仗用器，是目前所见最大的一件玉戈，堪称“玉兵之王”。

A．安阳殷墟遗址　　B．黄陂盘龙城遗址
C．新干大洋洲遗址　　D．广汉三星堆遗址

23. 根据目前资料，玉器制作中的“俏色”工艺至迟出现于______，工匠巧妙地把握玉料的自然色泽和纹理特点进行雕琢，化“废”为“宝”。

A．商代　　B．西周　　C．东周　　D．秦代

24. ______时期，玉器被赋予宗法礼制的内涵，与青铜器一起成为等级制度的象征和载体。

A．殷商　　B．西周　　C．春秋　　D．战国

25. ______的玉璧上出现了以阴线刻划的卷体龙纹、凤鸟纹、云纹等，首开玉璧图纹装饰之风。

A．商代晚期　　B．西周早期　　C．西周中晚期　　D．春秋早期

26. “六瑞”一说，出自《周礼·春官·大宗伯》，为王侯贵族所持之器，“以等邦国”。其中“王”持______。西周时期设立命圭制度，周天子分封爵位、分派任务时，赐予象征身份的“命圭”。

A．镇圭　　B．桓圭　　C．信圭　　D．躬圭

27. 人与神龙合雕在一起的玉佩饰，仅见于______，体现了“物我为一”的思想观念和时代风貌。

A．商代　　B．西周　　C．春秋　　D．战国

28. 西周时期流行成组的玉佩，一般以______为主体，穿缀玉环、玉管、玛瑙珠等。

A．玉珩　　B．玉瑗　　C．玉璜　　D．玉琥

29. 山西曲沃晋______次夫人墓出土的组玉佩，由玉璜、玉珩、玉管、料珠、玛瑙管等组成，共用玉204件，展开长达2米，恢宏华丽，是迄今发现最长的一件组玉佩。
A. 釐侯　B. 献侯　C. 穆侯　D. 文侯

30. 西周时期，因尊崇玉为山岳之精英，流行以玉殓葬，三门峡______国国君墓出土了近千件玉器，墓主人头上戴玉，面部覆玉，口中含玉，手中握玉，身上佩玉，脚下踏玉，脚趾缝中也夹有小型玉饰，为汉代金缕玉衣的滥觞。
A. 晋　B. 虞　C. 郑　D. 虢

31. 阴刻高冠凤鸟纹饰是______玉器的典型纹饰，凤鸟多昂首、曲颈、挺胸，秀美舒展，富有韵律，主要装饰于柄形器、玉琮等器物上。
A. 商代　B. 西周　C. 春秋　D. 战国

32. 细阴线与“一面坡”（单彻法）并行，是______玉器琢制的典型工艺。
A. 西周　B. 春秋　C. 战国　D. 秦汉

33. 早在新石器时代中晚期，新疆和田玉料即已输入中原地区，商周时期大量使用。据文献记载，西周______曾“攻其玉石，取玉版三乘，载玉万只而归”。学者认为，在丝绸之路开通以前，就已存在着连接东西方的“玉石之路”。
A. 康王　B. 昭王　C. 穆王　D. 共王

34. 东周时期著名思想家______提出“君子比德于玉”（《礼记・聘义》），玉被赋予人文之美，成为古人心目中君子高尚品德的象征。
A. 老子　B. 孔子　C. 孟子　D. 韩非子

35. 春秋早期玉器纹饰以______为主的技法琢制，中晚期流行去地浅浮雕技法，较前代有很大进步，与使用铁工具有关。《诗经・卫风・淇奥》所载“如切如磋，如琢如磨”，反映了君子养成与制玉的共通之处。
A. 单勾阳线　B. 单勾阴线　C. 双勾阳线　D. 双勾阴线

36. ______时期的玉器纹饰细密繁缛，流行变形龙纹、蟠螭纹、谷纹、云纹、几何纹等，多隐起主体纹饰，几乎不留空白。
A. 西周　B. 春秋　C. 战国　D. 西汉

37. ______时期的玉龙基本不见早期的环形造型，多呈 S 形的弯曲，头部较小，身躯修长，尾端勾卷，体态生动。

A．春秋　B．战国　C．秦代　D．西汉

38. ______一改早期玉璜两端穿孔、佩戴时弧缘向下的形式，而变为在弧缘正中穿孔，佩带时弧缘向上、两端向下，与这一时期社会变迁、风尚维新密切相关。

A．西周早期　B．西周晚期　C．春秋时期　D．战国时期

39. 玉（石）磬是中国古代礼乐制度中的重要器物，为悬挂式打击乐器，《诗经·小雅·鼓钟》载“鼓瑟鼓琴，笙磬同音”。早期呈长条形，上宽下窄，______以后，曲尺形成为特定形制。

A．西周　B．东周　C．西汉　D．东汉

40. 春秋时期，记载各国盟誓内容的文书材料称为“盟书”，常书写于______、璧和一些不规则的玉片上，埋于地下或投入河中，山西侯马和河南温县有大宗出土，具有重要的史料价值。

A．璋　B．琮　C．璜　D．圭

41. “金镶玉”工艺最早见于______时期，往往把玉饰品嵌入金器或鎏金铜器中，以表现金玉交相辉映的效果。

A．西周　B．春秋　C．战国　D．汉代

42. 春秋战国时期，佩玉之风盛行。______载“古之君子必佩玉”“君子无故，玉不去身”，反映了尚玉、尚德的社会风貌。

A．《礼记》　B．《左传》　C．《国语》　D．《尚书》

43. 湖北随州曾侯乙墓 1978 年出土的多节活环套练玉佩，全长 48 厘米，透雕______节活动构件，有龙、凤、螭等造型，集浮雕、镂空、活环、榫卯等技法于一身，玉质晶莹润泽，设计匠心独运，反映了战国早期生机勃勃的时代精神和荆楚先民浪漫奔放的审美情趣。

A．20　B．22　C．24　D．26

44. 细劲勾勒，顶撞地纹，边角处见棱见锋，轮廓外缘加饰花纹（如出廓玉璧），是______玉器琢制工艺的典型特征。

A．西周　B．春秋　C．战国　D．秦代

45. 战国时期，随着社会变革和礼仪、生活方式的变迁，出现了众多新的玉器品种，包括玺印、玉册、灯具、______等。

A．剑饰　B．博具　C．龙形佩　D．铺首

46. “完璧归赵”的故事，发生于秦______与赵惠文王时期，可见战国诸侯之间已在争夺和氏璧等具有象征意义的重要玉器。

A．惠文王　B．武王　C．昭襄王　D．孝文王

47. 1976年，陕西西安阿房宫遗址出土一件高足玉杯，通高14.5厘米，口径6.4厘米，直壁深腹，杯身分四层雕琢勾连云纹、谷纹、花瓣纹等，杯托阴刻相互交叉的S形简化凤纹，玉质晶莹润泽，为______玉器代表作。

A．春秋　B．战国　C．秦代　D．汉代

48. 新石器时代，以玉事神。商周时期，以玉藏礼，以玉比德，孔子有十一德说、管子有九德说、荀子有七德说。至汉代，提出“首德次符”的思想，德为质，符为彩。许慎《说文解字》凝练玉之五德：润泽以温，仁之方也；䚡理自外，可以知中，义之方也；其声舒扬，专以远闻，______之方也；不挠而折，勇之方也；锐廉而不忮，洁之方也。王逸《玉论》载：“赤如鸡冠，黄如蒸栗，白如截脂，黑如淳漆，此玉之符也。”

A．智　B．乐　C．礼　D．信

49.《周礼》所载六器，至汉代只有玉璧和______仍作为重要礼器使用。

A．玉琮　B．玉圭　C．玉璋　D．玉琥

50. 崇尚（新疆和田）羊脂白玉之风，始于______。

A．战国　B．秦代　C．西汉　D．东汉

51. ______在汉代被视为“美玉”“珍玉”，班固《西都赋》、张衡《西京赋》中均有描写。

A．和田玉　B．岫岩玉　C．南阳玉　D．蓝田玉

52. 玉具剑是指剑、鞘上的装饰玉件，包括剑首、剑格、剑璏、剑珌，出现于春秋晚期，盛行于战国秦汉（《汉书・匈奴传》载“单于正月朝天子于甘泉宫，汉宠以殊礼……赐……玉具剑”），魏晋以后逐渐衰落。其中饰于剑鞘、穿挂革带的是______。汉代玉具剑多饰高浮雕蟠螭纹。

A．剑首　B．剑格　C．剑璏　D．剑珌

53. 玉韘是古代套在拇指上扣弦射箭的用具（《诗经・卫风・芄兰》载“童子佩韘”），______发展成韘形（或鸡心、心形）玉佩，清代时则演变成扳指。

A．西周　B．春秋　C．战国　D．汉代

54. 下列玉器制作工艺中不属于汉代常用技艺的是______。

A．碾琢勾彻，用弓弦镂空琢制出扉棱　B．玉器表面饰短平线刻或游丝刻

C．璧环佩多层装饰图纹　D．殓葬玉流行“汉八刀”

55. 所谓“金玉在九窍，则死人为之不朽”（葛洪《抱朴子・对俗》），主要流行于______代，以玉塞防止精气逸出。

A．汉　B．晋　C．唐　D．宋

56. 1968 年，河北满城汉中山靖王刘胜及其妻窦绾墓出土两套金缕玉衣（玉匣、玉柙），形状如人体，分为头部、上衣、裤筒、手套和鞋子五部分，各由两千多块玉片用金丝编缀而成，每块玉片的大小、形状都经过严密设计和精细加工。经过考察，这两件玉衣由______玉料制成。

A．和田玉　B．岫岩玉　C．南阳玉　D．蓝田玉

57. 据《后汉书・礼仪志》记载，玉衣除金缕外，还有银缕、铜缕等种类，广州南越王墓还出土了丝缕玉衣。至三国魏黄初______，魏文帝曹丕下诏禁止使用“珠襦玉匣”。

A．元年（220 年）B．二年（221 年）C．三年（222 年）D．四年（223 年）

58. 汉代玉琀多以蝉为形，玉握多以______为形，具有浓厚的象征意义。

A．贝　B．猪　C．璜　D．觿

59. ______玉璧上出现镂空“宜子孙”“益寿”“长乐”等铭文，表达吉祥祈愿。

A．春秋　B．战国　C．秦代　D．汉代

60. 角形玉杯1983年出土于广州象岗南越______王墓，通高18.4厘米，杯形如犀牛角，杯身浅浮雕一独角龙，龙体为勾连云纹，从口沿向下缠绕杯身两周后，到杯底处转为绞索状云纹长尾，又向上卷曲，构思奇巧，琢工精湛。

A. 武　　B. 文　　C. 明　　D. 哀

61. 玉雕双舞人佩、单舞人佩，主要流行于______代，一般着长袖衣，一袖高扬头上，一袖下垂或横于腰际，长裙曳地，细腰束带，作“翘袖折腰”舞姿。

A. 汉　　B. 唐　　C. 宋　　D. 明

62. 玉刚卯流行于______，方柱形，中有孔，可穿绳佩挂，四面刻吉祥、辟邪语句，有护身符之用。

A. 战国　　B. 秦代　　C. 汉代　　D. 魏晋

63. 河北定州1969年出土的______镂雕东王公西王母纹玉座屏，高16.9厘米，长15.6厘米，宽6.5厘米，由上下两层雕刻玉片及两侧支架座组成，刻有神仙、日月、凤鸟、麒麟等图案，是目前已知唯一的玉座屏实物，在中国艺术史占有重要地位。

A. 战国　　B. 秦代　　C. 西汉　　D. 东汉

64. 蹀躞带，为附环玉带，源于北方游牧民族服饰，魏晋南北朝时期传入中原，目前所见最早的实例出自______墓葬，为后世玉带礼制之前奏。

A. 后秦　　B. 北魏　　C. 西魏　　D. 北周

65. 江苏扬州隋炀帝陵2013年出土一件______环蹀躞带，为已知附环数量最多的蹀躞带，也是古代最高等级的带具实物。西安何家村窖藏曾出土一件九环蹀躞带。

A. 十　　B. 十一　　C. 十二　　D. 十三

66. 玉钗是常见的妇女头饰，出现于______，由玉笄演变而来。单股为笄，双股为钗。

A. 北魏　　B. 北周　　C. 隋代　　D. 唐代

67. 折枝花是玉雕工艺的流行题材，出现于______代，标志着玉器制作进入了以实用器（装饰玉、陈设玉和生活用玉）为中心的世俗化时代。

A. 唐　　B. 宋　　C. 元　　D. 明

68. 唐代玉带主要由从鞓（皮革带）、带銙（带上镶嵌之物）和铊尾（嵌在带尾）三部分组成，区分等级尊卑。陕西扶风法门寺地宫出土一件玉梁金筐珍珠宝钿带銙，工艺精湛。《新唐书·车服志》载：“以紫为______品之服，金玉带銙十三。”

A．二　B．三　C．四　D．五

69. 玉带饰上雕琢西域伎乐人物图案，主要流行于______代，表现出开放、融合的时代气质。

A．汉　B．唐　C．宋　D．元

70. 飞天形象在东汉时期随佛教传入中国，玉质飞天则始于______时期，造型多作昂首飞舞状，是迄今所见最早的佛教玉雕。

A．三国　B．两晋　C．南北朝　D．隋唐

71. 龙头扁长，双角，张口露齿，下唇有须，颈后有发，龙身满饰方格形鳞纹，背部排列火焰状鳍，四肢作腾飞状，是______玉龙的形象特征。

A．南北朝　B．隋代　C．唐代　D．五代

72. 西安何家村窖藏出土的兽首玛瑙杯，长 15.6 厘米，口径 5.9 厘米，巧妙利用玉料的俏色纹理雕琢而成，杯体为角状兽首形，兽双角为杯柄，嘴部镶金帽，眼、耳、鼻皆刻画细微，其形制来源于西方一种叫“来通”的酒具，是______中外文化交流的产物。

A．隋代　B．唐代　C．五代　D．宋代

73. 下列玉器琢制工艺中属于唐代代表性工艺的是______。

A．多用打洼，磨出瓦沟纹　B．减地阳文

C．池面（剔地）隐起，突出主题纹饰　D．深层立体镂雕

74. ______玉器构图复杂，层次较多，有绘画趣味，实现了前代玉饰工艺性、雕塑性向绘画性、法书性的转变。

A．隋代　B．唐代　C．五代　D．宋代

75. 以执莲童子为造型的玉雕饰件自宋代以后日益流行，其题材源于______教故事。八字眉、葱管鼻、环形耳、桃形发式，穿短襟对衫、喜用米字纹、雪花纹，持荷高举过头，是宋代玉童子的基本特征。

A．儒　B．道　C．佛　D．景

76. ______花鸟形玉佩饰，常见凤鸟衔花或者双鸟对舞状，且多与镂空的云朵、花草相缠连。

A. 五代　B. 宋代　C. 辽代　D. 金代

77. ______始开玉器仿古之风，既追三代遗韵，也融入当代生活时尚和创作风格。

A. 宋代　B. 金代　C. 元代　D. 明代

78. 玉器雕刻中的多层透雕工艺在______时期开始出现。

A. 宋代　B. 辽金　C. 元代　D. 明代

79. ______出土了动物形、装饰性和工具性三组组玉佩，均为白玉琢成，其中工具性组玉佩上端领首为透雕玉莲花，下用金链垂挂剪、锥、锉、刀、觿、勺6件小型实用工具。

A. 辽耶律羽之墓　B. 叶茂台辽墓　C. 吐尔基山辽墓　D. 辽陈国公主墓

80. 辽代崇信佛教，在玉器制作上也有反映，见有玉飞天、摩羯、______等独特品种。

A. 观音　B. 弥勒　C. 天王　D. 迦陵频伽神鸟

81. ______大量使用琥珀材料，琢制步摇、瓔珞、首饰、佩饰等，与中原玉文化有着显著区别。

A. 辽代　B. 西夏　C. 金代　D. 元代

82. 春水、秋山题材的玉饰是______北方少数民族春秋两季渔猎（捺钵）生活的真实反映，春水玉以多层镂空的技法雕出鹘（海东青）捕捉天鹅的画面，秋山玉多表现秋天的山林及狩猎景象。

A. 隋唐五代　B. 辽金元时期　C. 明代　D. 清代

83. “龟游荷叶”具有长寿、吉祥的寓意，最早见于《史记·龟策列传》，唐代诗人______《姑孰十咏·丹阳湖》中有“龟游莲叶上，鸟宿芦花里”的诗句。根据目前资料，玉龟荷佩出现于宋金时期。

A. 李白　B. 杜甫　C. 白居易　D. 李商隐

84. 为了满足宫廷和官府用玉需要，元______设置诸路金玉人匠总管府玉局提举司、杭州路金玉总管府等官署机构，管理玉器生产。

A. 世祖 B. 成宗 C. 武宗 D. 仁宗

85. 现存于北京______的渎山大玉海，琢成于元至元二年（1265 年），高 70 厘米，口径 135～182 厘米，重约 3500 千克，周身浮雕海水瑞兽，继承和发展了“量料取材”“因材施艺”的传统琢玉技艺，是元代最具杰出成就的玉器。

A. 故宫 B. 景山 C. 北海团城 D. 颐和园

86. ______代玉带饰中主题纹饰常凸起边框之上，边框四周多倭角。

A. 宋 B. 元 C. 明 D. 清

87. 目前所见最早的玉带扣出现于______，为玉带钩演变而来，由钩体和扣体组成，钩体前端雕一弯钩，扣体前端凿一圆孔，相互钩连。钩体、扣体正面浮雕或镂雕纹饰。

A. 辽代 B. 西夏 C. 金代 D. 元代

88. 押印，是古代文书上代替签字的符号。玉押印是______独有的玉器品种，“非特赐不敢用”（陶宗仪《辍耕录》），印钮有龙、狮、虎形等。

A. 辽代 B. 西夏 C. 金代 D. 元代

89. 玉炉顶（一称“帽顶”）出现于______，多镂空雕刻禽鸟隐没花草图案，后世仍大量使用，或作改制而用。

A. 辽代 B. 宋代 C. 元代 D. 明代

90. 元代朱德润所著的______，是专门研究古代玉器的开创之作，共 2 卷，收录璧、环、带、佩等玉器 40 件，记述尺寸、形状、玉色等。

A.《古玉图》 B.《古玉图谱》 C.《古玉图考》 D.《古玉图集》

91. 明代皇家用玉由御用监监制，在各地设有玉肆，最著名的碾玉中心是______，琢玉高手辈出，玉器品种丰富，镶嵌珠宝类玉器增多，雕琢工艺逐渐程序化。

A. 北京 B. 南京 C. 苏州 D. 杭州

92. 明代玉带使用有严格的规制，一般由三台、圆桃、排方、铊尾和辅弼五部分组成。定陵出土玉带______条，为帝王玉带的实例。
A. 9　B. 10　C. 11　D. 12

93. ______玉器粗犷砣工，带板多层透雕，俗称“花下压花”。
A. 元代中晚期　B. 明代早期　C. 明代中晚期　D. 清代早期

94. 明代嘉靖、万历年间，苏州专诸巷的著名琢玉大师是______，佳作频出，与鲍天成治犀、周柱治嵌镶、赵良璧治梳、朱碧山治金银、马勋及荷叶李治扇、张寄修治琴、范昆白治三弦子并称为“吴中绝技”，尤以擅制玉牌而名传后世。
A. 刘谂　B. 陆子冈　C. 朱永泰　D. 姚宗仁

95. ______花鸟纹玉佩的装饰题材开始流行吉祥图案，图必有意，意必吉祥。
A. 宋代　B. 元代　C. 明代　D. 清代

96. ______是中国古代关于农业和手工业生产的综合性著作，收录了各个方面的生产技术，其中《珠玉篇》记述了玉器制作的工艺流程。
A.《考工记》　B.《梦溪笔谈》　C.《农政全书》　D.《天工开物》

97. 清乾隆______平息大小和卓的叛乱，打通东西交通，次年新疆开始进贡和田玉，每年春秋两季例贡2000千克，为玉器工艺的发展提供了丰富的原料。
A. 二十四年(1759年)　B. 二十五年(1760年)
C. 二十六年(1761年)　D. 二十七年(1762年)

98. 清代废除前朝的玉带制度，朝服上佩带朝珠，一般为______颗，用东珠(珍珠)、珊瑚、翡翠、琥珀、蜜蜡等制作，还穿以大珠(分珠)4颗，并以明黄、金黄及石青色等诸色绦为饰，区分等级。其中东珠和明黄色绦只有皇帝、皇后和皇太后才能使用。
A. 72　B. 84　C. 96　D. 108

99. 顶子是清代用以区别官员品级的帽饰，亲王、郡王等用红宝石，以下品级官员各有区别，其中三品官员用______。
A. 珊瑚　B. 蓝宝石　C. 青金石　D. 水晶

100. 清代乾隆时期的玉器细腻圆润，纤巧多变，玲珑剔透，集历代玉雕工艺之大成。此时攻雕大型玉器作品，多出自______玉师之手，名作有大禹治水图、会昌九老图、秋山行旅图玉山子等。

A．北京　B．苏州　C．扬州　D．杭州

101. 大禹治水图玉山子雕琢于清乾隆年间，历时近 10 年制成，高 244 厘米，宽 96 厘米，重______多千克，卓立如峰，表现大禹指挥众人在崇山峻岭、悬崖绝壁间劈山凿石、疏通水害的情景，是我国乃至世界上最大的一件玉器，堪称“玉石之王”。现藏于北京故宫乐寿堂。

A．4800　B．5300　C．5800　D．6300

102. 历代玉器作品中，刻作年款的多见于清代宫廷玉器，已知最早的是______年款。

A．雍正　B．乾隆　C．嘉庆　D．道光

103. 清代中期，痕都斯坦（莫卧儿王朝）式玉器制作工艺（薄胎、浅浮雕、镶嵌珠宝等）对内地影响很大，其玉器称为“西蕃作”，主要产于今天的______地区。

A．俄罗斯　B．阿富汗　C．克什米尔　D．伊朗

104. 翡翠在我国本为鸟名，《说文》载：“翡，赤羽雀也。翠，青羽雀也。”雄翡雌翠，后引申为玉石品种（西方所称“硬玉”），______代以后在中国广泛流行，制品繁多。

A．宋　B．元　C．明　D．清

105. 水晶古称玉英，为无色透明的二氧化硅结晶，在中国古代应用广泛，其中紫晶是最受人们喜爱的品种。战国屈原《九章·涉江》中有“登昆仑兮食玉英，与天地兮同寿，与日月兮同光”的辞章，明代______《宴游西郊诗》有“菡萏含冰脑，樱桃滴水晶”的诗句。

A．文徵明　B．唐寅　C．杨慎　D．徐渭

106. 清末学者吴大澂所著______，共收录玉器近 200 件，均绘有附图，并按类记述器物名称、尺寸、用途、年代及考释，把古玉器的考据研究同古代历史的研究联系起来，是我国玉器研究史上一部重要著作。

A．《古玉图谱》　B．《古玉图考》　C．《玉作图》　D．《陶斋古玉图》

金属器

青铜器

1. 铜是人类最早认识和使用的金属之一。我国商周时期称青铜为“金”，又称“吉金”，其成分主要是______，以降低熔点并改善硬度。

A. 锡青铜或铅锡青铜　　B. 铬青铜或铅铬青铜

C. 镍青铜或铅镍青铜　　D. 锌青铜或铅锌青铜

2. 我国迄今发现时代最早的青铜器物，是在甘肃东乡林家新石器时代______遗址出土的青铜小刀，距今约5000多年。

A. 仰韶文化　　B. 马家窑文化　　C. 齐家文化　　D. 寺洼文化

3. 中国的青铜时代大体相当于历史上的______时期。此后，青铜礼器逐渐消失，兵器和日用容器多为铁、漆、瓷器取代，只有钱币、镜鉴、带钩、度量衡器等仍有所发展。

A. 夏商周　　B. 秦汉　　C. 三国　　D. 两晋

4. “青铜时代”一词系西方输入，为______考古学家汤姆森在《北方古物指南》(1836年)一书中最先提出。上承石器时代，下继铁器时代。

A. 瑞典　　B. 挪威　　C. 丹麦　　D. 芬兰

5. 20世纪50年代在______中发现了数量较多的青铜生产工具、兵器、酒器、乐器，包括目前所知中国最早的青铜容器，说明这一时期中原地区已经进入青铜时代。

A. 河北藁城台西村遗址　　B. 山西夏县东下冯遗址

C. 河南偃师二里头遗址　　D. 湖北黄陂盘龙城遗址

6. ______发明了分铸法，先铸好一些青铜器的部件，合范时把这些部件置放在相应的部位，再浇铸成器。

A. 夏代　　B. 商代　　C. 西周　　D. 春秋

7. 从______开始，列鼎和编钟逐渐形成礼器制度（“藏礼于器”），直至战国时期，一直是社会等级和秩序的标志。

A．商代晚期　　B．西周早期　　C．西周中期　　D．西周晚期

8. 失蜡法、错金银、鎏金、镶嵌、模印制范等青铜铸造工艺流行于______时期。

A．夏代　　B．商代　　C．西周　　D．东周

9. 春秋时期成书的《周礼·考工记》中记载的“______”，是世界上最早的青铜合金配比技术记录。

A．金四齐（剂）　　B．金五齐（剂）　　C．金六齐（剂）　　D．金七齐（剂）

10. ______是烹煮和盛放肉食、祭祀时陈列牺牲的食具，分为圆鼎（三足）、方鼎（四足），在河南偃师二里头遗址中已有发现，作为最重要的青铜礼器，被用作等级和权力的标志，也是青铜器中行用时间最长的。

A．鼎　　B．簋　　C．鬲　　D．甗

11. ______是盛放烹熟的黍、稷、稻、粱等饭食的器具，基本形制为圆口，双耳，圈足，有的带方座，是商周时期的重要礼器。

A．鼎　　B．簋　　C．鬲　　D．甗

12. 西周贵族祭祀、宴飨时，多按照等级把奇数的鼎和偶数（一般比奇数少一个）的______配合使用，体现了表示身份地位的列鼎制度。

A．簋　　B．簠　　C．敦　　D．豆

13.《尔雅·释器》载：“鼎款足者谓之______”，______是炊粥器（晚期为盛粥器），基本形制为侈口、袋形腹、（三个）锥形足。始见于商代早期，西周中期后盛行，常成组出土。

A．鼎　　B．簋　　C．鬲　　D．甗

14. 甗是蒸食器，一般由上、下两部分组成，上部为______（盛米），下部为鬲（煮水），中间有箅。商代出现，西周末春秋初盛行。安阳殷墟妇好墓出土一件三联甗，形制独特。

A．甑　　B．盂　　C．釜　　D．盘

15. ______是盛放饭食的器具，一般成偶数组合，基本形制是敛口，鼓腹，双耳，圈足，盖可以仰置盛物，出现于西周中期后段，主要流行于西周晚期，春秋早期基本消失。

A. 簋　　B. 簠　　C. 盨　　D. 敦

16. ______是祭祀、宴飨时的盛食器,《周礼 · 地官 · 舍人》载"凡祭祀共______簋"。器形为长方体，盖与器身形制相同，大小一致，上下对称，合起来成为一体，分开则为两个器皿，出现于西周早期后段，主要流行于西周末春秋初，战国晚期以后消失。

A. 鬲　　B. 簠　　C. 盨　　D. 鼎

17. 敦为盛食器，系鼎、簋的形制结合发展而成，由上下两个形制相同的双耳三足深腹钵扣合而成，整体呈球状或椭球状。出现于______，盛行于春秋晚期至战国晚期，与鼎相配。

A. 商代晚期　　B. 西周中期　　C. 西周晚期　　D. 春秋中期

18. ______是用来盛放肉酱、腌菜等和味品的器皿，出现于商代晚期，盛行于春秋战国，常以偶数组合使用，形如其字。

A. 盂　　B. 铺　　C. 豆　　D. 盘

19. ______是用于从鼎或其他容器中扫取肉食、饭食的食器，商代出现，西周流行。

A. 枓　　B. 匕　　C. 勺　　D. 豆

20. ______是最早出现的青铜礼（酒）器。《礼记 · 礼器》载："宗庙之祭，贵者献以______。"《说文》载："______，礼器也，象______之形，中有鬯酒，又持之也。"夏代出现，盛行于商代和西周早期，基本形制为前有流，中为杯，后有尖锐状尾，一侧有鋬，下有三足，流与杯口之际有柱。

A. 觚　　B. 爵　　C. 斝　　D. 觯

21. 饮酒器______高体、束腰、圈足，器口呈喇叭形，多见于商代，西周中期以后逐渐消失。

A. 觚　　B. 爵　　C. 斝　　D. 角

22. 酒器是商代青铜礼器的主要组合，河南安阳妇好墓随葬青铜礼器200余件，仅______两项就接近半数。西周青铜礼器则以食器组合为主。

A．觚和觯　　B．斝和角　　C．觚和爵　　D．爵和尊

23. 觯是饮酒之杯，《______》载“尊者举觯”，出现于商代晚期，流行于西周早期，形制有扁体和圆体两种，侈口，束颈，深腹，圈足，有的有盖。

A．论语　　B．尚书　　C．礼记　　D．诗经

24. ______用于盛酒或温酒，基本形制为侈口，两柱，宽身，一鋬，下有长足，圆体或方体，出现于夏代，盛行于商代至西周中期。《诗经·大雅·行苇》载：“或献或酢，洗爵奠______。”

A．觚　　B．爵　　C．斝　　D．尊

25. ______是大、中型盛酒器，盛行于商代至西周，基本形制为敞口，长颈，圆腹或方腹，圈足，如双手捧酉，形体可分为大口、觚形、鸟兽形三类。与彝合为祭祀礼器的共称。

A．觚　　B．壶　　C．卣　　D．尊

26. 卣是用以盛秬鬯（祭祀时用的一种香酒）的礼器，《诗经·大雅·______》载“秬鬯一卣”，流行于商代至西周，基本形制为椭圆口，深腹，圈足，有盖和提梁。

A．灵台　　B．生民　　C．桑柔　　D．江汉

27. ______为盛酒器，一般呈椭圆形，盖多作兽头状，前有宽流，后有鋬，下有圈足（或三足、四足），出现于商代晚期，沿用至西周早期。后有成语“______筹交错”（北宋欧阳修《醉翁亭记》），形容众人饮酒的热闹情景。

A．觥　　B．尊　　C．壶　　D．匜

28. 罍是大型容酒器，《诗经·周南·卷耳》载“我姑酌彼金罍，维以不永怀”。流行于商代晚期至春秋中期，器形有圆体和方体两类，敛口（或小口），广肩，鼓腹，圈足或平底，肩部有两耳。______年，流失海外近百年的商代皿方罍器身回归故乡湖南，身首合璧。

A．2013　　B．2014　　C．2015　　D．2016

29. 盉是用以调和酒水浓淡的器具，《说文》载“盉，调味也”。盉出现于商代早期，盛行于商代晚期和西周，基本形制为圆口，深腹，有盖，前有流，后有鋬，下有三足或四足，盖和鋬之间有链相连。______以后盉的别名又称为鎣。2018年，圆明园流失文物西周虎鎣回归祖国。

A. 商代中期　　B. 商代晚期　　C. 西周早期　　D. 西周中期

30. 尊缶是盛酒器，出现于______，敛口，广肩，鼓腹，《说文》载：“缶，瓦器，所以盛酒浆，秦人鼓之以节歌，象形。”盥缶（浴缶）则是盛水器。

A. 西周晚期　　B. 春秋早期　　C. 春秋中期　　D. 春秋晚期

31. 盘是宴飨时行沃盥之礼使用的承水器，《礼记·内则》载“进盥，少者奉盘，长者奉水，请沃盥，盥卒授巾”。商代早期出现，西周中期流行盘盉相配，西周晚期以后多与______配合使用。著名重器有散氏盘、虢季子白盘等。

A. 盂　　B. 匜　　C. 壶　　D. 尊

32. 匜是盥手注水之器，《______》载“奉匜沃盥”。前有流，后有鋬，底有圈足或三足、四足（形似现在的瓢），出现于西周中期后段，流行于西周晚期和春秋时期。

A. 左传　　B. 尚书　　C. 国语　　D. 仪礼

33. 铜镜未盛行之前，贵族曾以青铜______盛水照容，《诗经·邶风·柏舟》载“我心匪______，不可以茹”，出现于春秋中期，盛行于春秋晚期至战国，也可用于盛冰、沐浴。

A. 盆　　B. 缶　　C. 鉴　　D. 洗

34. 商周时期，青铜兵器______象征权力和威仪。商代妇好墓出土两件大型青铜______，武王征商在牧野誓师时“左杖黄______，右秉白旄以麾”（《尚书·牧誓》）。《左传》载：“国之大事，在祀与戎。”

A. 戈　　B. 铍　　C. 戟　　D. 钺

35. 戈古称“勾兵”，用以钩杀，是青铜兵器中最常见的一种，汉字“武”“战”“戎”等均从“戈”。戈和干（盾）是商周士兵的标准装备，“干戈”一词也成为战争的别称或各种兵器的统称。戈的锋刃部分称为______。

A. 内　　B. 胡　　C. 援　　D. 穿

36. 戟是兼具钩杀和刺杀作用的兵器，为戈和______的联装组合，《说文》载“戟，有枝兵也”。《三国演义》中有吕布辕门射戟的故事。

A. 斧　　B. 矛　　C. 叉　　D. 剑

37. 矛是格斗用的长柄刺兵器，分锋刃和骹（銎）两部分。《诗经 · ______风 · 无衣》中有“修我戈矛，与子同仇”名句。

A. 王　　B. 齐　　C. 魏　　D. 秦

38. 剑是随身佩带、可斩可刺的兵器。东周时期，佩剑成为等级身份的象征。《史记》载：“天下之剑______为众，一曰棠溪，二曰墨阳，三曰合伯，四曰邓师，五曰宛冯，六曰龙渊，七曰太阿，八曰莫邪，九曰干将。”

A. 韩　　B. 赵　　C. 魏　　D. 齐

39. “甲胄”一词是古代战斗防护装具的统称，胄又称盔，商代前期出现，______以后称“兜鍪”。南宋辛弃疾《南乡子 · 登京口北固亭有怀》词中有“年少万兜鍪”之句。

A. 汉代　　B. 三国　　C. 西晋　　D. 东晋

40. ______流行车战，使用的兵器组合一般是远射兵器弓、矢，格斗兵器戈、矛、戟、殳，卫体兵器剑，防护装具甲、胄和盾。

A. 商代　　B. 西周　　C. 东周　　D. 秦汉

41. 柳叶形剑、圆刃钺、直筩有系环的矛，为______青铜兵器的特色器物。曲刃短剑、三銎刀、蛇首匕、銎式斧，则是北方草原青铜兵器的代表。

A. 吴越　　B. 燕赵　　C. 巴蜀　　D. 齐鲁

42. 我国目前已知最早出现的青铜乐器是______，发现于河南偃师二里头夏代遗址中。

A. 铙　　B. 钟　　C. 铎　　D. 铃

43. ______是最早使用的青铜打击乐器之一，又称小钲、执钟，流行于商代晚期，周初沿用。《周礼 · 地官 · 鼓人》载“以金______止鼓”。殷墟妇好墓成组出土。

A. 铙　　B. 铎　　C. 镈　　D. 錞于

44. 钟是使用最广泛的青铜打击乐器，形制从铙演化而来，在两侧尖锐的扁体共鸣箱上部平面上，有一个可悬挂的柄。斜挂的钟称为甬钟，直悬的钟称为纽钟。共鸣箱的平顶称为______。编钟兴起于西周，著名重器有曾侯乙编钟、晋侯苏钟等。

A．钲　　B．舞　　C．篆　　D．旋

45. 錞于是青铜打击乐器，用于军阵、祭祀、宴飨等，出现于______，盛行于战国两汉，在南方地区较多发现，《周礼・地官・鼓人》载"以金錞和鼓"。器形如圆筒，上部比下部稍大，顶上有钮，钮多作虎形。

A．商代晚期　　B．西周早期　　C．西周晚期　　D．春秋时期

46. 铜带钩是束腰皮带一端的挂钩，下端有钉柱固定于皮带的一头，上端曲首作钩，钩挂皮带的另一头，中间钩体侧视呈 S 形，起初多为北方草原民族使用，______时期在中原地区流传开来。

A．西周　　B．东周　　C．秦汉　　D．三国

47. 薰炉是汉晋时期焚香用具，博山炉为其代表，炉体呈半球形，上有镂空的山形盖，其间雕有人物和飞禽走兽，象征海上仙山，汉代李尤《熏炉铭》中有"上似蓬莱，吐气委蛇。芳烟布绕，遥冲紫微"的描述。著名重器有出土于陕西兴平的______鎏金银竹节高柄铜薰炉和出土于河北满城的西汉错金博山炉。

A．西汉　　B．东汉　　C．三国　　D．西晋

48. 目前发现时代最早的青铜灯出现于______，形制有高座灯、行灯、艺术造型（人、鸟、羊、树形等）灯三大类。楚国人骑骆驼灯、中山国十五连盏灯等为代表。

A．春秋中期　　B．春秋晚期　　C．战国早期　　D．战国中期

49.《孟子》载："斧斤以时入山林。"（《梁惠王・寡人之于国也》）"斧"指斧子，"斤"指______。

A．刀　　B．凿　　C．锛　　D．锯

50. 商代青铜器上的兽面纹，旧称______纹，以鼻梁为中线，两侧作对称排列，上端是角，角下有目，目旁有耳，多数有爪，两侧有左右展开的体躯或兽尾，主要流行于商代至西周早期。《吕氏春秋・先识览》载："周鼎著______，有首无身，食人未咽，害其及身，以言报更也。"

A．蟠螭　　B．饕餮　　C．夔龙　　D．窃曲

51. 卷龙纹是商周青铜器的主要装饰纹样之一，龙的躯干作卷曲状，首尾相接，或者呈螺旋蟠卷状，常饰于盘的中心。《礼记·______》载："龙卷以祭。"
A. 礼运　B. 礼器　C. 玉藻　D. 祭统

52. ______青铜器流行层叠式立体浮雕纹饰，俗称"三层花"。主体纹饰普遍采用浮雕形式，以动物和神怪为主题，主纹上还有细部装饰，地纹多为雷纹。纹饰往往布满全器。
A. 商代早期　B. 商代中期　C. 商代晚期　D. 西周早期

53. 青铜器纹饰中的凤鸟纹主要流行于______时期。
A. 商末至西周　B. 春秋　C. 战国　D. 秦汉

54. ______是流行于西周中晚期青铜器上的纹饰，为龙纹的变形。
A. 窃曲纹　B. 蟠螭纹　C. 云雷纹　D. 波曲纹

55. 蛇纹是青铜器上较常见的主题纹饰，由两条或两条以上的小蛇相互蟠绕布满器表的通称"蟠虺纹"，最早出现在______时期。
A. 商末　B. 西周　C. 春秋　D. 战国

56. 青铜器上流行宴饮、乐舞、采桑、狩猎等图案纹饰是在______时期。
A. 殷商　B. 西周　C. 东周　D. 秦汉

57. 青铜器铭文又称金文、钟鼎文，至迟出现于商代晚期，内容包括徽记、祭辞、册命、训诰、记事、追孝、律令、契约等。______及其以前的青铜器铭文，一般是铸成的；其后大都是刻成或錾成的。
A. 西周早期　B. 西周晚期　C. 春秋时期　D. 战国时期

58. 青铜器铭文的"长铭期"一般指______时期。铭文内容包含社会生活的各个方面，常有百字以上铭文出现，具有重要的史料价值。如册命性质的铭文内容包括时间、地点、受册命者、册命辞、称扬辞、作器祝愿辞等（康鼎、颂鼎、王臣簋）。
A. 商代　B. 西周　C. 春秋　D. 战国

59. "玉箸体"是______流行的青铜器铭文书体风格，代表铭器有墙盘、大克鼎等。
A. 西周早期　B. 西周中期　C. 西周晚期　D. 春秋时期

60. 目前所知，我国青铜器铭文最长的器物是______，器腹内壁铸有铭文32行、497字，为器主为国献策，王室予以册命、赏赐等内容，对于研究西周晚期历史具有重要文献价值，被誉为“抵得一篇尚书”。

A．毛公鼎　　B．大盂鼎　　C．散氏盘　　D．颂鼎

61. 春秋时期，吴越等国兵器上常铸刻一种装饰性很强的艺术字体，后代称之为______，代表铭器有越王勾践剑、王子于戈等。

A．鸟虫书　　B．籀文　　C．大篆　　D．小篆

62. 青铜器上“物勒工名，以考其诚”出现于______时期。

A．商代　　B．西周　　C．春秋　　D．战国

63. 后（司）母戊鼎1939年出土于河南安阳武官村，通高133厘米，器口长110厘米，宽79厘米，重约______千克，立耳，折沿，腹部呈长方形，四柱足，是我国现存最大的一件青铜器，代表了商代青铜铸造的高超水平。

A．833　　B．828　　C．823　　D．818

64. 四羊方尊______年出土于湖南宁乡，是目前已知最大的一件商代方尊，上口最大径44.4厘米、高58.6厘米、重34.6千克，造型优美雄奇，肩、腹、足部作为一体巧妙地设计成四只卷角羊，铸造工艺精湛，被誉为“臻于极致的青铜典范”。

A．1938　　B．1940　　C．1942　　D．1944

65. 1986年，四川广汉三星堆遗址出土了世界上最大、最完整的青铜立人像，通高（立人＋底座）______厘米，重逾180千克，有“铜像之王”之称。人像头戴高冠，身穿窄袖与半臂式共三层衣，双手环握中空，两臂端于胸前，赤足站立于方形怪兽座上。

A．252　　B．262　　C．272　　D．282

66. 虎耳虎足鼎1989年出土于江西新干大洋洲，通高44.5厘米，重13.1千克，足为______。以虎为题材的装饰，是江西商代青铜文化的重要标志。

A．锥足　　B．柱足　　C．蹄足　　D．扁足

67. 龙纹兕觥通高 19 厘米，长 44 厘米，宽 13.4 厘米，造型如牛角，前端为龙首，背有弧曲长盖。通体遍饰图案，盖面为透迤的龙身，与器前端的龙首衔接，觥身两侧饰鼍纹和夔龙纹，头在后、尾在前，与器身的龙形方向相反。1959 年出土于______，为商代方国重器。

A．河北藁城　　B．山西石楼　　C．江西新干　　D．山东益都

68. 1976 年在陕西临潼零口出土的______，通高 28 厘米，口径 22 厘米，侈口，兽首双耳垂珥，垂腹，圈足下连铸方座。内底铭文 4 行 32 字，反映了周武王征商决战的历史日期（“武王征商，唯甲子朝”），是重要的断代标准器。

A．盂簋　　B．齐仲簋　　C．利簋　　D．天亡簋

69. 陕西宝鸡出土、铸造于西周成王五年的______铭文有“余其宅兹中国，自兹乂民”的内容，是“中国”一词最早的文字记录，表明周武王在克商之后，曾祝告上天，要在天下之中的洛邑建都，作为统治全国的中心。《诗经·大雅·民劳》吟“惠此中国，以绥四方”。

A．小臣单觯　　B．保卣　　C．何尊　　D．康侯鼎

70. 太保鼎据铭文推断为西周初期______所铸，高 57.6 厘米，长 35.8 厘米，宽 22.8 厘米，重 26 千克，方形，四柱足，口上铸双立耳，耳上浮雕双兽，最为显著的是柱足中部饰有圆盘。清道光、咸丰年间出土于山东寿张（今属阳谷县），后辗转由徐氏家族捐赠给国家。

A．周公　　B．召公　　C．姜尚　　D．康叔

71. 晋侯鸟尊出土于山西曲村—天马遗址______墓中，高 39 厘米，长 30.5 厘米，宽 17.5 厘米，整体造型为一只伫立回眸的凤鸟，尾部弯成一象首，象鼻与凤鸟双腿形成三点支撑，凤鸟背上立一只小鸟，并为器盖捉手。造型优美，工艺精湛，为晋文化的代表。

A．叔虞　　B．燮父　　C．宁族　　D．服人

72. 伯矩鬲通高 30.4 厘米，口径 22.8 厘米，平盖，方唇，立耳，束颈，袋足，盖钮为两个相背的牛首，盖面饰浮雕牛首纹，袋足饰牛头纹，设计与铸造工艺高超，铭文记载诸侯国君赏赐，是西周初期______国青铜杰作。

A．晋　　B．齐　　C．宋　　D．燕

73. ______是西周早期大型圆腹鼎的代表作品，高 102 厘米，鼎腹铭文 19 行、291 字，记述西周康王对贵族的册命及赏赐，具有重要历史、艺术价值。清道光年间出土于陕西眉县，后辗转由苏州潘氏家族捐赠给国家。

A．献侯鼎 B．师汤父鼎 C．大克鼎 D．大盂鼎

74. 从西周穆王时代开始，青铜器在造型、装饰等方面发生了显著变化，形成了不同于西周早期的食器组合风格，代表器物主要有长由盉、通簋、______、丰尊、丰卣等。

A．墙盘 B．班簋 C．克盨 D．小克鼎

75. ______出土于陕西扶风庄白铜器窖藏中，器腹内底有铭文 18 行、284 字，颂扬文、武、成、康、昭、穆六世周王的功业，并自述微氏家族自远祖以来历事周朝的史迹，为西周恭王时期青铜器断代的标准器。

A．墙盘 B．逨盘 C．兮甲盘 D．虢季子白盘

76. 散氏盘为西周晚期青铜重器，清乾隆年间出土于陕西凤翔，高 20.6 厘米，内底铸有铭文 19 行、357 字，记述______人付给散氏田地之事，详录田地的四至及封界，是研究西周土地制度的重要史料。

A．秦 B．夨 C．豳 D．井

77. 兮甲盘、虢季子白盘、毛公鼎等青铜重器均出自西周______时期，反映了“中兴”的社会面貌。

A．孝王 B．夷王 C．厉王 D．宣王

78. 虢季子白盘长 137.2 厘米，宽 86.5 厘米，高 39.5 厘米，重 215.3 千克，造型奇伟，是现存最大的西周青铜盘。内底铸有铭文 8 行、111 字，讲述周______王十二年，虢国的子白荣立战功，周王设宴庆功，并赐弓马之物。铭文字体端庄，文辞优美，可与《诗经》中《采薇》《出车》《六月》《采芑》等所记史实互相印证。晚清时期出土于陕西宝鸡，后由合肥刘氏家族捐献给国家。

A．夷 B．厉 C．宣 D．幽

79. 逨盘 2003 年出土于陕西眉县，通高 20.4 厘米，口径 53.6 厘米，圈足直径 41 厘米，腹深 10.4 厘米，内底铸铭文 21 行，记述了______氏家族 8 代人辅佐西周 12 位王（文王至宣王）征战、理政、管治林泽的历史，印证了《史记·周本纪》所记西周诸王名号（仅未及末代幽王）。

A．陈 B．林 C．单 D．阮

80. 莲鹤方壶一对两件，现分藏于北京故宫博物院和河南博物院，器体通高 122 厘米，宽 54 厘米，壶身为扁方体，承托壶身的卷尾兽和壶体上装饰的龙、兽向上攀援，壶盖成莲瓣状，一只昂首振翅的仙鹤立于中央，是春秋晚期______国重器，体现了社会变革、欣欣向荣的时代风貌。

A. 郑　　B. 晋　　C. 秦　　D. 楚

81. 铜牺尊 1923 年出土于山西浑源李峪村，作牛形，项、背、臀处各有一圆形孔洞，彼此相通。背孔可纳入一铜质盛酒圆桶，前后二孔可注热水温酒，为目前仅见。浑源春秋时期属______国。

A. 燕　　B. 晋　　C. 代　　D. 中山

82. 云纹铜禁 1978 年出土于河南淅川下寺，通高 28.8 厘米，宽 46 厘米，长 103 厘米，由禁体、______条龙形附兽、______条龙形座兽组成，四周装饰透雕多层云纹，构思奇特，工艺精湛，是失蜡法铸就的春秋楚器精品。

A. 8　8　　B. 8　12　　C. 12　8　　D. 12　12

83. 吴王光鉴是春秋晚期吴王光（阖闾）为其女叔姬所作媵器（陪嫁用），出土于安徽寿县______侯墓。共两件，各有铭文 52 字，确证吴国为姬姓后裔。出土时器内各附一小铜瓠。

A. 蔡　　B. 宋　　C. 陈　　D. 楚

84. 越王勾践剑长 55.7 厘米，宽 4.6 厘米，柄长 8.4 厘米，重 875 克，1965 年出土于______，剑上刻“越王鸠（勾）浅（践）自作用剑”鸟篆铭文，剑身中脊起棱，饰黑色菱形花纹，剑格正面镶蓝色玻璃，背面镶绿松石。

A. 浙江绍兴　　B. 江苏苏州　　C. 湖北荆州　　D. 安徽寿春

85. 曾侯乙编钟 1978 年出土于湖北随州擂鼓墩，是我国迄今发现数量最多、保存最好、音律最全、气势最宏伟的一套编钟，由 45 件甬钟、______件纽钟，1 件镈钟组成，至今仍能演奏乐曲，音律准确，音色优美。

A. 14　　B. 19　　C. 24　　D. 29

86. 铸客鼎通高 113 厘米，口径 87 厘米，耳高 36.5 厘米，腹围 290 厘米，足高 67 厘米，重约 400 千克，圆口方唇，束颈附双耳，鼓腹，圜底，三蹄足，为______楚国重器，现藏于安徽博物院。

A. 西周晚期　　B. 春秋早期　　C. 春秋晚期　　D. 战国时期

87. 错金银龙凤方案1977年出土于河北平山三汲村，底部四只梅花鹿环列侧卧，共托一圆环；环上四只独首双尾神龙，上吻托住斗拱承一案框，双尾向两侧盘环反勾住头上双角；四凤双翅聚于中央连成半球形，凤头从龙尾纠结处引颈而出，工艺极尽繁复，是最为精致的战国时期______青铜器。

A．燕国　B．赵国　C．齐国　D．中山国

88. 1975年，在云南楚雄万家坝古墓中出土的5件______时期铜鼓，是迄今出土铜鼓中年代最早的，被称为"万家坝型铜鼓"。

A．西周　B．春秋　C．战国　D．秦代

89. 牛虎铜案1972年出土于云南江川李家山，高43厘米，长76厘米，重______千克，造型由二牛一虎巧妙组合而成，以一头大牛为主体，牛四足为案足，牛背作案面，一只猛虎扑于牛尾，大牛腹下保护一小牛，构思奇巧，堪称青铜艺术杰作。

A．66　B．56　C．46　D．36

90. 诅盟场面铜贮贝器1956年出土于云南晋宁石寨山，通高51厘米，盖径32厘米，贮贝300余枚，盖上铸圆雕人物127人（残缺者未计入），以干栏式建筑上的人物活动为中心，表现了______王杀祭诅盟的典礼场面。

A．巴　B．蜀　C．滇　D．夜郎

91. 1980年，陕西临潼秦始皇陵园出土一组两乘彩绘铜车马，一为"立车"，一为"安车"，均为四马单辕双轮，按秦代真人车马______比例制作，由数千个零部件镶嵌、焊接、子母扣连接、活铰连接组装而成，工艺极为精湛。

A．1/2　B．1/3　C．1/4　D．1/5

92. ______1968年出土于河北满城西汉中山靖王刘胜之妻窦绾墓，通高48厘米，重15.85千克，灯体为一通体鎏金、执灯跽坐的宫女，右臂和体躯中空，圆形灯盘可以转动开合，设计精巧，既防止空气污染，又具审美价值。

A．未央宫灯　B．建章宫灯　C．长信宫灯　D．长乐宫灯

93. 铜奔马1969年出土于甘肃武威雷台______墓中，马身高34.5厘米，长45厘米，宽13厘米，体态健美，昂首扬尾，三足腾空，右后蹄下踏着一只飞鸟，飞鸟展翅回首，支撑着奔马，并作器座。1983年成为"中国旅游标志"。

A．西汉　B．东汉　C．曹魏　D．西晋

94. 我国现存最大的铜钟，是北京觉生寺（今大钟寺）内存放的明代永乐大钟，通高6.75米，重约______吨，钟身内外铸满佛教经咒17种，共22.7万余字，有“世界钟王”之称。

A. 42.8　B. 45.6　C. 46.5　D. 48.2

95.《考古图》成书于宋______宗时期，由吕大临编撰，共10卷，是传世最早的金石学和铜器著录文献，摹录所收器物（列目224器、实收234器）的图像、铭文，大都标明尺度、容量、重量与出土地点。

A. 英　B. 神　C. 哲　D. 徽

96. 北宋徽宗时，______奉诏编撰《宣和博古图》，共30卷，分20类收录皇宫宣和殿所藏商至唐代青铜器839件，每类器物有总说，每件器物有摹绘图、铭文拓本及释文，并记尺寸、重量与容量，有些还附记出土地点、颜色和收藏者姓名。其编纂方法成为后代编辑青铜器图录的楷模。

A. 吕大临　B. 黄裳　C. 王黼　D. 薛尚功

97.《金石录》由赵明诚与妻李清照一同编撰，是对北宋以前传世钟鼎碑版等金石文字较为全面的集录和研究专著，分30卷，前10卷为所收铜器铭文和碑刻拓本的目录，后20卷为辨证，是为部分古器物和碑刻铭文所撰写的题跋，共______篇。

A. 352　B. 402　C. 452　D. 502

98.《西清古鉴》是______年间编撰的青铜器著录书籍，共编宫廷收藏商至唐代青铜器1529件（含铜镜93件），辑为40卷，每卷先列器目，按器绘图，因图系说，附铭文并加考释。后又编成《西清续鉴甲编》《西清续鉴乙编》《宁寿鉴古》，共收录了清宫所藏铜器4000余件。

A. 明宣德　B. 明万历　C. 清雍正　D. 清乾隆

99. ______在《两周金文辞大系》一书中提出标准器法，从可以考订年代的有铭青铜器出发，把一系列人名、事件或形制、纹饰相同的铜器串联起来，开辟了青铜器分期断代研究的重要途径。

A. 罗振玉　B. 王国维　C. 郭沫若　D. 容庚

100. 青铜礼器也称彝器，是以钟鼎为代表的宗庙常器。______所著《商周彝器通考》，是第一部全面研究青铜礼器的著作。

A. 罗振玉　B. 王国维　C. 郭沫若　D. 容庚

铜　　镜

101. 铜镜是古代照面理容的用具，一般制成圆形，正面磨砺光亮，背面有钮可以穿系，并铸铭文、纹饰、图案。迄今发现时代最早的两面铜镜均出土于距今4000多年前新石器时代______遗址中，一为素面镜，一为七角星纹镜。

A. 仰韶文化　　B. 龙山文化　　C. 马家窑文化　　D. 齐家文化

102. ______时期铜镜开始流行，产量大增，制作精巧美观，镜钮细小，背面多饰几何形、动物图案。《韩非子·观行》载："古之人目短于自见，故以镜观面。"《楚辞·九辩》云："今修饰而窥镜兮，后尚可以窜藏。"汉代文学家李尤所著《镜铭》中，有"铸铜为鉴，整饰容颜。修尔法服，正尔衣冠"的记述。

A. 商代　　B. 西周　　C. 春秋　　D. 战国

103. 山字纹镜铸造于______，是楚式铜镜的主要种类，有三山、四山、五山、六山之分。此时，南方地区铜镜制造的数量、质量均高于北方，且以今湖南地区为盛。

A. 西周早期　　B. 西周晚期　　C. 春秋时期　　D. 战国时期

104. 博局纹镜是______铜镜中较多见的品种，纹饰与六博棋局有关。此时还出现了四神纹镜，反映了阴阳五行的思想。

A. 战国　　B. 汉代　　C. 魏晋　　D. 南北朝

105. ______青铜方镜1980年出土于西汉诸侯王墓，长115厘米，宽57.5厘米，重56.5千克，背部饰交结夔龙图案，有五个环形弦纹钮（应与座、柱连接），是目前所见最大的铜镜。

A. 吴王　　B. 广陵王　　C. 齐王　　D. 长沙王

106. ______时期开始流行铭文镜，铭文内容主要有"昭明"（"内清质以昭明，光辉象夫日月"）、"日光"（"见日之光，天下大明"）、"铜华"（"湅冶铜华清而明"）等，表达祈福祝愿。也见有重圈铭文、纪名铭文和纪年铭文。

A. 西汉　　B. 东汉　　C. 三国　　D. 西晋

107. ______时期开始流行浮雕式神人画像镜和神兽纹镜，反映了企望长生、升仙的思想。

A．西汉　B．东汉　C．三国　D．西晋

108. 三国时期，吴国______发展成为制镜中心，铸镜工师名声远播，流行重列式神兽镜。三国晚期，佛教题材开始进入铜镜纹饰。

A．江夏郡　B．豫章郡　C．长沙郡　D．会稽郡

109. 十二生肖是______时期出现的铜镜纹饰，将表现天圆地方概念的十二地支以写实的生肖动物形态表现出来，为后世所继承发扬。

A．三国　B．西晋　C．东晋十六国　D．南北朝

110. ______代铜镜造型丰富多样，首创葵花形、菱花形、荷花形、壶形、亚字型等镜形。装饰图案也增加了花鸟纹（如宝相花纹）、神仙故事纹、盘龙纹等新品种。

A．汉　B．晋　C．唐　D．宋

111. 金银平脱、螺钿、镶嵌、铅花镜出现于______时期。

A．三国两晋　B．隋唐　C．宋元　D．辽金

112. 海兽葡萄纹镜是______的著名铜镜品种，反映了东西方经济文化交流的社会面貌。北宋《宣和博古图》称“海马葡萄镜”，清代《西清古鉴》始称“海兽葡萄镜”。

A．南北朝　B．隋代　C．唐代　D．五代

113. 并州和______是唐代两大贡镜产地，制作精细，纹饰绮丽。张籍《白头吟》云：“______青铜作明镜，暗中持照不见影。”

A．扬州　B．湖州　C．益州　D．苏州

114. ______时出现较多带柄的铜镜，突破了以往钮系、悬挂的用镜习惯，增强了铜镜的实用性。此时，铜镜的装饰题材主要是缠枝花卉纹和神仙人物故事纹。

A．隋代　B．唐代　C．五代　D．宋代

115. 南宋时______是最著名的制镜中心，镜背常铸有制镜商标名号（如石家、薛家）的标记（“州名＋商号＋照子”）。南宋晚期，出现了吉语铭文镜。

A．饶州　B．湖州　C．秀州　D．常州

116. 双鱼纹镜是______代铜镜的重要品种，具有祥瑞的含义。______代铜镜的边缘常錾刻官府的验记文字或押记，表明对铸镜的监管。

A. 唐　B. 宋　C. 金　D. 元

117. 五岳图纹镜出现于______。约成书于魏晋时期的《汉武帝内传》始见“五岳真形图”，载有“诸仙佩之，皆如传章，道士执之，经行山川，百神群灵，尊奉亲迎”。

A. 金代　B. 元代　C. 明代　D. 清代

118. ______铜镜开始流行素面铸字，多为四字吉语（如“状元及第”“福寿康宁”等）。

A. 明代早期　B. 明代晚期　C. 清代早期　D. 清代晚期

119. ______代新创了掐丝珐琅、漆背戗金、松香涂墨、彩绘等铜镜装饰工艺。因受欧洲玻璃镜影响，多用镜架支撑，无钮镜增多。

A. 宋　B. 元　C. 明　D. 清

120. 铜镜的钮，以半球形最为流行。此外，各个时期也出现过独具特色的镜钮，其中______使用于明代。

A. 弓形钮　B. 桥形钮　C. 银锭形钮　D. 伏兽钮

钱　币

121. 海贝是最早使用的实物货币。铜贝是已知最早的金属铸币，出现于商代，以朋为计算单位，一朋______贝（两系）。

A. 二　B. 五　C. 十　D. 二十

122. 空首布系仿照______（镈）形农具的样式铸造，出现于西周，春秋以后大量铸造，逐渐演变为各种平首布，主要流通于东周和三晋等地区，多铸有城邑名称，常见晋阳、邯郸、安邑、平阳、离石、蔺、皮氏、蒲坂、襄平等。

A. 铲　B. 锄　C. 耒　D. 锸

123. 三孔布是战国布币中的珍稀品种，主要行用于______国，钱文见有蔺、武阳、宋子等。

A. 魏　B. 韩　C. 赵　D. 燕

124. 战国时期，刀币主要通行于______国和______国，造型由刀、削演化而来。前者称“明刀”，后者称“大刀”（“法化”）。

A. 赵　魏　　B. 燕　齐　　C. 楚　吴　　D. 秦　韩

125. 蚁鼻钱又称鬼脸钱，是东周时期______的通行货币，其形制仿自穿孔的海贝。

A. 齐国　　B. 楚国　　C. 魏国　　D. 韩国

126. 我国先秦时期四大铸币系统中主要在秦国使用的是______，基本形制为圆形圆孔，由玉璧或纺轮形制演变而来，出现于战国时期。

A. 布币　　B. 刀币　　C. 贝币　　D. 圜钱

127. 最先铸有文字的金属货币是______，主要有记币值、记重量、记地名等。

A. 布币　　B. 刀币　　C. 贝币　　D. 圜钱

128. 战国时期，黄金铸币主要通行于______国，出现了浇铸戳印铭文的金版，其中印文最多的是“郢爰”，还有“陈爰”“寿春”等。

A. 齐　　B. 赵　　C. 秦　　D. 楚

129. 秦始皇统一中国后，以圆形方孔的半两钱作为法定货币。半两钱是一种______钱，相当于十二铢，钱文为小篆书体。

A. 记年　　B. 记重　　C. 记值　　D. 记地

130. 西汉______帝时，始铸五铢钱替代半两钱，其名一直沿用至唐代初年。

A. 文　　B. 景　　C. 武　　D. 昭

131. 西汉时期出现多种黄金货币，重约一斤或者一两，以______出土数量最多。

A. 金饼　　B. 马蹄金　　C. 麟趾金　　D. 金五铢钱

132. 王莽称帝后，先后四次托古改革币制，铸币共计五物（金、银、铜、龟、贝）、六名（金货、银货、龟货、贝货、泉货、布货）、______品，面值最大的是“国宝金匮直万”。

A. 二十五　　B. 二十六　　C. 二十七　　D. 二十八

133. 新莽货币中，币值“五十”的是______，流通时间最长。
A．货泉　B．壮泉　C．大泉　D．布泉

134. 三国时期蜀汉政权铸行的钱币______，部分背面模铸阳文地名“为”字，是目前发现最早的记地名圆形方孔钱。
A．货布钱　B．直百五铢钱　C．丰货钱　D．汉兴钱

135. 南朝宋文帝元嘉______设立钱署铸钱，文曰“四铢”，重如其文，为南朝第一种铸币。武帝孝建元年（454 年）续铸四铢，钱背加“孝建”二字，俗称“孝建四铢”。
A．五年（428 年）　B．六年（429 年）
C．七年（430 年）　D．八年（431 年）

136. 布泉与五行大布、永通万国合称“______三泉”，铸造精美，玉箸篆（玉筋篆）钱文华丽，列六朝铸钱之冠。
A．北魏　B．西魏　C．北周　D．北齐

137. 开元通宝（开通元宝）是______时开始铸行的货币，钱文由著名书法家欧阳询用隶书书写。开元通宝钱十枚重一两，改变了秦汉以来以二十四铢为一两的旧制，使十钱为一两的衡量单位逐步形成。
A．唐高祖　B．唐太宗　C．唐高宗　D．唐玄宗

138. 我国历史上统一政权中首例以年号命名的“宝钱”是______，一枚当开元通宝十枚，新旧钱并行。
A．乾封泉宝　B．乾元重宝　C．大历元宝　D．建中通宝

139. 天策府宝是五代十国时期______的铸钱，材质有铜、铁、鎏金。十国中有楚、闽、南汉、前蜀、后蜀、南唐等六国铸造过钱币。
A．楚　B．闽　C．前蜀　D．南唐

140. 北宋时期多铸年号钱，9 个皇帝共使用了 36 个年号，铸有______种年号钱和 3 种非年号钱（宋元通宝、皇宋通宝、圣宋元宝），以徽宗时期铸钱最为精美。
A．27　B．29　C．31　D．33

141. 宋元通宝、皇宋通宝、圣宋元宝分别铸行于宋______时期。皇宋通宝钱文有九叠篆体。

A. 太祖、仁宗、英宗　　B. 太祖、仁宗、徽宗

C. 太宗、仁宗、神宗　　D. 太宗、仁宗、哲宗

142. 对钱又称对文钱、和合钱，是指形制、币值、钱文相同而书体不同、可以成双配对的钱币（如南唐唐国通宝篆楷成对、北宋至道元宝行草成对）。北宋是历史上铸行对钱最多的时期，共铸有______种对钱。

A. 22　　B. 23　　C. 24　　D. 25

143. 北宋太宗御书______元宝真、行、草三种书体钱文，不仅为皇帝亲书钱文之始，也是行书、草书入钱文之始。

A. 宋通　　B. 太平　　C. 淳化　　D. 至道

144. 北宋______年铸钱的钱文为徽宗手书“瘦金体”，铁画银钩，窈窕自然。

A. 建中靖国、大观　　B. 崇宁、大观

C. 崇宁、政和　　D. 重和、宣和

145. 北宋淳化五年（994 年），李顺率农民起义军占领成都，自称蜀王，建元______，铸元宝、通宝钱，为目前所知农民政权自铸货币之始。

A. 应运　　B. 太平　　C. 大中　　D. 永昌

146. 交子是世界上最早的纸币，产生于北宋初年四川民间，宋仁宗天圣______设立益州交子务，由官府发行交子，成为法定货币。徽宗时以钱引代替交子。南宋时发行会子、关子等纸币。

A. 元年（1023 年）　　B. 二年（1024 年）

C. 三年（1025 年）　　D. 四年（1026 年）

147. 南宋孝宗淳熙年间（1174～1189 年）开始在钱背铸年号记年，其“淳熙元宝”铸有“______”至“十六”的字样，是历史上铸行的第一种记年钱，钱文逐渐统一为宋体字。

A. 柒　　B. 捌　　C. 玖　　D. 十

148. 钱牌又称铜錺牌，长方形，额部有小孔可穿系，作为代用货币，通行于______。
A. 北宋晚期　B. 南宋早期　C. 南宋中晚期　D. 元代早期

149. 目前所知西夏文铸钱，仅有福圣宝钱、大安宝钱、贞观宝钱、乾祐宝钱、______五种，西夏王朝的汉文铸钱则发现七种。
A. 元德通宝　B. 天庆宝钱　C. 皇建元宝　D. 光定元宝

150. ______钱文为玉箸篆，由金代著名书法家党怀英书写，典雅秀丽。
A. 正隆元宝　B. 大定通宝　C. 泰和重宝　D. 崇庆元宝

151. 承安二年（1197 年），金章宗推行币制改革，铸行承安宝货银铤，是中国钱币史上最早的法定记数白银货币，面值有一两、一两半、二两半、五两、十两 5 等，每两折钱______贯。
A. 二　B. 五　C. 十　D. 二十

152. 元世祖中统元年（1260 年）印行中统元宝交钞（现存最早的官方印行纸币实物），面额分十文、二十文、三十文、五十文、一百文、二百文、三百文、五百文、一贯、二贯共 10 等。中统钞以银为率，每______贯等于白银一两。
A. 一　B. 二　C. 五　D. 十

153. 元代流通钱币以纸币为主，铸钱包括汉文钱、八思巴文钱、供养钱、权钞钱（至正通宝、至正之宝，代表纸币）等。其中，大元国宝为篆书汉文钱，铸行于元______时期。
A. 世祖　B. 成宗　C. 武宗　D. 仁宗

154. 元末农民起义军各自为政，多自铸钱币，其中龙凤通宝由______所铸。
A. 张士诚　B. 韩林儿　C. 徐寿辉　D. 陈友谅

155. 明代纸钞只有大明通行宝钞一种，首次发行于洪武八年（1375 年），面额为一百文、二百文、三百文、四百文、五百文、______共 6 等。洪武二十二年（1389 年）加发十文、二十文、三十文、四十文、五十文 5 种小面额钞票。
A. 六百文　B. 七百文　C. 八百文　D. 一贯

156. ______代时，白银开始成为主要流通货币，形成以银为主、以铜钱为辅的银钱并行的货币制度。所铸银锭又称马蹄银，以“两”为计算单位（一两白银合一千文铜钱），后期铭文多为阳文。

A. 宋　B. 元　C. 明　D. 清

157. 清代初期，户部、工部分别设立______和______铸钱（钱背满文），嗣后陆续于各地设立钱局。

A. 宝源局　宝泉局　B. 宝泉局　宝源局
C. 宝户局　宝工局　D. 宝直局　宝蓟局

158. 清乾隆二十四年（1759 年）平定准噶尔贵族叛乱后，开始在回疆（天山南路）设局开铸______，逐步实现币制统一。

A. 红钱　B. 黄钱　C. 紫钱　D. 花钱

159. 我国最早的机制银圆为______元宝，俗称“龙洋”。同时出现机制铜元，又称“铜板”，很快取代方孔圆钱。北伐胜利后，铜元又被镍币取代。

A. 咸丰　B. 同治　C. 光绪　D. 宣统

160. 袁世凯像银币，俗称“袁大头”，由天津造币总厂于民国______年始铸，正面有袁世凯头像及铸造年代，行用广泛，每枚重七钱二分，含银量 89%。随后，江南、武昌、杭州等造币分厂也进行铸造，至 1927 年停铸。

A. 元　B. 二　C. 三　D. 四

161. 南宋洪遵所著______是现存最早的钱币学专著，成书于绍兴十九年（1149 年），共 15 卷，收录五代以前中外钱币 329 种，记述钱币铸造时间、样式，并绘有图案。

A.《货泉沿革》　B.《泉志》　C.《泉谱》　D.《钱录》

162. 清代李佐贤编著的______，共 64 卷，收录古钱拓本 6000 余种、钱范 75 个，正文分元（古布）、亨（古刀）、利（圆钱）、贞（异泉杂品）四集，集古代古钱学著作之大成。

A.《古泉汇考》　B.《吉金所见录》　C.《古今钱略》　D.《古泉汇》

金银器及其他金属器

163. 考古资料证实，我国在______已经较为广泛地使用金器，见有臂钏、耳环、笄、杖、面具等。金质容器则出现于春秋晚期至战国早期。

A. 夏代　　B. 商代　　C. 西周　　D. 春秋

164. 1986年，四川______出土一支金杖，长143厘米，直径2.3厘米，系用金条捶打成金箔后，再包卷在木杖上（出土时木杖已炭化），一端刻有人、鸟、鱼形象的三组图案，有学者认为是古蜀鱼凫王朝的徽号，为蜀王的权杖或者借以通神的法器。

A. 新津宝墩城址　　B. 温江鱼凫城址
C. 崇州紫竹城址　　D. 广汉三星堆遗址

165. 鎏金嵌玉镶琉璃银带钩1951年出土于战国时期______国墓葬，采用鎏金、凿刻、镶嵌等多种工艺，将不同质地、色泽的材料巧妙地配合使用，玲珑剔透，雍容华贵，是古代带钩中的精品，反映了战国金银制作工艺的高超水平。

A. 赵　　B. 韩　　C. 魏　　D. 中山

166. 汉武帝元封______，在滇国区域设置益州郡，赐滇王印。1956年云南晋宁石寨山滇王墓出土“滇王之印”证实了这一史事，印用纯金铸成，蛇钮，重约90克，印面边长2.4厘米，通高2厘米。

A. 元年（公元前110年）　　B. 二年（公元前109年）
C. 三年（公元前108年）　　D. 四年（公元前107年）

167. 鹰顶金冠饰1972年出土于内蒙古自治区杭锦旗，通高7.3厘米，带长30厘米，重1394克，由鹰形冠饰、半球形冠顶（雕刻四狼四羊咬斗图案）和冠带（浮雕多种动物纹饰）组合而成，为______部落首领所有。

A. 匈奴　　B. 东胡　　C. 鲜卑　　D. 柔然

168. 舞马衔杯纹鎏金银壶1970年出土于西安何家村窖藏，通高14.8厘米，造型上，采用了北方游牧民族盛水皮囊的形状；工艺上，反映了丝绸之路开通后中亚、西亚的金银器加工技术与中国工艺技法的交融；装饰上，经过特殊训练的舞马口衔酒杯，跃然起舞，与史书记载为______祝寿的情景相一致，反映了西域良马引入中原、马艺表演的相互交流。

A. 唐太宗　　B. 唐高宗　　C. 武则天　　D. 唐玄宗

169. 1987年，陕西扶风法门寺塔基地宫中出土了121件金银器，多为皇室供奉，其中以珍珠璎珞为装饰的捧真身菩萨，系______为祈求“圣寿万春”铸造。

A．唐宣宗　　B．唐懿宗　　C．唐僖宗　　D．唐昭宗

170. 鎏金迎真身银金花双轮______环锡杖出土于法门寺塔基地宫，长196厘米，重2.39千克，通体涂金刻花，雍容华贵，工艺精湛，有“锡杖之王”之誉。小说《西游记》中，观音菩萨送给唐僧九环锡杖。

A．六　　B．八　　C．十　　D．十二

171. 1982年，江苏丹徒丁卯桥唐代窖藏出土一只鎏金带盖银筒，下部负一神龟，上部为形似蜡烛的酒筹筒，刻“论语玉烛”四字，筒内有鎏金酒令银筹______枚，筹身刻行酒令辞，令辞上半段采自《论语》语句，下半段是酒令的具体内容，包括“自饮”“伴饮”“劝饮”“处（罚）”“放（皆不饮）”“指定人饮”六种。

A．30　　B．40　　C．50　　D．60

172. 唐代前期金银器中有许多外来造型式样，其中八棱带柄杯、高足杯、带柄壶、多瓣椭圆形盘等受到______工艺影响。唐代后期金银器吸取中国古代青铜器、陶瓷器、漆器的传统器形，并同中国传统装饰图案融为一体。

A．罗马　　B．大食　　C．波斯　　D．粟特

173. 元代出现了一批金银器制作名家，据陶宗仪《辍耕录》载，浙西银工之精于手艺，表表有声者，有嘉兴______等。故宫博物院藏有其名作银槎杯。

A．朱碧山　　B．唐俊卿　　C．谢君余　　D．谢君和

174. 我国目前唯一发现的皇帝“金冠”，是明代______皇帝陵墓中随葬的金丝冠，由前屋、后山、两角三部分组成，后山正中装饰高浮雕二龙戏珠图案。

A．永乐　　B．嘉靖　　C．万历　　D．崇祯

175. 北京故宫博物院藏有一件金瓯永固杯，是清代皇帝每年______举办开笔仪式时的专用酒杯，通高12.5厘米，口径8厘米，足高5厘米，夔龙为杯耳，三卷鼻象首为杯足，杯身錾宝相花及缠枝莲花，用珍珠、红蓝宝石、碧玺嵌蕊，点翠地。

A．元旦　　B．清明　　C．端午　　D．中秋

176. 河北藁城台西村、北京平谷刘家河出土的______铁刃铜钺，是我国迄今发现年代最早的铁器，系将陨铁加热锻打之后制成器件。

A. 夏代晚期　B. 商代早期　C. 商代中晚期　D. 西周早期

177. ______春秋早期墓中出土的一柄铜柄铁剑，是国内迄今发现最早的人工冶铁制品之一（甘肃临潭磨沟遗址近年出土了更早的铁条和铁锈块），比国外早1800多年。剑叶铁质，焊接于铜格上，曾用丝织物包裹。

A. 河北易县　B. 山西长治　C. 湖南长沙　D. 甘肃灵台

178. 考古资料表明，春秋晚期至战国早期已经掌握块炼渗碳钢及其淬火工艺，并应用于武器和防护装备的生产，______等国主要武器基本使用铁制品。战国中期以后，已经能够制造高碳钢。

A. 楚、燕　B. 秦、齐　C. 韩、魏　D. 赵、中山

书　　画

书　　法

1. ______是我国迄今发现最古老的成熟汉字体系。

A．半坡陶文　　B．甲骨文　　C．金文　　D．石鼓文

2. 目前所知第一个揭开甲骨文之谜的人是______，于清光绪二十五年（1899 年）在中药“龙骨”上发现了契刻的文字。

A．王懿荣　　B．刘鹗　　C．罗振玉　　D．王襄

3. 甲骨文埋藏于地下达三千年之久，直到十九世纪末被学者们发现。______年，刘鹗（字铁云，代表作《老残游记》）择字迹完好者千余片拓印成书，名《铁云藏龟》，为我国甲骨文字印行之始。孙诒让所著《契文举例》，则是第一部甲骨文考释著作，共考释文字 180 多个。

A．1899　　B．1901　　C．1903　　D．1905

4. 先秦石鼓文是我国迄今发现最早的刻石文字，约作于战国秦献公时，唐代出土，共存 10 件，每件刻一首与《诗经》风格韵律相近的四言诗（“吾车”鼓首句“吾车既攻，吾马既同”），记述秦君狩猎事。作为______书体的典范，被称为“书家第一法则”。

A．金文　　B．大篆　　C．小篆　　D．隶书

5. 侯马盟书是春秋晚期晋国卿大夫举行盟誓时记载誓词的文书，在晋都新田遗址出土 5000 余件，盟书用毛笔写在玉石片（多呈圭形）上，字迹多为朱红色，少数为黑色，字体近于青铜器铭文，内容以______为主。

A．宗盟　　B．委质　　C．纳室　　D．卜筮

6. 中国文字史上首次出现全国统一的规范文字是______，相传由秦相李斯整理而成，《泰山刻石》《琅琊台刻石》为其代表作品。

A．石鼓文　　B．大篆　　C．小篆　　D．隶书

7. 隶书是篆书简化演变而来的一种书体，字形宽扁，横长竖短，“蚕头燕尾”，始创于______，汉代发展成熟。南宋洪适《隶释》《隶续》，是最早研究汉隶的专著。

A．西周　　B．春秋　　C．战国　　D．秦代

8. 下列汉代隶书书法代表作品中现藏于山东曲阜孔庙的是______，与乙瑛碑、史晨碑合称“孔庙三碑”。

A．礼器碑　　B．张迁碑　　C．曹全碑　　D．衡方碑

9. 楷书系从隶书发展演变而来，兴于汉末，盛行于魏晋，成熟于______，一直沿用至今，是通行时间最长的标准字体。

A．南北朝　　B．隋代　　C．唐代　　D．五代

10. ______又称“正书”“真书”，形体方正，笔画平直，为学字之模范。

A．楷书　　B．隶书　　C．篆书　　D．行书

11. 草书自草篆演变而来，是隶书的草写体，起源于西汉，称“隶草”；东汉时盛行，称“______”。

A．古草　　B．今草　　C．狂草　　D．章草

12. 行书产生于______，由楷书演变而来，晋代以后盛行。一般称接近楷书的为行楷，接近草书的为行草。

A．西汉末年　　B．东汉初年　　C．东汉末年　　D．三国时期

13.《石门颂》全称《汉故司隶校尉犍为杨君颂》。东汉建和二年（148年），汉中太守王升为嘉赏司隶校尉杨孟文（犍为人）开凿石门通道的事迹，刻于______崖壁上，共22行，风格奇纵恣肆，素有“隶中草书”之称，为“汉三颂”之一。

A．褒斜道　　B．子午道　　C．陈仓道　　D．阴平道

14. 被后人奉为“楷法之祖”的魏晋时期著名书法家是______，代表作品有“五表”“六帖”“三碑”等（已佚）。

A．钟繇　　B．陆机　　C．王羲之　　D．卫夫人

15.《平复帖》是西晋著名书法家______所书的一封信牍，纸本草书，纵23.8厘米，横20.5厘米，9行84字，书风淳厚、秀雅，此帖安然保存至今，当为今日可见年代最早的名人墨迹。

A. 陆逊　　B. 陆抗　　C. 陆机　　D. 陆云

16.《兰亭集序》是晋代著名书法家王羲之的代表作品，记述东晋永和______在会稽兰亭以文会友之事，抒发内心感慨，文、书俱佳，被称为“天下第一行书”。王羲之书法备精诸体，尤擅行、草，为历代学书者所崇尚，被誉为“书圣”。

A. 七年（351年）　　B. 八年（352年）

C. 九年（353年）　　D. 十年（354年）

17. 王献之是东晋著名书法家，工楷、行、草书，与其父王羲之合称“二王”，代表作品有《中秋帖》______《新妇帖》等。

A.《初月帖》　　B.《舍人帖》　　C.《暮春帖》　　D.《鸭头丸帖》

18.《伯远帖》是东晋著名书法家王珣写给亲友伯远的一通信札，纵25.1厘米，横17.2厘米，5行47字，行笔峭劲秀丽，自然流畅，为早期行书的典范之作，与王羲之《快雪时晴帖》、王献之《中秋帖》一起被清______皇帝誉为帖中“三希”。

A. 顺治　　B. 康熙　　C. 雍正　　D. 乾隆

19. 智永是王羲之的______世孙，活动于南朝陈、隋间，曾在山阴（今浙江绍兴）永欣寺为僧，人称“永禅师”，继承家法，擅写真草，传“永字八法”，为后代楷书立下典范。相传曾手书《真草千字文》八百余本，分送浙东诸寺。

A. 六　　B. 七　　C. 八　　D. 九

20. 书法史上盛称的“初唐四家”，指的是欧阳询、虞世南、褚遂良、______。

A. 魏徵　　B. 陆柬之　　C. 薛稷　　D. 王知敬

21.《孔子庙堂碑》记述唐高祖武德九年（626年）封孔子三十三世孙孔德伦为褒圣侯及重修孔庙事，是著名书法家______的楷书代表作品。他的书法外柔内刚，点画圆润，结字平稳，蕴含恬淡从容之气，名作还有《汝南公主墓志铭》（行草书）等。

A. 欧阳询　　B. 虞世南　　C. 褚遂良　　D. 颜真卿

22. 《九成宫醴泉铭》记述唐太宗李世民在麟游九成宫内发现醴泉等事，有“天下第一楷书”之称，由唐代名臣魏徵撰文，著名书法家______书写。他的书法笔力遒劲，法度森严，极尽精致之能事，传世墨迹还有楷书《皇甫诞碑》《化度寺碑》、行书《仲尼梦奠帖》等。

A. 欧阳询　　B. 褚遂良　　C. 颜真卿　　D. 柳公权

23. 《雁塔圣教序》分两部分，立于西安大雁塔南门内之东西两龛，一是太宗李世民撰文的《大唐三藏圣教序》，表彰玄奘法师西行求法取经事；一是高宗李治撰文的《大唐皇帝述三藏圣教序记》，均由著名书法家______书写。他的书法俊逸秀美，人称“美人婵娟，似不任乎罗绮”。传世墨迹还有《伊阙佛龛碑》《孟法师碑》等。

A. 欧阳询　　B. 虞世南　　C. 褚遂良　　D. 颜真卿

24. 唐代著名书法家颜真卿工于诗、书，擅长行、楷，创“颜体”楷书，突破以往秀、雅为尚的美学观念，而以雄浑、刚健著称于世，与柳公权并称“颜筋柳骨”。代表作品有《多宝塔感应碑》《颜氏家庙碑》______等。

A.《大运帖》　　B.《化度寺碑》

C.《大唐回元观钟楼铭》　　D.《祭侄文稿》

25. 《玄秘塔碑》《神策军碑》是唐代著名书法家______的代表作品，以骨力劲建著称，为“唐书尚法”的突出典范，现藏于西安碑林。

A. 徐浩　　B. 颜真卿　　C. 柳公权　　D. 李铣

26. 《晋祠铭》又称《晋祠之铭并序碑》，由______撰文并书，高195厘米，宽120厘米，开行书制碑之先河，铭文歌颂西周唐叔虞创建晋国事迹，宣扬唐王朝的文治武功。诗人杜甫题诗云：“文章千古事，社稷一戎衣。”

A. 唐高祖李渊　　B. 唐太宗李世民　　C. 唐高宗李治　　D. 唐玄宗李隆基

27. 唐天宝三年（744年），______与友同游王屋山阳台观，并寻访道教宗师司马承祯。到达阳台观后，方知司马承祯已经仙逝。不见其人，惟睹其画，有感而书《上阳台帖》（“山高水长，物象千万，非有老笔，清壮可穷”），是公认其唯一传世的书法真迹。

A. 李白　　B. 高适　　C. 杜甫　　D. 岑参

28.《善见律卷》是国诠于唐______年间手抄的楷书作品，内容为小乘佛教律部经典，书法属典型的唐代“经生体”，260 余行，4400 多字，首尾俱全，是罕见的流传有绪之初唐写经。

A. 贞观　　B. 永徽　　C. 显庆　　D. 龙朔

29.《万岁通天帖》又称《唐人摹王氏一门书翰》，纸本，行草书，纵 26.2 厘米，横 260.4 厘米，是东晋王羲之等七人十帖的唐摹书法精品，其中摹王徽之的作品为______。

A.《初月帖》　　B.《新月帖》　　C.《太子舍人帖》　　D.《得柏酒帖》

30. 草书《古诗四帖》是唐代著名书法家______的传世作品，他的书法连绵回绕，起伏跌宕，与李白歌诗、裴旻剑舞合称“三绝”，有“草圣”之誉。

A. 孙过庭　　B. 贺知章　　C. 张旭　　D. 怀素

31.《苦笋帖》是唐代著名书法家______的草书作品，两行 14 字，书法秀健，结构舒畅，势若“骤雨旋风”，为“超妙入神之书”。其传世墨迹还有《论书帖》《自叙帖》等。

A. 张旭　　B. 怀素　　C. 李阳冰　　D. 高闲

32.《张好好诗并序》是晚唐诗人、书法家______的著名诗作和行书墨迹，纵 28.2 厘米，横 162 厘米，为五言古诗，记述一位才华卓越却遭遇不幸的歌妓，并发感慨之情。

A. 杜牧　　B. 温庭筠　　C. 高闲　　D. 杨凝式

33.《书谱》是我国书法史上具有里程碑意义的论著，共 2 卷 6 篇，作者为唐代著名书法家______，书中提出“本乎天地之心”“情动形言”“意先笔后”等许多精彩见解。

A. 陆柬之　　B. 李嗣真　　C. 孙过庭　　D. 韦述

34.《书断》是盛唐著名书画理论家张怀瓘的力作，成书于开元年间，分 3 卷，上卷记述各种书体特点及发展源流，中、下卷以“神、妙、能”三品列历代书家传记并评论书法得失，其中神品______人。作者还著有《画断》，惜已佚。

A. 25　　B. 52　　C. 98　　D. 107

35.《法书要录》是我国现存最早的书法学论著总集，由唐代著名书画理论家______编撰，共10卷，集录东汉至唐代元和年间书论42篇。

A. 卢元卿　B. 颜真卿　C. 何延之　D. 张彦远

36. “金错刀（书）”这一独特书风由______所创，用笔颤抖拖拽，遒劲如霜雪寒松。

A. 唐玄宗李隆基　B. 南唐后主李煜　C. 宋真宗赵恒　D. 宋徽宗赵佶

37. 杨凝式是晚唐五代著名书画家，历仕唐至后周，______时作《神仙起居法》帖，纸本草书，纵27厘米，横21.2厘米，8行85字，记述一种健身按摩法，运笔圆转流畅，为传世名帖。

A. 后唐　B. 后晋　C. 后汉　D. 后周

38. 北宋文学家林逋隐居杭州西湖孤山，不仕不娶，惟喜植梅养鹤，人称“梅妻鹤子”，宋______宗赐谥“和靖”，有书法名作《自书诗卷》传世，书体瘦劲秀逸，风姿绰约。后有苏轼题诗一首，相映生辉，珠联璧合。

A. 真　B. 仁　C. 英　D. 神

39.《道服赞》是北宋著名政治家、文学家______为友人所制道服撰写的一篇赞文，也是其罕见传世墨迹，纸本楷书，纵34.8厘米，横47.9厘米，8行97字，“文醇笔劲，既美且箴”。

A. 范仲淹　B. 欧阳修　C. 王安石　D. 苏轼

40. 北宋著名政治家、书法家蔡襄擅长楷、行、草书，书法浑厚端庄，代表作有《自书诗帖》《谢赐御书诗》______等。

A.《万安桥记》　B.《同年帖》　C.《门内帖》　D.《华严疏》

41.《宁州帖》是北宋著名政治家、史学家______的墨书真迹，纸本楷书，纵32.7厘米，横57.6厘米，结体方正，书风淳厚，波磔多隶书笔意，为答示其在宁州（今甘肃宁县）任职之侄的手札，大意是嘱其辞官归里，侍养尊亲。

A. 寇准　B. 司马光　C. 吕大钧　D. 刘恕

42.《楞严经旨要》是北宋著名政治家、文学家______存世不多的书法作品，纵29.9厘米，横119厘米，正书中略带行书笔意，有“横风疾雨”之势。

A. 吕蒙正　B. 范仲淹　C. 欧阳修　D. 王安石

43. 《三帖卷》是北宋著名书法家______的传世墨迹（公文案牍），系《护葬》《定将》《汴河》三帖联装，中间有宋印骑缝，不可多见。

A. 文彦博　　B. 欧阳修　　C. 苏洵　　D. 文同

44. 宋代______书的代表人物是苏（苏轼）、黄（黄庭坚）、米（米芾）、蔡（蔡襄）四家。

A. 篆　　B. 楷　　C. 行　　D. 草

45. 《前赤壁赋》是宋代著名政治家、文学家______的代表诗作和墨迹，他的书法以气韵见胜，充分展示出一代文豪的高深修养，还有《黄州寒食帖》《洞庭春色赋》《中山松醪赋》等传世。

A. 苏轼　　B. 黄庭坚　　C. 米芾　　D. 蔡襄

46. 《诸上座帖》是苏门四学士之一______的草书代表作品，纵 33 厘米，横 729.5 厘米，内容为五代金陵僧人文益语录的节录，如龙蛇起舞，一气呵成。作者另有名作行楷《诗送四十九侄帖》《松风阁诗》等。

A. 黄庭坚　　B. 秦观　　C. 晁补之　　D. 张耒

47. 米芾以书法名世，擅各种书体，尤工行、草，苏轼称其字“超逸入神”，代表作有《蜀素帖》《苕溪诗帖》______等。并著有《书史》《画史》各 2 卷。

A.《江上帖》　　B.《灼艾帖》　　C.《研山铭》　　D.《刘禹锡竹枝词》

48. “瘦金体”是______所创的书体，起止用笔有明显顿挫，特见锋芒，独树一帜，代表作有《千字文》《秾芳诗》《大观圣作碑》等。

A. 唐高宗李治　　B. 南唐后主李煜　　C. 宋徽宗赵佶　　D. 宋高宗赵构

49. 宋代宫廷书画收藏丰富，徽宗时期编纂《宣和书谱》20 卷，记录 197 名书家小传及 1198 件作品名目，按帝王及书体分类设卷，是第一本较为完整的宫廷书法收藏著录。其中 1 卷为帝王诸书，7～12 卷为______。

A. 正书　　B. 行书　　C. 草书　　D. 八分书

50. 宋代刻帖之风盛行，北宋时期两部著名的皇家刻帖是______和《大观帖》。______共 10 卷，收录先秦至唐代 103 人、420 篇作品，被誉为“丛帖始祖”。

A.《群玉堂帖》　　B.《汝帖》　　C.《绛帖》　　D.《淳化阁帖》

51. 南宋书法领军人物______擅长楷书和榜书，尤喜作擘窠大字，有《大字杜甫诗集》《金刚般若波罗蜜经》《太上洞玄灵宝无量度人上品妙经》等名作传世。

A. 张孝祥　B. 吴琚　C. 张即之　D. 赵孟坚

52. 南宋著名政治家、文学家文天祥的书法清疏俊逸，书如其人，传世作品有______《上弘斋书》等。

A.《文向帖》　B.《宣示表》　C.《临存帖》　D.《木鸡集序》

53.《题昭陵六骏图》卷是金代书法家______的代表作，纸本行书，纵 51.4 厘米，横 205.2 厘米，为题于宫廷画家赵霖所画《昭陵六骏图》的跋书。其书法“字兼古今诸家学，及晚年书因大进”。

A. 王庭筠　B. 任君谋　C. 赵秉文　D. 孙俣

54.《与山巨源绝交书》是元代成就最高、影响最大的书法家______的作品。他倡导托古改制，兼收前人之长，融会贯通，擅篆、隶、真、行、草等各种书体，尤以楷、行书著称，传世代表作有六体《千字文》、行书《洛神赋》、楷书《帝师胆巴碑》等。

A. 赵孟頫　B. 鲜于枢　C. 邓文原　D. 饶介

55. ______书风秀逸，结体严整，自成一体，与欧阳询、颜真卿、柳公权并称“楷书四大家”。

A. 苏轼　B. 赵孟頫　C. 董其昌　D. 刘墉

56. ______与赵孟頫同被誉为元代书坛“巨擘”，并称“二妙”“二杰”，传世墨迹有《老子道德经卷上》《苏轼海棠诗卷》《论草书帖》等。

A. 鲜于枢　B. 郭畀　C. 杨维桢　D. 吴睿

57. 康里巎巎是元代著名的少数民族书法家，善以悬腕作书，行笔迅急，“一日能写三万字，未尝以力倦而辍笔”，代表作品有《颜鲁公述张旭笔法记》《谪龙说》______等。

A.《急就章》　B.《客杭日记》　C.《渔父辞》　D.《说文字原》

58. 明初书法以“三宋”（宋克、宋广和宋璲）、“二沈”（沈度、沈粲）最为知名，其中“二沈”是兄弟，为______人氏。

A. 苏州　B. 湖州　C. 永嘉　D. 华亭

59. 明初朝廷金版玉册、重要制诰多出自______手笔，成为当时“馆阁”“中书”书写文字的范例，被称为“台阁体”，《敬斋箴册》《韩愈送李愿归盘谷序》为其代表作。

A. 宋克　　B. 宋璲　　C. 沈度　　D. 沈粲

60. 解缙诗、文、书俱佳，与______并称为“明朝三大才子”，曾主持编纂《永乐大典》，其书法最擅狂草，墨迹有《自书诗卷》《书唐人诗》《宋赵恒殿试佚事》等。

A. 杨慎、徐渭　　B. 唐寅、徐渭　　C. 文徵明、唐寅　　D. 杨慎、仇英

61. ______书法博采众长，面貌多样，“出入魏晋，晚益奇纵”，与文徵明、唐寅、徐祯卿并称明代“吴中四才子”，传世名作有《唐宋四家文》《东坡记游》《自书诗卷》等。

A. 沈周　　B. 祝允明　　C. 陈淳　　D. 王宠

62. ______书法广习前代名迹，篆、隶、楷、行、草各有造诣，尤擅长行书和小楷，与其绘画风格谐和，有“明朝第一”之称，代表作有《上吴愈尺牍》《真赏斋铭》《西苑诗册》等。

A. 沈周　　B. 文徵明　　C. 唐寅　　D. 仇英

63. ______书法综合前贤书风，自成一体，以生拙取胜，兼有“颜骨赵姿”之美，清康熙帝以其书为宗法。传世名墨有楷书《月赋》《三世诰命》、行书《金沙帖》等。

A. 徐渭　　B. 董其昌　　C. 米万钟　　D. 倪元璐

64. 用洒金笺作书画，始于______。这一时期开始流行折扇画，并出现书写在纸、绢、绫上的对联书法作品。

A. 宋代　　B. 元代　　C. 明代　　D. 清代

65. 清代书法评论家梁巘《评书帖》中将前代书法评价为“晋尚______，唐尚______，宋尚______，元、明尚______”。

A. 法　意　韵　态　　B. 意　韵　法　态

C. 韵　态　意　法　　D. 韵　法　意　态

66. 明清之交，______书法融合诸家，提出“宁拙毋巧，宁丑毋媚，宁支离毋轻滑，宁真率毋安排”的“四宁四毋”理论，影响深远。传世名作有行书《丹枫阁记》、草书《孟浩然诗卷》等。

A．王铎　　B．傅山　　C．朱耷　　D．石涛

67. 明末清初书法家王铎工真、行、草书，笔力雄健，“独标气骨”，与董其昌并称为“南董北王”，代表作有《琅华馆帖》______等。

A．《行书七言诗轴》　　B．《百字铭》

C．《拟山园帖》　　D．《桃花源诗歌轴》

68. 清代中期宗帖的书家中，______成就最高，他泛学诸家，擅长行、楷，“集帖学之大成”，刻有《清爱堂帖》，传世名作有《行草七言诗轴》等。

A．刘墉　　B．梁同书　　C．王文治　　D．翁方纲

69. 郑板桥的书法，自称为“______”，以兰草画法入笔，潇洒自然，参以篆、隶、草、楷的字形，穷极变化。

A．五分半书　　B．六分半书　　C．七分半书　　D．八分半书

70. 扬州八家之______融合汉隶、魏楷，自创“漆书”，“以拙为妍，以重为巧”，隶书《相鹤经轴》、漆书《记沈周叙事轴》为代表之作。

A．李鱓　　B．汪士慎　　C．金农　　D．黄慎

71. 清代乾嘉以后，帖学渐衰，碑学大兴，邓琰（石如）和______是清代碑学的两个开山鼻祖。

A．桂馥　　B．黄易　　C．伊秉绶　　D．阮元

72. 邓石如为清代碑学书家巨擘，“四体皆精，国朝第一”，以篆、隶拔萃，存世佳作有篆书《四箴屏》、楷书《沧海日长联》、______等。

A．隶书《衡方碑》　　B．行楷《论书诗册》

C．篆书《曹丕自叙轴》　　D．篆书《五古诗轴》

73. 伊秉绶号______，喜绘画、治印，有廉惠政声。工书，尤精隶，见汉碑之雄伟古朴，“集分书之成”，擅写大字，越大越佳，气势宏阔。传世作品多对联。

A．墨卿　　B．渊如　　C．雩文　　D．倦翁

74. 何绍基兼工各书体，最精楷书，以回腕法书写，与赵之谦、吴昌硕同为______负有盛名的书法家，传世名作有《封禅书册》《黄庭经册》等。

A．清代早期 B．清代中期 C．清代晚期 D．民国时期

绘 画

75.《人物龙凤图》和《人物御龙图》分别出土于湖南长沙______楚墓中，为葬仪中使用的旌幡，线条简劲流畅，兼用淡彩渲染，是现存最古老的帛画。

A．春秋早期 B．春秋中晚期 C．战国早期 D．战国中晚期

76. 马王堆T形帛画为______彩绘帛画，长205厘米，上宽92厘米，下宽47.7厘米，画面分三部分，分别代表天上、人间和地下，以墨线细描轮廓，再平涂彩色，色彩浓烈，富丽华贵，代表了已知早期帛画艺术的最高水平。

A．战国 B．秦代 C．西汉 D．东汉

77.《洛神赋图》是东晋著名画家______的代表作品，根据三国魏文学家曹植（子建）名篇《洛神赋》创作，绢本设色，纵26.3厘米，横646.1厘米，由暂息、相遇、遨游、辞别、依恋等情节组成长卷，画面奇幻绚丽，“妙入毫巅”。

A．曹不兴 B．顾恺之 C．陆探微 D．张僧繇

78. 顾恺之，字长康，东晋杰出画家、绘画理论家，擅诗赋、书法，尤善绘画。精于人像、佛像、山水等，意在“以形写神”，人称画绝、文绝和痴绝。下列画作中，不属于顾恺之作品的是______。

A．《女史箴图》 B．《黄帝战涿鹿图》

C．《斫琴图》 D．《列女仁智图》

79. 两晋南北朝时期号称“画界三杰”的是顾恺之、陆探微、张僧繇，时人评价三人作画分别得“骨”“肉”“神”，其中“得骨”的是______，他以善画佛道著称，“画龙点睛”的故事脍炙人口。

A．张僧繇 B．陆探微 C．顾恺之

80. 在早期中国画论中，南朝齐画家、书画理论家______提出的“气韵生动、骨法用笔、应物象形、随类赋彩、经营位置、传移模写”六法论，对后世书画创作具有重要指导意义。

A．宗炳 B．王微 C．谢赫 D．姚最

81. 山西太原娄睿墓中《鞍马出行图》等壁画，以单线勾勒、重彩填色晕染，描绘了墓主人生前出行、筵宴和逝后升仙的景象，画面层次分明，人物生动，表现技法娴熟，推断出自______宫廷画家杨子华之手。

A. 北魏　　B. 东魏　　C. 北齐　　D. 北周

82.《游春图》卷是隋代著名画家______的代表作品，绢本，青绿重设色，纵 34 厘米，横 80.5 厘米，描绘贵族春游图景，是我国现存卷轴山水画中最古老的一幅，“远近山川，咫尺千里”“动笔形似，画外有情”。

A. 田僧亮　　B. 郑法士　　C. 董伯仁　　D. 展子虔

83. 题画诗是诗、画交融的产物，也是我国传统审美习惯的结晶，肇始于______代。

A. 晋　　B. 隋　　C. 唐　　D. 宋

84. 隋唐间，阎毗、阎立德、阎立本父子三人以工艺、绘画闻名于世。阎立本擅画历史画和肖像画，有“右相驰誉丹青”之称（“左相宣威沙漠”），传世名作有《历代帝王图》《步辇图》______等。《步辇图》描写唐太宗李世民接见迎娶文成公主的吐蕃使臣禄东赞的情景。

A.《五星二十八宿神形图》　　B.《职贡图》

C.《送子天王图》　　D.《番君图》

85.《历代帝王图》卷是唐代著名画家阎立本的代表作之一，绢本设色，纵 51.3 厘米，横 531 厘米，绘有汉昭帝至隋炀帝共______位帝王形象。

A. 13　　B. 15　　C. 17　　D. 19

86. 唐代时总结著名绘画样式，提出张（张僧繇）、曹（曹仲达）、吴（吴道子）、周（周昉）“四家样”。其中“______衣带水”，得其形象。

A. 张　　B. 曹　　C. 吴　　D. 周

87. “吴带当风”形容盛唐著名画家吴道子的艺术风格，他擅画佛教人物、山水等，长于壁画创作，史称“画圣”，代表作品有______《嘉陵江山水三百里图》等。

A.《十六尊者像》　B.《朝元仙仗图》　C.《四天王图》　D.《送子天王图》

88. 李思训是唐朝宗室、著名书画家，擅画青绿、金碧山水，后世尊为“北宗”之祖，代表作有《江帆楼阁图》______等，与其子李昭道并称“大、小李将军”。其绘画风格也体现在唐代章怀太子、懿德太子墓壁画中。

A.《游春图》　B.《雪溪图》　C.《九成避暑图》　D.《明皇幸蜀图》

89. ______被后人尊为文人画“南宗之祖”，他长于禅悟，精于诗、乐，擅画人物、山水，开创水墨山水画风，达到“诗中有画、画中有诗”的意境，代表作有《江山雪霁图》《伏生校经图》等。

A. 王维　B. 陈闳　C. 张璪　D. 周昉

90.《五牛图》为唐代著名画家______所作，纵 20.8 厘米，横 139.8 厘米，是现存最早的纸本中国画。五牛各具状貌，一俯首吃草，一翘首前仰，一回首舐舌，一缓步前行，一荆棵蹭痒。赵孟頫称其为“神气磊落，希世名笔”。

A. 韩幹　B. 韩滉　C. 戴嵩　D. 韦偃

91.《牧马图》是唐代著名画家______的代表作品，纵 27.5 厘米，横 34.1 厘米，描画了一位深目虬须的奚官准备放牧的情景，线条纤细遒劲，色调神采生动。杜甫称他“笔端有神”。《神骏图》《夜照白图》也是其名作。

A. 梁令瓒　B. 曹霸　C. 韩幹　D. 陈闳

92. 唐代著名画家______与周昉齐名，工于人物仕女画，尤以描画贵族妇女闻名，惯用朱色晕染耳根，《捣练图》和《虢国夫人游春图》（相传）是其代表作品。

A. 吴道子　B. 张萱　C. 李真　D. 孙位

93. 周昉是唐代著名画家，擅画人物、佛像，创造了“水月观音”形象和宗教绘画的新样式，人称“周家样”，传世名作有《簪花仕女图》《挥扇仕女图》《调琴啜茗图》等。《挥扇仕女图》纵 33.7 厘米，横 204.8 厘米，绢本设色，共画______人，分为“挥扇”“端琴”“临镜”“围绣”“闲憩”五个段落。

A. 9　B. 11　C. 13　D. 15

94.《客使图》壁画出自唐代______墓，高 1.85 米，宽 2.47 米，描绘唐朝鸿胪寺官员接待外国使节的场景。《狩猎出行图》壁画同出此墓，长 12 米，高 2.4 米以上，绘有五十多组鞍马人物，架鹰牵犬、束腰配箭，行进在林木繁茂的山道中。

A. 章怀太子　B. 懿德太子　C. 节愍太子　D. 永泰公主

95.《阙楼仪仗图》绘于唐代______墓的墓道东、西两壁，描画城墙、阙楼和即将出城的仪仗队。阙为帝王等级的三出阙，楼为庑殿式，仪仗由 196 人组成，分为步行仪仗、骑马仪仗和车队三部分。

A．章怀太子　B．懿德太子　C．节愍太子　D．永泰公主

96.《贞观公私画录》为唐代书画鉴藏家______所著，被视为绘画著录之祖，共收录画幅 293 卷、壁画 47 处，所录名画均记述其作者、画名、本别、件数、题识、印记、来源等，壁画则记述画师姓名、寺庙所在地。

A．裴孝源　B．彦悰　C．李嗣真　D．张怀瓘

97.《唐朝名画录》是目前已知第一部断代画史，作者______，共评介唐代画家 124 人，以"神、妙、能、逸"四品排列。

A．徐浩　B．窦蒙　C．张璪　D．朱景玄

98. 唐代书画理论家张彦远所著 10 卷本《历代名画记》，成书于______年间，是我国第一部百科全书式的绘画通史，前 3 卷为论述部分，4～10 卷是史传部分，汇集自传说时代至唐会昌年间画家 370 余人。张彦远另著有《法书要录》10 卷，是现存最早的书学论著汇编。

A．大中　B．咸通　C．乾符　D．广明

99. 晚唐著名画家孙位善画人物、山水、松石、墨竹，传世作品《高逸图》为《竹林七贤图》残卷，刻画了魏晋士大夫的高逸风度，现存四贤像，分别是山涛、刘伶、王戎、______。

A．阮籍　B．嵇康　C．向秀　D．阮咸

100.《勘书图》是五代著名画家______代表作品，绢本设色，纵 28.4 厘米，横 65.7 厘米，画面为一文士勘书之暇挑耳自娱的情景，以三叠屏风为背景，构图奇巧，情景生动。

A．阮郜　B．王齐翰　C．赵幹　D．卫贤

101. 周文钜是五代十国南唐著名画家，绘画以"用意深远"著称，尤精于仕女，以下画作中不属于他的代表作品的是______。

A.《重屏会棋图》　B.《琉璃堂人物图》

C.《宫中图》　D.《明皇击梧桐图》

102.《琉璃堂人物图》为南唐画家周文矩创作，纵 31.3 厘米、横 126.2 厘米，绢本设色，描绘唐代诗人______在江宁县丞任所琉璃堂与诗友（李白、高适等）聚会吟唱故事，格调清逸，生动传神。

A. 王之涣　B. 王昌龄　C. 杜甫　D. 岑参

103.《韩熙载夜宴图》是五代十国______著名画家顾闳中的代表作品，为受诏而画，纵 28.7 厘米，横 335.5 厘米，绢本设色，全画分为“听乐”“观舞”“歇息”“清吹”“散宴”五段，记述了中书舍人韩府夜宴的过程。

A. 前蜀　B. 吴越　C. 南唐　D. 南汉

104. 五代十国是我国山水画发展的重要时期，受“外师造化、中得心源”的理论指导，出现了以荆浩、关仝为代表的北方山水画派和以______、______为代表的南方山水画派。

A. 董源　巨然　B. 董源　范宽　C. 巨然　李成　D. 李成　范宽

105.《笔法记》是古代山水画理论的重要著作，作者______假托在太行山与一老叟答问，提出了“气、韵、思、景、笔、墨”的山水画创作“六要”。

A. 荆浩　B. 关仝　C. 董源　D. 巨然

106. 五代后梁画家荆浩开创了以描写大山大水为特点的北方山水画派，他“善为云中山顶，四面峻厚”，有名作______《雪景山水图》等传世。

A.《秋山晚翠图》　B.《龙宿郊民图》

C.《溪岸图》　D.《匡庐图》

107. ______是活动于五代至北宋初的山水画家，绘画有“笔愈简而气愈壮，景愈少而意愈长”之誉，与李成、范宽并称“三家山水”，传世名作有《关山行旅图》《山溪待渡图》等。

A. 荆浩　B. 关仝　C. 董源　D. 巨然

108. ______是五代十国南唐著名画家，善用水墨烟云绘江南山水，绘画风格“平淡天真”，创“披麻皴”，传世名作有现藏于北京故宫博物院的《潇湘图》和藏于辽宁省博物馆的《夏景山口待渡图》等。

A. 董源　B. 巨然　C. 赵幹　D. 卫贤

109. 巨然是五代十国南唐著名画家，与董源并称“董巨”，曾在江宁开元寺为僧，画风雄秀奇逸，传世名作有《万壑松风图》《山居图》______等。

A.《夏山图》 B.《江行初雪图》 C.《秋山问道图》 D.《高士图》

110. ______是五代至宋初的绘画名家，多画郊野平远旷阔之景，画山石用“卷云皴”，所创“寒林”形象（“蟹爪法”）时称“古今第一”，传世名作有《读碑窠石图》《寒林平野图》《茂林远岫图》等。

A. 李成 B. 范宽 C. 燕文贵 D. 许道宁

111. 范宽是北宋山水画三大名家之一，嗜酒好道，“师诸造化”，善用“雨点皴”和积墨法，“如行夜山”，还善画雪景，传世代表作有______《雪景寒林图》《雪山萧寺图》等。

A.《溪山春晓图》 B.《溪山雪意图》

C.《溪山行旅图》 D.《溪山楼观图》

112. 被称为“花鸟画之祖”的画家是______，他擅绘花鸟、草木、蜂蝶、雀蝉，以画“折枝花”最为著名，代表作有《梅花山茶雪雀图》等。

A. 边鸾 B. 徐熙 C. 黄筌 D. 王齐翰

113. 五代花鸟画出现了两种画风：“黄家富贵，徐熙野逸”（宋代郭若虚《图画见闻志》），其中《写生珍禽图》是______的代表作品，绢本设色，纵 41.5 厘米，横 70.8 厘米，绘有雀、鸠、龟、虫 20 余种，笔法工细，刻画入微。

A. 黄筌 B. 黄居宝 C. 黄居寀 D. 徐熙

114. ______所创“没骨”花鸟画法，以水墨为主，略施淡彩，不加勾勒，人称“落墨花”，代表作有《玉堂富贵图》《雪竹图》等。

A. 黄筌 B. 徐熙 C. 吴元瑜 D. 易元吉

115. 北宋时期沿袭五代十国西蜀、南唐画院制度，在宫廷设立______，对宋代绘画的发展起到重要推动作用。

A. 翰林图画院 B. 内府 C. 书画局 D. 奎章阁学士院

116. ______出现了以水墨写意为主流的文人画，讲求诗、书、画统一，注重笔墨趣味。

A. 五代晚期 B. 北宋早期 C. 北宋中期 D. 北宋晚期

117. 燕文贵是北宋早期宫廷画家，擅画山水、人物，人称“燕家景致”，流传作品有《江山楼观图》______《烟岚水殿图》等。

A.《秋江鱼艇图》　　B.《溪山楼观图》

C.《树色平远图》　　D.《晴峦萧寺图》

118. ______是北宋中期山水画家，善积墨法，传世名作有《早春图》《关山春雪图》《窠石平远图》等。他还著有绘画理论著作《林泉高致集》(由其子记录整理)，是第一部系统探讨山水画创作的专门著作。

A. 王士元　B. 许道宁　C. 高克明　D. 郭熙

119. “三远法”是一种处理空间关系的山水画技法，出自北宋《林泉高致集》，其中“自山前而窥山后”的谓之“______”。

A. 高远　B. 深远　C. 平远

120. ______是北宋花鸟画名家，长于写生，尤擅表现花鸟的情态神致，所画鹅、蝉、雀称为三绝，代表作有《双喜图》《寒雀图》等。

A. 黄居寀　B. 赵昌　C. 崔白　D. 易元吉

121. 宋真宗景德年间敕建玉清昭应宫，征全国画师三千多人，选中者百余人，______名列第一，为左部之长。所画《朝元仙仗图》描绘五方帝君中的东华帝君、南极大帝、扶桑大帝前往朝谒元始天尊的队仗行列，为古代宗教绘画杰作。

A. 孙梦卿　B. 高文进　C. 武宗元　D. 王拙

122. 宋代著名书画家、鉴赏家______擅画道释人物、鞍马，以“白描”画法著称，代表作有《五马图》《临韦偃牧放图》《维摩演教图》等。

A. 燕文贵　B. 张昉　C. 李公麟　D. 乔仲常

123. 北宋名僧惠崇长于诗、画，尤工小景，“善为寒汀远渚”，深受文人赞赏，______名句“竹外桃花三两枝，春江水暖鸭先知”即为题惠崇之画而作(《惠崇春江晚景》)。

A. 欧阳修　B. 王安石　C. 苏轼　D. 黄庭坚

124.《渔村小雪图》为北宋画家______名作，绢本设色，纵44.4厘米，横219.7厘米，描写冬季小雪初霁的渔村景色，反映向往山林隐逸生活的情怀。清乾隆帝评“已觉冷风拂面浦，又如湿气生银田”。作者还有《烟江叠嶂图》《梦游瀛山图》等传世。

A. 王诜　B. 晁补之　C. 赵令穰　D. 梁师闵

125. 北宋画家祁序工山水、人物、花竹、翎毛，尤善画牛，代表作有______《倒影牛图》《渡水乳牛图》等。

A.《江山放牧图》 B.《服田图》

C.《莲社图》 D.《秋柳飞鸦图》

126. 宋代著名文学家、书画家______推崇“士人画”，主张绘画“摹写物象略与诗人同”，提出“常形”“常理”之说，传世画作仅见《枯木竹石图》。

A. 文同 B. 苏轼 C. 扬无咎 D. 赵孟坚

127. 米芾字元章，能诗文，精鉴别，擅画______，他所创造的“米氏云山”多是信笔作来，烟云掩映，重意趣而不求工细。

A. 青绿山水 B. 水墨山水 C. 金碧山水 D. 浅绛山水

128. 米友仁乃米芾长子，与父并称“大、小米”，承父业发展了“米家山水”画法，以表现雨后山水的烟雨蒙蒙、变幻空灵见称，传世名作有《潇湘奇观图》《潇湘白云图》______等。

A.《关山春雪图》 B.《春山瑞松图》 C.《云山墨戏图》 D.《雪山萧寺图》

129. ______为北宋徽宗赵佶所绘，纸本设色，纵 34 厘米，横 223.2 厘米，以墨为骨，融合粗笔写意与精细写生，是花鸟画从重色向墨笔过渡的代表作品。徽宗还有名作《瑞鹤图》《听琴图》等传世。

A.《柳鸦芦雁图》 B.《枇杷双猿图》

C.《山鹧棘雀图》 D.《果熟来禽图》

130.《清明上河图》是北宋著名画家张择端的传世名作，纵 24.8 厘米，横 528 厘米，描绘当时都城汴梁的城市面貌和清明时节社会各阶层的生活情景，可与孟元老《东京梦华录》等史籍互证。张择端主攻界画，还有名作______存世。

A.《金明池争标图》 B.《月夜看潮图》

C.《仙山楼阁图》 D.《宫中行乐图》

131.《千里江山图》是北宋宫廷画家______18 岁作品，绢本设色，纵 51.5 厘米，横 1191.5 厘米，画幅整体气势雄阔，千里江山尽收眼底；局部描绘精细，刻画入微，深为徽宗赵佶所赏识，是宋代青绿山水画的代表作。后人评其在丹青画作中“自可独步千载，殆众星之孤月耳”。

A. 张择端 B. 王希孟 C. 梁师闵 D. 陈居中

132. 宋徽宗时期编纂的《宣和画谱》共______卷，分道释、人物、宫室、番族、鱼龙、山水、畜兽、花鸟、墨竹、蔬果 10 类，收录 231 名画家小传及 6396 件作品。

A. 18　　B. 20　　C. 22　　D. 24

133. 北宋末南宋初著名画家______擅画佛道、仕女，尤精儿童，有《秋庭婴戏图》《货郎图》等传世。

A. 苏汉臣　　B. 阎次平　　C. 梁楷　　D. 李嵩

134. 李唐是两宋之际著名画家，精于山水、人物，创大斧劈皴，开南宋水墨苍劲、浑厚一派先河，与刘松年、马远、夏圭合称“南宋四家”，传世作品有《万壑松风图》《采薇图》______等。

A.《雪霁江行图》　　B.《松崖客话图》

C.《晋文公复国图》　　D.《层叠冰绡图》

135. ______是南宋著名画家，擅画山水、人物，多绘“小景山水”，《四景山水》（杭州）、《猿猴献果图》分别是其山水画（“界画”）和人物画的代表作。

A. 李唐　　B. 刘松年　　C. 马远　　D. 夏圭

136. 南宋著名画家马远出生于“一门五代皆画手”的家庭，擅画山水、人物、花鸟，喜作边角小景，人称“马一角”。所绘《踏歌图》《寒江独钓图》______等，都是意境深远的佳作。

A.《云山得意图》　　B.《疏林秀竹图》

C.《梅石溪凫图》　　D.《江山佳胜图》

137. 夏圭与马远合称“马夏”，擅用秃笔带水作大斧劈皴，构图常偏于一隅，人称“夏半边”，有《山川钟秀图》《西湖柳艇图》______等名作传世。

A.《楼台夜月图》　　B.《松泉图》

C.《渔庄秋霁图》　　D.《溪山清远图》

138. 南宋著名画家马和之善画人物、佛像、山水，创“兰叶描”法，代表作有取材于苏轼《后赤壁赋》的《后赤壁赋图》卷、取材于《诗经》的《小雅·鹿鸣之什图》《周颂·清庙之什图》等系列图卷。《后赤壁赋图》卷后幅有南宋高宗赵构题______书《后赤壁赋》全文。

A. 楷　　B. 行　　C. 篆　　D. 草

139.《万松金阙图》是南宋画家______传世名作，绢本设色，纵27.7厘米，横136厘米，描绘都城临安郊外的湖畔松岭和楼阁，笔法清细，意境雅洁。

A. 赵伯驹　　B. 赵伯骕　　C. 梁楷　　D. 赵黻

140.《墨龙图》为南宋画家______所绘，纵205.3厘米，横131厘米，纸本墨笔，绘一条墨龙翔游于云天之中，有“东方第一龙图”之誉，为南宋龙画的代表作。作者传世名画还有《霖雨图》《六龙图》等。

A. 林椿　　B. 马麟　　C. 赵葵　　D. 陈容

141. 耶律倍（李赞华）是辽代早期著名画家，为开国皇帝耶律阿保机长子，擅画鞍马、人物，今台北故宫博物院藏有其名作______。

A.《射骑图》　　B.《猎骑图》　　C.《番骑图》　　D.《射鹿图》

142. 绢本设色山水画《深山会棋图》和花鸟画《竹雀双兔图》立轴于______年出土于辽宁法库叶茂台辽墓，墓中出土卷轴画极为少见，为鉴定传世的同类绘画提供了年代标尺。同年在山西应县木塔佛像腹中发现的辽代《神农采药图》，亦为重要的绘画资料。

A. 1972　　B. 1974　　C. 1976　　D. 1978

143.《文姬归汉图》是金代画家______唯一传世名作，纵29厘米，横127厘米，绢本设色，描绘蔡文姬一行迎风沙、冒严寒长途行旅归汉的情景。

A. 杨邦基　　B. 王庭筠　　C. 张瑀　　D. 宫肃然

144.《调马图》（又名《二骏图》）是一件金人画孤本，作者______，纵24.8厘米，横80.8厘米，描绘女真驯马手套马场面。

A. 李山　　B. 张珪　　C. 赵霖　　D. 杨微

145. 武元直是金代著名画家，以画山水见长，主要作品有______《巢云霁雪图》《风雨归舟图》等。

A.《幽竹枯槎图》　　B.《赤壁图》
C.《昭陵六骏图》　　D.《神龟图》

146. ______是宋末元初著名画家，绘画技法全面，尤擅工笔花鸟，主张绘画重在体现文人气质，传世作品有《牡丹图》《柴桑翁像》《浮玉山居图》等。

A. 何澄　　B. 刘贯道　　C. 钱选　　D. 李珩

147. 倡导“书画同源”、师法自然（“到处云山是吾师”）的元代著名书画家是______，他的绘画博采众长，自成风貌，山水、人物、竹石、花鸟均“悉造其微，穷其天趣”，人物、鞍马画多用铁线描或者游丝描，传世画作有《秋郊饮马图》《鹊华秋色图》《秀石疏林图》《红衣罗汉图》等。

A. 赵孟頫　　B. 黄公望　　C. 吴镇　　D. 王蒙

148. 元代著名画家高克恭能诗善画，工山水、墨竹，与赵孟頫并称为“南赵北高”，赵孟頫曾在其《墨竹坡石图》上题诗曰：“高侯落笔有生意，玉立两竿烟雨中。天下几人能解此，萧萧寒碧起秋风。”另有代表作品《春云晴霭图》______等。

A.《双钩竹图》　B.《云横秀岭图》　C.《古木竹石图》　D.《消夏图》

149.《富春山居图》《天池石壁图》《九峰雪霁图》是元代著名画家______的传世名作，他工书画、诗词、音韵，将诗、书、画融为一体，并著有总结山水画创作经验的《写山水诀》22 则。2011 年，分藏海峡两岸的《富春山居图》“剩山图卷”与“无用师卷”合璧展出。

A. 赵孟頫　　B. 商琦　　C. 邓文原　　D. 黄公望

150.《嘉禾八景图》是元代著名画家______的传世名作，描绘了家乡浙江嘉兴的八处景色：空翠风烟、龙潭暮云、鸳湖春晓、春波烟雨、月波秋霁、三闸奔湍、胥山松涛、武水幽澜。他擅画山水、梅花、竹石，为人“抗简孤洁”，另有名作《秋江渔隐图》《渔父图》等。

A. 曹知白　　B. 吴镇　　C. 朱德润　　D. 方从义

151.《西林禅室图》是元代著名画家______的传世名作，他工于山水、墨竹，着重抒发“胸中逸气”，笔简意远，擅长侧锋干笔作皴，名为“折带皴”，另有佳作《渔庄秋霁图》《安处斋图》等。

A. 陈琳　　B. 盛懋　　C. 张逊　　D. 倪瓒

152. ______是元末明初著名画家王蒙的代表作品，他的山水画得其外祖父赵孟頫等笔法，又自成一格，作品以繁密见胜，笔法苍秀，气势充沛，变化多端，与黄公望、吴镇、倪瓒并称“元季四大家”，另有《葛稚川移居图》《太白山图》等传世。

A.《沧江横笛图》　　B.《林下鸣琴图》

C.《青卞隐居图》　　D.《溪山无尽图》

153. 王渊是元代著名花鸟画家，绘画多用水墨晕染，自成一格，广为后人师法，代表作品有《墨牡丹图》《花竹禽鸟图》______。

A.《溪凫图》　　B.《芙蓉鸳鸯图》

C.《桃竹锦鸡图》　　D.《柏鹰图》

154. 王冕是元代著名画家，幼年勤学苦读，能诗善画，尤工梅花、竹石，“万蕊千花，自成一家”，代表作品有______《南枝早春图》。

A.《竹石集禽图》　　B.《墨梅图》

C.《春消息图》　　D.《幽篁秀石图》

155. 元代著名画家______擅画鞍马、人物、花鸟，人评“法备而神完”，主要传世作品有《出圉图》《张果老见明皇图》《五王醉归图》（曾创中国古代书画拍卖价格记录）等。

A. 任仁发　　B. 张渥　　C. 卫九鼎　　D. 王绎

156. 明代院体画家______擅画花果、翎毛，用笔遒劲，常在墨上罩一层淡彩，画法独树一帜，代表作有《灌木集禽图》《山茶白鹇图》等。

A. 商喜　　B. 孙隆　　C. 林良　　D. 吕纪

157. 明代著名画家戴进兼融前人之长，技艺全面，尤擅画山水、人物、花鸟、虫草，饶有生意，为“______”开山人物，有《春山积翠图》《达摩至慧能六代祖师像》《葵石蛱蝶图》等名作传世。

A. 浙派　　B. 吴门派　　C. 松江派　　D. 武林派

158. 明代吴（今江苏苏州）人______擅画人物、山水，画法严整工细，被称为民间“院派”画家，唐寅、仇英都出自他的门下，传世作品有《春山游骑图》《春泉小隐图》《观瀑图》等。

A. 杜堇　　B. 郭诩　　C. 吴伟　　D. 周臣

159. 明代中叶画坛上出现了沈周、文徵明、唐寅、仇英四位著名画家，合称为“明四家”（“吴门四家”）。其中，______是吴门画派的奠基人，以山水、花鸟画成就突出，有《庐山高图》《策杖行吟图》《盆菊幽赏图》等名作传世。

A. 沈周　　B. 文徵明　　C. 唐寅　　D. 仇英

160. 文徵明诗、文、书、画无一不精，兼擅山水、人物、花卉诸科，尤精山水，笔墨苍润秀雅，子侄及弟子中能画者众多。下列名画中不是其所作的是______。

A.《湘君湘夫人图》　B.《兰亭修禊图》

C.《秋林话旧图》　D.《江南春图》

161. 明代著名画家______才情杰出，绘画技艺全面，风格秀逸，自刻“江南第一风流才子”印，有《孟蜀宫伎图》《春山伴侣图》《落霞孤鹜图》等名作留世。

A. 祝允明　B. 文徵明　C. 唐寅　D. 仇英

162. “明四家”中，最长于临摹的是______，功力精湛，摹古代表作有《清明上河图》（摹张择端）、《中兴瑞应图》（摹萧照）等。

A. 沈周　B. 文徵明　C. 唐寅　D. 仇英

163. 董其昌是明代晚期著名书画家，擅画山水，追求平淡天真，推崇“文人画”的“士气”，为“华亭画派”领袖，传世名作有《高逸图》《秋兴八景图》______等。他提出的“南北宗”画论，对晚明以后的画坛影响深远。

A.《五岳图》　B.《昼锦堂图》　C.《富春大岭图》　D.《万壑千岩图》

164. 明代著名画家徐渭号“______”，其绘画用笔狂放，笔简意浓，开启了泼墨写意花鸟画的新途径，传世名作有《墨葡萄图》《牡丹蕉石图》《墨花图》等。

A. 白阳　B. 青藤　C. 雪居　D. 少谷

165. 明末清初著名画家蓝瑛工书善画，长于山水、花鸟、梅竹，尤以山水著名，融会贯通，自成风范，影响深远，创“______”。传世名作有《华岳高秋图》《江皋话古图》《秋壑霜林图》等。

A. 吴门派　B. 松江派　C. 云间派　D. 武林派

166. 明清之际著名画家______号“老莲”，擅画人物、花鸟，风格奇傲古拙，在版画艺术上也有突出成就，传世名作有《九歌图》《戏婴图》《水浒叶子》等。

A. 曾鲸　B. 崔子忠　C. 项圣谟　D. 陈洪绶

167. 明代书画装裱工艺最发达的地方是______，出现了许多装裱能手，其中汤、强二家号称“国手”。

A. 南京　B. 苏州　C. 湖州　D. 杭州

168. ______代收藏家周嘉胄所著《装潢志》，是第一部系统论述书画和碑帖装裱的专著，提出装裱良工应具备“补天之手、贯虱之睛、灵慧虚和、心细如发”四项标准。

A．宋　B．元　C．明　D．清

169. “四王”是指王时敏、王鉴、王翚、王原祁四位______江左地区的著名画家。其中，王时敏笔墨含蓄，苍润清逸，开创山水画“娄东派”，为“四王”之首，有《层峦叠嶂图》《云壑烟滩图》《仙山楼阁图》等名作传世。

A．元代　B．明早期　C．明中期　D．明末清初

170. ______绘画以临古见长，其青绿设色山水画将石绿、淡赭、润墨融合一起，“设色相和”，代表作有《夏山图》《梦境图》《九夏松风图》等。

A．王时敏　B．王鉴　C．王翚　D．王原祁

171. 王翚绘画“集古人之长”，主张“以元人笔墨，运宋人丘壑，而泽以唐人气韵”，开创“______”，曾受诏主持绘制《康熙南巡图》，另有《西湖烟柳图》《秋树昏鸦图》等名作传世。

A．娄东派　B．常州派　C．虞山派　D．新安派

172. 王原祁擅画山水，尤绝浅绛，曾主持绘画《万寿盛典图》为______帝祝寿，代表作有《仿大痴富春山水图》《松溪仙馆图》等，主编《佩文斋书画谱》。

A．顺治　B．康熙　C．雍正　D．乾隆

173. 与“四王”合称“清六家”的著名画家是______。

A．吴历、恽寿平　B．唐岱、董邦达
C．黄鼎、华嵒　D．王昱、王愫

174. 吴历绘画善用重墨、积墨，富有立体感，并吸收西方绘画技艺，代表作品有《湖山春色图》《松壑鸣琴图》______等。

A．《落木寒泉图》　B．《白傅湓江图》
C．《梅竹兰石图》　D．《藤花芍药图》

175. 恽寿平擅画山水、花鸟，创没骨花卉画法，柔美秀雅，开创“______”。代表作有《灵岩山图》《双清图》《晴川揽胜图》等。

A．虞山派　B．新安派　C．常州派　D．丹徒派

176. 清代画僧原济（石涛）擅绘山水、兰竹，构图新奇，讲求气势，强调“借古开今”，有______《山林乐事图》《细雨虬松图》等名作传世。

A.《搜尽奇峰打草稿图》　　B.《苍山结茅图》

C.《疏泉洗砚图》　　D.《高山流水图》

177. 朱耷（号八大山人）为明朝宗室，明亡出家为僧。他的绘画，多缘物抒情，放任恣纵，七十七岁画作______与《河上花图》可称双璧。

A.《墨花图》　　B.《快雪时晴图》

C.《杨柳浴禽图》　　D.《松柏同寿图》

178. 清初画坛“四僧”中号渐江学人、以擅画黄山著称的是______，称“得黄山之真性情”，名作《黄山天都峰图》纸本墨笔，纵 307.7 厘米，横 99.6 厘米，气势磅礴，孤高绝俗。

A．弘仁　　B．髡残　　C．朱耷　　D．石涛

179. 明末清初画家弘仁、______、孙逸、汪之瑞并称为“海阳四家”（“新安四家”），他们寄情山水，师法自然，绘画风格枯淡幽冷。

A．萧云从　　B．程邃　　C．查士标　　D．戴本孝

180. 明末清初聚集在南京地区的一批遗民画家，遁迹山林，艺术意趣相近，合称“金陵八家”，以______为首，倡导“造化为师”，代表作有《千岩万壑图》《溪山无尽图》《木叶丹黄图》等。

A．龚贤　　B．樊圻　　C．高岑　　D．邹喆

181. 扬州八怪是______活动于扬州地区一批风格相近的书画家的总称，也称“扬州画派”，书画风格异于他人。“八怪”之说，据李玉棻《瓯钵罗室书画过目考》，为汪士慎、李鱓、金农、黄慎、高翔、郑燮、李方膺和罗聘。

A．明末清初　　B．清代中期　　C．清代晚期　　D．民国时期

182. ______被称为“八怪”之首，长于诗文、书法，精于鉴别，擅画梅竹、鞍马、佛像、人物、山水，尤工墨梅，代表作品有《东萼吐华图》《腊梅初绽图》《玉蝶清标图》等。

A．李鱓　　B．金农　　C．黄慎　　D．高翔

183. ______绘画擅长水墨写意，尤精墨竹，提出“眼中之竹”“胸中之竹”“手中之竹”三阶段创作方法，重视诗、书、画相结合。

A．汪士慎　　B．黄慎　　C．郑燮（板桥）　　D．李方膺

184. ______一生只画兰、竹、石，自称“四时不谢之兰，百节长青之竹，万古不败之石，千秋不变之人”，代表作有《修竹新篁图》《清光留照图》《兰竹芳馨图》等。

A．金农　　B．黄慎　　C．郑燮　　D．罗聘

185. 清代康雍时期，______创立指画，人物、山水、花鸟皆能表现，意趣盎然，有《怒容钟馗图》《高岗独立图》《松鹰图》等名作传世。

A．高其佩　　B．朱伦瀚　　C．李世倬　　D．甘士调

186. 郎世宁是______人，清代康雍乾三朝宫廷画家，擅画人物、肖像、走兽、花鸟，融合中西画理，讲究精细逼真，代表作有《嵩献英芝图》《百骏图》《平定西域战图》等，曾参与圆明园西洋楼的设计。

A．法兰西　　B．奥地利　　C．西班牙　　D．意大利

187. “海上画派”（“海派”）产生于______，代表人物有赵之谦、虚谷、任熊、任颐、吴昌硕等，他们接受维新思想和西方文化，融合外来艺术观念和技法，对传统中国画进行改革和创新，绘画作品体现时代气息。

A．清代初期　　B．清代中期　　C．清代晚期　　D．民国初期

188. 清代著名书画家、篆刻家______擅画人物、山水，尤工写意花卉，开创以书、印入画的“金石画风”，代表作有《太华峰头玉井莲图》《菊石雁来红图》《柏树图》等。

A．虚谷　　B．赵之谦　　C．蒲华　　D．任颐

189. 著名海派画家______号伯年，在“四任”中成就最为突出，融汇前人之长，吸收了西画速写、设色技法，形成新颖生动的独特画风，名作有《梅花仕女图》《紫藤翠鸟图》《竹林雅集图》等。

A．任熊　　B．任薰　　C．任颐　　D．任预

190. ______是“后海派”的杰出代表，集诗、书、画、印于一身，以写意花卉著称，自述“平生得力之处在于能以作书之法作画”，创立“大写意”法，名作有《岁朝清供图》《花卉十二屏风》《牡丹图》等。

A．蒲华 B．钱慧安 C．吴昌硕 D．吴湖帆

191. ______是岭南画派主要创始人，一生致力于中国画改革，创办美术教育，擅画山水、花鸟、走兽、人物，名作有《红叶苍鹰图》《雨景图》《鸢尾蜻蜓图》等。

A．居巢 B．高剑父 C．高奇峰 D．陈树人

192. ______早年随岳父居廉学画，后东渡日本求学，擅长山水、花鸟、走兽，画风清新、恬淡、空灵，与高剑父、高奇峰并称为“岭南三杰”。

A．陈树人 B．高剑僧 C．方人定 D．卢传远

193.《芥子园画传》是系统介绍中国画基本技法的图谱，第一集《山水图谱》为文人沈心友请著名画家王概等编绘而成，于康熙______以木版彩色套印成书，后又编成四集，备受推崇。

A．十五年（1676 年） B．十六年（1677 年）
C．十七年（1678 年） D．十八年（1679 年）

194.《秘殿珠林》是著录清内府收藏佛道书画及石刻、木刻、织绣等的文献，初编由张照、梁师正等人编纂，成书于乾隆九年（1744 年），共______卷。后又编成续编（1793 年）、三编（1816 年）。

A．二十二 B．二十四 C．二十六 D．二十八

195.《石渠宝笈》是清代收录宫廷所藏书画的著录文献，初编由张照、梁师正等人编纂，成书于乾隆______，共四十四卷。后又编成续编（1793 年）、三编（1816 年），汇成我国书画著录史上旷古巨著。

A．七年（1742 年） B．八年（1743 年）
C．九年（1744 年） D．十年（1745 年）

杂　　项

文房用具

1. 笔、墨、纸、砚，是中国传统的书法绘画工具，历史上笔、墨、纸、砚之名品屡有变化。元代以后，______笔、徽墨、宣纸、端砚并称为“文房四宝”。

A．宣　　B．湖　　C．衡　　D．齐

2. 中国人使用毛笔的历史十分悠久，一般认为毛笔起源于新石器时代中晚期（如陶寺朱书“文”字），至商周时期逐渐成形，《左传》记载孔子曾发出“绝笔于获麟”的感慨，目前所见时代较早的毛笔出土于湖南长沙左家公山战国楚墓中，长 21.2 厘米，笔头由______制成，用丝与竹竿缠绕成束，再封漆固定。湖北随州曾侯乙墓、河南信阳长台关楚墓也出土了早期的毛笔实物。

A．狼毛　　B．羊毛　　C．兔毛　　D．鹿毛

3. 战国晚期至秦代是毛笔发展的重要时期，秦国大将______对早期毛笔进行了改良，开始用竹制笔管，在笔管前端凿腔，将笔头插于腔中，再用胶粘牢，形成了完备的制笔工艺。北宋《太平御览》引西晋《博物志》云“______造笔”。

A．王翦　　B．王贲　　C．蒙骜　　D．蒙恬

4. 战国时期，还没有形成对“笔”的统一称呼。《说文》载：“秦谓之笔，______谓之聿，吴谓之不律，燕谓之弗。”直到秦始皇平定六国后，才统一了“笔”的叫法。

A．楚　　B．魏　　C．齐　　D．赵

5. 1972 年，甘肃武威磨嘴子______墓出土一支刻有笔工姓名的毛笔（为已知最早），笔头的芯及锋用黑紫色的毫制作，外覆以黄褐色的毫，笔杆长 21.9 厘米，约合汉尺 1 尺（《论衡》载“一尺之笔”），笔杆上刻款“白马作”，笔杆顶端削尖，便于簪带，为当时流行的“簪白笔”。

A．秦代　　B．西汉　　C．东汉　　D．三国魏

6. 魏晋时期书法艺术的发展，促进了毛笔制作工艺的不断提高，______作《笔经》记述制笔之史、制笔之法及名人用笔情况。当时人们多跽坐在矮几前悬肘书写，因此短杆笔更受欢迎。

A. 张芝　　B. 钟繇　　C. 张华　　D. 王羲之

7. 唐代时宣州成为全国制笔中心，宣笔成为“贡品”和“御用笔”，以“鼠须笔”“鸡距笔”等为上品，欧阳询、柳公权等对其高度评价，著名诗人______《紫毫笔》诗中赞为“每岁宣城进笔时，紫毫之价如金贵”。

A. 李白　　B. 杜甫　　C. 白居易　　D. 杜牧

8. 唐宋时期，宣州______氏家族世代制笔，工艺精湛，为时人推崇，宋代时创制出名品“无心散卓笔”。欧阳修诗云：“硬软适人手，百管不差一。”

A. 陈　　B. 诸葛　　C. 吕　　D. 汪

9. 自元代以来，______一直是中国毛笔制销中心，制作的毛笔具有尖（锋颖尖锐）、齐（修削整齐）、圆（丰硕圆润）、健（劲健有力）等特点，有“毛颖之技甲天下”之称，出现了冯应科、张进中、吴升、姚恺、陆震、杨鼎、沈秀荣、潘又新等制笔名师。

A. 苏州　　B. 扬州　　C. 湖州　　D. 常州

10. ______是元代制笔大师，其毛笔制作精良，与赵孟頫的字、钱选的画并称为“吴兴三绝”。

A. 冯应科　　B. 张进中　　C. 吴升　　D. 姚恺

11. 明代制笔业形成“南有湖笔，北有京笔”的局面，京笔以______毛笔为代表，锋长杆硬，刚柔相济，含墨饱满而不滴，行笔流畅而不滞，曾被奉为御用。

A. 沧州　　B. 邢台　　C. 邯郸　　D. 衡水

12. 中国使用墨的历史可以追溯至原始社会时期，当时主要使用天然墨，商周时期开始出现人工墨，《庄子·田子方》中有“舐笔和墨”的记载。1975 年湖北云梦______墓出土的墨块，是迄今所见较早的人造墨实物。此墨呈圆柱形，质地粗硬，同时出土石砚一方、研石一块，可见此时的墨要用研石研磨才能使用。

A. 秦　　B. 楚　　C. 郧　　D. 曾

13. 魏晋以后，松烟墨的制作技艺已经成熟，完全取代了天然石墨，制笔兼制墨名家______在制墨材料中加入鸡蛋、珍珠和麝香，使墨香独特，光泽持久，有“仲将之墨，一点如漆”之称。南朝学者王僧虔将张芝笔、于邑纸、仲将墨视为“三珍”。

A．韦康　　B．韦诞　　C．张金　　D．张永

14. 北魏末年贾思勰所著《齐民要术》中记述制墨工艺的《合墨法》，是我国最早的一篇关于墨的著作，提出“合墨不得过二月、______”。

A．七月　　B．八月　　C．九月　　D．十月

15. 唐代出现有色墨，以朱墨和______墨最为有名，朱墨以朱砂研细加胶制成，______墨以雌黄研细加胶制成。

A．青　　B．绿　　C．橙　　D．黄

16. 隋唐时期，随着经济社会的发展和书画艺术的兴盛，制墨业空前发达，出现了河北易州和山西______两个制墨中心。据宋代晁贯之《墨经》记载，“汉贵扶风、隃麋、终南山之松”，“晋贵九江、庐山之松”，“唐则易州、______之松，上党松心尤先见贵”。

A．仪州（今左权）　　B．沁州（今沁源）

C．潞州（今长治）　　D．泽州（今晋城）

17. 五代十国歙州制墨名师______（由易州迁来）以黄山松烟为原料，改进调胶、捣杵等工艺，所制之墨“丰肌腻理，光泽如漆”，深得南唐后主李煜赏识，赐其姓李，并封为墨务官，由此扬名天下，开创徽墨地位（北宋宣和年间，歙州改名为徽州）。

A．祖敏　　B．奚廷珪　　C．耿文政　　D．盛通

18. 宋代出现油烟墨，产生了许多制墨名家，以______制墨“遇湿不败”“香彻肌骨，磨研至尽而香不衰”，被誉为“墨中神品”，更得“墨仙”之称，深受苏东坡、黄庭坚等文人喜爱。

A．张遇　　B．晁说之　　C．潘谷　　D．叶茂实

19. 明代制墨大师程大约（君房）所著______十二卷，分玄工、舆图、人官、物华、儒藏、缁黄六类，收录墨品520余式，是一部杰出的墨法集要。程君房制墨以“坚而有光，黝而能润，舐笔不胶，入纸不晕”为特色，与另一制墨名家方于鲁合称“方程”。

A.《墨苑》 B.《墨谱》 C.《墨经》 D.《墨海》

20. 明清时期徽州制墨中心为歙县、休宁、______三县，各成一派，______詹氏为著名制墨世家。

A. 黟县 B. 绩溪 C. 婺源 D. 祁门

21. 清代徽州制墨业达到了新的高峰，曹素功、汪近圣、汪节庵、______合称为“四大墨王”。______制墨以“拈来轻，嗅来馨，磨来香”见长。

A. 胡星聚 B. 胡开文 C. 胡同文 D. 胡子卿

22. 清______年间，谢松岱、谢松梁兄弟借鉴传统制墨的工艺和配方，创制了液体墨汁，取名“云头艳”，成为墨史上的一次重大革新，并在北京琉璃厂开设了主营墨汁的作坊“一得阁”。

A. 咸丰 B. 同治 C. 光绪 D. 宣统

23. 我国传统四大名砚的说法形成于唐宋时期，一般是指广东肇庆（古称端州）端砚、安徽歙县歙砚、甘肃______洮砚和山西绛州澄泥砚（初为山东青州红丝砚）。

A. 兰州 B. 天水 C. 卓尼 D. 秦安

24. 砚的造型和功用，出现于新石器时代，源自石墨盘、石磨棒等粮食研磨器，______已经出现整套研墨工具（1980年考古出土）。商代出现玉研磨棒，周代确定研石、研棒组合的形制。汉代刘熙《释名·释书契》载：“砚，研也，研墨使和濡也。”

A. 仰韶文化 B. 大汶口文化 C. 龙山文化 D. 齐家文化

25. ______以后，随着制墨工艺的进步，墨成锭，研棒消失，出现真正意义上的砚台，包括石砚、玉砚、漆砚、泥砚、瓦砚、陶砚、瓷砚、铜砚等。

A. 战国 B. 秦代 C. 西汉 D. 东汉

26. 多足砚（辟雍砚的前身）、箕形砚、抄手砚分别流行于______时期。
A. 汉、三国、晋　B. 晋、南北朝、唐
C. 晋、唐、宋　D. 唐、宋、明

27. 在砚上刻铭寓志之风，盛行于______代。此时还出现了许多研究、鉴赏砚石的著述。
A. 晋　B. 唐　C. 宋　D. 明

28. 明清时期，产生了粤、徽、苏、海四大砚雕流派，其中粤派的代表人物是______等。
A. 叶瑰、汪复庆
B. 黄纯甫及罗赞、罗宝兄弟
C. 顾氏四代（顾道人、顾圣之、顾启明、顾二娘）
D. 陈端友

29. 清乾隆年间，______等人编纂的《西清砚谱》，精选内府所藏汉至清代砚200余方，记述其尺寸、材质、形制，集古砚之大成。
A. 曹溶　B. 朱彝尊　C. 于敏中　D. 计楠

玺印符牌

30. 印分官印和私印，作为官府文书往来和私人交往的凭证，战国时期已广泛使用，拜官授印、辞官交印、罢官收印。______印又称“章”“印信”，唐代以后又称“记”，明清也称“关防”。
A. 战国　B. 秦代　C. 汉代　D. 三国

31. 印文有阳文和阴文之分，阴文称______。先秦时代印文字体是六国古文，秦汉魏晋南北朝多篆字，出现隶书、楷书、鸟虫书，隋唐以后各书体（包括少数民族文字）均有。
A. 白　B. 款　C. 识　D. 铭

32. 秦汉魏晋的官印有统一规制，皇帝用玉质，称“玺”，其他多用______质，印体逐渐厚重，印钮以鼻钮、龟钮居多。青海大通上孙家寨出土“汉匈奴归义亲汉长”驼钮铜印，新疆新和乌什喀特古城出土“汉归义羌长”羊钮铜印，云南晋宁石寨山出土“滇王之印”蛇钮金印。
A. 金　B. 银　C. 铜　D. 铅

33. 1968年，西汉______附近出土一枚“皇后之玺”篆书玉玺，2.8厘米见方，通高2厘米，玉质纯净晶莹，玺钮为高浮雕螭虎形，是目前所见汉代皇后玉玺的唯一实物。

A. 高祖长陵　B. 惠帝安陵　C. 文帝霸陵　D. 景帝阳陵

34. 子母印，是大小两方或三方印套合而成的印章，外大印为母，内小印为子，合成母抱子状，始见于西汉，盛行于______。

A. 东汉　B. 魏晋南北朝　C. 隋代　D. 唐代

35. ______官印多为阳文大印，印文与印体一同铸出，印钮钮体加高，后期钮已无孔，习称橛钮。

A. 东晋　B. 南朝　C. 隋代　D. 唐代

36. 金代正隆朝以后的官印印文均用汉字，依等级分为“印”“记”两类，______品以上职官称“印”，以下微官称“记”。印体大小与官品成正比，官印边长级差为金尺半分。

A. 六　B. 七　C. 八　D. 九

37. 清代二十五宝玺制成于乾隆年间（根据《周易·系辞·大衍》“天数二十有五”的记载而定），奉于交泰殿中，除一金、一檀木外，余皆玉质，排序第一件为______。

A. 大清受命之宝　B. 皇帝奉天之宝　C. 大清嗣天子宝　D. 皇帝之宝

38. 明清以来，文人篆刻之风大盛。明代治印大师有文彭、何震等。清代中期以后形成______两大篆刻流派。

A. 苏派和浙派　B. 浙派和皖派　C. 京派和浙派　D. 苏派和皖派

39. 寿山石出自福建福州寿山乡一带，是中国传统四大印章石之一（另：青田石、昌化石、巴林石），______开始大量开采，并用于雕刻，元末开始以寿山石刻印，逐渐成为风尚。以田黄冻为极品，故宫博物院收藏的清乾隆田黄石三联玺为其代表作。

A. 隋代　B. 唐代　C. 五代　D. 宋代

40. 寿山田黄石、青田______、昌化鸡血石并称为“印石三宝”。

A. 封门青　B. 黄金耀　C. 灯光冻　D. 金玉冻

41. 符节是古代传达命令、调遣兵员或者某一专项事务（如驿传邮递、征免税收等）的凭证，一般分左、右两半，有子母口相合，以验真假，用金、铜、玉、角、竹、木、铅等不同原料制成。现存最早的虎符是1975年陕西西安南郊出土的秦惠文王时期的______。《史记·魏公子列传》记载信陵君窃符救赵的故事。
A．杜虎符　B．阳陵虎符　C．新郪虎符　D．东郡虎符

42. 鄂君启节为战国时期楚______王颁发给鄂（今湖北鄂州）君启的水陆运输货物免税凭证。共出土5件，其中车节3件，舟节2件，均为竹节状，节面文字错金，各有9行。铭文规定水陆交通路线、车辆及船只调配、沿途所享特权和有关折算办法，以及禁止运送铜、革、箭等内容。
A．宣　B．威　C．怀　D．顷襄

43. 秦汉时期传命、调兵使用虎符，秦虎符文字错金，汉虎符多错银。______改用鱼符，有玉、金、铜质之别，可以系佩。宋以后皆用牌。
A．晋代　B．南北朝　C．隋代　D．唐代

44. 铁契（券），是古代帝王颁发给功臣的铁制契券，用以证明具有免死或其他特权，一般剖为两件，可以合契。现存唐昭宗乾宁四年（897年）赐镇海、镇东等军节度使钱镠金书铁券一件，为覆瓦形，上嵌金字诏书333字，云："卿恕______死，子孙三死，或犯常刑，有司不得加责。"
A．十　B．九　C．八　D．七

四大发明

45. 甘肃天水放马滩、陕西西安灞桥等地出土了______初期制造的麻纸，是世界上现存最早的植物纤维纸，与古埃及莎草纸、古玛雅阿玛特纸并称为世界三大古纸。
A．春秋　B．战国　C．西汉　D．东汉

46. 东汉______年间，蔡伦在总结前人经验的基础上，用树皮、渔网、破布、麻头等作原料，改良了造纸技术，制成"蔡侯纸"，使纸成为可以普遍使用的书写材料，为世界范围内的文化发展作出重大贡献。
A．章帝　B．和帝　C．安帝　D．顺帝

47. 晋代以后，纸完全取代简帛，成为主要的书写材料。隋唐时期雕版印刷术的发明，大大促进造纸业的发展，出现了宣州的宣纸，______的黄白麻纸，杭、越、婺、衢州的藤纸，抚州的滑薄纸，蒲州的薄白纸，均州的大模纸，韶州的竹笺等名纸。

A. 益州　B. 扬州　C. 泗州　D. 汝州

48. 晚唐五代时期宣州所制______，“滑如春水，细密如蚕茧，坚韧胜蜀笺，明快比剡楮”，为南唐后主李煜所钟爱，与汪伯立笔、李廷珪墨、龙尾石砚并称为“新安四宝”。

A. 谢公十色笺纸　B. 金粟笺纸　C. 澄心堂纸　D. 玉版纸

49. 明清时期，造纸业进入新阶段，名品及民品均有很大发展，羊脑笺纸始造于______年间，墨如漆，明如镜，用泥金写经，虫不能蚀，历久不坏。

A. 明宣德　B. 明万历　C. 清康熙　D. 清乾隆

50. 唐代初年（7 世纪前期），中国发明了世界上最早的雕版印刷术，现存最早有明确纪年的雕版印刷实物是唐懿宗咸通______刻本《金刚经》，发现于敦煌莫高窟。

A. 九年（868 年）　B. 十年（869 年）

C. 十一年（870 年）　D. 十二年（871 年）

51. 北宋仁宗______年间，毕昇发明活字印刷术，使用胶泥活字、木活字排版，是印刷术发展史上的一次根本性变革，其事迹见于《梦溪笔谈》。

A. 宝元　B. 康定　C. 庆历　D. 皇祐

52. 我国______时发明的锡活字和铜活字，是世界上最早的金属印刷活字。

A. 宋代　B. 辽代　C. 金代　D. 元代

53. 我国明代时发明了世界上最早的______活字，“______字”后来成为印刷出版的代名词。

A. 镍　B. 铅　C. 铬　D. 锑

54. 清______年间以木活字印行《武英殿聚珍版丛书》，共刻枣木活字 253500 个，印成丛书 134 种，2389 卷，是中国历史上规模最大的一次木活字印书活动。

A. 顺治　B. 康熙　C. 雍正　D. 乾隆

55. 我国四大木版年画产地是天津杨柳青、山东潍坊杨家埠、______桃花坞和四川绵竹。

A. 武强　　B. 苏州　　C. 开封　　D. 佛山

56. 火药的发明，是中国古人长期炼丹、制药、制造烟火实践的结果，其配方为“以硫磺、雄黄合硝石”（《真元妙道要略》），在______时被用于军事。

A. 南北朝　　B. 隋代　　C. 唐代　　D. 五代

57. ______时在箭杆前端缚火药筒，点燃后利用火药燃烧向后喷出气体的反作用力把箭镞射出，是世界上最早的喷射火器。

A. 五代　　B. 北宋　　C. 南宋　　D. 金代

58. 世界上现存最古老的有铭火炮是我国元代至顺______铸造的铜火铳，也称“铜将军”，长533毫米，口径105毫米，重6.94千克，由铳口、铳膛、药室、尾銎组成，发射石制或铁制的球形弹丸。1935年发现于北京房山云居寺。

A. 元年（1330年）　　B. 二年（1331年）

C. 三年（1332年）　　D. 四年（1333年）

59. 1975年，在黑龙江齐齐哈尔发现一尊清康熙十五年（1676年）造神威无敌大将军铜炮，全长2480毫米，口径110毫米，曾参加过康熙______在雅克萨抗击沙俄入侵的战斗，立有战功。战后清政府专门修建炮库珍藏，留存至今。

A. 二十一年（1682年）　　B. 二十二年（1683年）

C. 二十三年（1684年）　　D. 二十四年（1685年）

60. 目前已知最早的大型铁火炮是明洪武十年（1377年）造前装式铸铁炮，发现于山西太原，是当时威力最大的重型火炮，居世界领先之列。铭文表明此炮铸造地为______，自唐宋以后一直是冶铁中心。

A. 平阳（今临汾）　　B. 安邑（今运城）

C. 永宁（今离石）　　D. 潞州（今长治）

61. 世界上最早的指南针是在我国______时期发明的，据文献记载，河北武安磁山是指南针的发源地。

A. 战国　　B. 西汉　　C. 东汉　　D. 三国

62. 我国最早制造的磁性指向器称为______，推测由青铜盘和天然磁石制成的磁勺组成，王诩《鬼谷子》、王充《论衡》中有其记载，汉代画像石上也有类似其形象的图案。

A. 罗盘　　B. 司南　　C. 指南龟　　D. 指南鱼

竹木牙角雕

63. 中国治竹的历史源远流长，西周已有竹刻制品，汉代出现了真正意义的竹雕工艺品（如马王堆汉墓出土龙勺），到______，竹雕成为工艺美术中的一项专门艺术，品种丰富（笔筒、臂搁、镇纸、扇骨、花插等等），大师辈出。

A. 明代早期　　B. 明代中期　　C. 明代晚期　　D. 清代早期

64. 晋代出现了竹刻的笔筒，著名书法家______将其斑竹笔筒起名为“裘钟”。

A. 王羲之　　B. 王徽之　　C. 王献之　　D. 王珣

65. 朱鹤（号松邻）与其子朱缨（号小松）、孙朱稚征（号三松），都是明代______名匠，并称“嘉定三松”，工书法、篆刻，有名作“松鹤笔筒”等传世。

A. 木刻　　B. 石刻　　C. 砖刻　　D. 竹刻

66. 薄地阳文技法由清代嘉定竹雕名师______始创，将纹饰以外的竹子底面处理成“光地”，显现竹肌的天然纹理，再浅浮雕纹饰。

A. 沈兼　　B. 吴之璠　　C. 顾珏　　D. 蔡时敏

67. 明中叶至清道光年间，金陵派竹雕工艺精湛，影响广泛，与嘉定派齐名，其开创人物是______，擅长竹根、扇骨雕刻，刀法简约圆熟，“以不事刀斧为奇”。

A. 濮澄（仲谦）　　B. 李耀　　C. 潘西凤　　D. 方絜

68. 浙派竹雕由明代中晚期“留青圣手”______创立，他擅长留青阳文刻法，雕刻风格得绘画之妙，在竹子表皮上由深入浅，层层刻绘，立体有序，曲尽画理。

A. 金西崖　　B. 支慈庵　　C. 张希黄　　D. 徐素白

69. 明清时期，徽州（新安）地区文风兴盛，砖、石、木、竹雕刻发达，出现了一批竹雕代表人物，其中______以雕版、刻漆为业，所雕竹杖、臂搁驰名。

A. 吴元满　　B. 李希乔　　C. 程文在　　D. 张立夫

70. 竹雕贴簧技术始创于清乾隆年间，后由宫廷传至民间，浙江黄岩、福建上杭、湖南邵阳、四川______是贴簧竹雕的著名产地。

A．珙县　　B．兴文　　C．江安　　D．绵竹

71. 木雕在我国发展历史悠久，早在新石器时代就已出现成熟的木雕制品，明清时期木雕技艺繁荣兴盛，名家辈出，东阳木雕、乐清木雕、潮州木雕、______木雕并称为“四大名雕”。

A．徽州　　B．福州　　C．泉州　　D．剑川

72. ______已经使用紫檀、黄杨木、桑木、枫木等木材制作木雕作品，明代木雕用料更加多样化。

A．隋代　　B．唐代　　C．五代　　D．宋代

73. 明代出现许多木雕大师，其中______擅长根雕，用古藤、瘿木、树根刻成各种艺术品，有沉香木根雕山水杯等名作传世。

A．江春波　　B．濮仲谦　　C．孔谋　　D．陈天赐

74. 浙江东阳被誉为“木雕之乡”，木雕技艺约创始于唐代，至明清两代闻名海内，流派众多，尤以各类雕花著称，以“雕花皇帝”______最为著名。

A．杜云松　　B．黄紫金　　C．楼水明　　D．刘明火

75. 乐清木雕主要以______木为材，多雕刻摆件，以镂空技法闻名。福州木雕主要以______木为材，题材以人物圆雕为主，并施以各种颜色。

A．龙眼　黄杨　　B．黄杨　鸡翅　　C．龙眼　紫檀　　D．黄杨　龙眼

76. 广东______金漆木雕起源于唐代，清代达到鼎盛，多以樟木或者杉木进行雕刻，然后施以生漆，再贴金箔，以“多层镂通、剔透玲珑”而著称。己略黄公祠中的木雕为其典型代表。

A．惠州　　B．梅州　　C．潮州　　D．端州

77. ______木，又称孔木、黄连木，是山东曲阜独有的一种木材，有雌雄之分，雌木更适于精细雕刻。曲阜______木雕刻历史悠久，相传由孔子弟子子贡所创，世代传承，以雕刻人物、如意、寿杖等为代表。

A．楷　　B．椴　　C．黑檀　　D．银杏

78. 剑川木雕为云南______族木雕艺术，始创于唐代，用料考究，雕工精细，以雕刻格子门、雕花镶嵌大理石家具驰名。格子门一般以 4 扇或 6 扇为一堂，置于寺庙大殿和居家正厅客堂，有 2～4 层镂空浮雕。

A．彝　B．白　C．傈僳　D．纳西

79. 朱金木雕又称漆金木雕，是浙江______传统工艺“三金”（另：金银彩绣、泥金彩漆）之一，其工艺起源于汉代的雕花髹漆和金箔贴花艺术，技法上有“三分雕、七分漆”之说，以擅雕婚娶喜事中的“千工床”“万工轿”等著称。

A．台州　B．金华　C．绍兴　D．宁波

80. 泉州木雕以______雕刻著称，代表人物有江加走等。

A．建筑构件　B．家具　C．木偶　D．舟船

81. 匏器又称葫芦器，是对天然葫芦进行范制或者雕刻而成。新石器时代即已出现用葫芦制成的瓢和乐器，______，梁九公创制匏器工艺品。

A．明代中期　B．明代晚期　C．清代早期　D．清代中期

82. 明代核雕大师______“能以径寸之木，为宫室、器皿、人物，以至鸟兽、木石，罔不因势象形，各具情态”，代表作核雕舟船，被散文家魏学洢写成《核舟记》。与邢献之核桃雕、夏白眼橄榄核雕并称作“核雕三绝”。

A．江春波　B．濮仲谦　C．王叔远　D．孔谋

83. 我国牙雕历史悠久，目前已知最早的牙雕制品是新石器时代______遗址出土的双鸟朝阳纹象牙蝶形器、鸟形象牙匕、象牙蚕纹杖端饰、象牙刻花小盅等。

A．河姆渡文化　B．马家浜文化　C．崧泽文化　D．良渚文化

84. 新石器时代______遗址出土了精美的象牙镂雕筒、梳、珠、管等工艺制品，为其他文化所罕见。

A．北辛文化　B．大汶口文化　C．龙山文化　D．岳石文化

85. ______1976 年出土的商代嵌绿松石象牙杯，通高 30.5 厘米，杯身似觚，口、颈、腹、足各饰兽面纹三组，兽面纹的眼、眉、鼻、尾部镶嵌绿松石。鋬作夔龙形，眼睛镶嵌绿松石，龙背中部雕一突出的兽头，眼、眉镶嵌绿松石，堪称稀世珍品。

A．山西石楼　B．江西新干　C．河南安阳　D．四川广汉

86. ______时，象牙雕刻已被列为“百工”中“八材”（珠、牙、玉、石、木、金、革、羽）之一，成为权力、地位、财富的象征，制作工艺细腻精致。

A. 商代　　B. 西周　　C. 春秋　　D. 战国

87. 1982 年，陕西西安出土一件隋代象牙笏板，长 27.5 厘米，长条板形，上圆下方，略有弧度。笏板又称朝板，是古代官员朝觐时手持用具，可记录君命或书写奏事要点。执笏上朝始自商周，终于明代。《隋书·礼仪志》载：“______品以上，通用象牙。”

A. 三　　B. 四　　C. 五　　D. 六

88. 象牙镂雕套球，是______牙雕的标志性产品，由清嘉庆年间技师翁玉章创制并发扬光大，世代传承，可雕刻至数十层之多。

A. 苏州　　B. 扬州　　C. 杭州　　D. 广州

89. 劈丝编织是明清时期______牙雕的独特技艺，匠师将象牙劈成丝状，编织成宫扇、花篮、灯罩、鱼篓、凉席等物件，常为贡品。

A. 北京派　　B. 江南派　　C. 广东派　　D. 西南派

90. ______牙雕深受明清文人画的影响，作品风格典雅，以小件文房用具居多，人称“______样，广东匠”。

A. 南京　　B. 苏州　　C. 杭州　　D. 福州

91. ______牙雕以刻制人物、花卉、鸟虫见长，风格精致华丽，代表人物有耿润田、杨世惠、王彬等。

A. 北京　　B. 天津　　C. 上海　　D. 南京

92. 上海牙雕是中国四大牙雕之一，以镂雕细花最具特色，尤擅雕刻鱼景，代表人物______制有“蚌景”“光辉四十年”等名作。

A. 冯立锦　　B. 徐根双　　C. 蔡健生　　D. 周保生

93. 明清时期犀角雕刻的主要器形是各种酒杯或者鼎、钵、洗之类，明末清初无锡匠师______技艺出众，人们以其姓氏作为犀角杯的代称（“______犀杯”）。

A. 鲍天成　　B. 濮仲谦　　C. 尤侃　　D. 尚均

家　具

94. 我国的家具制作，起源于新石器时代，距今七千年前______建造的干栏式房屋，已经采用榫卯结构，并掌握了编席、漆器制作技艺，为家具产生奠定了技术基础。

A. 河姆渡文化　B. 磁山文化　C. 马家浜文化　D. 大溪文化

95. 距今四千多年前的______出土了案、俎、几等彩绘木器家具，是迄今发现最早的木质家具。

A. 山西襄汾陶寺遗址　B. 山东章丘城子崖遗址

C. 湖北天门石家河遗址　D. 陕西神木石峁遗址

96. 屏风起源于西周早期，古称邸、扆，主要有曲屏、座屏、挂屏等样式。《史记》载"天子当屏而立"，广州西汉南越王墓出土一件漆木双面彩绘屏风，五代顾闳中《韩熙载夜宴图》中画有屏风多座，______代出现了挂屏。

A. 宋　B. 元　C. 明　D. 清

97. ______时期，随着人们起居方式的变化，家具的品种和样式开始由席地而坐形向以床榻为中心的形制转变。

A. 战国　B. 秦代　C. 两汉　D. 魏晋

98. 两汉魏晋时期的"胡床"是一种高足______。

A. 卧具　B. 坐具　C. 车具　D. 马具

99. 镜架是古代承托铜镜的支架或台子，出现于______以后，有折叠式、座屏式、宝座式等形制。

A. 汉代　B. 魏晋南北朝　C. 隋唐　D. 五代

100. ______高型家具发展成熟，式样繁多，出现了琴桌、燕几、抽屉橱、太师椅等新品种，总体风格简洁雅致、挺拔俊秀。

A. 隋代　B. 唐代　C. 五代　D. 宋代

101. 明清家具三大名作是京作、苏作、______。

A. 晋作　B. 宁作　C. 广作　D. 鲁作

102. 拔步床出现于明代晚期，由架子床和床前的围廊组成，外观像一个木屋，主要流行于______流域一带。
A. 海河　B. 黄河　C. 淮河　D. 长江

103. 多宝槅又称博古架，是______代出现的陈设文玩器物的架格家具，造型多变，装饰性强。
A. 宋　B. 元　C. 明　D. 清

104. 百宝嵌，又称“周制”，由明末______名师周翥所创，清乾隆朝得到很大发展。邓之诚《骨董琐记》载：“五彩陆离，难以形容，真未有之奇玩也。”
A. 苏州　B. 扬州　C. 宁波　D. 广州

105. 古典家具用材的价值评判，有一黄（黄花梨）、二黑（紫檀）、三______（鸡翅木、铁力木等）、四白（楠木、榉木、樟木、榆木、柚木等）之说。明式家具中的名贵品多用黄花梨木材。
A. 红　B. 绿　C. 青　D. 蓝

漆　器

106. 生漆是从漆树割取的天然液汁，主要由漆酚、漆酶、树胶质及水分构成，用它作涂料，能够耐潮湿、高温、腐蚀，还可以配制不同色彩。世界上最早认识漆树并运用漆树的汁液刷涂器物的国家是______。
A. 中国　B. 埃及　C. 伊拉克　D. 印度

107. 1977 年，新石器时代______遗址中出土的朱漆木碗，是我国现知最早的漆器之一。碗敛口，椭圆瓜棱形身，圈足，内外涂薄层朱漆。同出一件缠藤篾朱漆木桶。
A. 河姆渡文化　B. 马家浜文化　C. 崧泽文化　D. 良渚文化

108. 西周至春秋的漆器有乐器、兵器、车马器、生活用具等品种，出现了专门的制漆中心和管理机构（战国时庄子曾担任过宋国地方的漆园吏），产生了镶嵌、螺钿等工艺，《诗经·______·定之方中》载：“树之榛栗，椅桐梓漆，爰伐琴桑。”
A. 卫风　B. 邶风　C. 鄘风　D. 豳风

109. 战国漆木虎座鸟架鼓是______文化的典型代表，通高 136 厘米，宽 134 厘米，造型生动，工艺精湛，可“悬而击之”，具有象征意义。

A. 秦　　B. 楚　　C. 齐　　D. 曾

110. 漆器上施用金银平脱、银口黄耳（扣器，口沿镶银箍，双耳嵌铜壳）等工艺，产生于______。此时期出现了官营漆业。

A. 战国　　B. 秦代　　C. 西汉　　D. 东汉

111. 湖南长沙马王堆 3 号汉墓出土一套黑漆朱绘六博具（成套博具为国内罕见），包括博局 1 个、直食棋 20 个、算筹 42 根、黑白棋子各 6 个、象牙削、刮刀及骰子各 1 件，骰子上的数字从一至______。

A. 六　　B. 十二　　C. 十六　　D. 十八

112. 彩绘季札挂剑图漆盘出土于三国吴名将朱然墓，直径 24.8 厘米，高 3.5 厘米，木胎，口沿原饰有鎏金铜扣，髹红、黑两色漆，盘心绘春秋时期吴国季札在徐君冢前挂剑致祭的历史故事，根据盘底款识，推测其产于______。朱然墓另出人物画像漆器多件。

A. 弘农郡　　B. 庐江郡　　C. 丹阳郡　　D. 蜀郡

113. 山西大同北魏司马金龙墓出土一组彩绘人物故事漆屏，每块长约 80 厘米，宽约 20 厘米，用木板制成，遍髹朱漆，再以多种矿物颜料作画，内容多取材于汉代______所著《列女传》(《有虞二妃》《启母涂山》《周室三母》等），每幅画上均有黄色墨书榜题和题记，记述故事主旨。

A. 贾谊　　B. 刘向　　C. 刘歆　　D. 荀悦

114. 雕漆技法出现于唐代，又称剔红。元代雕漆已臻成熟，以嘉兴西塘人______为杰出代表，髹漆肥厚，雕工圆润，代表作品有栀子纹剔红盘（故宫博物馆藏）、剔犀盒（安徽省博物馆藏）等。

A. 张成　　B. 杨茂　　C. 张敏德　　D. 彭君宝

115. 元代时，江西省吉安府庐陵县以善制______而闻名，漆坚而人物细妙可爱，见于《格古要论》等记载。

A. 戗金漆器　　B. 螺钿漆器　　C. 剔犀漆器　　D. 描金堆漆

116.《髹饰录》为明隆庆年间安徽新安漆工黄成所著，包括乾、坤两集，共 18 章 186 条，将漆器分为______大类、101 个品种，《乾集》讲漆器制造方法、原料、工具及漆工的禁忌，《坤集》讲漆器分类及各个品种的形态，是现存最重要的古代漆工艺专著。

A. 12　　B. 13　　C. 14　　D. 15

造　像

117. 佛教自东汉传入中国后，出现了用青铜或黄铜铸造、表面鎏金的金铜佛像，现存最早有明确纪年的金铜佛像铸于后赵建武______，高 39.7 厘米（含座），高髻，宽额，双手作禅定印，着通肩大衣，现藏于美国旧金山亚洲艺术博物馆。（2021 年，陕西咸阳出土两尊东汉晚期金铜佛像，为国内现存最早的金铜制佛像）

A. 元年（335 年）　　B. 二年（336 年）

C. 三年（337 年）　　D. 四年（338 年）

118. 夹纻像又称“脱胎像”，相传由______雕塑家、画家戴逵发明，流行于唐代，并传入日本。做法是先用泥像为胎，蒙上纻麻布，然后施漆，漆干后将泥模取出，制成中空的佛像。

A. 三国　　B. 西晋　　C. 东晋　　D. 南朝

119. ______出现释迦多宝二佛并坐、莲花手观音等造像题材，佛像多头戴高冠，面貌清秀，褒衣博带，身后有莲瓣形、火焰形背光，整体风格优美、柔和。

A. 西晋　　B. 东晋　　C. 十六国　　D. 北朝

120. ______时期金铜菩萨像流行“三段屈曲”样式，多束高髻，头部微偏，扭腰屈体，从胸部至腰际形成突出的弧线，有“人物丰浓，肌胜于骨”之说。

A. 隋代　　B. 初唐　　C. 盛唐　　D. 晚唐

121. ______佛造像的服饰出现内着 V 领僧衣、外斜披袈裟的样式。菩萨像头戴花冠或者发髻冠，身披璎珞珠饰，造型端庄大方，典雅华贵。

A. 宋代　　B. 辽代　　C. 金代　　D. 西夏

122. 元______设立诸色人匠总管府梵相提举司，负责制造藏传佛教造像，“凡两都（大都和上都）寺观之像，多出其手”。

A. 世祖　　B. 成宗　　C. 武宗　　D. 仁宗

123. 明代永乐、宣德年间钦定铸造的金铜佛像严格按照仪轨铸成，工艺精湛。其中，永乐宫廷造像台座平面阴刻“大明永乐年施”六字______书款，未发现铸款或其他款识。

A. 隶　　B. 楷　　C. 行　　D. 草

124.《佛说造像量度经》为佛陀十大弟子之一舍利弗所著，是关于佛教造像量度标准的经典著作，清乾隆年间由工布查布译成汉文，并增写《造像量度经解》和《造像量度经续补》。《佛说造像量度经》对佛、菩萨、罗汉、护法等的形象和尺度做了阐述，以“拃”来衡量佛像的高度，一拃为“一头”“一面”，佛、菩萨造像的身高为______拃。

A. 七　　B. 八　　C. 九　　D. 十

125. 佛、菩萨造像的体态容貌中，显处可见的特征有______种，称为“______相”；微细隐没的特征有八十种，称为“八十种好”。

A. 二十四　　B. 二十八　　C. 三十二　　D. 三十六

纺 织 品

126. 中国麻织技术已有6000多年的历史，浙江余姚河姆渡遗址、吴兴钱山漾遗址都发现过麻织物残片及绳子，说明此时已经利用原始织机进行纺织生产。麻纤维中最主要的是苎麻，有“中国草”之称，单纤维强力可达______克。

A. 37　　B. 42　　C. 47　　D. 52

127. 1972年，江苏吴县（今苏州市吴中区）草鞋山遗址出土距今约5400年的葛布残片，是迄今发现最古老的手工织花葛布实物。葛布使用广泛，______曾设“掌葛”，专门管理葛布生产。

A. 夏代　　B. 商代　　C. 周代　　D. 秦代

128. 以蚕丝为原料的纺织品起源于中国。新石器时代，我国已经发明丝织技术。1958年在浙江吴兴钱山漾遗址出土了距今约______年的绸片、丝带，是目前所知最早的丝织实物之一，经测定原料为家蚕丝，经纬密度分别为每厘米52根和48根。

A. 5200　　B. 4700　　C. 4200　　D. 3700

129. 绮，是一种平纹地起斜纹花的丝织物，至迟产生于______，用生丝织造后染色，宋代诗人张俞有“遍身罗绮者，不是养蚕人”的诗句。此时，还出现纱、缣、纨、縠、罗等新品种。

A．商代　B．西周　C．春秋　D．战国

130. 锦是多彩提花熟丝织物。______时期，我国已经出现用两种以上彩色丝线提花的重经织物“经锦”。

A．西周　B．春秋　C．战国　D．秦汉

131. ______时期，深衣和胡服开始推广。深衣将过去上下不相连的衣裳连属在一起，下摆不开衩口，而将衣襟接长，向后拥掩。胡服主要指衣裤式的服装，尤以着长裤为特点。

A．西周　B．东周　C．秦代　D．西汉

132. 1982 年湖北江陵马山______墓出土的纺织衣衾，是我国目前所见时代最早的古代服饰。

A．西周　B．春秋　C．战国　D．秦代

133. 湖南长沙马王堆 1 号汉墓出土两件素纱禅衣，交领、右衽、直裾，由精缫的蚕丝织造，重量仅______克（含用作衣领、袖、衣缘边的绢），可谓薄如蝉翼，轻若烟雾，代表了已知西汉初期织造工艺的最高水平。

A．48　B．50　C．52　D．54

134. 汉代五星出东方利中国织锦护膊 1995 年出土于新疆______，平面呈圆角长方形，长 18.5 厘米，宽 12.5 厘米，有青、赤、黄、白、绿五色，织“五星出东方利中国”八个篆体汉字，两边各缀 3 条白色绢带。

A．楼兰故城遗址　B．罗布泊南古城遗址

C．米兰遗址　D．尼雅遗址

135. 根据目前资料，专为佛教信仰刺绣佛像始于______时期，至唐代广泛流行，技法从早期的锁绣发展为平绣。

A．北魏　B．东魏　C．北齐　D．北周

136. 南京云锦始产于______，盛行于明清时期，分为库锦、库锻、桩花三类。与苏州宋锦、广西壮锦、成都蜀锦并称“四大名锦”。

A. 三国　　B. 西晋　　C. 东晋　　D. 南朝

137. ______代时创制了“纬锦”，织纹从平纹变化的经线双面组织，变为经斜纹地上起纬斜纹花。纬线显花的工艺，克服了经线不能随意变换花纹色彩的缺陷，使花纹更加细致精美。

A. 汉　　B. 唐　　C. 宋　　D. 明

138. 绫是一种斜纹地起斜纹花的织物。战国已出现，唐代始盛行，以______所产缭绫尤为名贵，有玄鹅、天马、掬豹、盘绦等多种纹样。

A. 并州　　B. 扬州　　C. 越州　　D. 益州

139. 中国古代丝织物加金技术约始于______，十六国时已能生产织金锦，唐宋织金技术已臻成熟，元代织金锦取得空前发展，《马可·波罗游记》记载当时南京、苏州、镇江等城市曾大量生产织金锦。

A. 春秋　　B. 战国　　C. 西汉　　D. 东汉

140. ______代女装主要由裙、衫、帔组成，常将衫掩于裙内，帔为长而薄的披巾，受佛教影响而在中原地区流行。

A. 唐　　B. 宋　　C. 元　　D. 明

141. 缂丝又称刻丝，为“通经断纬”织法，创制于唐代，盛行于宋代，主要产地在定州和______，出现了朱克柔、沈子蕃等著名缂丝艺人，创造了许多表现书画笔致和晕色变化的缂织方法。

A. 扬州　　B. 杭州　　C. 苏州　　D. 湖州

142. 中国南部、西南部和新疆一带至迟在秦汉时期就已种植和利用棉花，______代时，棉花超过丝、麻、毛，成为主要的纺织原料，棉纺织业遍布全国。

A. 唐　　B. 宋　　C. 元　　D. 明

143. 明清两代官员朝服前胸后背处分别装饰一块方形的图案，称为补子，用来区分官爵大小，文官用禽，武官用兽。清代一品文、武官的补子图案分别是______、______。

A. 鹤　麒麟　　B. 锦鸡　狮子　　C. 孔雀　豹　　D. 鸳鸯　虎

144. 我国古代四大名绣是苏绣、湘绣、______、蜀绣。
A. 京绣　B. 瓯绣　C. 粤绣　D. 鲁绣

145.《绣谱》是清代关于刺绣工艺的专著，由著名刺绣工艺家______所撰，分择地、选样、取材、辨色、程工、论品六章，提出“能、巧、妙、神、逸”的刺绣美学原则和“齐、光、直、匀、薄、顺、密”的工艺要点。
A. 丁佩　B. 华璂　C. 沈寿　D. 杨守玉

度量衡

146. 目前所见最早的测长工具（度器）是______的骨尺和牙尺，1尺约合今16～17厘米。东周（见有铜尺）至东汉的尺长约23厘米，魏晋尺长增至24.5厘米，隋唐尺长在30厘米左右。汉以后铜质尺减少，多被骨、木质尺代替。
A. 新石器时代晚期　B. 夏代
C. 商代　D. 西周

147. 秦统一中国后，“一法度衡石丈尺，车同轨，书同文字”（《史记·秦始皇本纪》），其中车轨（两个车轮的距离）宽______尺。
A. 4　B. 5　C. 6　D. 7

148. 世界上迄今发现时代最早的游标卡尺，是我国______时期制造的铜卡尺，由固定尺和滑动尺组成，全长14.22厘米。
A. 新莽　B. 东汉　C. 曹魏　D. 西晋

149. 宋代官尺由太府寺掌造，主要用来征收布帛，又称三司布帛尺，每尺长约31.6厘米。传世的明代嘉靖牙尺，所刻线纹精密，每尺长______厘米，是明朝官定的标准尺度，清代的营造尺（钦定权度尺）与此同长。
A. 31　B. 32　C. 33　D. 34

150. 国内现存最早的铜量出现于______，著名的有秦商鞅方升、齐陈纯釜、子禾子釜等。
A. 商代　B. 西周　C. 春秋　D. 战国

151. 陈纯釜是迄今发现时代最早的青铜量器之一，为战国时期齐国设置在关卡上的标准量器，1857 年出土于山东胶县，容积为______釜，约合 20580 毫升（1 升约合 205.8 毫升）。

A. 0.5　　B. 1　　C. 2　　D. 5

152. 商鞅方升，是战国时期秦国商鞅监制的 1 升铜量器，全长 18.7 厘米、内口长 12.5 厘米、宽 6.9 厘米、深 2.3 厘米。器壁三面及底部刻铭文，左壁刻秦孝公十八年（公元前 344 年）规定的升寸换算比率：即以______立方寸的容积定为一升；底部加刻秦始皇二十六年（前 221 年）诏书，说明秦统一中国后，沿用商鞅变法时所定的制度和标准，统一全国的度量衡。实测方升容积为 202.15 立方厘米，推算秦一尺长约 23.2 厘米。

A. 十六又五分之一　　B. 十六又二分之一

C. 十八又五分之一　　D. 十八又二分之一

153. 汉代的容量单位为：二龠为合，十合为升，十升为斗，十斗为斛，与秦制相同。上林共府铜升，是西汉元帝初元三年（公元前 46 年）铸造的 1 升量器，圆口，平底，有柄，外壁刻铭文 4 行，容积约______毫升。东汉量器以大司农颁发为标准，传世的有大司农平斛、平斗、平合等，器上多有一凸出来的方框，框内可镶“检封”。

A. 100　　B. 200　　C. 500　　D. 1000

154. 新莽铜嘉量，是五量合一的标准量器。器形中间为一大圆筒，上为斛，底为斗，左耳为升，右耳上为合、下为龠，外壁有 81 字总铭，每一种量又各有分铭，记述各器径、深和容积。近人详测该器各部位的尺寸、容量和重量，推算出新莽时期一尺长约 23 厘米，一升容约 200 毫升，一斤重约______克。

A. 217　　B. 227　　C. 237　　D. 247

155. 权是等重之具（衡器），犹如今天的砝码。1954 年湖南长沙左家公山战国楚墓出土一组天平与环权，包括一个木衡杆、2 个青铜盘、9 个环形青铜权。环权重量分别为 0.6 克、1.2 克、2.1 克、4.6 克、8 克、15.6 克、31.3 克、61.82 克、125 克，相当于一铢、二铢、三铢、六铢、十二铢、一两、二两、四两、八两，推算楚国当时的一斤约为______克。1975 年湖北江陵雨台山春秋楚墓出土的环权，是目前所见最古老的铜权之一。

A. 250　　B. 500　　C. 750　　D. 1000

156. 高奴铜权，是战国时期秦国高奴地方所铸衡器，秦始皇统一度量衡时加刻二十六年（公元前 221 年）诏书，秦二世再加刻二世元年（公元前 209 年）诏书，反映出从战国秦至秦代一直保持了统一的衡制。实测权重 30750 克（1 石合 120 斤），折合每斤重约______克。

A．226　B．236　C．246　D．256

157. 汉代的重量单位为：______铢为两（合四锱），十六两为斤，三十斤为钧，四钧为石，与秦代相同。据西汉满城汉墓“三钧”铁权和东汉灵帝光和二年（179 年）大司农铜权测定，一斤约为 250 克。

A．八　B．十六　C．二十四　D．三十二

158. 北宋真宗______年间刘承珪重新校定国库内的标准砝码，并创造了使用方便、精度较高的戥秤，是中国衡器制造上的创举。

A．咸平　B．景德　C．大中祥符　D．天禧

159. 嘉祐铜则是北宋仁宗嘉祐元年（1056 年）所造百斤重标准铜砝码，经实测重 64 千克，按自铭折算，每斤约合______克。

A．160　B．320　C．640　D．1280

160. 清光绪三十四年（1908 年）曾重订度量衡划一办法，以营造尺 1 立方寸纯水之重为质量标准，与乾隆二十九年（1764 年）工部制造的“伍百两铜砝码”比值相近，每斤约合______克（16 两）。

A．568.9　B．589.6　C．596.8　D．598.6

其　他

161. 圭表是中国古代观测天象的仪器，现存最早的圭表 1965 年出土于江苏仪征石碑村东汉墓，铜质，圭长 34.5 厘米，表高 19.2 厘米（合汉制______寸），圭、表间用枢轴连接。

A．6　B．7　C．8　D．9

162. 漏壶是古代根据水流量计时的仪器，分为单壶泄水型和多壶受水型两种。现存最古老且完整的成组滴漏制于______代，系广州人冼运行、杜子盛等铸造，由 4 个安放在阶梯上的漏壶组成，原置于广州城拱北楼上。

A．宋　B．元　C．明　D．清

163. 1973年湖南长沙马王堆西汉墓出土的______，是世界上已知最早的军事地图，以田青、红、黑3种颜色绘制，比例约为八万分之一至十万分之一。

A.《地形图》 B.《驻军图》 C.《华夷图》 D.《禹迹图》

164.《坤舆万国全图》编绘于明______年间，由来华意大利人利玛窦绘制，纸本设色，纵192厘米，横380.2厘米，为椭圆形的世界地图，并附一些小幅的天文图和地理图等。此图改变了当时通行的将欧洲置于地图中央的格局，而将中国居于世界的中心。

A. 嘉靖 B. 隆庆 C. 万历 D. 天启

165. 纨扇出现于______，多为圆形，一般用白色绫绢制成，历代文人多在纨扇上题字作画。

A. 汉代 B. 三国 C. 西晋 D. 东晋

166. 折扇，又名聚头扇，______传入中国，明代始成风气，扇骨为竹、木等，扇面为绢、素纸、泥金纸、洒金纸等。

A. 隋代 B. 唐代 C. 五代 D. 宋代

167. 玻璃是人类较早发明的人造材料之一，诞生于4000多年前的两河流域。目前国内发现时代最早的玻璃器始于______，仅见套色的蜻蜓眼式玻璃珠和嵌在剑格上的小块玻璃等，多为钠钙玻璃。此前，曾出现外表呈白色（或浅绿色、浅粉色）、不透明的人造珠管（“费昂斯”）。战国中晚期的玻璃珠、璧等，则多属于铅钡玻璃。

A. 商代 B. 西周 C. 春秋 D. 战国

168. 用泥芯成型法生产玻璃的技术在______传入我国。这时的玻璃称为“琉璃（流离）”，出现玻璃耳珰、带钩、蝉、衣片（玉衣仿制品）、盘、耳杯等新品种。

A. 西周 B. 春秋 C. 战国 D. 西汉

169. 文献和考古资料表明，我国至迟在______时期已经掌握吹制玻璃的技术，可以吹制薄壁玻璃容器。汉代常见的铅钡玻璃不再出现，代之以高铅玻璃和碱玻璃。

A. 北魏 B. 东魏 C. 北齐 D. 北周

170. 1965年，辽宁北票北燕冯素弗墓出土一件鸭形玻璃注，长20.5厘米、腹径5.2厘米，重70克，材质为钠钙玻璃，采用无模吹管成型、热贴玻璃条等古代______玻璃制作技术制成，造型生动别致，为中西经济、文化交流之见证。

A．希腊　B．罗马　C．波斯　D．印度

171. 舍利瓶是______玻璃器的代表作，近年在全国各地出土较多，置于塔基的石函、银椁、金棺中。

A．北周　B．隋代　C．唐代　D．五代

172. 宋代时玻璃生产逐渐走向普及（此时玻璃有“药玉”之称），最流行的玻璃器是______，属于高铅玻璃和钾铅玻璃系统。此时，以釉料彩绘和高透明浮雕为代表的伊斯兰玻璃传入中国。

A．长颈瓶　B．胆形瓶　C．侈口碗　D．葫芦瓶

173. 清代时玻璃器已经普遍使用，主要产地有北京、博山、苏州、广州等，并远销海外。清宫养心殿造办处玻璃厂在______年间已能生产水晶玻璃、洒金蓝玻璃和套色玻璃。

A．康熙　B．雍正　C．乾隆　D．嘉庆

174. 铜胎掐丝珐琅俗名“珐蓝”，先在打制好的铜胎（制胎）上焊上用扁铜丝掐成的图案花纹（掐丝），然后将珐琅质色釉填充在花纹框内（点蓝），再入窑烧成（烧蓝）。因其曾盛行于明______年间，技术纯熟，使用的珐琅釉以蓝色为主，故而得名“______蓝”。

A．永乐　B．宣德　C．正统　D．景泰

175. 画珐琅是在铜胎上涂一层白色珐琅釉，再用彩釉描绘图案，经焙烧、打磨、镀金而成的复合工艺。将铜胎掐丝珐琅与画珐琅技艺同施一器者，仅见于清代______朝作品。

A．康熙　B．乾隆　C．同治　D．光绪

176. 清代三大铜胎掐丝珐琅产地是北京、______、广州。

A．南京　B．苏州　C．扬州　D．杭州

177.《永乐大典》于明永乐年间由解缙、姚广孝等主持编纂，是一部集中国古代典籍大成的类书，初名《文献大成》，后明成祖亲自作序并赐名《永乐大典》。全书22877卷（另有目录60卷），11095册，约3.7亿字，汇集古今图书七八千种。______年间重录一部副本，近代散佚外流，存世仅800余卷。

A. 弘治　　B. 正德　　C. 嘉靖　　D. 万历

178.《四库全书》是中国历史上规模最为宏大的一部丛书，共收录图书3460余种，荟萃清乾隆中期以前的历代主要典籍，分经、史、子、集四部，部下设类，类下有属，计79300余卷，36300余册，约9.97亿字。后抄录______部，分藏于北京、沈阳、承德、扬州、镇江、杭州等地藏书阁。

A. 4　　B. 5　　C. 6　　D. 7

179.《赵城金藏》是金熙宗皇统年间山西潞州民女崔法珍发起化缘募资所刻的汉文大藏经，因20世纪______发现于山西赵城（现属洪洞县）广胜寺而得名。今存4000余卷，与《永乐大典》《四库全书》《敦煌遗书》并称国家图书馆四大镇馆之宝。

A. 10年代　　B. 20年代　　C. 30年代　　D. 40年代

180.《格古要论》是现存最早的一部文物鉴定专著，成书于明初，由曹昭撰写，共三卷______论，分为古铜器、古画、古墨迹、古碑法帖、古琴、古砚、珍奇、金铁、古窑器、古漆器、锦绮、异木、异石等，论述文物概况、作伪方法及真伪辨别，影响甚广。

A. 十　　B. 十一　　C. 十二　　D. 十三

主要参考资料

一、法律法规、国际公约

《中华人民共和国文物保护法》《中华人民共和国非物质文化遗产法》《中华人民共和国文物保护法实施条例》《关于加强文化遗产保护工作的通知》《关于进一步加强文物工作的指导意见》《关于加强文物保护利用改革的若干意见》《博物馆条例》《博物馆管理办法》《博物馆藏品管理办法》《文物拍卖管理办法》《文物出境审核标准》《文物保护工程管理办法》《1949 年后已故著名书画家作品限制出境的鉴定标准》(第一、二批)《禁止出国(境)展览文物目录》(2002 年、2012 年、2013 年)《保护世界文化和自然遗产公约》《关于禁止和防止非法进出口文化财产和非法转让其所有权的方法的公约》

二、辞书、工具书

中国大百科全书总编辑委员会《文物 博物馆》编辑委员会、中国大百科全书出版社编辑部编:《中国大百科全书·文物 博物馆》,中国大百科全书出版社,1993 年。

中国大百科全书总编辑委员会《考古学》编辑委员会、中国大百科全书出版社编辑部编:《中国大百科全书·考古学》,中国大百科全书出版社,1986 年。

中国大百科全书总编辑委员会《美术》编辑委员会、中国大百科全书出版社编辑部编:《中国大百科全书·美术》,中国大百科全书出版社,2003 年。

中国大百科全书总编辑委员会:《中国大百科全书·中国历史》,中国大百科全书出版社,1998 年。

《辞海·中国古代史分册》,上海辞书出版社,1981 年。

《辞海·历史分册·世界史、考古学》,上海辞书出版社,1982 年。

王巍总主编:《中国考古学大辞典》,上海辞书出版社,2014 年。

邵洛羊主编:《中国美术大辞典》,上海辞书出版社,2002 年。

《青年文库·中国古代史常识》,中国青年出版社,1980 年。

郭沫若主编:《中国史稿地图集》(上、下),中国地图出版社,1996年。
《中国历史年代简表》,文物出版社,2001年。
民政部编:《中华人民共和国行政区划简册(2019)》,中国地图出版社,2019年。
国家文物局主编:《考古中国重大项目成果(2018～2020年)》,文物出版社,2021年。
《中国美术全集》《中国考古学》《中国文物地图集》《中国文物年鉴》《中国考古学年鉴》等书目有关章节。

三、论著、文献等

安金槐主编:《中国考古》,上海古籍出版社,1992年。
马承源主编:《中国青铜器(修订本)》,上海古籍出版社,2003年。
冯先铭主编:《中国陶瓷(修订本)》,上海古籍出版社,2001年。
杨仁恺主编:《中国书画(修订本)》,上海古籍出版社,2001年。
唐石父主编:《中国古钱币》,上海古籍出版社,2001年。
罗哲文主编:《中国古代建筑(修订本)》,上海古籍出版社,2001年。
王宏钧主编:《中国博物馆学基础(修订本)》,上海古籍出版社,2001年。
中国社会科学院考古研究所:《新中国的考古发现和研究》,文物出版社,1984年。
文物编辑委员会编:《文物考古工作十年(1979—1989)》,文物出版社,1991年。
张文彬主编:《中国文物事业五十年(1949—1999)》,朝华出版社,1999年。
国家文物局编:《中国文物事业60年》,文物出版社,2009年。
国家文物局、中国古迹遗址保护协会编:《中国世界文化遗产30年》,科学出版社,2016年。
张文彬主编:《20世纪中国文物考古发现与研究丛书》,文物出版社,2000～2008年。
杨伯达主编:《中国玉器全集》,河北美术出版社,1991～2005年。
文化部中华文化信息网、浙江摄影出版社编:《中国的世界文化和自然遗产》,浙江摄影出版社,2002年。
中国国家博物馆编:《文物中国史》,中华书局,2009年。
李晓东:《文物学》,学苑出版社,2005年。
吴诗池:《文物学概论》,上海文艺出版社,2003年。
张之恒主编:《中国考古学通论》,南京大学出版社,2006年。
张昌倬主编:《文物与考古基础知识》,高等教育出版社,2002年。
国家文物局、中国文物报社编:《中华文明遗迹通览》,上海古籍出版社,2002年。
国家文物局主编:《中国重要考古发现》,文物出版社等。

任继愈主编:《中国文化史知识丛书》，商务印书馆等。

第三次全国文物普查、第一次全国可移动文物普查有关资料；有关高校的历史学、考古学、博物馆、文物保护、文化遗产管理类教材；有关文物鉴定类专业书籍；有关地图、地图册；《中国通史》（有关版本）。

四、期刊杂志

《考古》《文物》《考古学报》《中国博物馆》《博物院》《中国文化遗产》
《文物天地》《文博》《文明》《中华遗产》《华夏地理》《中国国家地理》
《国家人文历史》《资料卡片杂志》《东南文化》

五、有关网站

140 个国家历史文化名城政府网站；有关遗产地、文物保护单位、博物馆官方网站。

后　　记

编著一本文化遗产知识试题读本的想法，由来已久。一方面，考古、文博书籍浩如烟海，专业精深，尚需贴近普通公众的阅读需求；另一方面，文化遗产的社会关注度日益增长，互联网上相关信息爆炸，还应建立客观、科学的传播机制，首先须保证内容的精确、精练。

约从 2006 年起，主持编制《文物进出境责任鉴定员资格考试大纲》，并先后执笔《文物拍卖企业专业人员考试参考范围》,《馆藏文物登录规范（WWT 0017—2013）》（除“文物类别”外内容），第二、三批《禁止出境展览文物目录》，中国与相关国家关于文化遗产保护双边协定之附录《中国文物清单》，参与“全国青少年文化遗产知识大赛”“全国文化遗产保护宣传讲解大赛”命题，积累大量研究资料的同时，愈觉缺少系统、规范、形式多样的文化遗产普及读物。

2020 年疫情突发，诸事暂停，得以静思和自省，遂利用每日夜晚、每个周末及节假日，克服眼疾，坚持笔耕，无一日敢懈怠，历十数稿，终成小书。

试题编著过程中，深感书作庞杂，人述纷纭。心中诚惶诚恐，笔下务求认真，许多题目均查阅十数本书籍，记述分歧者往往寻求三五种乃至更多证据，时常直接求教于文物行政部门、文物保护单位、博物馆、大学的师长和同事，信息无法统一的只好割舍。即便如此，限于资料来源，尤其是学养差距，仍难免有所不足，恳请读者批评指正。

感谢妻女的鼓励和鞭策，感谢编辑不厌其烦地核校和修改，方有此获。

2020 年 5 月 5 日一稿

2020 年 8 月 2 日三稿

2021 年 2 月 18 日十稿

2021 年 5 月 31 日十五稿

2022 年 2 月 28 日

修订版后记

《中国文化遗产知识 2500 题》付梓以后，得到读者认可，五个月内重印四次。笔者与编者也以对话的形式，介绍了编著此书的初心和历程（见《用知识建立文化遗产与公众的链接》）。

2021 年下半年以来，笔者深度参与了《中国国宝大会》《中国考古大会》《国家宝藏·展演季》等文博题材电视节目，策划、指导“何以中国”文物特展并担任总撰稿，将本书内容充分运用于文化遗产知识传播的各种场景中，体验了不负光阴终有所获的幸福，也对相关遗产价值有了新的思索。同时，更深刻认识中华文明的源远流长、博大精深，更深切感受讲清楚中华文明起源及发展历程、取得的灿烂成就、对人类文明的重大贡献之难能可贵。

中华文明，从未中断。文物中蕴含的中华文化精神，从未消散。

本书第一版收录文化遗产动态信息的时间节点是 2019 年 12 月 31 日，两年多来，伴随着与疫情的抗争，当代人对文化遗产的保护研究利用从未停止，国务院新公布 6 个国家历史文化名城（辽阳、通海、黟县、桐城、抚州、九江）和第五批国家级非物质文化遗产代表性项目名录（185 项），中国博物馆协会新评定一批国家一二三级博物馆（其中一级博物馆 74 座），第 44 届世界遗产大会在福州召开，“泉州：宋元中国的世界海洋商贸中心”列入世界文化遗产名录，“太极拳”“送王船——有关人与海洋可持续联系的仪式及相关实践”也列入联合国教科文组织非物质文化遗产名录（名册），众多考古新发现不断丰富中华文明认知，博物馆展览推动优秀传统文化创造性转换、创新性发展……笔者也到访新绛、库车、潮州等历史名城，探究石窟、海塘、古书画等文化内涵，时有微识。

此外，还系统梳理书中相关题目、答案选项中的人物信息，形成近千位历史名人年谱，依时排序，建构文化时空。

上述种种，收于修订版中。

谨再记。

2022 年 5 月 1 日

附：

用知识建立文化遗产与公众的链接
——编者与作者的对话
（2021年8月10日）

1. 2021年7月底，第44届世界遗产大会刚刚在福建福州闭幕，中国申报的“泉州：宋元中国的世界海洋商贸中心”项目与其他33个项目一起入选《世界遗产名录》，再次引发公众对遗产保护的关注。《中国文化遗产知识2500题》恰逢此时出版，请问您编著这本书的初衷是否与此有关呢？

答：应该说是巧合。

近年来，随着经济社会的发展和人民生活水平、文化素养的提高，公众对文化遗产保护的关注和热情持续增长，更多人愿意走进博物馆和文物保护单位，了解历史文化，增加生活情趣。

本书所指的文化遗产，主要是广义的物质文化遗产，包含了不可移动文物、可移动文物和历史文化名城、村镇、街区等（暂未涉及非物质文化遗产），不限于依据联合国教科文组织《保护世界文化和自然遗产公约》而评定的“世界文化遗产”项目（截至2021年，全球1154项、中国56项）。

如果说写书初衷，就是想在纷繁复杂的文物著述中，凝练最具价值和特色的内容，传播系统、科学的遗产知识和保护理念，用知识建立链接，让文物活起来，走进千家万户，增进公众对文化遗产的了解和认同，增强社会对文化遗产的情感联系和保护行动。

2. 2500题不是个小数，这本书的编著经历了怎样的过程？

答。概括来说，15年的积累，15个月的拼搏，15稿的核改。

准备的时间其实还不止15年。实质进展大约从2006年起，主持或参与编制了文物鉴定类考试大纲、馆藏文物登录规范、禁止出境展览文物目录，以及相关知识竞赛、讲解大赛的命题，也举办了10多期各类文物鉴定培训班，是每期两个月时间的那种系统培训，买了大量的书，读了数千万字的资料，也感觉社会上缺少系统、规范、生动的文化遗产普及读物，就想尝试自己出题，一开始零零星星地出了一些题目，主要是前五批全国重点文物保护单位和陶瓷、玉器、青铜器、书画的通史内容。

2020年初，新冠疫情突发，在静思和自省中，感觉应该完成多年的夙愿，就发愿笔耕，历时15个月，反复核改，终成小书。

3. 请介绍一下这本书的主要内容。

答：按照物质文化遗产的一般分类，本书分为一般知识、不可移动文物、可移动文物三部分。其中，一般知识包括文物常识、事件人物、政策法规、世界遗产、文化名城等内容；不可移动文物包括古遗址、古墓葬、古建筑、石窟寺及石刻、近现代重要史迹及代表性建筑、其他6个子类；可移动文物包括陶瓷、玉器、金属器、书画、杂项5个子类。

全书共2500题，计有一般知识240题、不可移动文物1440题（320＋111＋639＋159＋195＋16）、可移动文物820题（161＋106＋178＋195＋180），近27万字。数据截至2019年12月31日。

内容分类上，充分考虑了相关交叉知识的归集，如“一般知识”中的“世界遗产”仅列综合性的遗产项目（泰山、丝绸之路、中国大运河等）。属于单个文物保护单位的世界文化遗产项目，则按其属性归入“不可移动文物”相关子类（如北京故宫、云冈石窟）。

不可移动文物，从目前5058处国保单位中选取了1400余处，介绍其独特价值。许多到访过的国保，写书时仿佛又神游一遍，情景历历在目。

可移动文物，分别介绍了各类别文物的发展史，并从195件国家禁止出境展览的文物中选取部分作了展开描述。

还想着重说一下文化名城，截至2019年，我国一共公布了134个国家历史文化名城。作者于2019年5月、2020年3月两次浏览这些城市的政府网站，并结合其他资料，将每个城市建城的时代（及其沿革）、称为今天名字的时代、与城最相关的诗词做了细致梳理。浏览城市网站，也可见城市的治理和服务水平，我应该是为数不多看全的人吧。2020、2021年，国务院又公布了四个国家历史文化名城，分别是辽阳、通海、黟县和桐城，本书做了附加题。

4. 编著过程中有什么困难吗？

答：最主要的是参考资料。编著过程中，研究了《中国大百科全书》之《文物博物馆卷》《考古卷》《美术卷》《中国历史卷》，《辞海》有关卷，国家文物局主持编著的《中国考古》《中国古代建筑》《中国青铜器》《中国陶瓷》《中国书画》《中国古钱币》《中国博物馆学基础》《20世纪中国文物考古发现与研究丛书》，《中国考古学大辞典》、历年《中国重要考古发现》，有关历史地图集，有关高校的历史学、考古学、博物馆、文物保护、文化遗产管理类教材，数十位专家的文物鉴定类专业书籍，有关文物、考古年鉴，有关地方志、有关展览图录，以及138个国家历史文化名城政府网站和有关遗产地、文物保护单位、博物馆官方网站等，通读了全国重点文物保护单位、世界文化遗产有关公开资料，还是感到：第一，资料不系统，缺乏一定逻辑层面的整合，新的考古、历史等研究资料没有有效的转化为公共知识，进入大中小学教科书或官方出版物，采用谁人的学术成果有时颇成难题；第二，表述不规范，甚至文物年代、尺寸等基本信息的描述也不统一（在不同书籍中），众说纷纭，造成认知混乱，一些新的测年数据与习用信息差别巨大，在公布更多研究过程和科学依据之前，让人不敢尽信；

第三，解读不生动，部分考古报告、展览大纲内容艰涩，很难适应公众阅读与认知需求，割裂了遗产与公众的联系。

题目类图书，准确是生命。为此，许多题目均查阅十数本书籍，记述分歧者往往寻求更多证据，时常直接求教于师长和同事，信息无法统一的只好割舍。为了无一字无出处、无一字无意义，大大拖长了编著周期。

此外，采用单项选择题这一形式，希望在题干中增加信息含量，在答题时增加读者趣味，但这也是最难的编著形式，题干必须精确、精炼，答案选项必须精准而符合逻辑。

5. 这些年来，公众对于文化遗产的热度越来越高，对此您有什么看法？

答：作为一名文博专业人员，非常高兴地看到文化遗产受到全社会的重视，文物得到了应有的尊严。近几年，《国家宝藏》《如果国宝会说话》《博物馆说》等文博节目热播，众多考古新发现引发广泛关注，《石渠宝笈》《美·好·中华》《大美亚细亚》等展览点燃文化热情，“到博物馆去”成为社会新风尚，中华优秀传统文化在新时代展现出蓬勃的生机与活力。我们必须在做好文物保护的同时，加强专业化解读和大众化传播，努力满足公众日益增长的文化生活需要，并结合新时代的文化创造，传承弘扬传统文化中蕴含的历史智慧、当代价值和世界意义。其中最关键的是，要用时代的、大众的语言，讲好文物故事。

6. 图书已经出版面世了，您还想对读者说些什么？

答：这本书虽然叫作 2500 题，实际上是 2500 个词条，题目只是一种形式，是为了读起来不那么枯燥。其实它更象是一个中国文化遗产知识的导引，提供了基本线索，为读者深入阅读展开链接；它也像是一本研学旅游指南，供探索者按图索骥，饱览祖国河山。

7. 关于这本书和文化遗产知识普及，您今后还有什么打算？

答：书出了，但我依然非常惶恐，因为还有很多目标没有完全实现，比如题目排序还不够多样（如不可移动文物也按时代排序）、横向知识链接还不够充分（如人物、地点、事件、技艺之间的关联）、原想附录的“中国文物分类清单”还不够成熟，特别是对文化遗产价值解读的“营养”还不够丰富，在编辑的鼓励下，勉强先出了一版，希望抛砖引玉，求教于读者，以不断完善。

我拿到成书的第一刻，就已经开始丰富它的“营养”，将最新的资料、最新的认识、最新的实践记录于相关题后，争取日积硅步，3 ~ 5 年再出一版，使之更加精准、生动。如有精力，也考虑专门编著一本青少年版，为孩子们服务。

参考答案

参考答案

一般知识

1—10. ABACC BACCA
11—20. BCDDB CDCCA
21—30. AAAAD BDCCB
31—40. CDAAC CBDCA
41—50. CBADA BADBC
51—60. BDCBD ADBCB
61—70. ACDBB DBACB
71—80. CDBAB CAACD
81—90. ACBCA BBCCC
91—100. BAABA DCBBD
101—110. CADCB CBBAA
111—120. CDABC ADCCB
121—130. ABDCB ABABA
131—140. BACDC BDCBB
141—150. DABDB BACAA
151—160. BDCDB CCBCA
161—170. CBBAD ADBCB
171—180. BACBA CCDAD
181—190. BACBC BADAC
191—200. BDBCA DBCDA
201—210. CBACA CDACB
211—220. BCCCB BABDD
221—230. ABCDC ABDDD
231—240. ADCBC DBACC
附加题 ABCBAD

古遗址

1—10. CDCBD DABCA
11—20. DBDCA DBCBD
21—30. BDCBA DAAAA
31—40. CBACA BCABA

古遗址

41—50.	DACDB CCCAA	181—190.	CCABC DBBAB
51—60.	CCBCB DBABA	191—200.	DBCBC ACBCD
61—70.	CADCA ADBAD	201—210.	CDCAA DCBBC
71—80.	BCACB DDCDB	211—220.	CBCAB BAADB
81—90.	DACCB DCBCD	221—230.	CBDCC BDBCA
91—100.	CABAD AACDD	231—240.	DCABB CDBAB
101—110.	CBAAC CAADA	241—250.	ABDBA DDBAC
111—120.	BBDDA ACBDD	251—260.	DAABC ADBCB
121—130.	BBACA BDBAA	261—270.	ADABB CCCBD
131—140.	BCBBB DCADA	271—280.	BBBAB BBCCD
141—150.	DCADB ACABB	281—290.	ABCDD CADBA
151—160.	DCAAB CACBC	291—300.	DAADB ABBCA
161—170.	ACDAD BCABA	301—310.	DACBA BCABD
171—180.	DCABC CBDAB	311—320.	CBCDD BCABA

古墓葬

1—10.	ADBAA AABBA	61—70.	BCAAB ADDBC
11—20.	CADDC BCACC	71—80.	AABAD BCADB
21—30.	DADAB CBAAC	81—90.	CADBC ACADB
31—40.	DCDCA ADBAC	91—100.	BBCAD BABCA
41—50.	BCABD AAAAD	101—110.	ADBCC CDCBD
51—60.	DADCD CABDA	111.	A

古建筑

1—10.	CCBAA	BACCD	221—230.	AABDB	DACBA
11—20.	CABCB	DCBCD	231—240.	CDCBB	DDCBB
21—30.	CCDCD	DBBBA	241—250.	CCDCC	CDDAD
31—40.	CBCAD	CBBCB	251—260.	CACBA	DABDB
41—50.	DCABD	DDAAD	261—270.	ADCAD	CACBD
51—60.	CBCDB	BDAAD	271—280.	CBCCA	ADBAB
61—70.	BACBD	DBCCB	281—290.	BCCBD	ABDDB
71—80.	CACBB	DCCBD	291—300.	BACDC	BACCD
81—90.	ACACC	CDCDA	301—310.	BBBBA	ADABA
91—100.	BAACB	CDBAC	311—320.	BBBCC	DAADA
101—110.	BDACD	CABDA	321—330.	CCDCB	ADCAD
111—120.	ADACB	DBCDA	331—340.	CDCDB	CDACC
121—130.	CBDAD	BBCCA	341—350.	BDBAA	DDCCB
131—140.	CACBB	CBCDC	351—360.	ACDCB	DCCBA
141—150.	BDBCC	AACBA	361—370.	CACDB	DCACA
151—160.	ADCCA	BCCBD	371—380.	BDCBC	CADCC
161—170.	ABBAC	ACAAD	381—390.	AABCD	CBACD
171—180.	CBBAD	ACDAB	391—400.	BCDBC	ABDCA
181—190.	DCCAD	BBACA	401—410.	ACCBD	DDABD
191—200.	CADDA	ACDAC	411—420.	AACBB	DBCDB
201—210.	BDACB	CAACA	421—430.	CCBBA	BDCCA
211—220.	DBCBD	ABADB	431—440.	DCBCB	AADDC

古建筑

441—450.	BCDAA	BDDCD	541—550.	ABDCA	DBACB
451—460.	ACDBA	CCDBD	551—560.	ACCAD	BDBAC
461—470.	ACCAA	DDACC	561—570.	BADAB	CDACB
471—480.	DBADD	DBCBC	571—580.	DACDB	ABBCD
481—490.	CADDD	BDCCD	581—590.	BDBDC	DBABB
491—500.	BCDCB	AACAD	591—600.	CCDAA	DCDBD
501—510.	ABCDA	ABADA	601—610.	DDDBA	BBBDD
511—520.	CACDA	CDCCA	611—620.	CDAAD	BAAAC
521—530.	BBCDA	DCADA	621—630.	DDCAD	ADDAA
531—540.	CCBAD	BBADB	631—639.	BADCD	BCDB

石窟寺及石刻

1—10.	CCBDB	ADCBC	81—90.	CBBCB	DBDAD
11—20.	ABDBD	DCCAD	91—100.	CDDCD	CABCA
21—30.	CBCBC	AACBD	101—110.	ACCBA	ABCBC
31—40.	CCCAA	BACBA	111—120.	ADACC	DBCAD
41—50.	BDCDA	BCABC	121—130.	ABBDD	CCCDC
51—60.	DCCAD	CABDB	131—140.	BBCDA	BDDAD
61—70.	ABACA	ACABC	141—150.	CDDDB	DAABB
71—80.	DCBBA	ADCCB	151—159.	CAADD	CCCC

近现代重要史迹及代表性建筑

1—10. AACDB ABBDC
11—20. BDABC ABCBA
21—30. BDABC CCDAA
31—40. BBDAB ABCAC
41—50. BCDAA DDBAA
51—60. AACDB CCACA
61—70. DACBC DACDC
71—80. DDADA DCCDB
81—90. CABBC ABCDA
91—100. BDBDB ACCBB
101—110. DDABD DABDA
111—120. CBADB CDCBA
121—130. CDBBA CBAAC
131—140. DBCBA CADDA
141—150. CBCAD DBACD
151—160. BACCC BBCBB
161—170. DDCCA DCBAD
171—180. AABDB CDCAB
181—190. BDBAC ADAAD
191—195. BCABA

其 他

1—10. DBDCA DCBCA
11—16. CADAB A

陶 瓷

1—10. ABCAC BBBCD
11—20. BABDA DDCCC
21—30. DADAB ACBDC
31—40. BDBAC DDCAC
41—50. BCBBC BDADC
51—60. BACCB DACDB
61—70. CDADA DACDB
71—80. BADBC ACBBD

陶瓷

81—90. AACBC BADDB

91—100. CACBD AACBD

101—110. AADAC ACDCA

111—120. BBDBD BCDDC

121—130. CDCBD ADDAB

131—140. DABDC BBCAD

141—150. CABBA CDBBB

151—160. DCCCD DBACB

161. D

玉器

1—10. CABCD CCADD

11—20. CABDA CDCBA

21—30. BBABC ABCCD

31—40. BACBD BBCBD

41—50. CADCB CCABC

51—60. DCDAA BCBDB

61—70. ACDDD CABBD

71—80. CBCDC BABDD

81—90. ABAAC BDDCA

91—100. CDCBC DADBC

101—106. BACDD B

金属器

1—10. ABACC BBDCA

11—20. BACAC BDCBB

21—30. ACCCD DABDC

31—40. BACDC BDAAC

41—50. CDABD BADCB

51—60. CCAAC CCBBA

61—70. ADAAB DBCCB

71—80. BDDBA BDCCA

金属器

81—90. CDACB DDBDC

91—100. ACBCC CDDCD

101—110. DDDBC ABDDC

111—120. BCADB CCBDC

121—130. CACBB DADBC

131—140. ADCBC CAAAA

141—150. BDCBA AACBC

151—160. ABCBD CBACC

161—170. BDBDC BADBD

171—178. CCACA CDA

书 画

1—10. BACBA CDABA

11—20. DCAAC CDDBC

21—30. BACDC BAABC

31—40. BACAD BCBAA

41—50. BDACA ACCBD

51—60. CDCAB ACDCA

61—70. BBBCD BCABC

71—80. CCACD CBBAC

81—90. CDCBA BDCAB

91—100. CBCAB ADAAB

101—110. DBCAA DBACA

111—120. CAABA CBDBC

121—130. CCCAA BBCAA

131—140. BBACB CDDBD

141—150. ABCDB CABDB

151—160. DCCBA CADAC

161—170. CDBBD DBCDB

171—180. CBABC ADACA

181—190. BBCCA DCBCC

191—195. BADBD

杂 项

1—10. BCDAC DCBCA
11—20. DABCD CBCAC
21—30. BBCAD CCBCC
31—40. ACABD DABDD
41—50. ACDBC BACAA
51—60. CDBDB CBCDA
61—70. ABBAD BACDC
71—80. BBAAD CABDC
81—90. BCABC BCDCB
91—100. AACAA CCBAD
101—110. CDDBA AACBC
111—120. CDBAB CDCDC
121—130. AABDC DCBAA
131—140. BCADA DBCBA
141—150. CDACA CCABD
151—160. BABBA DCBCC
161—170. CBBCA DBDAB
171—180. CDADB CCDCD